ZOUT, SUIKER, VET

*Voor Eve, Aren en Will,
mijn dierbaarsten*

Michael Moss

Zout
Suiker
Vet

HOE DE VOEDSELINDUSTRIE ONS
IN ZIJN GREEP HOUDT

Uitgeverij Carrera, Amsterdam 2013

Oorspronkelijke uitgave: Random House, een imprint van The Random House Publishing Group, een divisie van Random House Inc., New York
Oorspronkelijke titel: *Salt, Sugar, Fat: How the Food Giants Hooked Us*

© Michael Moss
© Uitgeverij Carrera, Amsterdam 2013
Vertaling: Elke Doelman, Aad van der Kooij, Nannie Nieland-Weits
(voor Persklaar, Groningen)
Omslagontwerp: Borinka
Typografie: Perfect Service

ISBN 978 90 488 1892 1
NUR 440

www.uitgeverijcarrera.nl

Carrera is een imprint van Dutch Media Uitgevers bv.

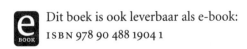

INHOUD

PROLOOG
De bedrijfsjuwelen 9

DEEL I – SUIKER
 1 De biologische uitbuiting van het kind 31
 2 Hoe zorg je ervoor dat mensen trek krijgen 52
 3 Gemak met een grote G 68
 4 Zijn het granen of is het snoep? 86
 5 Ik wil een heleboel lijkzakken zien 107
 6 Een explosie van fruitig aroma 131

DEEL II – VET
 7 Dat zachte, zalvende mondgevoel 151
 8 Vloeibaar goud 165
 9 De lunch is iets van jou alleen 183
 10 De boodschap die de regering uitdraagt 209
 11 Geen suiker, geen vet, geen afzet 226

DEEL III – ZOUT
 12 Mensen houden van zout 253
 13 Diezelfde zoute smaak waar je klanten zo dol op zijn 268
 14 Ik heb medelijden met het publiek 283

EPILOOG
We zijn verslaafd aan goedkoop eten 311

Dankbetuiging 326
Een opmerking over de bronnen 330
Noten 334
Selectieve bibliografie 335
Register 339
Over de auteur 352

PROLOOG

DE BEDRIJFSJUWELEN

Minneapolis beleefde een stormachtige voorjaarsavond op 8 april 1999, toen een lange rij limousines en taxi's voorreed bij het kantorencomplex aan South 6th Street en de chique passagiers liet uitstappen. Deze elf mannen waren de topmannen van de grootste voedingsbedrijven van Amerika. Samen waren ze goed voor 700.000 werknemers en een jaarlijkse afzet van 280 miljard dollar. En nog voordat hun copieuze diner werd opgediend, zouden ze de koers van de komende jaren voor hun industrie uitzetten.

Er zouden geen verslaggevers bij deze bijeenkomst aanwezig zijn. Van notulen of een verslag zou geen sprake zijn. De CEO's en president-directeuren, normaal gesproken elkaars concurrenten, waren samengekomen voor een vergadering die even geheim als zeldzaam was. Er was één agendapunt: de opkomende obesitasepidemie en hoe daarmee om te gaan.

Pillsbury vervulde de rol van gastheer in zijn hoofdkantoor, twee torens van glas en staal aan de oostrand van de binnenstad. Enkele blokken verderop ruiste de grootste waterval in de Mississippi, vlak bij de historische bakstenen molens die, generaties eerder, van deze stad de graanmaalhoofdstad van de wereld hadden gemaakt. Een gierende wind uit het Midwesten die wel 72 kilometer per uur haalde, beukte tegen de torens terwijl de managers in de liften stapten en op weg gingen naar de eenendertigste verdieping.

Een topfunctionaris van Pillsbury, de vijfenvijftigjarige James Behnke, heette de mannen bij binnenkomst welkom. Hij was bezorgd, maar had alle vertrouwen in het plan dat hij en een paar andere managers van voedingsbedrijven hadden ontworpen om de CEO's te betrekken bij het groeiende gewichtsprobleem waarmee Amerika worstelde. 'Het baarde ons veel zorgen, en terecht, dat obesitas een belangrijk thema aan het worden was,' zei Behnke later. 'Het idee van een suikerbelasting dook op en er werd flinke druk uitgeoefend op voedingsbedrijven.'

ZOUT, SUIKER, VET

Terwijl de managers plaatsnamen, vroeg Behnke zich vooral bezorgd af hoe ze zouden reageren op het heikelste punt van die avond: de gedachte dat zij en hun bedrijven wezenlijk hadden bijgedragen aan het creëren van deze gezondheidscrisis. Het was helemaal een hachelijke onderneming om de president-directeuren in één ruimte samen te brengen om iets te bespreken, ook als het veel minder gevoelig lag dan deze kwestie, dus Behnke en zijn medeorganisatoren hadden de bijeenkomst zorgvuldig voorbereid. Ze hadden een tafelschikking gemaakt en de boodschap toegespitst op de kernpunten. 'CEO's in de voedingsindustrie zijn doorgaans geen technische jongens en ze voelen zich ongemakkelijk in vergaderingen waarin techneuten in technische termen over technische onderwerpen praten,' zei Behnke. 'Ze willen niet in verlegenheid worden gebracht. Ze willen geen verplichtingen aangaan. Ze zijn gehecht aan hun afstandelijkheid en autonomie.'

Nestlé was aanwezig, evenals Kraft en Nabisco, General Mills en Procter & Gamble, Coca-Cola en Mars. De vertegenwoordigde bedrijven waren de hoofdrolspelers in de voedingsmiddelenindustrie, uiterst agressieve concurrenten die, wanneer ze niet in het geheim aan het vergaderen waren, elkaar probeerden dwars te zitten in de supermarkt.

Dus hoewel de sfeer tijdens het samenzijn hartelijk was, waren de CEO's nauwelijks vrienden van elkaar. Hun status werd bepaald door de mate waarin ze erin bedreven waren elkaar te bestrijden in wat ze het 'maagaandeel' noemden, de hoeveelheid spijsverteringsruimte die het merk van hun bedrijf kon afpikken van de concurrentie. Als ze elkaar die avond argwanend bekeken, was daar alle reden voor. In 2001 zou de topman van Pillsbury vertrokken zijn en zou het 127-jarige bedrijf – met zijn koekjes, broodjes en opwarmbare ontbijtgebakjes – zijn overgenomen door General Mills.

Twee mannen in de bijeenkomst domineerden het strijdtoneel. Ze vertegenwoordigden de levensmiddelengiganten Cargill en Tate & Lyle, die tot taak hadden de CEO's te voorzien van de ingrediënten waarmee ze erop vertrouwden te winnen. Dit waren ook geen standaardingrediënten. Het waren de drie steunpilaren van bewerkte voedingsmiddelen, de veroorzakers van trek, en alle CEO's hadden die in enorme hoeveelheden nodig om van hun producten succesnummers te maken. Dit waren ook de ingrediënten die, meer dan alle andere, rechtstreeks verantwoordelijk waren voor de obesitasepidemie. Samen hadden de twee producenten het zout, dat op tientallen manieren werd verwerkt om te zorgen voor een maximale stoot tegen de smaakpapillen bij de allereerste hap; ze hadden de vetten, die de grootste ladingen calorieën leverden en mensen er op een subtielere manier toe brachten te veel te eten; en ze hadden de suiker, die door zijn brute vermogen om de hersenen te prikkelen misschien wel het geduchtste ingrediënt van allemaal was en de samenstelling van vrijwel alle producten in de supermarkt bepaalde.

James Behnke was zeer vertrouwd met de werking van zout, suiker en vet. Hij had 26 jaar bij Pillsbury gewerkt onder zes verschillende hoofddirecteuren. In 1979 werd hij, na een studie scheikunde en een doctorsgraad in de voedingswetenschap, hoofd Voedseltechnologie van het bedrijf. Hij speelde een rol in de creatie van een lange reeks succesproducten, onder meer popcorn die in de magnetron kon. Hij koesterde grote bewondering voor Pillsbury, zijn werknemers en het vriendelijke imago van zijn merk. Maar in de afgelopen jaren had hij gezien hoe het innemende, onschuldige imago van de Pillsbury Doughboy werd verdrongen door nieuwsfoto's van kinderen die te dik waren om te spelen, die leden aan diabetes en de eerste tekenen van hoge bloeddruk en hart- en vaatziekten vertoonden. Hij gaf zichzelf niet de schuld van het maken van calorierijke voedingsmiddelen die de mensen onweerstaanbaar vonden. Hij en andere voedingsdeskundigen troostten zich met de wetenschap dat de iconen onder de kruidenierswaren die ze in een onschuldiger tijd hadden uitgevonden – frisdrank met prik, chips en diepvriesmaaltijden – bepaald niet als standaardkost waren gepresenteerd. De samenleving was veranderd, en wel zo drastisch dat deze snacks en kant-en-klaarmaaltijden een dagelijkse – zelfs uurlijkse – gewoonte waren geworden, een hoofdbestanddeel van het dagelijks menu in Amerika.

Behnkes kijk op zijn levenswerk begon evenwel te veranderen toen hij in 1999 tot speciaal adviseur van de president-directeur van Pillsbury werd benoemd. Vanuit zijn nieuwe positie ontwikkelde Behnke een andere visie op wat hij de 'grote uitgangspunten' van zijn industrie noemde: smaak, gemak en prijs. Hij maakte zich vooral zorgen over de economische belangen die bedrijven ertoe brachten zo min mogelijk geld te besteden aan de productie van levensmiddelen. 'Altijd ging het over de kosten,' zei hij tegen mij. 'Bedrijven hadden er verschillende benamingen voor. Soms werden ze PIP's genoemd, *profit improvement programs*, of margeverhogingen of kostenreductie. Hoe je het ook noemen wilt, mensen zijn altijd op zoek naar een minder dure methode.'

In de maanden die voorafgingen aan de CEO-bijeenkomst, sprak Behnke met een groep voedseltechnologen die een steeds grimmiger beeld schilderden van het vermogen van het publiek om met de door de industrie toegepaste formules om te gaan. Deze discussies werden gesteund door een voedingsindustriegroep, het International Life Sciences Institute, waarvoor Behnke de aankomende directeur was. De thema's – van de gebrekkige controle van het lichaam op overeten tot het verborgen vermogen van sommige voedingsmiddelen om mensen juist meer honger te geven – overtuigden Behnke en de andere ingewijden die de bijeenkomst hadden georganiseerd ervan dat ingrijpen noodzakelijk was. Het was tijd de CEO's te waarschuwen dat hun bedrijf misschien te ver was gegaan in het creëren en marketen van producten om een maximale aantrekkingskracht te bereiken.

De discussie vond plaats in het auditorium van Pillsbury. De managers zaten op de voorste twee rijen stoelen, pal tegenover het podium, dat iets hoger lag dan de vloer. De eerste spreker was ene Michael Mudd, en hij was niet zomaar een onderzoeker-in-labjas van de noordwestkust. Hij kwam uit Chicago en werkte in de industrie zelf. Hij was adjunct-directeur van Kraft.

Kraft, steevast ingedeeld aan of dicht bij de top van de industrie met miljarden dollars aan jaaromzet, bezit een indrukwekkend assortiment van meer dan 55 merken die de consument door een hele dag kunnen loodsen, van ontbijt tot middernachtelijke snack. Zoals Bob Eckert, CEO van Kraft, later dat jaar een verslaggever zou vertellen, was zijn enige doel de industrie te beheersen: 'Als ik vraag wie de onbetwiste leider van de voedingsindustrie is, kun je zeggen: Kraft. Daarna kun je zeggen: Nestlé, Kellogg, General Mills, Nabisco. Er zijn een heleboel bedrijven die goed presteren, maar niemand springt er nog echt uit. En dat zou ik Kraft graag zien doen.'

Mudd was via het kantoor voor corporate affairs van Kraft opgeklommen en woordvoerder van het bedrijf geworden. Maar hij was veel meer dan dat. Hij zocht uit hoe consumenten het bedrijf in het algemeen zagen, speurde naar signalen die op problemen bij de toezichthouders konden wijzen en hielp het bedrijf snel te reageren op alle belangrijke dreigingen, zoals de storm die enkele jaren eerder was opgestoken over transvetten. Hij voelde de stemming onder het publiek haarfijn aan en was een doorgewinterde fikser die uitstekend met critici wist om te gaan. Mudd had met zijn visie zoveel respect geoogst dat hij – althans volgens andere hoge functionarissen van Kraft – een soort consigliere van de directie van het bedrijf werd, de adviseur wiens influisteringen de baas hielpen bij elke zet. Toen hij die avond op het podium stond, wisten de CEO's in het gehoor dat ze maar beter naar hem konden luisteren.

'Ik stel het zeer op prijs dat ik in de gelegenheid ben gesteld het met u te hebben over obesitas onder kinderen en de toenemende uitdaging waarvoor die ons allemaal plaatst,' begon Mudd. 'Laat ik meteen opmerken dat dit geen eenvoudig onderwerp is. Er zijn geen eenvoudige antwoorden op de vraag wat gezondheidszorg moet doen om vat te krijgen op dit probleem. Of op de vraag wat de voedingsindustrie moet doen nu anderen haar verantwoordelijk willen stellen voor wat er is gebeurd. Maar zoveel is duidelijk: voor degenen van ons die deze kwestie grondig hebben bekeken, of het nu deskundigen op het gebied van de volksgezondheid zijn of stafspecialisten in uw eigen bedrijf, wij weten zeker dat we één ding niet moeten doen, namelijk nietsdoen.'

Onder het spreken liet Mudd een aantal dia's zien – 114 in totaal –, die op een groot scherm achter hem werden geprojecteerd. Dit werd een onomwonden verhaal, recht voor z'n raap, hij wilde niets verbloemen. De koppen en uitspraken en cijfers waren zonder meer verbijsterend.

Van meer dan de helft van de Amerikaanse volwassenen werd nu aangenomen dat ze overgewicht hadden, terwijl bijna een kwart van de bevolking – 40 miljoen volwassenen – zoveel extra ponden meedroeg dat ze klinisch als obees werden aangeduid. Onder kinderen was het percentage meer dan verdubbeld sinds 1980, het jaar waarin de vetlijn in de grafieken naar boven begon te buigen en het aantal kinderen die als obees werden beschouwd de 12 miljoen was gepasseerd. (Het was nu pas 1999; de nationale obesitascijfers zouden nog veel hoger worden.)

Toen kwamen de kenmerken: diabetes, hart- en vaatziekten, hoge bloeddruk, galblaasziekte, osteoartritis, drie typen kanker (borst-, darm- en baarmoederhalskanker) – allemaal namen ze toe. In wisselende mate, zo kregen de managers te horen, werd obesitas genoemd als een van de oorzaken van elk van deze gezondheidscrises. Ter verduidelijking kregen ze te horen hoe ze obesitas konden berekenen met behulp van de body mass index, een eenvoudige verhouding tussen lengte en gewicht, en kregen ze enkele momenten om hun eigen BMI te bepalen met de formule die op het scherm verscheen. (Bij dit onderdeel hoefden de meeste mannen in de zaal zich geen zorgen te maken. Ze hadden een personal trainer, waren lid van een sportschool en hadden voldoende voedingskundig benul om voedsel te mijden dat rijk was aan de voedingsmiddelen die ze vervaardigden.)

Mudd confronteerde hen toen met de realiteit zoals die werd ervaren door hun klanten uit de middenklasse, die geen tijd hadden om te sporten omdat ze twee banen hadden om de eindjes aan elkaar te knopen en niet te veel over hun eetgedrag nadachten. De media maakten goede sier bij deze mensen, zei hij. Ze schreven voorpagina-artikelen over obesitas en de rol van de industrie bij het aanmoedigen van overconsumptie. Op het scherm vertoonde hij een fragment van een nieuwe documentaire van tv-zender PBS, *Fat*, waarin Walter Willett, hoofd van de faculteit voedingsleer van Harvard, direct met de beschuldigende vinger naar de voedingsbedrijven wees. 'Het feit dat voedsel een industrieel product werd, leverde echt een fundamenteel probleem op,' zei Willett. 'Ten eerste heeft de feitelijke productie het voedsel van zijn voedingswaarde ontdaan. De meeste granen zijn omgezet in zetmeel. We hebben suiker in geconcentreerde vorm, en veel van de vetten zijn geconcentreerd en daarna, tot overmaat van ramp, gehydrogeneerd, waardoor transvetzuren ontstaan, die zeer ongunstige gevolgen hebben voor de gezondheid.'

Levensmiddelenfabrikanten kregen niet alleen de wind van voren van de zijde van geduchte critici van Harvard, de federale Centers for Disease Control and Prevention, de Amerikaanse Hartstichting en de Kankervereniging, zei Mudd. Ze waren nu ook belangrijke bondgenoten aan het verliezen. De minister van Landbouw, die zich lang door de industrie had laten leiden, had obesitas onlangs een 'nationale epidemie' genoemd. En het viel gemakkelijk in te zien hoe

DE BEDRIJFSJUWELEN

het hoofd van het Amerikaanse ministerie van Landbouw, de USDA, ertoe kwam te bijten in de hand die het voedde. Het ministerie bevorderde gezond eetgedrag door middel van de voedselpiramide, met granen aan de basis en veel kleinere hoeveelheden zoetigheden en vet dichter bij de punt. Hun bedrijven, zei Mudd tegen de managers, stimuleerden juist de tegenovergestelde gewoonten. 'Als je de categorieën van de levensmiddelenreclame, met name reclame voor kinderen, zou uitzetten tegen de voedselpiramide, zou de piramide op haar kop komen te staan,' zei hij. 'Wij kunnen niet doen alsof voedingsmiddelen geen deel uitmaken van het obesitasprobleem. Geen enkele geloofwaardige deskundige zal de toename van obesitas uitsluitend aan verminderde lichamelijke inspanning toeschrijven.'

Hij liet een nieuwe dia op het scherm verschijnen. 'Waardoor wordt de toename veroorzaakt?' vroeg deze. 'Doordat voordelige, smakelijke, in megaverpakking aangeboden, energierijke voedingsmiddelen overal verkrijgbaar zijn.' Met andere woorden, precies die voedingsmiddelen waarop deze managers, samen met hun gildebroeders in de fastfoodketens, het succes van hun bedrijf hadden gebaseerd.

Nu Mudd de CEO's de schuld had gegeven van de obesitas, deed hij het ondenkbare. Hij raakte een gevoelige plek van de voedingsmiddelenindustrie door een verband te leggen met het allerlaatste waarmee de CEO's hun producten in verband gebracht wilden zien worden: sigaretten. Eerst kwam er een citaat van een hoogleraar psychologie en volksgezondheid van de universiteit van Yale, Kelly Brownell, die een bijzonder welbespraakte vertolker was geworden van de opvatting dat de voedingsmiddelenindustrie beschouwd moest worden als een gevaar voor de volksgezondheid: 'Als beschaving waren we geschokt door de reclames van tabaksbedrijven gericht op kinderen, maar we kijken werkeloos toe nu de voedingsbedrijven precies hetzelfde doen. En we zouden kunnen stellen dat de tol die slechte voeding van de volksgezondheid eist, de tol van de tabak evenaart.'

Mudd liet toen op het scherm een groot geel waarschuwingsbord zien met de woorden GLIBBERIGE HELLING. 'Als ook maar iemand in de voedingsmiddelenindustrie er ooit aan twijfelde dat daar een glibberige helling lag, dan denk ik dat hij op dit moment een onmiskenbaar gevoel van glibberen begint te krijgen,' zei hij. 'We weten allemaal dat het bij levensmiddelen en tabak om verschillende situaties gaat.' Maar dezelfde advocaten die de rijke buit van de tabaksrechtszaken in de wacht sleepten, lagen nu weer op de loer, klaar om ook de voedingsindustrie te treffen. Bovendien werkte de Amerikaanse woordvoerder op het gebied van volksgezondheid, wiens bureau al in 1964 de historische aanval op de sigaretten had gelanceerd, aan een rapport over obesitas. In handen van deze advocaten en politici zou de voedingsindustrie met name ten aanzien van één aspect van de obesitascrisis kwetsbaar blijven: het publieke karakter van overeten en de gevolgen daarvan. De aanblik van een volwassene met overgewicht die langs de schappen met levensmiddelen sjokte, of van een kind met overgewicht op de speelplaats, was sprekend genoeg. 'Obesitas is een uiterst zichtbaar probleem,' zei Mudd. 'Naarmate het meer voorkomt, zal iedereen het kunnen zien.'

Toen gooide Mudd het over een andere boeg. Hij kwam niet met nog meer slecht nieuws en presenteerde het plan dat hij en de andere ingewijden in de industrie hadden bedacht om het obesitasprobleem aan te pakken. Alleen al de managers zover krijgen dat ze een zekere aansprakelijkheid erkenden, was een belangrijke eerste stap, wist hij, dus zijn plan ging van start met een kleine maar belangrijke maatregel. De industrie, zei hij, moest de obesitascrisis oppakken en de expertise van wetenschappers – die van haarzelf en andere – gebruiken om een veel dieper inzicht te krijgen in datgene wat Amerikanen ertoe dreef om zich te overeten. Als ze dit wisten, kon er op meerdere fronten aan het probleem worden gewerkt. In elk geval was er geen ontkomen aan de rol die verpakte levensmiddelen en drank speelden bij overconsumptie. Sommige toplieden van de industrie hadden de discussie al geopend over de vraag in hoeverre voedingsmiddelen trek konden oproepen en de beste bedoelingen van dieethouders onderuit konden halen. Om deze trek terug te dringen zouden ze hun gebruik van zout, suiker en vet moeten reduceren, misschien door in de hele industrie limieten in te voeren. En dan niet op de matig verkopende vet- of suikerarme artikelen die bedrijven op de winkelschappen zetten voor dieethouders, maar op de goed verkopende hoofdproducten zelf, die een enorme invloed hadden op de volksgezondheid. Deze drie ingrediënten en hun samenstelling waren echter niet de enige instrumenten die de industrie hanteerde om haar producten zo aantrekkelijk mogelijk te maken. De methoden die ze gebruikte in de reclame en marketing voor hun producten waren ook cruciaal. Omdat Mudd de hoge heren niet al te zeer voor het hoofd wilde stoten, benadrukte hij dit aspect van hun professie. Hij stelde voor een code in het leven te roepen 'om de voedingsaspecten van de voedselmarketing te bewaken, met name voor kinderen'.

Hij stelde ook voor om de rol van lichaamsbeweging bij gewichtsbeheersing te gaan propageren, omdat niemand kon verwachten dat hij een goed figuur zou krijgen – of houden – door op de bank te blijven zitten. Het kon hierbij gaan om mededelingen van de overheid, zei hij, of om een indringende, regelrechte reclamecampagne.

'Ik wil hierover heel duidelijk zijn,' zei Mudd tot besluit, en hij benadrukte woorden in de tekst van zijn presentatie om ervoor te zorgen dat er geen misverstanden zouden ontstaan. 'Als we zeggen dat het veel tijd zal kosten om het obesitasprobleem op te lossen, en zelfs als we het woord "oplossen" gebruiken, willen we geen moment suggereren dat dit programma of de voedingsindustrie het probleem alléén kan oplossen. Of dat dát de maatstaf voor het succes van dit programma is. We zeggen wél dat de industrie een oprechte poging moet doen om déél te zijn van de oplossing. En dat wij, door dat te doen, mede de kritiek kunnen smoren die wij te verduren krijgen. Wij hoeven het obesitasprobleem niet in ons eentje op te lossen om de kritiek te pareren. Maar wij moeten wel een oprechte poging doen om déél te zijn van de oplossing als we willen voorkomen dat we aan de schandpaal worden genageld.'

Wat er daarna gebeurde, is niet op schrift gesteld. Maar volgens drie aanwezigen richtten, toen Mudd was uitgesproken, alle ogen zich op de ene CEO wiens recente prestaties in de levensmiddelenverkoop alle andere partijen in de industrie ontzag hadden ingeboezemd. Zijn naam was Stephen Sanger en hij was ook degene – als hoofd van General Mills – die het meest te verliezen had bij het aanpakken van obesitas. Sanger had in het midden van de voorste rij gezeten, op een plaats die zijn positie in de pikorde symboliseerde. Nu stond hij, gespannen als een veer, op om iets tegen Michael Mudd te zeggen. Hij was zichtbaar ontdaan.

Om te beginnen herinnerde Sanger de groep eraan dat consumenten 'grillig' waren, net als hun pleitbezorgers in hun ivoren torens.

Hun zorgen over de gezondheidsimplicaties van verpakte voedingsmiddelen kwamen en gingen. Nu eens maakten mensen zich zorgen over suiker, dan weer over vet. Maar doorgaans, zei hij, kochten ze waar ze van hielden, en ze hielden van datgene wat lekker smaakte. 'Praat me niet van voeding,' zei hij, het geluid van de doorsneeconsument vertolkend. 'Heb het tegen mij over smaak, en als het ene spul beter smaakt, ga je dan niet uitsloven om te proberen ander spul te verkopen dat niet goed smaakt.'

Bovendien, zei Sanger, was de industrie er telkens weer heelhuids van afgekomen – de paniek over transvetten, bijvoorbeeld, of de roep om meer hele granen – door aanpassingen te maken. De industrie had deze stormen in feite niet alleen doorstaan, ze had ook verantwoordelijk gehandeld, tegenover het publiek én tegenover haar aandeelhouders. Nog meer doen, als reactie op de kritiek, zou de onaantastbaarheid van de recepten die zijn producten zo succesvol hadden gemaakt in gevaar brengen. General Mills zou geen stap terug doen, zei Sanger. Hij zou zijn mensen juist aanmoedigen en hij drong er bij zijn collega's op aan hetzelfde te doen. Toen ging hij zitten.

Niet iedereen in de bijeenkomst was het met Sanger eens. Maar uit zijn houding sprak zoveel kracht, ze was zo overtuigend en, in feite, zo troostrijk voor de andere industriëlen dat niemand zijn opvatting probeerde tegen te spreken. Sangers reactie betekende feitelijk het einde van de bijeenkomst.

Jaren later staken zijn woorden nog steeds. 'Wat kan ik zeggen?' zei Behnke. 'Het werkte niet. Deze lui waren niet zo ontvankelijk als we hadden verwacht.' Behnke koos zijn woorden langzaam en bedachtzaam, om een en ander zo goed mogelijk weer te geven. Hij wilde eerlijk zijn. 'Sanger had heel sterk dat gevoel: kijk, wij verrijken onze graanproducten. Wij zijn zeer begaan met voeding. We hebben een hele reeks producten. Kijk, jij zegt mij waar je interesse in hebt en wij hebben een product dat aan jouw behoeften voldoet. Waarom zouden we dan onze meningen aanpassen en het hele aanbod naar een productie met wat minder calorieën, minder suiker en minder vet terugbrengen? Dat is helemaal niet nodig. Wij hebben die alternatieven al. En we verkopen ze allemaal al. Jullie overreageren. Sanger,' voegde Behnke eraan toe, 'probeerde te zeggen: "Kijk eens, wij gaan hier niet rotzooien met de bedrijfsjuwelen en de formules verande-

DE BEDRIJFSJUWELEN

ren omdat een stelletje kerels in witte jassen zich zorgen maakt over overgewicht."'

En dat was dat. De managers stonden op en namen de lift naar de veertigste verdieping voor het diner, waarbij slechts beleefde en onbelangrijke gesprekken werden gevoerd. Behalve Kraft wezen alle elf grote voedingsfabrikanten in de bijeenkomst het idee af collectief de samenstelling van hun producten aan te passen om de gevolgen ervan voor de volksgezondheid te beteugelen. Ze negeerden zelfs grotendeels Mudds verzoek om met het bestrijden van obesitas te beginnen door bij te dragen aan een bescheiden fonds van 15 miljoen dollar voor onderzoek en publieksvoorlichting. 'Ik geloof niet dat er ooit ook maar iets als een groepsinspanning uit voortgekomen is,' vertelt John Cady later, die directeur was van de National Food Processors Association, een van de twee beroepsverenigingen die bij het diner aanwezig waren geweest.

In plaats daarvan doken de Amerikaanse levensmiddelenbedrijven het nieuwe millennium in. In het openbaar zouden er enkele stappen worden gezet in de richting van betere voeding, vooral waar het aankwam op het verminderen van zout in hun producten. General Mills begon zelfs – acht jaar later, na zware publieke druk – de hoeveelheden suiker in graanproducten te verlagen en kondigde later, in 2009, aan dat het nog een halve theelepel suiker zou halen uit de ontbijtgranen waarmee het voor kinderen adverteerde, stappen die enkele gezondheidsfunctionarissen afdeden als te laat en teleurstellend klein. De realiteit was dat de CEO's en hun bedrijven, nadat ze hadden besloten obesitas te negeren, achter de schermen gewoon verdergingen waar ze gebleven waren, terwijl ze, in sommige gevallen, meer zout, meer suiker en meer vet gebruikten om de concurrentie te overtroeven.

Zelfs Kraft liet zijn initiatief om obesitas te bestrijden varen en kreeg de koorts weer te pakken in 2003, toen Hershey begon te snijden in Krafts aandeel in de koekjesafdeling. Hershey was beroemd om zijn chocolaatjes, maar om zijn afzet te verhogen introduceerde het bedrijf een nieuwe lijn producten waarin zijn chocola werd gecombineerd met wafels om chocoladekoekjes te creëren. Geschrokken van deze overrompelende actie, reageerde Kraft krachtig. Daryl Brewster, die in die tijd de sectie Nabisco leidde, vertelde mij dat. Kraft ging op pad en verwierf zijn hoogsteigen chocolademaker, Cadbury, een van 's werelds grootste snoepfabrikanten. Het zou Cadbury's marketingarm gebruiken om deze nieuwe productlijn te verbreiden naar landen als India, waar, vanaf 2011, de 1,2 miljard mensen van het land werden bestookt met Oreo-reclames, die hen trakteerde op enkele van de meest dwingende eetinstructies van de Amerikaanse voedingsmiddelenindustrie: 'Draaien, likken, dippen en dan opeten.' Die ging erin als koek.

Ik was vijf maanden bezig met het veldwerk en het onderzoek voor dit boek toen ik over de geheime ontmoeting tussen de CEO's hoorde. Ik vond die in de allereerste plaats opmerkelijk vanwege de schuldbekentenis door ingewijden. Dit soort openhartigheid kom je bijna nooit tegen in grote bedrijven; het is zoiets als een stel maffiabazen die samenkomen om spijt te betuigen dat ze koppen hebben laten rollen. Maar het had me ook verrast hoe vooruitziend de organisatoren van de bijeenkomst waren geweest. Tien jaar erna waren de zorgen over obesitas niet alleen niet voorbij, ze waren zelfs tot orkaankracht aangewakkerd: van Washington, waar legergeneraals publiekelijk getuigden dat achttienjarigen te dik werden om in het leger te kunnen, tot Los Angeles, waar artsen een toename van het aantal sterfgevallen in het kraambed meldden doordat het buitensporige lichaamsgewicht de chirurgische verrichtingen bij een keizersnede steeds meer hinderde. Aan en tussen beide kusten waren er te veel miljoenen veel te dikke mensen om nog te geloven dat ze het zich allemaal zelf hadden aangedaan, hetzij door onvoldoende wilskracht op te brengen, hetzij vanwege een ander persoonlijk gebrek. Vooral kinderen waren kwetsbaar geworden. Buitensporig gewicht bij kinderen ging van het tweevoudige van het percentage van 1980, toen de trend zichtbaar werd, naar het drievoudige. Diabetes nam ook toe, en niet alleen bij volwassenen. Artsen signaleerden de vroege symptomen van deze slopende ziekte nu ook bij jonge kinderen. Zelfs jicht, een uitermate pijnlijke en zeldzame vorm van artritis die ooit de 'rijkemansziekte' was genoemd vanwege de associaties met vraatzucht, teisterde nu acht miljoen Amerikanen.

Al was het probleem in 1999 veel kleiner, de kans om van koers te veranderen was nog nooit zo groot geweest. Het was een tijd waarin

DE BEDRIJFSJUWELEN

wij, als consumenten, meer vertrouwen dan wantrouwen koesterden. We stelden geen vragen bij, en begrepen niet, wat wij in ons lichaam stopten – in elk geval niet zoals tegenwoordig. In die periode behandelden de media elk nieuw voedingsmiddel of drankje dat was bedoeld om handzaam, voor onderweg en gemakkelijk te zijn, nog positief. 'Slowfood' was een klacht, geen maatschappelijke beweging.

In enkele opzichten gingen de functionarissen van Pillsbury en Kraft die de CEO-bijeenkomst hadden georganiseerd nog verder dan ik bereid was te gaan, meer dan een decennium later, met het vaststellen van de effecten van hun werk, met name door over kanker te spreken. De voedseltechnologie is zo berucht weekhartig dat het wijten van ook maar een fractie van onze kanker aan bewerkt voedsel een sprong vereist die ik niet gemakkelijk maak. Levensmiddelenonderzoek kent niet de strengheid van de dubbelblind bepaalde, gerandomiseerde controlegroepen die de norm zijn bij farmaceutische bedrijven, en het is bijzonder hachelijk een bepaald voedingsmiddel de schuld te geven van onze gezondheidsproblemen. En toch deden ze het. Ze brachten hun eigen producten in verband met een aanmerkelijk deel van de nationale gezondheidsproblemen, van diabetes tot hart- en vaatziekten en kanker.

Hun gebrek aan terughoudendheid riep een prikkelende vraag op: als industriebonzen bereid waren zover, zo snel te gaan in het accepteren van verantwoordelijkheid, wat wisten ze dan nog meer dat ze niet publiekelijk zeiden?

Hoe ver voedingsbedrijven gaan om hun bedrijfsvoering buiten de openbaarheid te houden, was voor mij al duidelijk uit mijn eigen recente zoektocht, die begin 2009 was begonnen in Zuidwest-Georgia, waar een salmonella-uitbraak in een vervallen pindafabriek acht doden en zo'n 19.000 zieken in 43 staten tot gevolg had gehad. Het kostte mij een lange, wilde jacht om het geheime inspectierapport te achterhalen dat een van de hoofdoorzaken onthulde: voedselfabrikanten als Kellogg hadden erop vertrouwd dat een privé-inspecteur, betaald door de fabriek, garant zou staan voor de veiligheid van de pinda's. Het rapport dat de inspecteur schreef over zijn bezoek aan de fabriek kort voor de uitbraak, noemde geen van de duidelijke waarschuwingssignalen, zoals de ratten en het lekkende dak.

Later, in een poging een met E. coli besmette vracht hamburgers op te sporen die honderden zieken en een verlamde tweeëntwintigjarige voormalige danslerares in Minnesota, Stephanie Smith, tot gevolg had, merkte ik dat de federale overheid weinig behulpzaam was. Sterker nog: het ministerie van Landbouw is feitelijk medeplichtig aan de geheimhouding door de vleesindustrie. Met een beroep op concurrerende belangen wees de overheid mijn verzoeken om de meest basale feiten af, zoals welke slachthuizen het vlees hadden geleverd. Ik kreeg de informatie uiteindelijk van een ingewijde. Het belastende document wees uit waarom de regering zo beschermend is ten opzichte van de industrie die ze geacht wordt ter verantwoording te roepen. De hamburger die Stephanie had gegeten, een product van Cargill, was een mengsel van verschillende kwaliteiten vlees van verschillende delen van de koe en afkomstig van tal van slachthuizen tot in Uruguay. De vleesindustrie ontweek maatregelen die haar producten veiliger voor consumenten konden maken. De E. coli begint in de slachthuizen. Toch wilden veel grote slachthuizen hun vlees alleen aan hamburgermakers zoals Cargill verkopen als die ermee instemden hun vlees níét op E. coli te testen voordat het was gemengd met andere vrachten van andere slachthuizen. Dit bespaarde de slachthuizen kostbare terugnamen wanneer de ziekteverwekker in gemalen rundvlees werd aangetroffen, maar het belette ook dat ambtenaren en het publiek de bron van de colibacteriën opspoorden.

Zout, suiker en vet zijn een heel ander chapiter. Niet alleen zijn het geen verontreinigende stoffen zoals E. coli, de industrie onderzoekt bovendien stelselmatig het gebruik ervan. De vertrouwelijke rapporten die mij tijdens het schrijven van dit boek bereikten, laten haarscherp zien hoe doelbewust en berekenend dit in zijn werk gaat. Voor het maken van nieuwe frisdrank die gegarandeerd de trek aanwakkert, is de hoge wiskunde nodig van regressieanalyse en ingewikkelde grafieken om in kaart te brengen wat ingewijden in de industrie het *blisspoint* ('verrukkingspunt') noemen: de precieze hoeveelheid suiker of vet of zout waarvan de consument in de wolken raakt. In een laboratorium in White Plains, in de staat New York, leidden wetenschappers die met deze alchemie bezig zijn mij stap voor stap door het ontwikkelingsproces van een nieuwe frisdrank, zodat ik de creatie van verrukking met eigen ogen kon zien. Om te begrijpen hoe de industrie vet gebruikt om aantrekkelijke producten te maken, toog

DE BEDRIJFSJUWELEN

ik naar Madison, Wisconsin, de woonplaats van Oscar Mayer, de man die de kant-en-klare lunchmaaltijden, de Lunchables, uitvond, die de eetgewoonten van miljoenen Amerikaanse kinderen radicaal veranderden. Hij dook zijn archieven in om de bedrijfsrapporten te pakken waarin de voors en tegens van het gebruik van echte pepperoni tegenover dat van pepperonismaakstof worden afgewogen en de aantrekkelijkheid van vet vlees en vette kaas in knusse termen als 'productbezorgingsprikkels' werd beschreven. Vet en zout staan centraal in Frito-Lays activiteiten in Plano, Texas. Op enkele van de favoriete methoden van het bedrijf om deze twee ingrediënten te manipuleren, werd ik gewezen door een voormalig hoofd Wetenschappen daar, Robert I-San Lin. Het ging onder meer om een opmerkelijke poging van werknemers om de ideale snack terug te brengen tot een wiskundige vergelijking van smaak en gemak.

Ik zou erachter komen dat een van de meest fascinerende – en verontrustende – aspecten van de rol van zout, suiker en vet in industrieel vervaardigde voedingsmiddelen is gelegen in de manier waarop de industrie, in een poging hun werking te versterken, heeft geprobeerd hun fysieke vorm en structuur te veranderen. Wetenschappers bij Nestlé zijn momenteel aan het prutsen aan de verdeling en vorm van vetbolletjes om hun absorptiesnelheid en, zoals het in de industrie heet, hun 'mondgevoel' te beïnvloeden. Bij Cargill, 's werelds grootste zoutleverancier, zijn wetenschappers de natuurlijke vorm van zout aan het veranderen door het te verpulveren tot een fijn poeder dat de smaakpapillen sneller en harder raakt, waardoor de 'smaakexplosie' ervan wordt verbeterd. Ook suiker wordt op ontelbare manieren veranderd. Het zoetste bestanddeel van gewone suiker, fructose, is gekristalliseerd in een additief dat de aantrekkelijkheid van voedingsmiddelen verhoogt. Wetenschappers hebben ook stimulerende middelen ontworpen die de zoetheid van suiker tot tweehonderdmaal zijn natuurlijke kracht vergroten.

Sommige fysische herschikkingen van zout, suiker en vet worden ingekleed als een poging de consumptie van elk van deze ingrediënten te verminderen, zoals in vetarme en suikerarme producten; een superzout zou bijvoorbeeld kunnen betekenen dat er minder zout nodig is. Maar één facet van bewerkte voedingsmiddelen is voor de industrie heilig. Geen enkele verbetering in het voedingsprofiel van een product mag hoe dan ook de aantrekkelijkheid ervan verminderen. Dit heeft geleid tot een van de meest slinkse zetten van de industrie: één nadelig ingrediënt, zoals vet, verminderen en intussen stiekem meer suiker toevoegen om de mensen in de ban te houden.

Hoe krachtig ze ook zijn, zout, suiker en vet vormen slechts een deel van de blauwdruk van de industrie om de eetgewoonten van mensen te bepalen. Marketing is zeker zo belangrijk. Het marketingfacet van bewerkte voedingsmiddelen, zo werd duidelijk uit het onderzoek voor dit boek, is ook het aspect dat de grip van de industrie op federale toezichthouders het duidelijkst laat zien. Ambtenaren schermen niet alleen bedrijfsrapporten af voor het publieke oog. De grootste waakhonden van de regering laten ook hun tanden niet zien als de industrie te ver gaat bij het promoten van suikerhoudende, calorierijke kost, niet alleen op tv, maar ook in sociale media die nu door de voedselindustrie worden benut om kinderen te bereiken. Bovendien is de regering zo dicht tegen de voedselfabrikanten aangeschurkt dat sommige van de grootste coups van de industrie niet mogelijk zouden zijn geweest zonder overheidshulp. Toen consumenten hun gezondheid probeerden te verbeteren door over te stappen op magere melk, bedacht het Congres een manier voor de machtige zuivelindustrie om al dat ongewenste, overtollige vet in stilte om te buigen naar een enorme kaasafzet – geen kaas die je als delicatesse voor of na de hoofdmaaltijd eet, maar kaas die ongemerkt in ons voedsel terechtkomt als een aantrekkelijk, maar overbodig extra ingrediënt.

Het streven van de industrie naar aantrekkelijkheid is uitermate geraffineerd en laat niets aan het toeval over. Enkele van de grootste bedrijven gebruiken nu hersenscans om te onderzoeken hoe wij neurologisch reageren op bepaalde voedingsmiddelen, met name op suiker. Ze hebben ontdekt dat de hersenen van suiker op dezelfde manier oplichten als van cocaïne, en die kennis is bruikbaar, niet alleen bij het ontwerpen van voedingsmiddelen. De grootste ijsjesmaker ter wereld, Unilever, smeedde zijn hersenonderzoek bijvoorbeeld om tot een briljante marketingcampagne die het eten van ijs aanbeveelt als een 'wetenschappelijk bewezen' manier om onszelf blij te maken.

De voedselfabrikanten hebben ook grondig geprofiteerd van een deel van de consumptiegoederenmarkt waar op een ongekend uitgeslepen manier marketing wordt bedreven: de tabaksindustrie. Deze relatie begon in 1985, toen R.J. Reynolds Nabisco kocht, en bereikte enkele jaren later verbluffende hoogten toen de grootste sigarettenfabrikant ter wereld, Philip Morris, het grootste voedingsconcern werd door de overname van de twee grootste levensmiddelenfabrikanten, General Foods en Kraft.

Consumenten zijn steeds meer gaan letten op vet, zout en suiker, hetzij uit vrees voor obesitas en hart- en vaatziekten, hetzij omdat ze gewoon voeding wilden eten die minder bewerkt en echter is. Er is ook vergelijkbare druk uitgeoefend door gekozen overheidsfunctionarissen, van het Witte Huis tot het stadhuis in New York, waar zout, suiker, vet en calorieën in levensmiddelen steeds meer kritiek te verduren kregen. Als reactie boden levensmiddelenfabrikanten gezondheidsbewuste consumenten meer keus door met in dat opzicht betere versies van hun topproducten te komen. Hoe verder ze deze weg inslaan, hoe harder ze tegen twee onverbiddelijke feiten op lopen.

Ten eerste zijn de voedingsbedrijven zelf verslaafd aan zout, suiker en vet. Hun niet-aflatende drang de grootste aantrekkelijkheid tegen de laagste prijs te bereiken heeft hen telkens opnieuw naar deze drie ingrediënten gedreven. Suiker zoet niet alleen, maar vervangt ook kostbaardere ingrediënten – zoals tomaten in ketchup – die massa en textuur toevoegen. Voor weinig bijkomende kosten kunnen diverse vetten heimelijk aan voedingsmiddelen worden toegevoegd om overeten te stimuleren en het mondgevoel te verbeteren. En zout, nauwelijks duurder dan water, beschikt over miraculeuze krachten om de verleiding van voedingsmiddelen te vergroten.

De afhankelijkheid van de industrie van deze ingrediënten werd zonneklaar toen drie van de grootste voedselfabrikanten mij toestonden hun inspanningen om te minderen met zout te observeren. Zo maakte Kellogg voor mij een zoutloze versie van hun zeer goed lopende Cheez-Its, waar ik normaliter wel van kan blíjven eten. Helemaal zonder zout verloren de crackers echter hun betovering. Ze voelden aan als stro, kauwden als karton en hadden geen smaak. Hetzelfde gebeurde met de soep, het vlees en het brood dat andere fabrikanten, onder meer Campbell, voor mij probeerden te maken. Haal meer dan een beetje zout, suiker of vet uit een bewerkt voedingsmiddel, zo tonen deze experimenten aan, en er blijft niets van over.

Of, erger nog: wat er overblijft, zijn de onverbiddelijke consequenties van de bewerking van voedsel: akelige smaken die bitter, metalig en scherp zijn. De industrie heeft zichzelf gekooid.

Het tweede obstakel waarmee de industrie bij het invoeren van echte verbeteringen te maken krijgt, is de meedogenloze concurrentie om een plekje in de winkelschappen. Toen PepsiCo in 2010 een campagne lanceerde om zijn lijn gezondere producten te promoten, bracht de eerste afzetdaling Wall Street ertoe het bedrijf te verzoeken vooral weer zijn eigenlijke dranken en snacks te gaan promoten: die met het meeste zout, suiker en vet. Bij Coca-Cola werd PepsiCo's stap intussen onmiddellijk aangegrepen om terrein te winnen, door meer geld en inspanning te pompen in dat ene wat ze het beste doen: frisdrank verkopen.

'Wij verdubbelen onze frisdrankverkoop,' pochten Coca-Cola-managers tegen Jeffrey Dunn, een oud-directeur van Coca-Cola Noord-Amerika en Latijns-Amerika, die wegging bij het bedrijf nadat hij, tevergeefs, had geprobeerd enig benul van gezondheid bij Coca-Cola te introduceren. Dunn, die enkele van de strengst bewaarde geheimen van de frisdrankindustrie met mij zou delen, zei dat de reactie van het bedrijf begrijpelijk was gezien de hevige concurrentie, maar onverdedigbaar in het licht van de stijgende obesitascijfers. 'Voor mij is dat zoiets als de torpedo's verwensen terwijl je volle kracht vooruitvaart. Als zij voor die weg hebben gekozen, moeten ze hun verantwoordelijkheid nemen voor de prijs die de maatschappij betaalt.'

Dit is uiteindelijk het onderwerp waar het in dit boek om draait. Het zal laten zien hoe de makers van bewerkte voedingsmiddelen er telkens weer voor hebben gekozen hun inspanningen te verdubbelen om het Amerikaanse eetgedrag te beheersen, erop gokkend dat de consumenten hen niet door zouden krijgen. Het zal laten zien hoe ze doorzetten, ondanks hun eigen twijfels. En het zal hen verantwoordelijk houden voor de maatschappelijke prijs, die blijft stijgen, ook al zeggen sommigen van hun eigen mensen: 'Nu is het genoeg.'

De levensmiddelenfabrikanten zullen onvermijdelijk betogen dat zij ons in staat hebben gesteld de mensen te worden die we willen zijn: snel en druk, geen keukensloven meer. Maar in hun handen zijn het zout, de suiker en het vet dat ze hebben gebruikt om deze maatschappelijke metamorfose tot stand te brengen niet zozeer voedingsstoffen als wel wapens – wapens die ze zeer zeker inzetten om hun concurrenten te verslaan, én om ons steeds terug te laten komen voor méér.

DEEL EEN
SUIKER

1 DE BIOLOGISCHE UITBUITING VAN HET KIND

Het eerste wat we moeten weten over suiker is dit: ons lichaam is ingesteld op zoetigheden.
Vergeet wat wij op school leerden van dat oude diagram, de 'tongkaart', die zegt dat de vijf hoofdsmaken worden waargenomen door vijf afgebakende delen van de tong. Dat de achterkant een grote zone heeft voor stoten bitter, de zijkanten het zure en zoute pakken en dat het puntje van de tong die ene enkele plek voor zoetigheid heeft. De tongkaart klopt niet. Zoals onderzoekers in de jaren zeventig zouden ontdekken, legden de makers ervan het in 1901 gepubliceerde werk van een Duitse postdoc verkeerd uit; zijn experimenten toonden alleen maar aan dat wij wat meer zoetigheid op het puntje van de tong zouden kunnen proeven. In feite is de hele mond dol op suiker, ook het gehemelte. Er bevinden zich speciale receptoren voor zoetigheid in alle tienduizend smaakpapillen van de mond en ze zijn, op de een of andere manier, allemaal aangesloten op de delen van de hersenen die bekendstaan als het genotscentrum, waar wij worden beloond voor het opvullen van ons lichaam met energie. Maar onze geestdrift gaat nog verder. Wetenschappers ontdekken nu smaakreceptoren die langs de hele route van onze slokdarm tot onze maag en pancreas oplichten voor suiker, en ze blijken op een gecompliceerde manier verband te houden met onze smaken.
Het tweede wat we moeten weten over suiker: levensmiddelenfabrikanten zijn zich maar al te bewust van de onzin van de tongkaart, en van nog heel wat meer over de reden waarom wij naar zoetigheden verlangen. Ze beschikken over een staf van wetenschappers die zijn gespecialiseerd in de zintuigen, en de bedrijven gebruiken hun kennis om suiker op talloze manieren voor hen aan het werk te zetten. Niet alleen maakt suiker de smaak van voedingsmiddelen en drank onweerstaanbaar. De industrie heeft geleerd dat suiker ook kan worden gebruikt om een hele reeks wonderen tot stand te brengen,

van donuts die snel groter op te bakken zijn tot brood dat niet oud wordt en ontbijtgranen die toastachtig bruin en luchtig zijn. Door dit alles is suiker een standaardingrediënt in bewerkte voedingsmiddelen geworden. Gemiddeld consumeren we per jaar 32 kilo calorische zoetstoffen. Dat is 22 theelepels suiker per persoon per dag. De hoeveelheid is in drie bijna gelijke delen te splitsen, namelijk in suiker die is onttrokken aan suikerriet, aan suikerbieten en de groep zoetstoffen uit maïs, zoals fructoserijke maïssiroop (met een beetje honing en stroop in het mengsel).

Dat we dol zijn op suiker is niets nieuws. Er zijn hele boeken geschreven over zijn zegetocht door de geschiedenis, waarbij mensen geografie, conflicten en overweldigende technische obstakels overwonnen om hun onverzadigbare verslaving te onderhouden. De hoogtepunten beginnen met Christoffel Columbus, die suikerriet meenam op zijn tweede reis naar de Nieuwe Wereld, waar het werd geplant in Spaans-Santo Domingo, uiteindelijk werd verwerkt tot kristalsuiker door Afrikaanse slaven en, vanaf 1516, weer naar Europa werd verscheept om aan de toenemende behoefte van het continent aan het goedje te voldoen. De volgende opmerkelijke ontwikkeling vond plaats in 1807, toen een Britse zeeblokkade van Frankrijk de toegang tot suikerrietoogsten bemoeilijkte en ondernemers, die snel aan de vraag tegemoet wilden komen, uitzochten hoe suiker onttrokken kon worden aan bieten, die gemakkelijk in het gematigde klimaat van Europa geteeld konden worden. Riet en bieten bleven de twee belangrijkste bronnen van suiker tot de jaren zeventig, toen stijgende prijzen leidden tot de uitvinding van fructoserijke maïssiroop, die twee eigenschappen bezat die aantrekkelijk waren voor de frisdrankindustrie. Ten eerste was hij goedkoop, omdat hij doeltreffend werd gesubsidieerd door de federale prijsondersteuning voor maïs; en ten tweede was hij vloeibaar, wat betekende dat hij direct in voedsel en drank kon worden gepompt. In de loop van de daaropvolgende dertig jaar werd onze consumptie van gezoete frisdrank meer dan verdubbeld tot 150 liter per jaar per persoon, en hoewel die sindsdien is afgenomen, tot 120 liter in 2011, heeft er een evenredige toename bij andere frisdranken plaatsgevonden, zoals icetea, sportdrankjes, vitaminewater en energiedrankjes. Hun jaarlijkse consumptie is in het afgelopen decennium bijna verdubbeld tot 53 liter per persoon.

1 DE BIOLOGISCHE UITBUITING VAN HET KIND

Veel minder bekend dan de geschiedenis van suiker is het intensieve onderzoek dat wetenschappers hebben gedaan naar de aantrekkelijkheid ervan en naar de biologische en psychologische aspecten van de vraag waarom wij suiker zo onweerstaanbaar vinden.

De langste tijd konden de mensen die hun loopbaan wijdden aan voedingsonderzoek slechts gissen naar de mate waarin mensen worden aangetrokken door suiker. Ze hadden een vaag gevoel, maar geen bewijs, dat suiker zo krachtig was dat hij ons ertoe kon brengen er meer van te eten dan we zouden moeten doen en zo onze gezondheid kon schaden. Dat werd eind jaren zestig allemaal anders, toen een paar laboratoriumratten in de staat New York Froot Loops te pakken kregen, de superzoete ontbijtgranen die door Kellogg werden gemaakt. Het graanproduct werd aan de ratten gevoerd door een postdoc, Anthony Sclafani, die eerst alleen maar goed voor de dieren wilde zorgen. Maar toen Sclafani merkte hoe snel ze het opschrokten, besloot hij een proef te bedenken om hun gretigheid te meten. Ratten hebben een hekel aan open ruimten; zelfs in kooien zoeken ze doorgaans de schemerige hoeken en kanten op. Dus legde Sclafani een beetje van het graanproduct in het helder verlichte, open midden van hun kooi – een gebied dat ze normaliter schuwden – om te zien wat er zou gebeuren. En jawel, de ratten overwonnen hun instinctieve angst en renden naar het open gedeelte om te schransen.

Hun voorkeur voor zoetigheden werd enkele jaren later wetenschappelijk significant toen Sclafani een paar ratten probeerde vet te mesten voor een onderzoek. Hun standaard-Purina Dog Chow werkte niet, zelfs niet toen Sclafani een heleboel vet aan het mengsel toevoegde. De ratten aten niet genoeg om significant zwaarder te worden. Dus stuurde Sclafani, het Froot Loops-experiment indachtig, een postdoc naar een supermarkt aan Flatbush Avenue om wat koekjes en snoepjes en andere producten met veel suiker te kopen. De ratten raakten door het dolle heen, ze vonden alles onweerstaanbaar. Ze waren vooral dol op gezoete gecondenseerde melk en chocoladerepen. Ze aten in de loop van enkele weken zoveel dat ze obees werden.

'Iedereen die ratten als huisdieren houdt, weet dat ze het lekker vinden als je ze een koekje geeft, maar niemand heeft ze bij wijze van experiment er net zoveel van gegeven als ze wilden,' zei Sclafani tegen mij toen ik hem ontmoette in zijn lab in Brooklyn, waar hij nog steeds knaagdieren gebruikt bij het onderzoek naar de psychologie en de hersenmechanismen die aan de trek in vet- en suikerrijke voedingsmiddelen ten grondslag liggen. Toen hij precies dat deed, namelijk zijn ratten net zoveel geven als ze wilden, zag hij hun zin in suiker in een nieuw licht. Ze waren er dol op, en deze begeerte overstemde alle biologische remmen die hadden moeten roepen: stop!

De bijzonderheden van Sclafani's experiment verschenen in 1976 in een scriptie die door onderzoekers wordt bewonderd als een van de eerste experimentele bewijzen van een onweerstaanbare trek in voedsel. Sinds de publicatie is er een heleboel onderzoek verricht om een verband te leggen tussen suiker en dwangmatig overeten. In Florida hebben onderzoekers ratten zo geconditioneerd dat ze een elektrische schok verwachten wanneer ze kwarktaart eten, en toch vallen ze erop aan. Wetenschappers in Princeton ontdekten dat ratten die van een suikerhoudend dieet worden gehaald, tekenen van onthouding gaan vertonen, zoals klappertanden. Toch gaat het bij deze onderzoeken enkel om knaagdieren, waarvan in de wetenschap bekend is dat ze maar in beperkte mate in staat zijn menselijke fysiologie en gedrag te voorspellen.

Hoe zit dat tussen mensen en Froot Loops?

Voor enkele antwoorden op deze vraag, en voor het grootste deel van de fundamentele wetenschap van het hoe en waarom wij zo worden aangetrokken door suiker, heeft de voedingsindustrie zich gewend tot het Monell Chemical Senses Center in Philadelphia.

Wanneer je na aanbellen aan de voordeur het centrum hebt betreden, lijk je in het clubhuis voor promovendi te zijn beland. Wetenschappers hangen in de gangen rond om ideeën uit te wisselen die tot wilde ontdekkingen leiden, bijvoorbeeld hoe het kan dat katten geen zoet kunnen proeven, of hoe de hoest die het gevolg is van het nippen van goede olijfolie wordt veroorzaakt door een anti-inflammatoire agens, wat misschien de zoveelste reden voor voedingsdeskundigen zal blijken te zijn om zo dol op deze olie te zijn. De onderzoekers bij Monell reppen zich naar en van vergaderzalen en laboratoria vol instrumenten en turen door eenzijdige spiegels naar de kinderen en volwassenen die al etend en drinkend deelnemen aan de vele lopende experimenten van het centrum. In de afgelopen veertig jaar hebben zich meer dan driehonderd fysiologen, chemici, neurowetenschappers, biologen en genetici in Monell opgehouden om te helpen bij het ontcijferen van de mechanismen van smaak en geur en van de complexe psychologie waarmee onze trek in voedsel samenhangt. Ze behoren tot de toonaangevende autoriteiten in de wereld op smaakgebied. In 2001 identificeerden ze de feitelijke eiwitmolecuul, T_1R_3, die zich in de smaakpapil bevindt en suiker opspoort. Recenter hebben ze de suikersensoren getraceerd die verspreid zijn over het hele spijsverteringsstelsel, en ze vermoeden nu dat deze sensoren allerlei sleutelrollen vervullen in onze stofwisseling. Ze hebben zelfs een van de hardnekkiger raadsels van het verlangen naar voedsel opgelost: de door marihuana teweeggebrachte trek. Dit gebeurde in 2009, toen Robert Margolskee, een moleculair bioloog en mededirecteur van het centrum, samen met andere wetenschappers ontdekte dat de receptoren voor zoete smaak op de tong worden geprikkeld door endocannabinoïden. Dat zijn stoffen die worden geproduceerd in de hersenen om onze eetlust te doen toenemen. Het zijn chemische zusters van THC, het actieve ingrediënt in marihuana, hetgeen kan verklaren waarom het roken van marihuana knagende honger kan veroorzaken. 'Onze smaakcellen blijken slimmer te zijn dan wij dachten, en meer betrokken bij het reguleren van onze eetlust,' vertelde Margolskee me.

Het lastigste thema bij Monell is echter niet suiker. Het is geld. Belastingbetalers voorzien via federale subsidies in ongeveer de helft van het jaarbudget van het centrum van 17,5 miljoen dollar, maar verder wordt het goeddeels door de voedingsindustrie draaiende gehouden. Een grote gouden plaat in de hal bewijst onder meer PepsiCo, Coca-Cola, Kraft, Nestlé en Philip Morris eer. Het is een vreemde regeling, dat wel, een die doet denken aan vroegere pogingen van de tabaksindustrie om 'research' te kopen die sigaretten in een gunstig daglicht moest plaatsen. Bij Monell verschaffen de fondsgelden van de industrie bedrijven een geprivilegieerde toegang tot het centrum en zijn laboratoria. Ze krijgen exclusieve eerste inzagen in het onderzoek van het centrum, vaak al drie jaar voordat de informatie openbaar wordt gemaakt, en ze krijgen ook de kans enkele wetenschappers van Monell in te huren om speciaal onderzoek uit te voeren waaraan ze behoefte hebben. Maar Monell gaat prat op de integriteit en onafhankelijkheid van zijn wetenschappers. Een deel van hun werk wordt in feite gefinancierd met geld van de rechtszaken die staten tegen de tabaksfabrikanten hebben aangespannen.

Hoewel Monell fondsen van de industrie ontvangt, komen sommige van zijn wetenschappers over als consumentenbeschermers wanneer ze het hebben over de macht die hun weldoeners uitoefenen, met name waar het om kinderen gaat.

Deze spanning tussen de opgetogenheid van de industrie over het onderzoek bij Monell en de onzekerheid van het centrum zelf over de praktijken van de industrie gaat terug op een zeer vroeg onderzoek van het centrum naar onze smaakpapillen – op basis van leeftijd, geslacht en etniciteit. In de jaren zeventig ontdekten onderzoekers bij Monell dat vooral kinderen en Afro-Amerikanen gek waren op zoute en zoete voedingsmiddelen. Ze gaven oplossingen met een wisselend zoet- en zoutgehalte aan een groep van 140 volwassenen en daarna aan een groep van 618 kinderen van negen tot vijftien jaar, en het bleek dat de kinderen van de hoogste zoet- en zoutheidsgraad hielden – nog meer dan de volwassenen. Tweemaal zoveel kinderen als volwassenen kozen de zoetste en zoutste oplossingen. Het verschil tussen volwassenen was minder opvallend, maar toch aanzienlijk: meer Afro-Amerikanen kozen voor de zoetste en zoutste oplossingen.

Een van Monells sponsors, Frito-Lay, was met name geïnteresseerd in het zoutgedeelte van het onderzoek, omdat het bedrijf het meeste verdiende aan zoute chips. Een voedselwetenschapper van Frito-Lay somde, onder aanhaling van Monells werk in een intern memo van 1980, de bevindingen over kinderen op en voegde eraan toe: 'Raciaal effect: aangetoond is dat zwarten (in het bijzonder zwarte tieners) de sterkste voorkeur vertoonden voor een hoge concentratie van zout.' De Monell-wetenschapper die dit baanbrekende onderzoek verrichtte, wierp echter nog een andere kwestie op waaruit zijn bezorgdheid over de voedingsindustrie sprak. Kinderen hiélden niet alleen maar meer van suiker dan volwassenen, zo merkte deze wetenschapper, Lawrence Greene, op in een werkstuk dat in 1975 verscheen; gegevens wezen uit dat ze feitelijk ook meer van de substantie consumeerden, en Greene suggereerde dat het weleens een kwestie van de kip en het ei kon zijn: deze trek in suiker is misschien deels niet aangeboren bij kinderen, maar veeleer het gevolg van de grote hoeveelheden suiker die aan bewerkte voedingsmiddelen worden toegevoegd. Wetenschappers noemen dit aangeleerd gedrag, en Greene suggereerde als een van de eersten dat het steeds zoetere Amerikaanse eten het verlangen naar meer suiker kon stimuleren, wat, zo schreef hij, 'al dan niet in overeenstemming zou kunnen zijn met een optimale nutritionele praktijk'.

Met andere woorden, hoe zoeter de industrie het voedsel maakte, hoe zoeter kinderen hun voedsel wilden hebben.

Omdat ik deze gedachte nog wat dieper wilde onderzoeken, bracht ik enige tijd door met Julie Mennella, een biopsycholoog die in 1988 bij Monell begon. In het vervolgdeel van haar opleiding had ze moedergedrag bij dieren onderzocht en vastgesteld dat niemand de invloed onderzocht die voedingsmiddelen en smaken hadden op vrouwen die moeder waren. Ze kwam bij Monell om een aantal openstaande vragen over voedsel te beantwoorden. Worden de smaken van het voedsel dat je eet doorgegeven aan je melk? Worden ze doorgegeven aan het vruchtwater? Ontwikkelen baby's een voorkeur voor en afkeer van voedingsmiddelen al vóórdat ze worden geboren?

'Een van de fundamenteelste mysteries is waarom wij van bepaalde gerechten houden,' zei Mennella. 'Houden van zoet maakt deel uit van de biologische basisgesteldheid van een kind. Neem nou het smaaksysteem, dat neemt een van de allerbelangrijkste beslissingen: het al dan niet accepteren van een gerecht. En, wanneer we het accepteren, het waarschuwen van het spijsverteringsstelsel voor ophanden zijnde voedingsstoffen. Het smaaksysteem is onze poortwachter en een van de benaderingen van het onderzoek is geweest een ontwikkelingsroute te nemen, vanaf het begin te kijken – en dan zie je dat kinderen in andere sensorische werelden leven dan u en ik. Als groep kiezen ze voor een veel hoger gehalte aan zoet en zout, en wijzen ze bitter sterker af dan wij. Ik zou willen stellen dat een deel van de reden dat kinderen houden van een hoger gehalte aan zoet en zout een afspiegeling is van hun biologische basis.'

Vijfentwintig jaar later is Mennella dichter dan enige andere wetenschapper gekomen bij een van de meest fascinerende – en, voor de voedingsmiddelenindustrie, financieel belangrijke – aspecten van de relatie die kinderen met suiker hebben. In haar recentste project testte ze 356 kinderen, in de leeftijd van vijf tot tien jaar, die naar Monell werden gebracht om hun blisspoint voor suiker te bepalen. Het blisspoint is de precieze hoeveelheid zoetigheid – niet meer, niet minder – die voedsel en drank het lekkerst maakt. Ze was dit project in de herfst van 2010 aan het voltooien toen ze erin toestemde mij enkele methoden te laten zien die ze had ontwikkeld.

Voedingstechnologen verwijzen doorgaans voor zichzelf naar het blisspoint wanneer ze de samenstelling van hun producten aan het vervolmaken zijn, van frisdranken tot chips met een smaakje, maar merkwaardig genoeg heeft de industrie ook geprobeerd het blisspoint te gebruiken om zich te verdedigen tegen de kritiek dat ze de schappen in de winkels volstouwde met voedingsmiddelen die een ongezonde trek oproepen. In 1991 stond deze opvatting van het blisspoint als een natuurlijk fenomeen centraal in een bijeenkomst van een van de meer opmerkelijke verenigingen van de industrie. De in Londen gevestigde groep heette ARISE (Associates for Research into the Science of Enjoyment) en zijn sponsors waren voedings- en tabaksbedrijven. ARISE zag het organiseren van 'verzet tegen de "calvinistische" aanvallen op mensen die genieten zonder anderen te benadelen' als zijn missie. De bijeenkomst, in Venetië, Italië, begon met een Britse wetenschapper die sprak over wat hij noemde 'meerisme', waarin van de vroege momenten van eten – zoals bij voorafjes – werd aangetoond dat ze van betekenis waren bij het streven naar genot doordat ze je feitelijk nog hongeriger maakten. De eigen directeur van Monell, Gary Beauchamp, hield een voordracht waarin hij inging op de wisselende reacties die kinderen op smaken vertonen. Kinderen ontwikkelen al na vier of vijf maanden een smaak voor zout, vertelde hij de verzamelde wetenschappers, terwijl hun voorkeur voor zoet er al bij hun geboorte blijkt te zijn.

De volgende spreker was de Australische psycholoog Robert McBride, die het publiek boeide met een presentatie die hij 'Het blisspoint: implicatie voor productkeuze' noemde.

Voedingsfabrikanten hoeven niet bang te zijn voor de implicatie van genot in het woord '*bliss*', zo begon hij. Wie van ons, zei hij, kiest tenslotte voor voedsel op grond van de nutritionele status ervan? 'Voeding staat niet voorop in het denken van mensen wanneer ze hun voedingswaren kiezen,' zei hij. 'Het zijn de smaak, het aroma, de zintuiglijke voldoening.'

En wat deze eigenschappen betreft is er niet één krachtiger dan de smaak van suiker, zei hij. 'Mensen houden van zoetigheid, maar hoeveel zoetigheid? Voor alle ingrediënten in voedingsmiddelen en drank bestaat er een optimale concentratie waarbij het zintuiglijk genot maximaal is. Dit maximale niveau noemen wij het blisspoint.'

De enige echte uitdaging waarvoor het blisspoint bedrijven stelt, is ervoor zorgen dat hun producten dit punt van zoetheid feilloos bereiken. Bedrijven zullen niet zoveel ketchup of broden verkopen als ze niet zoet genoeg zijn. Of, anders gezegd: ze zullen veel meer ketchup en broden verkopen als ze het precieze blisspoint voor suiker in elk van deze artikelen kunnen bepalen.

McBride eindigde zijn voordracht die dag in Venetië met bemoedigende woorden voor de aanwezige voedingsbedrijven. Met een beetje moeite, zei hij, kan het blisspoint worden berekend en opgeteld als zoveel eiwit of vezel of calcium in het voedsel.

'Genot uit voedsel is geen diffuus begrip,' zei hij. 'Het kan worden gemeten, net zoals de fysieke, chemische en voedingskundige factoren kunnen worden gemeten. Met een preciezere status kan het vermogen van levensmiddelensmaken om genot op te roepen gaan gelden als een reële, concrete eigenschap van producten, net zoals hun voedingskundige status.'

Julie Mennella, de biopsycholoog bij Monell, wilde mij wel laten zien hoe het blisspoint wordt berekend. Ik ging op een warme dag in november terug naar het centrum en ze bracht me naar een kleine ruimte voor de proeverij, waar we ons proefkonijn ontmoetten: Tatyana Gray, een prachtig meisje van zes.

'Wat zijn je lievelingsontbijtgranen?' vroeg Mennella voor de grap aan Tatyana.

'Mijn lievelingsontbijtgranen zijn... Cinnamon Crunch,' antwoordde Tatyana.

Tatyana zat aan een tafeltje, met kleine knuffelversies van Grote Vogel en Oscar Mopperkont naast zich. Terwijl een labassistente de voedingsmiddelen verzamelde die geproefd moesten worden, lichtte Mennella toe dat het protocol voor dit experiment was ontleend aan een reeks experimenten die in twintig jaar tijd waren verricht en bedoeld was om een wetenschappelijk meetbare reactie op te leveren. 'We hebben te maken met voedingsmiddelen die heel goed in de smaak vallen en we vragen het kind dus welk middel het het lekkerst vindt. Het kind geeft datgene wat hij of zij het lekkerst vindt dan aan Grote Vogel, omdat het weet dat Grote Vogel van dingen houdt die lekker smaken. We nemen een grote groep kinderen onder de loep, soms nog maar drie jaar jong, en we willen niet dat taal hierbij een rol speelt. Het kind hoeft niets te zeggen. Het wijst naar wat het lekker vindt, of het geeft het, in dit geval, aan Grote Vogel. De bedoeling is de invloed van taal te minimaliseren.'

Waarom niet gewoon de kinderen ronduit vragen of ze het lekker vinden, vroeg ik.

'Dat werkt gewoon niet, vooral niet bij jonge kinderen,' zei ze. 'Je kunt ze van alles geven en zij zeggen dan wel ja of nee. Al is het in deze context doorgaans ja. Kinderen zijn slim. Ze zeggen datgene waarvan ze denken dat jij het wilt horen.'

We probeerden deze gedachte uit door Tatyana te vragen wat ze liever had: broccoli of de uit Philadelphia afkomstige snack Tasty-Kake.

'Broccoli,' zei ze, klaar voor een aai over haar bol.

Voor onze blisspointproef had Mennella's assistente een stuk of tien vanillepuddingen bereid, elk met een andere zoetheidsgraad. Ze begon met twee varianten in plastic kommetjes te doen en deze aan Tatyana voor te zetten. Tatyana proefde van de linkse variant, slikte door en nam een slokje water. Toen proefde ze van de pudding rechts. Ze zei niets, maar dat hoefde ook niet. Haar gezicht klaarde op toen haar tong tegen haar gehemelte duwde, waardoor de pudding in de duizenden receptoren werd gedrukt die op zoetigheid bedacht waren. Als oude rot bij de test negeerde ze de knuffelbeesten en wees ze enkel naar het kommetje dat ze het lekkerst vond.

Er was één probleem bij het gadeslaan van Tatyana terwijl ze de puddingen verorberde. Bij de totstandkoming van de 'bliss' die ze ervoer, gebeurde er veel wat voor ons onzichtbaar was. Elk lepelhapje verdween in haar mond en wij konden haar gezichtsuitdrukkingen en, uiteindelijk, haar besluit zien. Maar tussen proeven en kiezen ontvouwde zich een hele reeks gebeurtenissen binnen in haar lichaam,

1 DE BIOLOGISCHE UITBUITING VAN HET KIND

beginnend bij de smaakpapillen, die van cruciaal belang waren om te kunnen begrijpen hoe en waarom ze zo blij was.

Om beter te begrijpen wat zich precies afspeelde, wendde ik me tot een andere wetenschapper van Monell, Danielle Reed, die psychologie had gestudeerd aan Yale. Reed gebruikte, op het moment van onze ontmoeting, kwantitatieve genetica om te onderzoeken hoe vererving van invloed zou kunnen zijn op het genot dat wij ontlenen aan sensaties als het proeven van suiker, maar haar onderzoek naar de zoete smaak concentreerde zich ook op het mechanisme. Reed maakte deel uit van de groep bij Monell die T1R3 ontdekte, de zoetreceptorproteïne. Ze vertelde mij dat Tatyana's verrukking over de suiker in de pudding begint bij haar speeksel. We noemen lekker voedsel niet voor niets 'om van te watertanden'. Alleen al de aanblik van een suikerhoudende traktatie maakt dat het speeksel gaat vloeien, wat dan weer het spijsverteringsstelsel op gang brengt. 'De suiker, of zoetmolecuul, lost op in je speeksel,' zei Reed. Onze smaakpapillen zijn geen gladde bultjes, zoals we misschien denken, legde ze uit. Ze hebben kluitjes van kleine, harige uitstulpingen die vanuit de papil oprijzen, en deze uitstulpingen, microvilli, bevatten de cel die de smaak opspoort en ontvangt. 'En daarmee begint een reeks kettingreacties in de cel. De smaakreceptorcel praat als het ware met zijn vrienden in de smaakpapil. Er gebeurt van alles met dat signaal, en dan besluit hij ten slotte dat datgene wat zich in je mond bevindt zoet is en geeft hij neurotransmitters op de zenuw, die vervolgens naar de hersenen gaan.'

Zoals bijna alles wat zich in de hersenen afspeelt, wordt wat daar boven gebeurt in verband met voedsel nog steeds uitgezocht. Maar onderzoekers beginnen de weg die suiker volgt – volgens Reed eerder een doelbewuste mars – in kaart te brengen. 'Er is een zeer geordend verloop van banen in de hersenen die mensen nu pas leren kennen,' zei ze. 'Het stopt bij de eerste pleisterplaats en beweegt zich steeds verder voorwaarts en eindigt uiteindelijk in de genotscentra, zoals de orbitofrontale cortex van de hersenen, en dat is het moment waarop je de beleving "Ah, zoet" hebt. Het góéde aspect van zoet.'

We hoeven niet eens suiker te eten om de verleiding ervan te ondergaan. Een pizza werkt ook, net als enig ander geraffineerd zetmeel, dat het lichaam omzet in suiker. Het begint meteen in de mond, met het enzym amylase. 'Hoe sneller het zetmeel suiker wordt, hoe sneller onze hersenen ervoor worden beloond,' zei Reed. 'Wij houden van grondig geraffineerde dingen omdat ze ons onmiddellijk genot schenken, maar dat heeft duidelijk gevolgen. Zo ongeveer als wanneer je heel snel alcohol drinkt; dan wordt je heel snel dronken. Wanneer je suiker heel snel afbreekt, wordt je lichaam overspoeld door suiker, meer dan het aankan, terwijl het met een hele korrel geleidelijker gaat en je die op een meer geordende manier kunt verteren.'

In de tests die Mennella uitvoerde om Tatyana's blisspoint voor suiker te berekenen, werkte de zesjarige zich door meer dan twintig puddingen, stuk voor stuk klaargemaakt met een ander zoetheidsgehalte. De puddingen werden haar paarsgewijs voorgezet, waarvan ze steeds de ene koos die haar het best beviel. Elke keuze van haar bepaalde welk puddingenpaar daarna zou komen, en langzaam bewoog Tatyana zich naar het zoetheidsniveau dat ze het allerliefst had. Toen Mennella de resultaten kreeg, was duidelijk te zien dat Tatyana beslist nooit een stronkje broccoli in plaats van iets uit de TastyKake-reeks aan Grote Vogel zou hebben gegeven. Tatyana's blisspoint voor de pudding was 24 procent suiker, tweemaal het zoetheidsniveau dat de meeste volwassenen in pudding aankunnen. Voor een kind zat ze nog aan de lage kant; sommigen komen wel uit op 36 procent.

Buiten de biologische basis zijn er nog drie andere aspecten die suiker aantrekkelijk lijken te maken voor kinderen, zei Mennella. Ten eerste is de zoete smaak het signaal dat voedingsmiddelen rijk zijn aan energie, en omdat kinderen zo snel groeien, hunkert hun lichaam naar voedingsmiddelen die snelle brandstof leveren. Ten tweede: wij mensen evolueerden niet in een omgeving met flink veel intens zoete voedingsmiddelen, wat vermoedelijk de opwinding verhoogt die we voelen wanneer we suiker eten. En ten slotte: door suiker voelen kinderen zich prettig. 'Suiker is een pijnstiller,' zei Mennella. 'Hij zorgt ervoor dat pasgeboren baby's minder huilen. Een jong kind kan zijn hand langer in een koudwaterbad houden als het een zoete smaak in de mond heeft.'

Dit zijn enorme, krachtige concepten – concepten die cruciaal zijn om te begrijpen waarom zoveel van het voedselaanbod zoet is en waarom we zo door suiker worden aangetrokken. Wij hebben energie nodig, en Cinnamon Crunch levert die snel. Wij zijn sinds onze

1 DE BIOLOGISCHE UITBUITING VAN HET KIND

geboorte vertrouwd met zoet, en toch hadden onze voorouders niets wat zo opwindend was als cola. Door suiker voelen we ons zelfs prettiger, en wie wil dat niet?

Mennella is tot de overtuiging gekomen dat ons blisspoint voor suiker – en in feite voor alle voedingsmiddelen – wordt gevormd door onze vroegste ervaringen. Maar naarmate baby's opgroeien tot jongeren neemt de kans voor voedingsbedrijven om onze smaak te beïnvloeden ook toe. Voor Mennella is dit verontrustend. Niet dat levensmiddelenbedrijven kinderen leren van zoetheid te houden; het is meer dat ze kinderen leren hoe voeding hoort te smaken. En in dit onderwijsprogramma ging het in toenemende mate allemaal over suiker.

Zoveel is duidelijk uit het onderzoek bij Monell: mensen zijn dol op suiker, vooral kinderen. En tot een zeker punt – het blisspoint – geldt: hoe meer suiker, hoe beter.

We kennen dan misschien nog niet alle bochten en afslagen die suiker neemt bij zijn race van onze mond naar onze hersenen, de eindresultaten staan in elk geval niet ter discussie. Suiker is als weinig andere substanties in staat trek te creëren, en toen het publiek dit vermogen geleidelijk doorkreeg, veranderde suiker in een politiek probleem voor de fabrikanten van bewerkte voedingsmiddelen – een probleem waarvoor ze, wederom, bij Monell zouden aankloppen voor hulp.

Door het geld dat de grote voedingsbedrijven aan Monell geven, hebben ze het privilege om de wetenschappers van het centrum speciale onderzoeken exclusief voor hen te laten uitvoeren. In de jaren tachtig vroeg een groep financiers Monell om hulp bij een dringendere aangelegenheid: ze hadden steun nodig bij hun verweer tegen een publieke aanval.

Suiker kwam zwaar onder vuur uit verscheidene richtingen te liggen. De Food and Drug Administration had zijn oog erop laten vallen in het kader van een poging de veiligheid van alle voedseladditieven te onderzoeken. Het rapport waartoe de FDA opdracht gaf, beval geen regelgevende actie aan, maar het bevatte wel diverse waarschuwingen: tandbederf tierde welig, suiker hield mogelijk verband met hart- en vaatziekten, en de consumenten hadden de greep op het gebruik ervan nagenoeg verloren. Afschaffing van de suikerpot thuis zou nauwelijks helpen de consumptie terug te dringen, aldus het rapport, aangezien meer dan twee derde van de suiker in het eten van Amerikanen nu afkomstig was van bewerkte voedingsmiddelen.

In dezelfde tijd zorgde een commissie van Amerikaanse senatoren – onder wie Walter Mondale en Ted Kennedy – voor opschudding door de publicatie van de eerste officiële richtlijn van de federale regering voor het eetgedrag van de Amerikanen. De commissie was begonnen met het bestuderen van honger en armoede, maar richtte haar aandacht al snel op hart- en vaatziekten en andere ziekten die deskundigen met eetgedrag in verband brachten. 'Ik verklaarde dat Amerikanen minder voedsel moesten eten, minder vlees, minder vet, vooral minder verzadigd vet, minder cholesterol, minder suiker, meer onverzadigd vet, fruit, groente en graanproducten,' schreef een adviseur bij het ministerie van Landbouw in een verslag. Daar kwam bij dat Michael Jacobson, een aan het MIT opgeleide protegé van Ralph Nader, een bekende behartiger van consumentenbelangen, de Federale Handelscommissie het vuur na aan de schenen legde. Jacobsons groep, het Center for Science in the Public Interest (het centrum voor wetenschappelijk onderzoek in het algemeen belang), had twaalfduizend handtekeningen van mensen uit de gezondheidszorg verzameld om er bij de instelling op aan te dringen om op kinderen gerichte tv-reclames voor suikerhoudende voedingsmiddelen te verbieden.

De krantenkoppen die deze en andere aanvallen op de industrie van bewerkte voedingsmiddelen opleverden, hadden geleid tot een verhoogd bewustzijn en een grotere ongerustheid bij consumenten. Een federaal onderzoek stelde vast dat drie van de vier winkelbezoekers de ingrediëntenvermeldingen op verpakkingen las en gebruikte; de helft van deze consumenten zei dat ze de etiketten bestudeerden om bepaalde additieven, zoals zout, suiker, vetten en kleurstoffen, te vermijden. Nog zorgwekkender dan dat voor de voedingsindustrie was dat het publiek in toenemende mate geloofde dat het gebruik van suiker, en ook van kleurstoffen, smaakstoffen en andere additieven, hyperactiviteit bij kinderen en overeten bij volwassenen veroorzaakte. 'Het kwam van het grote publiek, en er zijn altijd stemmen, activistische stemmen, die zeggen: het is een feit dat suiker hyperactiviteit veroorzaakt,' blikt Al Clausi terug, die in 1987 aftrad als ad-

1 DE BIOLOGISCHE UITBUITING VAN HET KIND

junct-directeur en hoofd Onderzoek bij General Foods. 'Dat maakte deel uit van de folklore. Dát en smaken maken dat je meer van iets eet dan je anders zou doen.' Onder aanvoering van Clausi vormden functionarissen van Kellogg en General Mills een commissie, de Flavor Benefits Committee, die Monell vroeg onderzoek te doen dat zou helpen de neezeggers tot zwijgen te brengen, door suiker en andere additieven in een gunstiger daglicht te plaatsen door hun voedingsvoordelen te benadrukken.

Monell was een voor de hand liggende keus voor de industrie. In een brief van 1978 aan Clausi bedankte Morley Kare, voormalig directeur van Monell, General Foods voor zijn jongste controle en stelde hij voor dat wetenschappers van het centrum een cursus voor productontwikkelaars bij het bedrijf zouden geven. 'Wij leggen momenteel de nadruk op de uitbreiding van ons programma over smaak en voeding,' schreef Kare. 'Er wordt een onderzoek bij tieners gepland, gericht op hun verlangen naar hoge concentraties zoet, zout en, uiteraard, de smaak en consistentie van vet.'

In 1985 waren er negen wetenschappers in het centrum aan het werk met het project van de voedingsindustrie over de voordelen van smaak, en in enkele van hun bevindingen kon de industrie alleen in de beslotenheid genoegen scheppen. Eén ontdekking zou een morele opkikker zijn geweest in laboratoria van voedingsbedrijven, waar technologen minder gelukkig waren met het feit dat hun werkgevers zo zwaar leunden op suiker. Monell droeg bij aan de vaststelling dat pasgeboren baby's van nature dol zijn op suiker. Hierdoor konden bedrijven in elk geval betogen dat suiker niet iets 'kunstmatigs' was dat ze opdrongen aan een nietsvermoedend publiek.

Namens de levensmiddelenfabrikanten stortte Monell zich ook op de vraag of suiker mensen aanzet tot overmatig eten, en in dat opzicht deden de wetenschappers enkele verontrustende ontdekkingen. Zo bleek het niet genoeg te zijn dat voedingsmiddelen een aantrekkelijke smaak hadden. Om echt aantrekkelijk te zijn moesten deze producten flink wat suiker en vet bevatten. Alleen deze twee ingrediënten, samen met zout, leken de kracht te hebben de hersenen te prikkelen tot eten. Met deze kennis in het achterhoofd richtte Monell zich op een artikel in de winkelschappen dat misschien wel meer invloed op de Amerikaanse leefwijze begon uit te oefenen dan alles wat de voedingsindustrie verder aanbood: frisdrank, die mensen in ongekende hoeveelheden begonnen te drinken.

Veel van Monells werk aan frisdrank werd gedaan door een van de begaafdste wetenschappers van het centrum, Michael Tordoff. Tordoff had al bewezen dat hij in staat was werk te leveren dat enkele interessante deuren voor de voedingsindustrie kon openen. Met een collega vond hij een zoete samenstelling uit, Charmitrol genoemd, die op tegengestelde manieren kon werken, beide potentieel lucratief. Zijn onderzoeken met dieren wezen uit dat de samenstelling mensen ertoe kon aanzetten om grotere hoeveelheden voeding te gebruiken. Maar het kon hen ook, anders toegepast, bewegen om minder te eten. 'Het maakte dikke ratten mager en magere ratten dik,' vertelde hij mij. Twee bedrijven kregen van Monell een vergunning voor de substantie, maar brachten neurologische risico's aan het licht die het commerciële nut doorkruisten.

Bij het onderzoeken van frisdrank wilde Tordoff nagaan hoe die mogelijk de eetlust beïnvloedde, en hij deed meteen al een verbluffende ontdekking. Gezoete drankjes maakten zijn ratten hóngeriger, niet mínder hongerig. Aanvankelijk leek deze bevinding zich te keren tegen suikervrije frisdranken, omdat hij sacharine, de kunstmatige zoetstof, had gebruikt in plaats van suiker om de dranken te zoeten. Hij kreeg hetzelfde resultaat toen hij kauwgom gebruikte die was gezoet met sacharine. Maar toen ging hij mensen testen en daarbij gebruikte hij gewone frisdrank, gemaakt van fructoserijke maïssiroop.

In de herfst van 1987 rekruteerde Tordoff dertig mensen van nabijgelegen universiteiten. Ze werden allemaal onderzocht op duidelijke diskwalificaties – zoals zwangerschap of het houden van een dieet – en daarna aan het werk gezet. Negen weken lang kwamen de dertig deelnemers naar Monell om te worden ondervraagd en gewogen, waarna ze naar huis werden gestuurd met 28 flessen frisdrank die speciaal voor dit experiment waren vervaardigd door twee van Monells sponsorbedrijven, met de instructie om nauwkeurig bij te houden wat ze dronken. Aan experimenten als dit kleeft een groot risico: de wetenschappers moeten erop vertrouwen dat gewone mensen heel wetenschappelijk zijn, en mensen zijn maar mensen. Ze vergeten, ze verwarren, ze sjoemelen, en dat alles bederft de resultaten.

Om hun volgzaamheid – en oprechtheid – te bevorderen kregen de deelnemers te horen: 'Wij zouden kunnen bepalen wat jullie hebben gegeten aan de hand van een onderzoek van urinemonsters', wat bij deze proef in werkelijkheid niet waar was, zo merkte het gepubliceerde onderzoek op.

Monell deelde vijfduizend flessen uit van de speciaal samengestelde frisdranken, in drie onderscheiden fases. 'Drie weken gaven we hun niets,' zei Tordoff. 'Drie weken kregen ze 1,2 liter light frisdrank per dag. En drie weken kregen ze dagelijks 1,2 liter gewone frisdrank.' De light frisdrank bleek een soort water te zijn, of op z'n hoogst een steuntje bij het afvallen. Mannen verloren ongeveer 110 gram wanneer ze de light frisdrank dronken. Bij vrouwen was geen statistisch significante verandering zichtbaar.

De significantste ontdekking kwam met de gewone frisdrank, die was gezoet met fructoserijke maïssiroop. Met gewone frisdrank werden beide geslachten zwaarder: een gemiddelde van bijna 0,7 kilo in net drie weken. In dat tempo zou iemand in een jaar 12 kilo aankomen. 'Het was misschien een grote opluchting voor de industrie van light frisdranken, maar het was geen goed nieuws voor de makers van maïssiroop,' zei Tordoff.

Dit was een van de eerste onderzoeken die uitwezen dat suikerhoudende frisdrank waarschijnlijk fors bijdroeg aan obesitas, die net begon uit te groeien tot de epidemie die hij nu is. Tot dan toe hadden wetenschappers vermoed dat dit het geval zou kunnen zijn, maar ontbrak het bewijs. Net zoals de twee onderzoeken van professor Sclafani twee decennia eerder hadden aangetoond dat suikerhoudende voedingsmiddelen ratten ertoe aanzetten zich te overeten, werden andere wetenschappers door Tordoffs experiment aangespoord om nauwkeuriger te kijken naar de effecten die zoete dranken kunnen hebben op iemands eetlust. Volgens Julie Mennella is een van de grote risico's die kleven aan het geven van frisdrank aan kinderen dat ze daardoor meer zoetheid in al hun dranken gaan verwachten – en willen. Volgens haar heeft frisdrank het blisspoint omhooggebracht in het hele spectrum van dranken – van vitaminewater tot sportdrankjes –, dat aan populariteit wint terwijl de frisdrankconsumptie begint af te nemen. 'Er is geen bewijs dat dit van invloed zal zijn op de zoetheidsgraad die ze graag in een pudding hebben,' zei hij. 'Maar het leert kinderen wel dat, wanneer je een koolzuurhoudende drank neemt, deze zo zoet hoort te zijn.'

Een andere collega van hen bij Monell, Karen Teff, ontdekte dat frisdranken een paard van Troje kunnen zijn wanneer het om gewichtstoename van mensen gaat. Ons lichaam is misschien niet in staat de calorieën in zoete vloeistoffen even goed te identificeren als in vaste voedingsmiddelen. Deze blindheid voor frisdrank en andere calorische dranken zou de natuurlijke controlemechanismen omzeilen waarover het lichaam beschikt om excessieve gewichtstoename te voorkomen. In 2006 voerde Teff een onderzoek uit waarbij mensen een glucoseoplossing kregen toegediend en zij op hun reactie lette. De proef duurde slechts 48 uur, maar de resultaten waren opvallend: de proefpersonen gingen helemaal niet minder eten. Ze namen deze extra glucosecalorieën gewoon in alsof ze onzichtbaar waren. 'Als deze vloeistoffen het zenuwstelsel niet activeren, worden ze misschien niet herkend,' zei Teff.

Er zou meer experimenteel onderzoek nodig zijn om deze notie ingang te doen vinden onder voedingsdeskundigen, maar net als Mennella deinst Teff er niet voor terug de voedingsindustrie het vuur na aan de schenen te leggen. Wanneer het gaat om suiker in dranken of vast voedsel, is de praktijk van de industrie er eerst méér in te doen en later onderzoek te doen – als dat al gebeurt. 'Ik ben nog steeds geschokt over wat er in dit land gaande is,' zei ze tegen mij. 'Waar werkelijk elk voedingsmiddel wel een of ander gezoet bestanddeel heeft, terwijl het normaal niet werd verondersteld gezoet te zijn. Er bestaat nu absoluut geen tolerantie meer voor voedingsmiddelen die niet zoet zijn.'

Het onderzoek naar suiker bij Monell is, zo moet worden opgemerkt, onvolledig. Enkele van de cruciaalste dingen erover blijven een mysterie, zoals de precieze mate waarin suiker een risicofactor is bij hart- en vaatziekten en andere gezondheidsproblemen, of hij ons misleidt in vloeibare vorm en of de vele vervangingsmiddelen ervoor, van sacharine tot de opkomende plantaardige zoetstof stevia, ons zullen helpen af te vallen. Het aannemelijkst wat caloriearme zoetstoffen betreft, is nu dat ze alleen effect kunnen hebben in een zeer gedisciplineerd eetpatroon: twee cupcakejes wegwerken nadat je je hebt

1 DE BIOLOGISCHE UITBUITING VAN HET KIND

ingehouden door alleen light frisdranken te nemen, helpt uiteraard niet bij het afvallen.

Eén ding is wel zonneklaar geworden in de afgelopen jaren. De overmatige consumptie van suiker in vaste voedingsmiddelen wordt in toenemende mate in verband gebracht met de obesitasepidemie, die alleen maar ernstiger is geworden. Overeten is nu een mondiaal probleem. In China ligt het aantal te zware mensen voor het eerst hoger dan dat van te lichte mensen. In Frankrijk, waar obesitas sinds 1997 van 8,5 procent is gestegen tot 14,5 procent, had Nestlé veel succes met de verkoop van het Jenny Craig-afvalprogramma aan dezelfde Parijzenaren die eens lachten om de neiging van Amerikanen zich op de ene dieetrage na de andere te storten. De obesitascijfers van Mexico zijn in de afgelopen drie decennia verdrievoudigd, wat de zorg met zich meebrengt dat het land nu de dikste kinderen ter wereld heeft, met minder middelen om er iets aan te doen: de meeste scholen in Mexico-Stad hebben geen speelplaatsen en drinkfonteintjes. De Verenigde Staten blijven echter het meest obese land ter wereld. En terwijl de obesitaspercentages onder volwassenen op 35 procent lijken te blijven staan, stijgen ze nog steeds bij de groep die het kwetsbaarst is voor de producten van de voedingsindustrie: kinderen. Recente cijfers, van 2006 tot 2008, laten zien dat obesitas onder kinderen van zes tot elf jaar is gestegen van 15 naar 20 procent.

En toch hebben ambtenaren in Washington meer dan drie decennia lang suiker buiten de aanbevolen maximumhoeveelheden gehouden die ze hebben vastgelegd voor de twee andere steunpilaren van bewerkte voeding: zout en vet. Evenmin wordt van fabrikanten verlangd dat ze bekendmaken hoeveel suiker ze aan hun producten toevoegen: de hoeveelheden die ze noemen, zijn inclusief de suiker die van nature in voedsel voorkomt. In 2009 bemoeide de Hartstichting zich ermee door te komen met een aanbevolen limiet voor suiker. In een verklaring die in haar wetenschappelijk tijdschrift *Circulation* werd gepubliceerd, zei de vereniging: 'Hoge innamecijfers van suikers in voedsel tegen de achtergrond van een wereldwijde pandemie van obesitas en cardiovasculaire ziekte hebben geleid tot een verhoogde bezorgdheid over de nadelige effecten van buitensporige suikerconsumptie.' De limieten die de vereniging aanbeval, waren nog krasser. Opmerkend dat mensen gemiddeld 22 theelepels toegevoegde suiker per dag binnenkregen, drong de vereniging er bij de Amerikanen op aan te minderen. Matig actieve vrouwen zouden niet meer dan 5 theelepels suiker moeten krijgen – zittende mannen van middelbare leeftijd 9 – in wat voedingsdeskundigen 'beschikbare calorieën' noemen. Dat zijn de traktaties die mensen die op hun gewicht letten, kunnen nemen als ze eenmaal in hun dagelijkse nutritionele behoeften zijn voorzien. Voor vrouwen betekende de dagelijkse limiet van 5 theelepels dat ze nauwelijks de helft van een blikje cola van 0,33 liter konden nemen. Met 5 theelepels kom je nergens in de winkel.

Ditmaal hadden voedingsbedrijven de hulp van Monell niet nodig om een krachtige verdediging op te bouwen. Hun afhankelijkheid van suiker ging intussen zover dat vertegenwoordigers uit elk segment van de industrie, van koekjes tot frisdrank, een topconferentie bijwoonden die de Hartstichting in het voorjaar van 2010 in Washington hield om het voorstel te bespreken. Een voor een voerden ze hun pleidooi: het was niet alleen de smaak waardoor hun gebruik van suiker van zo grote waarde was. Suiker was essentieel voor het hele productieproces. Vermindering ervan zou de voedselvoorziening van het land op het spel zetten.

De snoepgoedmakers wezen op de massa, de textuur en de kristallisatie die suiker hun opleverde. De ontbijtgranenmakers voegden kleur, krokantheid en het kauwen toe aan de lijst van wonderen van suiker. De broodmakers gaven toe dat ze in hun fabrieken leunen op elke bekende vorm van de substantie – maïssiroop, fructoserijke maïssiroop, dextrose, geïnverteerde siroop, mout, stroop, honing en tafelsuiker in drie vormen (kristal-, poeder- en vloeibare suiker). Om hun betoog kracht bij te zetten maakten de bakkers speciale versies van hun producten met gebruikmaking van suikervervangers en strooiden ze beelden van de afschuwelijke resultaten over het scherm uit. De boodschap was duidelijk: beperk de suiker en je houdt een armzalig stelletje koekjes, crackers en broden over die er gekrompen, bleek, plat of gezwollen uitzien.

'Laten we praktisch zijn,' zei een voedingstechnoloog uit Israël tegen de groep, waarna hij een scheikundeles begon te geven over een bruinkleuringsverschijnsel dat de Maillard-reactie wordt genoemd. Deze is verantwoordelijk voor een groot deel van de aangename karamelkleur in bewerkte voedingsmiddelen, van 'snelle' broden tot geroosterd vlees, en de Maillard-reactie kan in veel levensmiddelen niet optreden zonder een groep suikers waartoe ook fructose behoort.

Op zijn beurt rondde een deskundige van een maïsraffinaderij zijn voordracht af met de suggestie dat de aandacht van de AHA voor suiker ondoordacht was. Als de Association echt wilde kijken naar calorieën en de zaken in eten waardoor mensen zwaarder werden, waarom dan suiker gekozen, terwijl de grootste boosdoener misschien wel vet was?

'Je kunt voedingsmiddelen zeker anders samenstellen om suiker en zout terug te dringen,' zei deze deskundige, John White, later tegen mij. 'Je kunt ze vervangen door niet-calorische zoetstoffen of synthetische vetten. Maar het karakter van het product verandert altijd, en je moet nu eenmaal kiezen voor het een of het ander.'

Er hoefde evenwel niet gekozen te worden. De aanbeveling van de Hartstichting bleef niet overeind staan en de industrie ondernam weinig om te minderen. De waarde van suiker voor voedingsbedrijven nam alleen maar toe.

2 HOE ZORG JE ERVOOR DAT MENSEN TREK KRIJGEN?

John Lennon kon het niet vinden in Engeland, daarom liet hij kistenvol uit New York komen om de *Imagine*-sessies te onderhouden. De Beach Boys, ZZ Top en Cher wilden ook geen risico lopen: ze bedongen allemaal contractueel dat het in hun kleedkamer aanwezig zou zijn tijdens hun tournees. Ook Hillary Clinton vroeg erom wanneer ze als First Lady op reis was, en daarna waren haar hotelsuites er altijd prompt van voorzien.

Wat ze allemaal wilden, en kregen, was Dr. Pepper. Door de unieke smaak ervan, geen cola en geen *root beer* (gazeuselimonade), is het wereldwijd een cultdrank geworden. Zijn fanatiekste aanhangers noemen zich trots Peppers en gaan op pelgrimsreis naar Waco, Texas, waar een apotheker in Morrison's Old Corner Drug Store in 1885 de drank uitvond. Deze verering leverde Dr. Pepper een verre, maar vorstelijke derde plaats op na Coca-Cola en Pepsi, de reuzen van de frisdranksector tot 2001, toen Dr. Pepper door onverwachte veranderingen in de marketingsfeer met een crisis te maken kreeg. De problemen begonnen toen er een stortvloed van spin-offs van Coca-Cola en Pepsi op de schappen verscheen. Ogenschijnlijk van de ene op de andere dag waren er de smaken citroen en limoen, vanille en koffie, framboos en sinaasappel, wit en blauw en kleurloos – allemaal dingend naar de gunst van de winkelbezoeker. In de taal van de branche staan deze smaken en kleuren bekend als 'lijnuitbreidingen' en ze zijn niet bedoeld om het originele product te vervangen. Ze moeten juist de aandacht vestigen op het merk, en vaak doen ze dat zo goed dat mensen ook meer gaan eten en drinken van het originele product.

In dit geval gebruikten Pepsi en Coca-Cola hun lijnextensies om op een cruciaal moment hun greep op de frisdranksector te verstevigen, net toen de consumptie in Amerika begon te pieken. Terwijl de afzet van Pepsi en Coca-Cola door deze nieuwe extensies toenam,

2 HOE ZORG JE ERVOOR DAT MENSEN TREK KRIJGEN?

begon Dr. Pepper de derde plaats kwijt te raken waarop hij zo lang had gestaan.

Nog nooit in zijn 115-jarige geschiedenis had Dr. Pepper zijn lijn uitgebreid, behalve met een light versie. Gezien de cultaanhang leek de gedachte van knoeien met de unieke smaak van de frisdrank hachelijk, zelfs gevaarlijk. Maar nu de afzet daalde en de frisdranksector veranderde, moest Dr. Pepper wel iets doen. In 2002 creëerde het bedrijf zijn allereerste spin-off, die in elk opzicht een succes had moeten worden. De nieuwe variant had een rijke kersensmaak, een felrode kleur en een naam, Red Fusion, die met zorg was gekozen uit een totaal van driehonderd kandidaten. Dat het toch niet lukt met Red Fusion was niet de schuld van de reclamemensen van het bedrijf. Het lag aan de smaak. De consumenten moesten er niets van hebben, en verstokte Peppers waren ontzet. 'Dr. Pepper is sinds jaar en dag mijn lievelingsdrank, dus ik was benieuwd naar Red Fusion,' schreef een Californische moeder van drie kinderen op een blog om andere Peppers te waarschuwen. 'Het is walgelijk. Om te kokhalzen. Nooit meer.'

Getroffen door de afwijzing krabde het bedrijf zich achter de oren en besteedde het het volgende jaar aan het ontwikkelen en uitproberen van een andere variant. Deze keer wisten de technologen van het bedrijf hem niet eens door de smaakkeuring te krijgen. De hoop op een nieuwe frisdrank ging al verloren voordat hij in productie ging.

In 2004 besloot Dr. Pepper hulp te zoeken buiten het bedrijf. Het klopte aan bij ene Howard Moskowitz, wiens succes in het afleveren van bestsellers hem tot een legende van de voedingsindustrie had gemaakt. Zijn succes vloeit grotendeels voort uit zijn vermogen consumenten in groepen in te delen, met verschillende emotionele behoeften, en hen feilloos aan te spreken. Moskowitz' voornaamste aandachtsgebied was de voedingsindustrie. De grootste Amerikaanse supermarkten verkopen wel zestigduizend artikelen. De concurrentie bij het bemachtigen van ruimte is moordend. De bedrijfsleiders bewaken hun schappen met één stelregel: de meeste ruimte gaat naar de grootste verkopers. Supermarktruimte is feitelijk zo kostbaar dat consumentenwetenschappers experimenten hebben uitgevoerd waarbij ze instrumenten aanbrachten op het hoofd van winkelbezoekers om hun oogbewegingen te volgen terwijl ze door de winkel liepen. De uit deze onderzoeken verzamelde informatie hielp de rangorde op de schappen vast te stellen. Helemaal onderaan, bij de voeten van de winkelbezoekers, bevindt zich, niet zo verbazend, een dood gebied. Ooghoogte is eersteklas, met name in de buurt van de middenstukken van het gangpad. De speciale uitstallingen aan de uiteinden van de gangpaden, de kopdisplays, zijn het allerbeste.

Hoofddoel van lijnextensies ontwikkelen is meer ruimte op het schap bemachtigen. Winkelmanagers zullen slechts een bepaalde ruimte aan een afzonderlijk product geven, ongeacht de verkoopcijfers. De toevoeging van nieuwe smaken en kleuren creëert nieuwe producten die hun eigen ruimte krijgen, en hoe groter de kans is dat winkelbezoekers een merk zien, hoe groter de kans is dat ze dat kopen. In het geval van Dr. Pepper werd zijn ruimte op het schap opgeslokt door Coca-Cola en Pepsi met al hun nieuwe citroenen en limoenen en vanille.

Er is nog een weinig bekend aspect van de marketing van levensmiddelen dat de intensieve beïnvloeding van winkelbezoekers weerspiegelt. Het ogenschijnlijk statische, vertrouwde karakter van deze winkels is een illusie. Uw supermarkt van vandaag is na een maand niet meer dezelfde. Om op te vallen tussen de rest en om de bezoeker te prikkelen, variëren fabrikanten voortdurend hun belangrijkste producten, doorgaans uiterst subtiel, met veranderingen die gaan van verpakkingsformaat en kleur tot smaak en goedkeurend commentaar van beroemdheden. Howard Moskowitz speelt echter niet met reclamecampagnes of verpakkingen. Hij bewerkt de voedingsmiddelen zelf door te spelen met de magische formules van zout, suiker en vet. Al meer dan dertig jaar werkt hij achter de schermen om spectaculaire reddingen uit te voeren en verliezers in succesnummers om te zetten. Campbell Soup, General Foods, Kraft en PepsiCo kwamen allemaal om hulp bij Moskowitz toen hun afzet afnam of een concurrent een voorsprong bemachtigde. En zijn doel in alle gevallen was het blisspoint vinden. Moskowitz speurt naar precies de juiste hoeveelheid van bepaalde ingrediënten om de grootste aantrekkingskracht bij consumenten te bereiken. Te weinig van dit of te veel van dat ruïneert misschien niet de smaak of textuur van een product, maar het gebrek zal wel af te lezen zijn aan de verkoopcijfers, waarbij zelfs kleine uitglijders ertoe kunnen leiden dat managers van voedingsbedrijven hun baan verliezen. In de taal van productontwik-

2 HOE ZORG JE ERVOOR DAT MENSEN TREK KRIJGEN?

kelaars staat de bedrevenheid van Moskowitz bekend als 'optimalisering' en hij schroomt niet zijn daden te boekstaven: 'Ik heb soepen geoptimaliseerd,' zei hij tegen mij. 'Ik heb pizza's geoptimaliseerd. Ik heb sladressings en augurken geoptimaliseerd. Op dit terrein ben ik een *gamechanger*.'

Moskowitz weet alles van vetten en recenter werkte hij met voedingsmiddelenfabrikanten samen om hun zoutgebruik te perfectioneren. Maar hij is op z'n best wanneer hij aan het werk is met suiker, dat een ongeëvenaard vermogen heeft om aantrekkingskracht uit te oefenen. Met suiker is zijn techniek het effectiefst. En hij bedenkt niet enkel nieuwe gezoete producten. Met behulp van hogere wiskunde en berekeningen construeert hij ze, met maar één doel: de grootste trek creëren. 'Mensen zeggen: ik heb trek in chocola,' zei Moskowitz tegen mij. 'Maar waarom hebben wij trek in chocola of chips? En hoe krijg je mensen zover dat ze zin hebben in deze en andere voedingsmiddelen?'

Qua concept is zijn techniek eenvoudig genoeg. Kruideniersproducten hebben tal van eigenschappen die ze aantrekkelijk maken, vooral kleur, geur, verpakking en smaak. In het ambacht dat optimalisatie heet, veranderen voedingsdeskundigen deze variabelen uitermate subtiel om vele tientallen nieuwe versies te maken, elke versie maar ietsje anders dan de vorige. Dit zijn geen nieuwe producten voor de verkoop. Ze worden uitsluitend gecreëerd met de bedoeling een volmaakte variant te vinden, die wordt vastgesteld door al deze experimentele versies uit te proberen. Gewone consumenten zitten tegen betaling dagenlang in kamers waar ze de vele varianten krijgen voorgezet, die ze aanraken, betasten, waaraan ze nippen, ruiken, die ze laten ronddraaien en, bovenal, proeven. Hun meningen worden geregistreerd en opgeslagen in een computer, en dan wordt Moskowitz' knobbel voor hogere wiskunde ingeschakeld. De gegevens worden gezeefd en gesorteerd via een statistische methode die *conjoint analysis* heet en die bepaalt welke aspecten van een product het aantrekkelijkst zullen zijn voor consumenten. Moskowitz verbeeldt zich graag dat zijn computer is opgedeeld in silo's, waarin alle kenmerken worden opgeslagen. Maar het is niet gewoon een kwestie van het vergelijken van kleur 23 met kleur 24. In de ingewikkeldste projecten moet kleur 23 worden vergeleken met stroop 11 en verpakking 6 enzovoort. Zelfs bij opgaven waarin het alleen gaat om smaak en de variabelen beperkt zijn tot de ingrediënten, worden eindeloze grafieken en diagrammen door zijn computer opgehoest. 'Ik mix en match ingrediënten met behulp van dit experimentele schema,' vertelde hij mij. 'Het wiskundige model brengt de ingrediënten in kaart met de zintuiglijke gewaarwordingen die deze ingrediënten veroorzaken, en zo kan ik dan een nieuw product kiezen. Het is de technische aanpak.'

Na vier maanden van dit werk voor Dr. Pepper, waarbij hij enorme hoeveelheden mogelijke varianten analyseerde en daarna testte, leverden Moskowitz en zijn team de nieuwe Dr. Pepper-smaak af. Hij smaakte naar kers en ook vanille – vandaar de naam, Cherry Vanilla Dr. Pepper – en bereikte de winkels in 2004. Het werd zo'n groot succes dat het moederbedrijf, Cadbury Schweppes, de verleiding niet kon weerstaan en het merk in 2008 verkocht, samen met Snapple en 7-Up. De Dr. Pepper Snapple Group is sindsdien getaxeerd op meer dan 11 miljard dollar, een bedrag waaraan Moskowitz' inspanningen ongetwijfeld hebben bijgedragen.

Het Dr. Pepper-project was nog in een ander opzicht bijzonder. Het bedrijf was niet zozeer op zoek naar nieuwe klanten, het probeerde zijn bestaande klanten te bewegen om meer van zijn product te kopen, of dat nu de originele smaak of de Cherry Vanilla was. De campagne van Moskowitz' team was dus op niets minder gericht dan op het hart en hoofd van de meest toegewijde Pepper-fans. Ze ontwierpen 61 verschillende formules, waarbij de suikersmaken per samenstelling uiterst subtiel varieerden. Ze brachten in het hele land proevers bijeen en zetten die een reeks van 3904 smaken voor. En toen al dat proeven achter de rug was, bedreef Moskowitz zijn hogere wiskunde, op zoek naar het ene waar de voedingsindustrie meer dan op wat dan ook haar zinnen heeft gezet: het blisspoint.

Ik sprak Howard Moskowitz op een frisse dag in het voorjaar van 2010 in het centrum van Manhattan. Hij is een grote man in elke betekenis van het woord, lang met grijs haar. Moskowitz behaalde eind jaren zestig zijn doctorsgraad aan Harvard, en promoveerde naast zijn wiskundestudie ook nog in de experimentele psychologie. Bij het kiezen van een onderwerp voor zijn proefschrift lieten zijn hoogleraren hem de keus tussen politieke verkiezingen en de menselijke

2 HOE ZORG JE ERVOOR DAT MENSEN TREK KRIJGEN?

smaak, en voor Moskowitz was de beslissing niet moeilijk. 'Ik was jong en mager, en was opgegroeid in een koosjer huis,' lichtte hij toe. 'Op Harvard at ik hamburgers, gebakken vis en friet.' Hij koos voor de menselijke smaak. In de jaren zestig was er zo weinig bekend over de reden waarom mensen van bepaalde voedingsmiddelen houden dat Moskowitz zich ging toeleggen op het creëren van een wetenschappelijke methode voor onderzoekers van de smaak. Hij ontwierp een protocol voor experimenten waarin hij systematisch mengsels creëerde van zoet en zout, zout en bitter, en bitter met andere smaken. Toen liep hij de campus af op zoek naar proefkonijnen, die hij 50 dollarcent betaalde om de mengsels te proeven en hem te zeggen welke ze lekker vonden en welke niet.

Toen we gingen zitten, benadrukte Moskowitz dat hij, hoewel hij een groot deel van zijn inkomen van grote voedingsbedrijven ontving, geen hielenlikker van de industrie was. We spraken eerst over zout, dat een heet hangijzer was geworden voor levensmiddelenfabrikanten, die er steeds vaker van werden beschuldigd hun producten te zout te maken om ze aantrekkelijker te maken. Fabrikanten wisten geen raad met de toenemende bezorgdheid over zout, en dat was helemaal hun eigen schuld, zei hij. 'Ze zijn echt bang om met hun producten te stoeien, en mijn persoonlijke indruk is dat er een intellectuele luiheid heerst in de voedingsindustrie. We hebben onze mond vol over het weghalen van zout, maar we willen ons huiswerk niet doen.' Anderzijds is zout – met zijn gezondheidsaspecten op de lange termijn – niet in dezelfde mate als suiker in staat om de industrie tot handelen aan te zetten. Suiker hangt direct samen met lichaamsvet, met als gevolg dat caloriearme zoetstoffen een enorme markt hebben aangeboord van mensen die er graag beter uit willen zien door af te vallen. 'Als mensen opeens zouden vragen om minder zout omdat ze er daardoor jonger gaan uitzien, zou dit probleem in één klap zijn opgelost,' zei hij.

We spraken ook over de obesitascrisis, en hoewel hij wel wat suggesties heeft hoe de industrie obesitas zou kunnen helpen beteugelen – meer grondig onderzoek wijden aan het probleem, bijvoorbeeld –, zei hij dat hij geen wroeging voelde over het pionierswerk dat hij zelf had besteed aan het blisspoint of enig ander systeem dat voedingsbedrijven hielp de grootste mate van trek te creëren. 'Voor mij bestaat er geen moreel probleem,' zei hij ronduit. 'Ik heb het best mogelijke wetenschappelijke onderzoek verricht. Ik vocht om te overleven en had niet de luxe om een moreel wezen te zijn. Als onderzoeker was ik mijn tijd vooruit en ik moest nemen wat ik kon krijgen. Zou ik het weer doen? Ja, ik zou het weer doen. Heb ik het juiste gedaan? Wat zou jij hebben gedaan als jij in mijn schoenen had gestaan?'

Zijn weg naar het bepalen van het blisspoint begon feitelijk niet in Harvard, maar pas enkele maanden na zijn afstuderen, 26 kilometer van Cambridge, in de plaats Natick, waar hij in de researchlaboratoria van het Amerikaanse leger ging werken. Het leger heeft lange tijd een bepaald dilemma gekend wat eten betreft: hoe soldaten zover te krijgen dat ze méér van hun rantsoen eten, niet minder, wanneer ze bezig zijn met operaties te velde. 'Het probleem in het leger is hetzelfde als dat in verzorgingshuizen,' zei Herb Meiselman, een van Moskowitz' vroegere collega's in de legerlaboratoria. 'Wanneer je in de strijd belandt, ga je minder eten, en als je dat te lang volhoudt, verlies je lichaamsgewicht.'

Het basisvoedsel van de soldaat te velde is de zak met gedroogde voedingsmiddelen die MRE worden genoemd, *Meal, Ready to Eat*, en dat ze zo lang meegaan is op zichzelf al een aanslag op de eetlust. In Natick lachen de technologen wanneer niet-militaire voedingsbedrijven klagen dat ze hun producten zo moeten samenstellen dat ze het negentig dagen uithouden in de winkel. Legerrantsoenen moeten het drie jaar uithouden, bij verzengende hitte. Het leger wist dat het, om het probleem van het lichaamsgewicht aan te pakken, moest wedijveren met het gemaksvoedsel waaraan soldaten thuis gewend zijn. 'Om ze te bewegen meer te eten komen we elk jaar met zeven of acht nieuwe hoofdgerechten die moeten worden uitgeprobeerd, waarbij we letten op de trends, op wat populair is in restaurants,' zei Jeannette Kennedy, de projectleider voor Naticks onderzoek naar MRE. 'Het rundvleespasteitje deed het geweldig aan het begin van de Irak-oorlog, maar werd uit de roulatie genomen omdat het niet goed scoorde in veldtests. Dus voor 2012 doen we niet zomaar simpele hamburgers, maar Aziatische peperbiefstuk en stoofschotel kip op z'n Mexicaans.'

Natick begon in 1969 net met de MRE te experimenteren toen het Moskowitz in dienst nam. Eén ding was heel duidelijk bij deze kant-en-klaarmaaltijden: de soldaten begonnen er zo genoeg van te krijgen dat zij ze halfopgegeten weggooiden en dus niet alle benodigde calorieën binnenkregen. Maar het was een raadsel waarom ze deze MRE beu waren. 'Dus ik begon soldaten te vragen hoe vaak ze dit of dat zouden willen eten. Ik probeerde erachter te komen welke producten ze saai zouden vinden,' zei hij. Hij kreeg inconsequente antwoorden. 'Ze vonden smakelijke voedingsmiddelen als kalkoentetrazzini lekker, maar alleen in het begin; ze kregen er al snel genoeg van. Aan de andere kant waren ze nooit dol op alledaagse voedingsmiddelen als witbrood, maar ze konden er wel enorme hoeveelheden van eten zonder het gevoel te hebben dat ze genoeg hadden.'

Deze tegenstelling zou bekend komen te staan als 'sensorisch-specifieke verzadiging'. In lekentaal is dit de neiging van uitgesproken smaken om de hersenen te overweldigen, die reageren door je snel het gevoel te geven dat je vol of verzadigd bent. Sensorisch-specifieke verzadiging hielp niet alleen de massaal voor het leger geproduceerde kant-en-klaarmaaltijden gestalte te geven; ze werd ook een leidend beginsel voor de voedingsmiddelenindustrie. De grootste succesnummers – of het nu Coca-Cola of Doritos is – danken hun succes aan samenstellingen die de smaakpapillen genoeg prikkelen om aantrekkelijk te zijn, maar geen duidelijk overheersende afzonderlijke smaak hebben die tegen de hersenen zegt: oké, genoeg!

Met het oog op de door de oorlog afgenomen eetlust van soldaten begon Moskowitz zijn onderzoek te concentreren op het ene ingrediënt dat meer aantrekkingskracht bevat dan wat ook: suiker. Dit was nog in de vroege jaren zeventig, toen wetenschappers weinig benul hadden van de aantrekkingskracht die suiker aan voedingsmiddelen kon verlenen. Om wetenschappelijk te onderzoeken hoe suiker van de smaakpapillen naar de hersenen reisde en daar trek veroorzaakte, zou de allermodernste medische uitrusting vereist zijn, zoals de scanner van het hele lichaam, de MRI, die pas in 1977 zou worden uitgevonden. Maar Moskowitz, die aan het ploeteren was in de saaie, formele legerlabs in Natick, produceerde enkele van de eerste primitieve onderzoeken over trek voor wetenschappelijke tijdschriften met titels als 'Smaakintensiteit als functie van stimulusconcentratie en oplosviscositeit'. Uiteindelijk stuitte hij op een onderzoeksader die, in de daaropvolgende jaren, een dankbare ontdekking voor levensmiddelenfabrikanten zou blijken te zijn.

Om te beginnen leerde Moskowitz hoe de werking van suiker in voedingsmiddelen kon worden gemaximaliseerd, waarvoor hij hetzelfde soort smaaktests uitvoerde als die hij aan Harvard had ontworpen. Met de zo verkregen gegevens stelde hij grafieken op die, zo merkte hij, eruitzagen als een omgekeerde U. Ze toonden aan dat onze zin in voedingsmiddelen toenam naarmate de hoeveelheid suiker werd vergroot, maar slechts tot een zeker punt; na die piek was de toevoeging van suiker niet alleen verspilling, maar verminderde ze zelfs de aantrekkelijkheid ervan.

Moskowitz was niet de eerste wetenschapper die het verschijnsel opmerkte, maar hij was wel de eerste die de financiële mogelijkheden ervan inzag – een openbaring die kwam op een middag in 1972, toen een collega zijn werk bekeek. Deze collega, Joseph Balintfy, was hoogleraar aan de universiteit van Massachusetts die pionierde in het gebruik van computermodellen om complexe menu's samen te stellen voor ziekenhuizen en andere instellingen waar grote aantallen mensen zeer uiteenlopende voedingsbehoeften en smaken hadden. De legerlabs hadden hem in dienst genomen om aan legermenu's te werken. Balintfy bestudeerde op een dag Moskowitz' grafieken over de aantrekkingskracht van suiker toen hij naar de bovenkant van de omgekeerde U wees en zei: 'Dat is je blisspoint.'

'En ik zei: "Dat is een fantastische naam,"' vertelde Moskowitz mij. 'Hij klinkt hartstikke sexy.'

Pas in de vroege jaren tachtig werd Moskowitz een ware ster in de voedingsindustrie. Hij begon een eigen adviesbureau. De giganten van de voedingsindustrie maakten enkele van de zwaarste jaren in hun geschiedenis door. Het was de overgang van een tijd van zelfvoldaanheid – waarin bijna alles wat ze uitvonden geheid succesvol was – naar regelmatig op het matje geroepen worden vanwege een karige afzet door hun ultieme meester: Wall Street.

De grootste fabrikant van allemaal, General Foods, had het imago gekregen van een voortsjokkende dinosaurus die bang was voor vernieuwing en te zwaar leunde op oude producten, waaronder koffie en diepvriesgroenten. Het bedrijf, dat gebukt ging onder bureaucratie, was er berucht om dat het traag reageerde op trends van de markt. De duizend mensen die de omvangrijke research- en ontwikkelingsprojecten van het bedrijf uitvoerden, waren een paar eerdere successen aan het afdraaien. In 1985 kreeg General Foods een nieuwe levenstermijn toen de tabaksreus Philip Morris het voor 5,75 miljard dollar kocht, maar daardoor werd de druk op de managers van de bekritiseerde voedingsmiddelenpoot alleen maar groter. Het tabaksbedrijf was geen filantropische instelling. Philip Morris wilde iets terug voor zijn investering en al snel werd bij General Foods alles op alles gezet om de winst te verhogen.

Howard Moskowitz had al een aantal jaren aan projecten voor General Foods gewerkt. Hij had het bedrijf geholpen door lucratieve formules te ontwikkelen voor zijn graanproducten en Jell-O, toen het bedrijf in 1986 een beroep op hem deed om te helpen bij een urgentere crisis. Maxwell House, hun trotse koffiemerk, verloor jammerlijk van de concurrent en de koffiemanagers wisten niet hoe ze het tij konden keren. Het probleem was niet de marketing. Het ging veel dieper. Een reeks smaaktests wees uit dat mensen de koffie van de concurrent gewoon lekkerder vonden. Ze hadden een nieuwe formule nodig. Welke bonen en wat voor brandingsproces het bedrijf ook gebruikte, het hielp niet. Het moest een nieuwe start maken.

In plaats van een paar andere brandwijzen te kiezen en de resultaten aan een nieuw panel van proevers voor te zetten, keek Moskowitz aandachtig naar de gegevens die uit de verrichte tests kwamen. Daarbij, en bij latere tests, kwam hij tot een belangrijke constatering. Uit de gegevens bleek dat mensen wisselende voorkeuren hadden voor koffie, die in drie verschillende brandwijzen konden worden onderverdeeld: licht, medium en zwaar. Elke brandwijze werd even perfect gevonden door haar respectieve aanhang. Dit was in die tijd een revolutionaire gedachte. De Amerikaanse consument werd als één ongedeeld doel gezien, zonder enige variatie, en elk voedingsmiddelenbedrijf richtte zich bij elk product op het vinden van die ene perfecte samenstelling. In een gewaagde stap overtuigde Moskowitz General Foods ervan dat ze niet één, maar alle drie de brandwijzen moesten verkopen – een doorbraak die het merk redde. 'Wij zetten verlies feitelijk om in winst,' zei hij.

Als koffie niet één, maar drie toestanden van perfectie had, vroeg Moskowitz, hoe stond het dan met de rest van de winkel? Kon hetzelfde principe daar ook niet worden toegepast? Hij had niet de lijnextensies op het oog die bedrijven later hanteerden om hun afzet te verhogen, waarbij kleine variaties in kleur of smaak of verpakking werden gebruikt om de consument opnieuw enthousiast te maken voor het hoofdproduct. Hij stelde zich voor de hoofdproducten zelf te bewerken, met de gedachte dat consumenten in groepen met verschillende voorkeuren konden worden ingedeeld. Dankzij dit inzicht groeide Moskowitz' bedrijf uit tot de wonderdoener van de industrie.

In de voedingsindustrie zou het zoeken naar het blisspoint voor suiker bij maaltijdproducten zoals pastasaus weldra achterhaald zijn. Maaltijdproducten waren relatief gemakkelijk. Mensen moesten een hoofdmaaltijd gebruiken, dus hoefden pastasauzen alleen maar prikkelender te zijn dan die van het rivaliserende merk. Snackproducten vormden daarentegen een veel grotere opgave. Ze waren vervangbaar – in elk geval in theorie – en vroegen daarom om de krachtigste zintuiglijke stimulansen. Terwijl snacks uitgroeiden tot de markt van 90 miljard dollar die ze nu vertegenwoordigen en alle andere producten in de levensmiddelenwinkel steeds meer onder druk kwamen te staan om winstgevend te zijn, zochten voedingsfabrikanten naar samenstellingen die méér deden dan mensen tevreden stemmen. Ze wilden samenstellingen die de trek zouden bevórderen.

Aan dit front verdiende Howard Moskowitz zijn meest blijvende sporen. Het begon met een onderzoek dat hij in 2001 lanceerde om de factoren vast te stellen die maakten dat mensen voedingsmiddelen niet alleen lekker vonden, maar er ook nog gretig naar grepen. Het onderzoek werd gefinancierd door ingrediëntenreus McCormick, en Moskowitz gaf het een titel mee die het streven van de industrie weerspiegelde om mensen opgetogen te laten zijn over hun voeding: 'Heb er trek in!'

Hij voerde het onderzoek uit met een deskundige in voedingsontwikkeling uit New Jersey, Jacquelyn Beckley, en samen probeerden ze nauwkeurig vast te stellen wat er in bepaalde voedingsmiddelen zit waardoor wij tot deze mate van begeerte komen. Ze verzamelden consumentenmeningen over kwarktaart, ijs, chips, hamburgers en zoute krakelingen, zo'n dertig kruideniersiconen in totaal. De massa gegevens leverde resultaten op die niet alleen dienen als leidraad voor levensmiddelenfabrikanten die willen weten waarom kaneelbroodjes zo verlokkelijk zijn; ze werpen ook licht op de oorzaken van de

2 HOE ZORG JE ERVOOR DAT MENSEN TREK KRIJGEN?

obesitascrisis. Moskowitz ontdekte namelijk dat honger maar een magere veroorzaker van trek is. Wij belanden zelden in een situatie waarin ons lichaam en onze hersenen zijn verstoken van voedingsstoffen en inderdaad behoefte hebben aan aanvulling. Wij worden eerder, ontdekte hij, tot eten aangezet door andere factoren in ons leven. Emotionele behoeften behoren daartoe, terwijl andere factoren de steunpilaren van bewerkte voedingsmiddelen blijken te zijn: eerst en bovenal smaak, gevolgd door aroma, uiterlijk en textuur.

Hoe verschillend deze steunpilaren ook mogen lijken, één ingredient – suiker – brengt het allemaal op.

Howard Moskowitz schoof in een box in een restaurantje bij zijn kantoor in White Plains, waar we zouden lunchen. Bij ons voegde zich Michele Reisner, zijn adjunct-directeur voor research. De serveerster beval ons de Reuben-sandwich aan, maar alle drie kozen we iets anders. Ik nam de clubsandwich met kalkoen, Reisner bestelde een eiwitomelet met meergranentoast. Moskowitz, die zei dat hij zijn gewicht in de gaten hield, vroeg om een schotel kalkoenfilet met jus als bijgerecht. Ik informeerde naar de bijzonderheden van zijn dieet. 'Ik probeer geen aardappelen te eten,' zei hij. 'Ik eet brood, maar niet te veel. Ik probeer gezond te eten. Er zit diabetes in de familie.'

Ik bestelde drie blikjes Dr. Pepper voor onze tafel. Ik wilde de kans niet voorbij laten gaan een kleine proeverij te houden met de man die het lot van het bedrijf een keer had doen nemen. Maar Moskowitz maakte bezwaar. 'Ik ben geen frisdrankdrinker,' zei hij. 'Het is niet goed voor je tanden.' De serveerster stond echter aan mijn kant en kwam aanzetten met de gewone Dr. Pepper én een gloednieuwe smaak, Dr. Pepper Cherry. Moskowitz liet zich overhalen, nam wat slokjes van beide, grijnsde en pijnigde zijn hersenen met de vraag waarom zijn smaakpapillen er zo'n moeite mee hadden. 'Ik vind het afschuwelijk, echt,' zei hij. 'De kers is overweldigend. Er zit een heleboel spul in. Alsof iemand... Echt vreselijk.'

'Benzaldehyde,' zei hij even later. 'Het is gewone benzaldehyde, die er een amandel- en kersensmaak aan geeft. Dit is niet van dezelfde klasse als Coca-Cola.' Reisner name ook een paar slokjes en bekende dat ze alleen van Coca-Cola hield, en dan de light versie. Toen ik haar vroeg wat ze van de smaak vond, haalde ze slechts haar schouders op.

ZOUT, SUIKER, VET

Toen we terug waren in hun kantoor deed Reisner blasé over het feit dat ze niet aan de Pepper-cultus meededen. In feite, zei ze, begreep de frisdrankfabrikant heel goed dat de unieke smaak van Dr. Pepper niet iedereen beviel – als dat wel zo was, zou het net zo goed verkopen als Coca-Cola. Het drankje heeft een niche die het gaandeweg probeert uit te bouwen, of in elk geval te handhaven, en dat kreeg Moskowitz ook te horen toen Cadbury hem in 2004 om hulp voor Dr. Pepper vroeg. Het hoofddoel was niet om klanten weg te halen bij Pepsi of Coca-Cola. Cadbury wilde bestaande liefhebbers van Dr. Pepper ertoe bewegen iets nieuws te proberen – en, met wat geluk, het bereik van het merk vergroten. 'Het kwam hierop neer: "Wij hebben onze gebruikers en we willen iets anders bij hen introduceren,"' zei Reisner tegen mij, terwijl ze haar laptop opstartte om de verslagen van de campagne op te roepen. Ze bood aan ze met mij door te nemen en te laten zien wat ze zoal hadden gedaan.

Eerst boden ze folders aan bij levensmiddelenwinkels en plaatsten ze advertenties om gewone mensen te rekruteren voor smaaktests. Vervolgens gingen ze na in hoeverre de sollicitanten al van Dr. Pepper hielden. 'Dat waren onze gebruikers,' zei Reisner. Overeenkomstig de wens van het bedrijf om zijn basis in gemeenschappen met groeiende Afro- en Latijns-Amerikaanse populaties te verstevigen, werd de overgebleven groep van 415 proevers verspreid over vier steden: Los Angeles, Dallas, Chicago en Philadelphia. De helft was man. Zes van de tien waren blank. De leeftijd varieerde tussen achttien en negenenveertig.

Cadbury wilde dat de nieuwe smaak kersen en vanille bevatte boven op de basismaak van Dr. Pepper. Zo waren er drie hoofdbestanddelen om mee te spelen. Een zoete kersensmaak, een zoete vanillesmaak en een zoete siroop, 'Dr. Pepper Flavoring', die Dr. Pepper zijn basismaak gaf. De precieze ingrediënten in het eindbestanddeel blijven een geheim. In totaal, zegt men, bevat Dr. Pepper zevenentwintig ingrediënten. Maar afgezien van water is het hoofdingrediënt op de eerste plaats suiker.

Moskowitz bracht al zijn onderzoeken op Harvard bij elkaar, samen met zijn wiskunde en de dingen die hij leerde over smaak en aantrekkingskracht tijdens zijn onderzoek voor het leger en de vele voedingsbedrijven die zijn klanten waren. Hij voerde uit wat hij een optimalisatie noemt en wat hierop neerkomt: het beste element selecteren uit een verzameling beschikbare alternatieven. 'Ik zeg: laten we het baseren op wetenschappelijk onderzoek,' zei hij. 'Laten we twintig of dertig of veertig variaties maken. Wanneer je dat doet, zul je zien dat we sommige variaties lekkerder vinden dan andere. En je kunt een wiskundig model bouwen dat precies de relatie laat zien tussen wat je onder controle hebt en hoe consumenten reageren. Bingo. Je construeert het product.'

Cherry Vanilla Dr. Pepper construeren was niet zomaar gebeurd. Om het blisspoint te vinden moesten 61 verschillende samenstellingen worden geprepareerd – 31 voor de normale versie en 30 voor light. (Ze verschilden uiterst licht in de verhoudingen van de smaakstoffen.) De samenstellingen werden vervolgens aan de proevers aangeboden, die een beetje moesten worden gestuurd om de nauwkeurigste resultaten te krijgen. Af en toe besluit iemand te jokken, meestal om het proeven snel achter de rug te hebben. Maar Moskowitz' systeem is specifiek ontworpen om de proevers voor zich te winnen en ze ervan te overtuigen dat het om een serieuze test gaat. 'We laten ze niet praten,' zei Reisner. 'De ruimten zien er professioneel uit, met mooie computers. We komen niet met een morsige omgeving aan. De mensen worden goed betaald, en de begeleider vertelt dat er niet wordt gepraat of gediscussieerd over de producten. Ze moeten hun mobiele telefoon uitzetten. Ze krijgen meteen het gevoel dat hun mening telt.'

Vanaf 12 juli 2004 begonnen de Dr. Pepper-proevers in Los Angeles, Dallas, Chicago en Philadelphia hun monsters af te werken, waarbij ze vijf minuten rustten tussen de teugjes door om hun smaakpapillen te herstellen. Na elk monster beantwoordden ze een reeks vragen: hoe lekker vonden ze het globaal? (0 = walgelijk; 100 = verrukkelijk.) Hoe sterk was de smaak? Wat vonden ze van de smaak? Hoe zouden ze de kwaliteit van het product omschrijven? En misschien wel het belangrijkst: hoe groot was de kans dat ze dit product zouden kopen? (Van 'beslist wel kopen' tot 'absoluut niet kopen'.) De punten werden daarna opgeteld. Een score van 60 suggereerde dat het product goed zou verkopen. Veertien van Moskowitz' variaties behaalden 61 punten of meer, met twee op 67 en twee op een spectaculaire 70. Bovendien zei meer dan de helft van de proevers dat ze het product beslist zouden kopen, wat in marketingenquêtes voor voedingsmiddelen geldt als een fantastisch resultaat.

De gegevens die Moskowitz verzamelde, zouden de kersen-vanillesmaak zelf overleven. Door de smaken van consumenten zo grondig te testen had hij een schema gecreëerd dat de frisdrankfabrikant kon gebruiken om een reeks toegevoegde smaken te lanceren die gericht waren op specifieke groepen consumenten. Zijn gegevens – verzameld in een 135 pagina's tellend rapport voor de frisdrankfabrikant, tjokvol gedetailleerde grafieken en diagrammen – laten zien wat mensen vinden van een sterke vanillesmaak tegenover een zwakke en tonen diverse aspecten van aroma en de krachtige sensorische werking die voedingswetenschappers 'mondgevoel' noemen. Dat is de manier waarop een product interageert met de mond, zoals specifieker omschreven door een massa ermee samenhangende gewaarwordingen, van droogte en stroperigheid tot het vrijkomen van vocht.

Er werd niet alleen op smaak getest. Er werd ook gekeken hoe consumenten reageerden op kleur. Wat heel gevoelig bleek te liggen. Reisner klikte pagina 92 van het rapport aan, die een helderblauwe lijn vertoonde die door een diagram liep dat hun waardering voor de kleur weergaf. 'Wanneer wij het niveau van de Dr. Pepper Flavoring verhoogden, werd hij donkerder en nam de waardering af,' zei ze. De gegevens kunnen deze voorkeuren ook selecteren op leeftijd, geslacht en etniciteit. De grootste verrassing voor de meeste klanten van Moskowitz hangt samen met het blisspoint van consumenten voor suiker. De term 'blisspoint', ontdekte Moskowitz, is in feite fout. Het is helemaal geen afzonderlijk punt. Het is een reeks punten, die zo kan worden voorgesteld: neem het diagram dat een klokcurve vertoont, oftewel een omgekeerde U; de bovenkant is feitelijk een plat vlak met een reeks punten die dezelfde hoeveelheid genot zullen opwekken. Voor Dr. Pepper is het belang van deze ontdekking financieel. Door de smaaktests en het werken met wiskundige modellen, de optimalisering, ontdekte Moskowitz dat Cadbury de versie van zijn nieuwe frisdrank met de stroperigste Dr. Pepper Flavoring niet hoefde te gebruiken. Hetzelfde niveau van verrukking kon worden bereikt met een beetje minder smaakstof in elk blikje van 0,33 liter.

Een dunne blauwe lijn geeft de hoeveelheid Dr. Pepper Flavoring weer die nodig is om de maximale aantrekkingskracht op te wekken,

2 HOE ZORG JE ERVOOR DAT MENSEN TREK KRIJGEN?

en de lijn loopt niet recht. Hij vormt een boog, net als de blisspointcurve die Moskowitz dertig jaar eerder had bestudeerd in zijn legerlab. En boven aan de boog bevindt zich niet één verrukkingspunt, maar een hele reeks. De mogelijke besparingen bedragen slechts een paar percentagepunten en betekenen weinig voor individuele consumenten die calorieën of grammen suiker tellen. Maar voor Dr. Pepper betekenen ze een kolossale besparing.

'Wat we kunnen doen, is laten zien dat ze de Dr. Pepper Flavoring zouden kunnen laten vallen, en dat bespaart hun geld,' zei Reisner tegen mij. In plaats van bijvoorbeeld 2 millimeter van de smaakstof te gebruiken, zouden ze 1,69 millimeter kunnen nemen en hetzelfde effect bereiken. 'Dat lijkt niks,' zei Reisner. 'Maar het is een boel geld. Een héleboel geld. Miljoenen.'

Ten slotte haalde Cadbury niet alleen zijn deadline van herfst 2004 voor het lanceren van de door Moskowitz geoptimaliseerde nieuwe smaak. De lancering werd een klinkend succes.

In 2006 pochte de CEO van het bedrijf, Todd Stitzer, tegenover investeerders dat de nieuwe smaak niet alleen een grote hit was onder Peppers, hij won ook nieuwkomers voor het merk, dat begonnen was het bereik van de frisdrank te vergroten vanuit zijn kerngebied, de elf zuidelijke staten, waar meer dan de helft van de traditionele Dr. Pepper werd gedronken door slechts 20 procent van de Amerikaanse bevolking.

3 GEMAK MET EEN GROTE G

68 In het voorjaar van 1946 was Al Clausi weer thuis bij zijn ouders in Brooklyn, nadat hij zojuist was teruggekeerd uit de zuidelijke Grote Oceaan, waar hij in de oorlog gelegerd was geweest. Hij probeerde te bedenken wat hij met de rest van zijn leven wilde. Hij was vierentwintg, had zijn propedeuse scheikunde en had zich aangemeld voor een studie geneeskunde aan de Johns Hopkins Universiteit in Baltimore. Hij wachtte wekenlang op een reactie van de opleiding, in de hoop zijn carrière te kunnen vervolgen. Op een dag kwam zijn vader met de deur in huis vallen. Hij was in het lokale gebouw van het American Legion geweest en hield een exemplaar van hun blad in de hand, wijzend op een personeelsadvertentie. Hij zei: 'Jij bent toch scheikundige? Hier is een voedingsbedrijf in New Jersey dat scheikundigen zoekt.'

Het bedrijf was General Foods, dat zijn hoofdkantoor aan Park Avenue in Manhattan had. Maar Clausi werd niet naar New York gestuurd. Hij werd aangesteld op een buitenpost in Hoboken, New Jersey. Clausi kreeg een bureau in de onderzoekslaboratoria, die in een klein gebouwtje aan het water waren ondergebracht. Vlakbij bevond zich de omvangrijke fabriek van het bedrijf – daar stond ook Maxwell House. Zijn eerste opdracht had niets met voedingsmiddelen te maken. In die tijd had General Foods een wasmiddel dat LaFrance Bluing Agent heette en dat de naam had 'de witheid' in kleren 'naar boven te halen', en Clausi kreeg tot taak de zeep te moderniseren. Om preciezer te zijn: hem werd gevraagd de fysieke structuur ervan te veranderen van vlokken in poeder. Dit zou het waarmerk van Clausi's carrière worden, het gebruik van chemie om consumptiegoederen te moderniseren in een tijd waarin de Amerikaanse consumptie in een ongelooflijk tempo aan het veranderen was. Voor zijn succes met de zeep werd hij algauw beloond met een promotie naar het centrum van de activiteiten van General Foods, waar de goederen werden gemaakt die sneller zouden veranderen dan alle andere: Clausi kreeg de opdracht het imago van de lijn van bewerkte voedingsmiddelen van het bedrijf te vernieuwen.

Hij kwam op een historisch moment in deze business terecht. De Amerikaanse kruidenierswinkel, vanouds een familiebedrijf, was zich snel aan het ontwikkelen tot de supermarkt, en levensmiddelenfabrikanten verdrongen elkaar om de schappen te vullen met tijdbesparende nieuwigheden die naadloos aansloten bij de moderniseringsdrift van het land. De basis van deze beweging lag in feite bij General Foods zelf, waar een rijzende ster op de marketingafdeling, Charles Mortimer, deze omschakeling in een vroeg stadium had omhelsd, en met groot enthousiasme. Hij muntte zelfs de term *convenience foods*, gemaksvoeding, een begrip dat in de volgende decennia zijn stempel op de industrie zou drukken.

Tegelijkertijd vocht een netwerk van professionele huishoudkundigen in het hele land om het voedsel van Amerika eenvoudig en zuiver te houden. Dit waren de 25.000 vrouwen die middelbare scholieren leerden boodschappen te doen en te koken, en zij bevorderden het ideaal van zelf koken met evenveel kracht als de voedingsfabrikanten het ingevroren, snelle en verpakte eten propageerden. Een van hen was een bescheiden vrouw uit South Carolina, Betty Dickson, die begin jaren vijftig de ouderlijke boerderij had verlaten voor een loopbaan in het onderwijs, net toen Mortimer en Clausi aan de slag gingen bij General Foods. De eerstvolgende tien jaar zouden deze drie – de scheikundige, de marketeer en de onderwijzeres – wedijveren om de aandacht van winkelbezoekers in het hele land. Hun inspanningen weerspiegelden het getouwtrek in het land tussen gemaksvoeding die niet zo gezond was en gezond voedsel dat niet zo gemakkelijk was. En nergens woedde deze strijd om het eetgedrag van het land zo hevig als in de suikerhoudende producten die Amerikanen nu aten als ontbijt, lunch en hoofdmaaltijd.

Toen de toelatingsbrief van Johns Hopkins kwam, was het te laat: Al Clausi vermaakte zich zo goed in Hoboken dat hij voedingsmiddelen als zijn roeping was gaan zien. Hij was nog maar zesentwintig, maar na zijn succes met het wasmiddel schoof het bedrijf hem een heel ander project toe. Hij leidde een klein team onderzoekers dat belast was met het herzien van een van de iconen van het bedrijf, een megamerk dat de Amerikaanse cultuur belichaamde, maar dat ook groot gevaar liep achterop te raken: Jell-O-pudding. In die tijd bestond zoiets als instantpudding nog niet. Het beslag zat in een doos, maar de bereiding kostte uren. 'Pudding was een product op basis van maïszetmeel,' vertelde Clausi mij. 'Je moest het toevoegen aan water, het verspreiden en het water aan de kook brengen. Het probleem was dat als je het water aan de kook bracht, het goedje ging stollen en dik werd, dus als je er niet bij bleef en niet bleef roeren, ging het aan de bodem zitten en brandde het aan. Het was een hele opgave. Je moest maar gebogen blijven staan over het fornuis, roerend in dat hete borrelende spul om te voorkomen dat het vastkoekte. En als het dan helemaal dik was geworden – dat duurde vele minuten – moest je het uit de steelpan halen en het in een puddingvorm doen, en dan duurde het nog eens een uur voordat de pudding op kamertemperatuur was. Je wilde hem koud eten, dus je moest hem in de koelkast zetten, gedurende nog eens één of twee uur. Dus de pudding kon bij het avondeten klaar zijn als je vroeg in de middag begon.'

Inkorting van deze bezoeking met een uur of twee zou een concurrent een beslissend voordeel opleveren, zo beseften de managers van General Foods. Ze vroegen Clausi de eerste te zijn door een instantformule te bedenken.

Sommige voedingscreaties komen in een flits tot stand. De meeste kosten maanden. Deze kostte jaren. Van 1947 tot 1950 kookten en aten Clausi en zijn team pudding, ze stonden ermee op en gingen ermee naar bed. Ze morrelden aan de chemische samenstelling ervan. Ze speelden met de fysieke opbouw. General Foods wilde het liefst maïszetmeel als basis gebruiken, maar Clausi's team keek naar aardappelen en elke andere zetmeelbron die ze konden vinden, waaronder de sagopalm, die Clausi zelf opspoorde na een reis, per propellervliegtuig, naar Indonesië. Niets werkte. Het probleem was dat General Foods in die tijd onwrikbaar vasthield aan zuivere ingrediënten. Additieven zoals boorzuur, een conserveringsmiddel, en kunstmatige kleurstoffen doken op in steeds meer artikelen op het levensmiddelenschap, maar General Foods wist dat consumenten zeer huiverig waren voor deze ingrediënten, vooral als ze synthetisch waren. Clausi's opdracht was dan ook heel strikt geweest: hij moest zijn instantpudding uitsluitend met behulp van zetmeel, suiker en natuurlijke smaakstoffen maken.

Dat werd allemaal anders in de zomer van 1949, toen hij, teruggekeerd van twee weken vissen in de Catskills, ontdekte dat de hel was losgebroken. Een concurrent, National Brands, had patent aangevraagd op instantpudding door niet één synthetisch middel, maar een mengsel van synthetische middelen te gebruiken, onder meer een orthofosfaat dat doorgaans werd toegevoegd aan drinkwater om corrosie te voorkomen en dat de zuurgraad van voedingsmiddelen beheerste; een pyrofosfaat, dat voedingsmiddelen verdikt; en in water oplosbare zouten zoals calciumacetaat, die de houdbaarheid verlengen. Op zijn bureau lag die eerste werkdag een envelop met het opschrift 'Onmiddellijk openen'. Inhoud: de patentaanvraag van National. En toen Clausi zijn baas sprak, het hoofd van de afdeling Desserts, kreeg hij te horen dat de regels waren veranderd, dat het publiek met zijn angst de pot op kon. 'Hij zei: "Marketing wil dat wij de concurrentie verslaan,"' vertelde Clausi mij. 'Dat het dringend was. En toen ik vroeg of het nog steeds 100 procent zetmeel moest zijn, zei hij: "Dat is allemaal verleden tijd. Kom gewoon met een instantpudding die in dertig minuten klaar is." In één klap waren de beperkingen opgeheven. Nu was het: doen wat je maar kon doen om de pudding te ontwikkelen, en toen was het hek van de dam. Wij bestudeerden het patent van National en zagen dat het een chemisch product gebruikte, acetaat. Calciumacetaat, een chemisch product dat melk deed stollen en dat voor structuur zorgde, zogezegd, en de gekookte pudding dus nabootste. Het had wel één minpunt: het bleef maar dikker worden. De chemische reactie stopte niet. Het duurde vijftien minuten voordat het eetbaar was, en als je de pudding niet binnen vijf of tien minuten opat, bleef hij dikker worden tot hij bijna rubberachtig was.'

Clausi begon veel tijd door te brengen in de bibliotheek van General Foods, waar hij de chemische samenstelling van melk bestudeerde. Na een paar maanden prutsen concentreerde hij zich op het gebruik van twee verschillende chemicaliën om het echte koken te simuleren. Het ene product, een pyrofosfaat, stremde de melk, terwijl het andere, een orthofosfaat, werkte als een versneller om de stolling te bespoedigen. Ze stelden hem in staat een instantpudding zonder koken te ontwikkelen die heel veel beter, stabieler en duurzamer was. 'Hij stolde niet alleen,' zei Clausi. 'Het gebeurde ook nog binnen vijf minuten, niet vijftien minuten, zoals bij de concurrentie. En dan stopte het proces. De massa bleef niet almaar dikker worden om ten slotte als rubber te eindigen. Dus plotsklaps hadden wij een superieur product met de naam Jell-O en liepen wij voorop.' De versie van National Brands kwam nooit in productie. Clausi's formule werd een dijk van een succes voor General Foods.

Ik had mijn eerste gesprek met Clausi in de zomer van 2010. Hij was achtentachtig jaar, met een bos wit haar en een leesbril met een zwaar montuur, die om de hals van zijn kortemouwenoverhemd bungelde. Bij de deur hing een kopie van Patent No. 2.801.924, de instantpudding die hem tot een legende bij General Foods had gemaakt, en op de wand achter zijn bureau hing een reusachtige collage in een houten lijst met enkele van de duizend vrouwen en mannen die voor hem hadden gewerkt in het researchgedeelte van het bedrijf. Al pratend bewoog hij zich soepel door zijn vier decennia bij General Foods, af en toe stoppend om te wroeten in zijn collectie archiefstukken met toespraken, planningen en andere interne bedrijfsverslagen, die hij bewaarde in een paar kartonnen dozen. Voedingsadditieven waren een terugkerend thema.

Het publiek werd soms danig bezorgd over additieven, vertelde Clausi. Vooral wanneer een verontrustend incident de krantenkoppen haalde, zoals in de vroege jaren zestig, toen diverse kinderen ziek werden van Halloween-snoep dat buitensporige hoeveelheden van de kleurstof Orange Number 1 bevatte. In 1960 hadden bedrijven hun toevlucht genomen tot zoveel additieven om hun voedingsmiddelen te bewerken, conserveren, kleuren en anderszins te behandelen – er waren alleen al vijftienhonderd smaakstoffen – dat federale toezichthouders een massa eerder goedgekeurde additieven nog eens onder de loep namen. Maar een van de sterkste tegenstanders van dit besluit in Washington was niemand anders dan General Foods, hetzelfde bedrijf dat eens zijn eigen jonge chemicus Clausi in de boeien had geslagen door hem te verbieden chemicaliën te gebruiken bij het maken van een instantpudding. Managers daar bagatelliseerden nu het federale besluit om vraagtekens bij deze additieven te plaatsen en schreven het toe aan overijverige bureaucraten. General Foods

3 GEMAK MET EEN GROTE G

had inmiddels Clausi's opvatting omhelsd dat het gebruik van chemische producten in voedingsmiddelen meer dan gerechtvaardigd was, zolang ze maar veilig werden gebruikt. De verbeteringen die ze in bewerkte voedingsmiddelen aanbrachten, waren cruciaal voor de missie van de industrie, waarin het niet alleen ging om geld verdienen voor de aandeelhouders. De bevolking van Amerika groeide en volgens de industrie hield haar taak niets minder in dan het voeden van de massa's door voedingsmiddelen te leveren die veilig, gemakkelijk te bereiden en betaalbaar waren. Dit was een missie die cruciaal was voor het succes van Amerika, en toch dreigde ze in gevaar te komen door waakhonden die overdreven reageerden op de op zichzelf staande incidenten waarbij chemische producten schade aanrichtten. 'Alle verstandige mensen, of ze nu uit de academische wereld, de overheid, industrie of zelfs de publieke sector afkomstig waren, wisten dat wij deze chemicaliën nodig hadden en er zeker van wilden zijn dat wat wij gebruikten onder controle was en juist werd gebruikt,' zei Clausi.

Mettertijd zou de publieke bezorgdheid over de mogelijke giftigheid van chemische additieven met lange wetenschappelijke namen worden verdrongen door een fundamentelere bezorgdheid over drie andere additieven met heel simpele namen: zout, suiker en vet.

Clausi zou zijn strijd met General Foods over chemische additieven als een waardevolle les gaan zien, een les die hem door de volgende veertig jaar van uitvinding van voedingsmiddelen zou loodsen. De aanvankelijke weigering van het bedrijf hem chemische producten te laten gebruiken was General Foods bijna duur komen te staan. Samen met het leger van voedingstechnologen dat hij al spoedig bij General Foods zou aanvoeren, zou hij zich niet langer houden aan een verouderd idee over wat gezond of gepast was in bewerkte voedinsgwaren. 'Ik leerde daar iets wat ik altijd heb onthouden,' vertelde Clausi mij. 'En dat is: als je vernieuwing wilt, zeg mij dan waar je heen wilt, maar zeg me niet hoe ik er moet komen.'

Op de marketingafdeling van General Foods, waar Charles Mortimer zich inzette voordat hij CEO van het bedrijf werd, was er evenwel iets anders aan Clausi's pudding wat deze managers stimuleerde, iets veel groters dan een paar fosfaten waarvan ze de naam niet eens konden uitspreken. In hun visie had het patent dat aan Clausi's muur hing met de prozaïsche titel 'Puddingsamenstelling en het proces van het produceren ervan' meer gedaan dan alleen de concurrentie verslaan. Het had laten zien hoe het gebruik van een additief een geheel nieuwe manier van denken over voedingsmiddelen kon aanboren en mede vorm kon geven. De advertenties die ze bedachten voor de pudding vatten hun eigen enthousiasme én dat van het publiek samen. 'Snel! Gemakkelijk!' zei er een, die een kalme en glimlachende moeder toonde in haar blinkende keuken terwijl haar twee kinderen toekeken. 'Nieuw dessert voor een drukke dag,' zei een andere. 'Je kunt het in de allerlaatste minuut maken en opdienen!'

Toch was het additief waarover ze op de marketingafdeling van General Foods enthousiast waren geen fosfaat of enig ander chemisch product. Die zouden General Foods niet tot het grootste en rijkste voedingsbedrijf ter wereld maken. Nee, het was de slimme manier waarop de pudding – meteen een succes – het leven vergemakkelijkte voor consumenten die steeds meer werden gekweld door het moderne leven. Toen Mortimer begin jaren vijftig opdook vanuit de marketingafdeling om het hele bedrijf te gaan leiden, had hij een naam voor dit verschijnsel. Hij noemde het *convenience*, gemak, en het was niet een of ander oud additief, zei hij in een van zijn toespraken, nu voor een industriegroep. 'Het dienen van de moderne consument is een creatieve kunst geworden, met gemak als het superadditief dat het hele gezicht van de concurrerende business aan het veranderen is.'

Instantpudding had van Clausi de redder in nood van het bedrijf gemaakt, en het duurde niet lang of de jonge probleemoplosser kreeg de kans om te schitteren. In 1952 werd hij uit Hoboken weggehaald en naar Battle Creek, Michigan, gestuurd, waar de divisie Post van het bedrijf dringend hulp nodig had. Na jaren van onafgebroken succes leverde ze een gevecht op leven en dood om ontbijtgranen. En geen chemisch additief zou hier baten. Er zou iets fundamentelers voor nodig zijn: een heleboel gewone suiker en Mortimers drang om gemak te creëren.

Vanaf eind negentiende eeuw tot en met de jaren veertig van de twintigste eeuw waren de ontbijtgranen die Post verkocht – en die van de andere grote merken – krokant en vlokkig gemaakt en uitgezet, maar

3 GEMAK MET EEN GROTE G

slechts bescheiden, of helemaal niet, gezoet. Graanproducten werden verkocht als gezonde alternatieven voor wat de meeste mensen als ontbijt aten: smac, bacon en worstjes. De arts die de graanvlokken had uitgevonden, John Harvey Kellogg, was zelfs gebeten op zoetigheden. Hij runde zijn granenbedrijf vanuit een sanatorium waar hij suiker volledig had verboden. Dat werd in 1949 plotseling allemaal anders, toen Post het eerste nationale merk werd dat graanproducten met een suikerlaagje verkocht, waardoor de fabrikant, en niet de ouders, de hoeveelheid suiker kon bepalen die in de ontbijtgraankommen van kinderen kwam. Post introduceerde een reeks samenstellingen met namen als Sugar Crisps, Krinkles en Corn-Fetti, en kinderen vonden het allemaal te gek.

Niets in de ontbijtgranenbusiness blijft echter lang exclusief en algauw hadden de concurrenten van Post het strijdperk betreden. Verdrongen naar de derde plaats besloot General Foods het spel anders te gaan spelen. Het ontsloeg het hoofd van zijn granenafdeling en ontbood de gebleven managers op het hoofdkantoor van het bedrijf in New York voor nieuwe instructies. Als ze de concurrentie met Kellogg en General Mills op granengebied niet aankonden, kregen de stafleden te horen, moesten ze iets anders vinden om als ontbijt te verkopen. Iets was net zo snel en gemakkelijk was en even geliefd bij kinderen.

General Foods was in die tijd niet zozeer een voedingsbedrijf als wel een reusachtige winkelwagen, die het vulde met de grootste merken die het kon kopen. Het was in 1895 bescheiden begonnen met de verkoop van een drank op basis van tarwegranen, Postum, waarvan, gezien de opkomende belangstelling voor gezonder eten, in de reclame werd gezegd dat het 'een beetje New Orleans-stroop' bevatte. In 1929 kocht Postum, dat ook ontbijtgranen met druiven en noten verkocht, een fabrikant van diepvriesgerechten waarvan het de naam, General Foods, overnam. Met financiële steun van Goldman Sachs begon General Foods een reeks van de populairste bewerkte voedingsmiddelen in Amerika aan te kopen. In 1985, toen General Foods werd gekocht door Philip Morris, was het gegroeid van een startend bedrijf van 18 miljoen dollar tot een koploper in de industrie van 9 miljard dollar. Het had 56.000 werknemers, een researchbudget van 113 miljoen dollar en forse marktaandelen in poedervormige frisdranken, graanproducten, koffie, vleeswaren, hotdogs en bacon.

General Foods was tot begin jaren vijftig gevestigd in New York City, toen het vanwege zijn aanzwellende activiteiten uit zijn krappe kantoren aan Park Avenue verhuisde naar een 5,7 hectare grote locatie in voorstedelijk White Plains, waar het een omvangrijk campusachtig complex betrok. Het was ontworpen door de legendarische architect Philip Johnson en zelfs het parkeerterrein was hypermodern, voorzien van een verwarmde, overdekte verbindingsgang die de twaalfhonderd werknemers voorhield: jullie worden gewaardeerd en wij zijn succesvol. Een van de mensen die op die dag in 1956 uit Battle Creek arriveerden, had al aardig goed begrepen dat hij werd gewaardeerd. Al Clausi, inmiddels vierendertig jaar, was een van de jongste managers bij General Foods geworden en hij had moedig gevochten om Post weer overeind te helpen.

Intussen voegden ontbijtgranenfabrikanten niet alleen suiker toe, ze hadden er zelfs hun grootste ingrediënt van gemaakt, waarbij het gehalte tot boven de 50 procent kwam. Post vond het moeilijk dat te overtreffen, maar Clausi gaf het bedrijf een duwtje door te sleutelen aan de aanblik. Hij vond het lettervormige graanproduct Alpha-Bits uit, waarvoor hij het idee had gekregen nadat hij op een avond pasta gegeten had en bedacht dat je ontbijtgranen interessante vormen kon geven, niet alleen die van vlokken.

Het moeilijkste deel van deze onderneming was niet het optimaliseren van het suikergehalte van de granen, maar het hanteren van de bizarre manier waarop ontbijtgranen worden gemaakt. Doorgaans wordt het deeg dat het graanproduct vormt eerst onttrokken aan havermeel en maïszetmeel, en dan door een kanonachtige machine in een kamergrote vergaarbak geschoten, waar een plotselinge drukdaling ertoe leidt dat het verhitte vocht in het deeg in stoom wordt omgezet, die het deeg kookt en opblaast tot graanproduct. Om de lettervormen te behouden terwijl ze door de ruimte vlogen, moest Clausi echter een combinatie van gekookt en ongekookt deeg samenstellen. De Alpha-Bits inspireerden tot een hele reeks nieuwe vormen voor ontbijtgranen in de supermarkt.

Clausi bewees dat hij niet alleen op scheikundig terrein deskundig was. Hij was een gezelschapsmens en kon goed met mensen omgaan. Clausi bewoog zich gemakkelijk tussen de laboratoria, waar de scheikundigen hun samenstellingen maakten, en de marketingkantoren, waar de bedrijfsagressors, de mensen van de verkoop, een stekelig beeld hadden van de technologen die de producten van het bedrijf uitvonden. Clausi nam de rol van bemiddelaar op zich, vooral later, toen consumenten meer eisen aan de industrie begonnen te stellen door om meer vezels of minder vet te vragen. De marketingmensen eisten onmiddellijke veranderingen van de voedingstechnologen, en Clausi kwam dan tussenbeide en streek de zaak glad. 'Ze maakten de technologen knettergek,' zei hij. 'Het zijn mensen die onmiddellijk reageren. Wanneer mensen weinig vet willen, zeggen ze direct tegen de technologen: "Maak ál jullie producten vetarm!"'

Hoe goed hij ook was, Clausi bezat niet de grootse visie op wat levensmiddelenuitvinders als hijzelf werkelijk konden bereiken ten aanzien van de Amerikaanse eetgewoonten. Die zou hij krijgen van Charles Mortimer, de manager die hem en de anderen uit Battle Creek had geroepen naar de bijeenkomst in New York om de blauwe plekken te bespreken die ze hadden opgelopen in de ontbijtgranenoorlogen. Mortimer was nooit in aanvaring gekomen met de marketingafdeling van General Foods. Hij wás de marketingafdeling, en hij leidde de afdeling tot hij tot CEO van het bedrijf werd benoemd. Als kind werd Mortimer een 'dikzak' genoemd. Hij was een gedrongen kind, net als Clausi geboren in Brooklyn, dat vlees en aardappelen at en enigszins een boekenwurm was. Maar als directeur legde hij zijn werknemers zulke meedogenloos hoge eisen op om resultaten te boeken dat ze hem een tweede bijnaam gaven: 'How-Soon Charlie' – van 'Hoe snel heb je dat voor mij?' Zijn elf jaar aan het roer van General Foods, van 1954 tot 1965, werden beschouwd als de gouden jaren van het bedrijf: de verkoopcijfers werden verdubbeld, de winsten verdrievoudigd, en General Foods bracht Amerika een andere manier van denken over voeding.

'Vandaag zijn de verwachtingen van de consumenten zo hooggespannen en ligt het tempo waarin nieuwe producten worden geïntroduceerd zo hoog dat mevrouw de huismoeder meestal niet kan zeggen wat ze echt wil – tot een of ander ondernemend bedrijf het creëert en ze het in de winkel vindt,' zei Mortimer in een toespraak tot zakenmensen in het jaar dat hij terugtrad. 'Ik kan geen enkel product van General Foods bedenken dat wij al verkochten toen ik elf jaar geleden directeur werd en dat nog steeds op de levensmiddelenschappen ligt zonder aanzienlijk te zijn veranderd, uiteraard ten goede.'

Mortimer had de ontbijtgranenmanagers van Post niet uit Battle Creek laten komen om ze uit te kafferen. Dat was niet zijn stijl. Hij wilde hun zeggen dat ze moed moesten tonen in het zicht van de strijd met andere ontbijtgranenfabrikanten. En meer dan dat: hij wilde hen weer tot het offensief aanzetten. Ze konden met slechts een beetje aanpassing hun positie van zwakheid omzetten in een positie van kracht, hield hij hun voor. Als ze werden verslagen door bedrijven die beter waren in het verkopen van graanproducten, dan moesten ze uitzoeken hoe ze andere dingen voor het ontbijt konden verkopen. Misschien moesten ze deze dingen uitvinden, omdat ze er niet op konden rekenen dat de huismoeder ze bedacht. Maar *the sky was the limit*, zei hij, en er waren slechts enkele beperkingen die hij hun zou opleggen. Deze producten moesten gemakkelijk te krijgen, te bewaren, te openen, te bereiden en te eten zijn.

Ter verduidelijking, om zijn werknemers te prikkelen hun gedachten te laten gaan, vertelde hij hun over het vrolijke tafereel in zijn eigen huis wanneer zijn kinderen de keuken binnen kwamen rollen om hun dag te beginnen. Ze beperkten zich niet tot kommen Sugar Crisps of Cocoa Puffs.

'Mijn dochter,' zei hij, 'eet graag gebak als ontbijt.'

Meer dan vijftig jaar later weerklonken de woorden die Mortimer die dag sprak nog bij Al Clausi. Toen we in zijn kantoor zaten, zei hij dat het gebakverhaal, net als de rest van Mortimers speech, niet zomaar inspirerend was. Mortimers aanmoedigingen gaven hem de middelen om mevrouw de huismoeder te volgen en te helpen op een manier die hij zich nooit eerder had kunnen voorstellen. Als ze nog niet wist hoezeer ze behoefte had aan gemak, was het de taak van uitvinders als Clausi haar de weg te wijzen. 'Dat was een eyeopener,' zei hij.

In zijn veertigjarige carrière bij General Foods scharrelde Clausi in talrijke gangpaden van de supermarkt rond. Zelfs op de afdeling Huisdierenvoedsel, die, zo schatte Clausi in, het gemakkelijkst te transformeren was. Voordat zijn collega's en hij hun aandacht erop

3 GEMAK MET EEN GROTE G

richtten, zat hondenvoer in dozen en zakken en was het onveranderlijk zo droog als gort, uiterst saai voor de viervoeters. Het probleem waren de bacteriën, die welig tierden in vocht. Om het voer veilig te bewaren, moest het droog zijn. Na bestudering van de chemische eigenschappen van suiker zag Clausi echter een andere manier. Hij berekende dat toevoeging van suiker aan het voer de bacteriën zelfs in vochtige omstandigheden weg zou houden, aangezien suiker werkte als een bindmiddel dat het water ontoegankelijk maakte voor de bacteriën. Het resultaat was een hondenhapje met de naam Gaines-Burgers, dat net zo lang als het droge voer in de schappen kon blijven staan tot het werd verkocht. Het idee suiker te gebruiken om bacteriën te weren is nu verankerd in de productie van veel bewerkte voedingsmiddelen, vooral wanneer het vetgehalte is gereduceerd.

Elk jaar kwamen in New York de topmanagers bij elkaar van bedrijven die een breed scala van goederen verkochten, onder auspiciën van de Conference Board, een doorluchtig gezelschap dat nu vooral bekend is door zijn onderzoek naar 'consumentenvertrouwen'. In 1955 was de spreker tijdens het diner Charles Mortimer, en hij wond er geen doekjes om. Voedsel, kleding en onderdak waren nog steeds belangrijk, zei hij tegen de aanwezigen. Maar nu was er een vierde essentieel element van leven dat kon worden 'uitgedrukt in één woord: gemak – gespeld met een grote G'.

'Gemak is het grote additief dat moet worden ontworpen, ingebouwd, gecombineerd, gemengd, verweven, ingebracht, ingelast of anderszins toegevoegd aan of verwerkt in producten of diensten die het veeleisende publiek van vandaag de dag tevreden moeten stellen. Het is het nieuwe en overheersende kenmerk dat de aanvaardende of eisende houding van de consument bepaalt.'

Er is gemak van vorm, zei hij, verwijzend naar de hondenhapjes van Gaines-Burger die Clausi had uitgevonden en die zo zacht als hamburgers waren, maar zo lang houdbaar dat ze in de provisiekast konden blijven staan tot ze nodig waren. Er is gemak van tijd, bijvoorbeeld dat de kruidenierswinkels in heel Amerika voortaan openbleven in de avonden om de toenemende aantallen vrouwen die buitenshuis werkten te bedienen. En er is gemak van verpakking, zoals bier in flessen die altijd moesten worden teruggebracht naar de winkel, maar nu weggegooid konden worden, en de taartschalen van aluminiumfolie die op de winkelschappen verschenen.

'Moderne Amerikanen zijn bereid goed te betalen voor dit additief bij de producten die ze kopen,' zei Mortimer tegen de managers. 'Niet vanwege een aangeboren luiheid, maar omdat wij onze toegenomen rijkdom willen gebruiken om een voller leven te kopen, en daarom kunnen we onze tijd beter gebruiken dan om te mixen, fijnhakken, sorteren, afwerken, afmeten, koken, serveren en alle andere handelingen die tot de routine van het leven zijn gaan behoren.'

Als op commando begonnen dat jaar tijdbesparende instrumenten en apparaatjes in de kruidenierswinkel op te duiken die de moderne huisvrouw hielpen iets meer van haar nieuwe rijkdom in te ruilen voor wat extra tijd buiten de keuken. Er kwamen afwasmiddelen voor elektrische vaatwassers die een speciale samenstelling hadden om de watervlekken te verwijderen. Een ondernemend bedrijf maakte zelfs plastic deksels met tuit die op blikken melk of siroop pasten om het schenken te vergemakkelijken.

Terwijl steeds meer voedingsbedrijven zijn voorbeeld volgden en de gemaksartikelen op alle schappen van de supermarkt doordrongen, was er één echt obstakel voor de maatschappelijke omslag die Mortimer voor ogen stond: het leger van leraren en federale welzijnswerkers dat aandrong op bevordering van zelfgemaakte maaltijden, op de ouderwetse manier klaargemaakt. Er waren tienduizenden van dit soort opvoeders, verspreid over het hele land. Ze leerden kinderen en jonge huisvrouwen niet alleen hoe ze met verse ingrediënten konden koken, maar ook hoe ze bewerkte voedingsmiddelen buiten hun boodschappen konden houden. Tot degenen die dit ideaal verkondigden, behoorden enkele duizenden overheidsfunctionarissen, die voor de federale en staatsministeries van Landbouw werkten en die huisbezoeken aflegden om jonge huisvrouwen de fijne kneepjes te leren van tuinieren, inmaken en maaltijdplanning met oog voor voedingswaarde. De hoofdmacht van dit leger bestond echter uit de 25.000 leraren die op middelbare scholen huishoudkunde gaven. Dit vak behelsde een formele studie waardoor je leerde hoe je een huishouden bestierde.

Als iémand de lerares huishoudkunde belichaamde, was het wel het dertigjarige voormalige boerenmeisje Betty Dickson. Ze was opgegroeid in York County, South Carolina, een bosrijk en historisch deel van de regio Piedmont net ten zuiden en westen van Charlotte, die in 1750 was ontwikkeld door Schots-Ierse kolonisten. Op haar vaders boerderij werd voornamelijk katoen verbouwd, maar ze kweekten ook hun eigen groenten. Dickson leerde van haar moeder koken, zelfs zonder het gemak van een diepvries. Ze haalde haar onderwijsdiploma, maar het waren de praktische, ongecompliceerde vaardigheden van de boerderij die ze aan haar leerlingen doorgaf. Bij de lesstof hoorde dat je leerde hoe je boodschappen deed. De plaats had een kleine kruidenierswinkel, waar ze de leerlingen kon laten zien wat ze wel en niet moesten kopen. Ze liet hen boodschappenlijstjes maken om te voorkomen dat ze dingen kochten die ze niet nodig hadden en om 'prijzen te vergelijken, omdat het geld niemand op de rug groeide'.

Dickson was lid van de American Home Economics Association, waarvan de oprichter, Ellen Henrietta Swallow Richards, haar studie scheikunde aan het MIT had omgezet in een carrière als behartiger van consumentenbelangen. Richards testte commerciële voedingsmiddelen op giftige verontreinigers, lobbyde voor voedzaam, betaalbaar gekookt voedsel thuis en op school, en bestreed de gedachte dat 'gemak' aan de zeggenschap en controle van voedingsbedrijven moest worden overgelaten. Huisvrouwen konden ook aan gemak werken, en zelfs beter, betoogde de vereniging. Om haar zaak te bevorderen voerde de vereniging in 1957 een experiment uit met een tweelagentaart waarin een commerciële mix tegenover zelfgemaakt beslag werd gesteld. Zoals beschreven in het blad van de vereniging kostte de zelfgemaakte taart niet alleen minder en smaakte hij beter, het kostte ook maar vijf minuten meer dan met de commerciële mix om hem te bereiden, te bakken en op te dienen. Bovendien kon, voor extra gemak, het zelfgemaakte beslag in grote hoeveelheden worden gemaakt en bewaard, voor een snelle verdeling wanneer er een taart nodig was.

Maar de wereld waar Dickson en de andere docenten huishoudkunde voor streden, een samenleving die het zelf koken in ere hield, vertoonde in 1955 al aanzienlijke tekenen van spanning. Toen al werkte 38 procent van de Amerikaanse vrouwen buitenshuis. Wanneer ze 's avonds terugkwamen, moesten ze een tweede, nog veeleisender taak op zich nemen: de zorg voor man en kinderen.

In de ogen van de levensmiddelenfabrikanten moesten deze vrouwen geholpen worden. Ze konden niet zelf maaltijden koken, ook al vonden ze dat dit voedzamer zou zijn voor hun gezin. De avonden werden gehaast. Er kwamen ook meer huishoudens met tv, die nieuwe afleiding bracht.

Midden jaren vijftig kwam de voedingsindustrie met twee slinkse kunstgrepen om deze werkende vrouwen voor zich te winnen. De eerste was het opzetten van haar eigen legertje huishoudkundedocenten. Deze vrouwen, opgewekt en modebewust, werkten voor de bedrijven, hielden hun eigen kookwedstrijden, zetten populaire demonstratiekeukens op en gaven kookcursussen voor moeders en hun dochters in directe concurrentie met de huishoudkundeleraren die lesgaven op de scholen. In 1957 had General Foods zestig van deze huishoudkundigen op zijn loonlijst staan, die de producten van het bedrijf promootten en met zijn technologen samenwerkten om meer gemaksvoeding te creëren.

De tweede zet van de industrie was misschien wel de invloedrijkste. Om te concurreren met de eigen kookvaardigheden die door Betty Dickson en de andere huishoudkundeleraren werden gepredikt, zette de industrie haar eigen Betty in om de gemaksleer te verkondigen. Ze heette Betty Crocker en werd al snel een van de beroemdste vrouwen van Amerika, ook al was ze helemaal nep. Betty Crocker was uitgevonden door de manager van de publiciteitsafdeling bij Washburn Crosby, dat later General Mills werd, en deze Betty sliep nooit. Ze begon als vriendelijke ondertekening op de brieven van de publiciteitsafdeling aan klanten en al snel gaf ze wel vijfduizend bewonderende fans per dag antwoord.

Haar pakkende slagzinnen, zoals *I guarantee a perfect cake, every time you Bake – cake after cake after cake*, weerklonken over de radio, in bladen en in televisiespotjes. Ze opende een reeks showrooms, 'Betty's Kitchens', waar vrouwen snel en makkelijk, warm-op-en-dien-op-koken werd geleerd. Deze keukens werden zo beroemd dat vicepresident Richard Nixon en Sovjetpremier Nikita Chroesjtsjov in 1959 hun beroemde 'keukendebat' hielden in een kopie van de Betty Crocker-keuken die General Mills had ingericht op de Amerikaanse Handels- en Cultuurbeurs in Moskou, als toonbeeld van de moderne Amerikaanse keuken.

3 GEMAK MET EEN GROTE G

Maar zelfs Betty Crocker kon de lessen van Betty Dickson niet volledig ondermijnen. Om dat te bereiken moest de industrie van bewerkte voedingsmiddelen weer met een nieuw, nog listiger plan komen. Zoals de FBI ten tijde van Edward Hoover achter zijn tegenstanders aan zat, infiltreerde de industrie in de vereniging van docenten huishoudkunde. De operatie begon met geld en publiciteit, zo onthult een archief van het verenigingsblad. In 1957 droeg General Foods 288.250 dollar bij aan de subsidies en het ledenprogramma van de vereniging van huishoudkundedocenten, waarmee het de dankbaarheid van een generatie leraren oogstte. De vereniging wijdde vervolgens een speciaal katern van haar tijdschrift aan de publicatie van alle gemaksproducten. En General Foods en andere fabrikanten brachten grote advertenties uit voor de gastvrijheidskraampjes die ze op beurzen van de vereniging inrichtten.

Toen begon de voedingsindustrie mensen te sturen om de vereniging verder naar haar eigen beeld te vormen. Ze steunde kandidaten voor topposities binnen de leiding van de organisatie, kandidaten die steeds een nadrukkelijk pro-industriële kijk op huishoudkunde hadden.

Intussen waren docenten als Betty Dickson gedwongen hun lesprogramma te veranderen om alle dringende problemen waar de moderne huisvrouw voor stond aan te pakken. Het zou dom zijn haar de laatste docent huishoudkunde in Amerika te noemen. Ze bestaan nog steeds. Maar de aandacht van de huishoudkunde verschoof ingrijpend in de jaren zeventig en tachtig. Elk jaar koos de vereniging een eigen Docent Huishoudkunde van het Jaar, en toen Dickson in 1980 won, werd ze erom geprezen dat ze nog steeds koken en boodschappen doen in haar lesprogramma had. In de daaropvolgende jaren werd van de winnende docenten vermeld dat ze hun leerlingen niet leerden hoe ze hun eigen producten konden maken, zoals maaltijden, maar hoe ze een baan konden krijgen en consument konden worden.

Dickson stond in 1959 nog maar zes jaar voor de klas toen al gezegd kon worden dat haar strijd verloren was. *Time* publiceerde een lang artikel over gemaksvoeding, en na een koortsachtige zoektocht naar een persoon die moest laten zien wat er allemaal nieuw en geweldig aan koken was, koos het blad iemand anders uit voor op de cover van het nummer over gemaksgerechten: Charles Mortimer, CEO van

General Foods en de man die de term had bedacht. 'Moderne kost,' luidde de kop van het artikel. 'Alleen maar opwarmen en opdienen.' In het blad stond een beschrijving van een secretaresse uit Hollywood die een etentje voor veertien gasten in elkaar had geflanst, op een doordeweekse avond, nadat ze van haar werk was thuisgekomen. Ze serveerde hors-d'oeuvres, garnalencocktail, kreeft Newberg, een verse salade, asperges in hollandaisesaus, rijst, broodjes, botercake en ijs. 'Bijna elke hap van het smakelijke maal dat ze haar gasten voorzette, was gewassen, gesneden, geschild, gepeld, voorgekookt, gemixt en verdeeld door "fabrieksmeisjes" lang voordat het in haar handen kwam,' glunderde de schrijver. 'Van dit koken in een mum van tijd zou oma hebben gehuiverd, maar nu tovert het een verrukte glimlach op het gezicht van miljoenen Amerikaanse huisvrouwen. De opvallende opkomst van bewerkte of "gemaksvoeding" – aangekondigd met de slogans "instant", "bakklaar" en "opwarmen en opdienen" – heeft een revolutie in de Amerikaanse eetgewoonten ontketend en een vleugje magie in de Amerikaanse keuken gebracht.'

In één genadeslag voor het traditionele huishoudkundeonderwijs werd Mortimer geciteerd terwijl hij de lange, lastige instructies in *Fannie Farmer's Cookbook* voorlas voor het bereiden van verse vis, dat voorthobbelde van schoonmaken tot schubben- en graatvrij maken. 'Enzovoort,' zei Mortimer, 'de ene afgrijselijke handeling na de andere voordat de huisvrouw kon beginnen haar vingers te branden in het hete vet en haar keuken te vullen met wolken visdamp.'

'Wat staat er op een pak ingevroren vissticks?' zei hij triomfantelijk. '"Opwarmen en opdienen."'

Betty Dickson is diplomatiek over de wending die huishoudkunde in de jaren zestig en zeventig nam, toen het koken vanaf de basis steeds meer plaatsmaakte voor het soort snelle kost dat door *Time* werd verheerlijkt. 'Wij doceerden vaardigheden, maar in de loop der jaren veranderde dat. Het werd meer consumentenvoorlichting,' zei ze. 'Ik ben erg dankbaar dat er meer banen beschikbaar kwamen en mensen meer bestaansmiddelen hadden. Maar het was niet altijd ten goede. De verandering kwam met de manier waarop mensen hun middelen gebruikten. De jongens op de middelbare school moesten een auto hebben, en ze moesten een baantje hebben om die auto te kunnen kopen.'

3 GEMAK MET EEN GROTE G

Charles Mortimer stierf in 1978. Zijn nalatenschap mag worden verdedigd door Al Clausi. Die zat daar een beetje mee in zijn maag toen wij elkaar spraken. Vandaag de dag, zei hij, is het opvallendste aspect van Mortimers gemaksdoctrine niet de snelheid waarmee pudding kan worden gemaakt of hoe een meergangendiner uit de vriezer en de koelkast kan worden getrokken, al helemaal voorbereid door "fabrieksmeisjes". Het opvallendste aspect van de doctrine is hoe deze nu wordt aangevochten door nieuwere generaties consumenten – de zonen en dochters en kleinkinderen van de mensen die hij en andere voedingstechnologen hadden gepaaid met verpakte, kant-en-klare voedingswaren.

'Gemak staat nog steeds heel hoog in het consumentenvaandel,' zei Clausi. 'Maar het is niet meer wat het was. Er worden nu meer vragen gesteld. Hoezo is het gemakkelijk? Wat zijn de ingrediënten? Wat lever ik in voor het gemak?'

Clausi werkt nog steeds als bedrijfsadviseur in de voedingsindustrie en hij moest onlangs grinniken toen een van zijn oude rivalen van General Foods hem om een advies vroeg. Het was Kellogg, de ontbijtgranenfabrikant, die manieren zocht om zijn afzet te verhogen. Denken aan de twijfels die consumenten begonnen te krijgen over gemak zei Clausi tegen Kellogg dat het bedrijf aan iets anders dan suiker moest denken om de aandacht van de consument te trekken. 'Waarom kun je ontbijtgranen niet maken van een eiwitbron als noten?' hield hij hun voor. 'Ze hebben een goed voedingsprofiel.'

Kellogg was al zo ver gegaan met suiker dat de weg terug niet gemakkelijk was. Als consumenten onrustig werden over de gezondheidsimplicaties van suiker, was het geen haalbare uitweg voor Kellogg om die te laten vallen. De grootste ontbijtgranenfabrikant ter wereld zou een andere manier moeten vinden om kopers te blijven trekken, en hij zou ontdekken dat die manier in handen was van een afdeling binnen de voedingsindustrie die met de dag aan aanzien won: Marketing.

4 ZIJN HET GRANEN OF IS HET SNOEP?

John Harvey Kellogg had één ding voor ogen toen hij zijn uitgestrekte gezondheidscomplex eind negentiende eeuw op de prairie van Michigan inrichtte. Hij wilde mensen genezen van wat een waarnemer 'americanitis' had genoemd – de opgeblazen, gasachtige maagpijn die werd veroorzaakt door de kwaal die ook wel bekendstond als dyspepsie. Het hele land scheen eraan te lijden, voor een groot deel door wat mensen aten als ontbijt. Negentiende-eeuwse Amerikanen begonnen de ochtend doorgaans met worstjes, biefstuk, bacon en gebakken ham, waaraan ze in de loop van de dag zout varkensvlees en whisky toevoegden. Vet was in feite de nationale smaakmaker geworden.

John Harvey Kellogg had, als student geneeskunde aan het New Yorkse Bellevue Hospital Medical College, van dichtbij gezien wat dit eetpatroon betekende voor de gezondheid van Amerika. Verontrust door de indigestie die hij overal zag, ging hij ten slotte ijlings terug naar zijn geboortestaat Michigan, waar hij besloot dat Amerika – behalve de zoveelste dokter – iemand nodig had die betere voeding propageerde.

Kellogg nam een klein gezondheidscentrum over in Battle Creek, een stadje op de prairie 190 kilometer ten westen van Detroit, en doopte dit om tot het Battle Creek Sanatorium. Hij voegde er een solarium, een sportzaal en een door glas omgeven palmentuin met rubberbomen aan toe. Naarmate het nieuws over de heilzame behandelingen van het centrum zich verspreidde, vulden de kamers zich. In het hoogseizoen werden er vierhonderd gasten verzorgd door duizend man personeel. Tevreden onderwierpen ze zich aan een meedogenloos regime van baden en klysma's. Meestal echter probeerde Kellogg hun eetgewoonten te corrigeren met een streng dieet. Hij serveerde pap van tarwegluten, havermoutcrackers, volkorenbroodjes en een thee die van een Zuid-Afrikaanse grassoort was gemaakt. Hij minachtte zout en verafschuwde suiker. Hij meende dat de overmati-

4 ZIJN HET GRANEN OF IS HET SNOEP?

ge consumptie van beide de belangrijkste oorzaak was van de slechte nationale gezondheid, en daarom waren ze geen van beide te vinden in het sanatoriumvoedsel. Ook was er niet veel vet; zijn voedingsprogramma was gebaseerd op hele granen en weinig vlees.

Tijdens een reis naar Denver in 1894 ontmoette Kellogg een ondernemer met spijsverteringsproblemen die een graanproduct had uitgevonden dat was gemaakt van versnipperde tarwe. Gecharmeerd van het idee besloot Kellogg er zijn eigen ontbijtversie van te maken. Hij keerde terug naar Battle Creek en met behulp van zijn vrouw nam hij wat resten gekookte tarwe, haalde die door een machine die de brij in dunne vellen deeg omzette en schoof die in de oven. Er kwam een vlokvormig product tevoorschijn, dat Kellogg aan zijn gasten voorzette en waar ze wel van hielden. Min of meer. De textuur was in elk geval nieuw.

Dat had de markt voor zijn graanproduct kunnen blijven – de opgesloten sanatoriumgasten – als er niet enig verraad was gepleegd door een familielid van Kellogg. John Harvey Kellogg had een jongere broer, Will, die de boekhouder van het sanatorium was. Veel meer dan zijn oudere broer, die op elk wetenschappelijk geintje af ging terwijl het sanatorium vooral gedegen management nodig had, was Will geïnteresseerd in geld verdienen. Dus nam Will de leiding over de granenoperatie op zich en vorderde een afgelegen schuur om het deeg te maken en de ontbijtvlokken te bakken. De broers Kellogg noemden hun graanonderneming de Sanitas Nut Food Company, en dankzij Wills oog voor detail liep het redelijk goed, de ongezoete smaak in aanmerking genomen. Ze verkochten in 1896 51.400 kilo van het artikel, overwegend aan hun eigen patiënten en inwoners van Battle Creek. Aangemoedigd door zijn broer begon Will ook te experimenteren met maïsvlokken, die werden gebruikt in bierbrouwerijen. Ze noemden deze de Sanitas Toasted Corn Flakes.

Toen kwam het verraad.

In 1906 was John Harvey in Europa op een medisch-wetenschappelijke reis toen Will wat suiker ging kopen, die hij aan de cornflakemix toevoegde. Deze vonden de sanatoriumpatiënten pas écht lekker. Toen John Harvey terugkwam, was hij razend. Dus ging Will zelfstandig aan de slag. Binnen enkele maanden na zijn vertrek produceerde hij 2900 kisten per dag van het graanproduct dat hij 'Kellogg's

Toasted Corn Flakes' noemde. De broers moesten tweemaal voor het gerecht strijden om de commerciële rechten op de familienaam. Will won. Op 11 december 1922 schreef Will zijn bedrijf in onder een nieuwe naam: Kellogg.

Zo was het gezoete ontbijt geboren, evenals een basisstrategie van de industrie die levensmiddelentechnologen voortaan altijd zouden hanteren. Telkens wanneer men zich zorgen begon te maken over de gezondheid van een van hun fundamentele ingrediënten – zout, suiker of vet – kozen de voedingsfabrikanten voor de eenvoudigste oplossing: wissel het problematische bestanddeel om voor een ander dat op dat moment niet zo hoog op de ranglijst van zorgen staat. In dit geval werd het rijkelijk vette ontbijtbord van de negentiende eeuw, verguisd omdat het de nationale maag van streek maakte, goeddeels vervangen door de kom met gezoete ontbijtgranen van de twintigste eeuw, en daarmee dook er een nieuw stel gezondheidskwesties op, dat pas later voor algemene publieke onrust zou zorgen.

Toch mag de verdienste, of het verwijt, van het zoeten van ontbijtgranen niet volledig bij Will Kellogg worden gelegd. Een van de vroegste gasten van het sanatorium was een marketingwonder, C.W. Post, die de baden nam, de maaltijden gebruikte en, geïnspireerd door wat hij daar meemaakte, ten slotte zelf in zaken ging. In 1892 opende hij een concurrerend gezondheidscentrum ten oosten van Battle Creek en begon hij een stroom op gezondheid gerichte artikelen te leveren: een koffievervanger die Postum heette; een graanproduct, Grape-Nuts – en een gezoet cornflakeproduct dat hij Post Toasties noemde.

Posts graanproducten waren echter niet zijn duurzaamste bijdrage aan de industrie. Dat was zijn marketingtalent. In enkele van de allereerste reclamecampagnes in Amerika verkocht Post zijn Postum door koffie verdacht te maken als een 'drugdrank' die het giftige cafeïne bevatte. In 1897 gaf Post een miljoen dollar per jaar uit aan advertenties en maakte hij een miljoen dollar winst per jaar.

Will Kellogg ging ook aan marketing doen en naarmate Post en hij fortuin begonnen te maken, veranderde Battle Creek in een oord dat snel groeide door de ontbijtgranenproductie. Ondernemers stroomden vanuit het hele land toe om fabrieken neer te zetten, waarvan sommige niet veel meer voorstelden dan een in een tent ondergebrachte oven. In 1911 was Battle Creek de basis van 108 merken graanproducten, maar kwamen Kellogg en Post als voornaamste spelers uit de bus. Bij hen voegde zich ten slotte een derde fabrikant, General Mills, dat ontbijtgranen begon te maken in de kolossale graanmolens die het bezat bij de enorme watervallen van de Mississippi in Minneapolis.

De Grote Drie, zoals ze bekend kwamen te staan, verstevigden eind jaren veertig hun greep op de ontbijtgranenmarkt nog verder toen Post, nu in het bezit van General Foods, het eerste merk werd dat zijn graanproducten nog zoeter maakte door een suikerlaagje toe te voegen. In 1949 introduceerde het een product op tarwebasis, Sugar Crisp, dat meteen een sensatie werd. Kellogg en General reageerden uiteraard met hun eigen varianten. De bedrijven hadden hun eigen diëtisten in huis, die hun zorgen over de gezondheidsimplicaties van al deze toegevoegde suiker uitspraken, maar deze waarschuwende stem werd al snel tot zwijgen gebracht.

In 1970 beheersten de Grote Drie 85 procent van de ontbijtgranenmarkt. Hierdoor kwamen ze in een benijdenswaardige positie naarmate het decennium vorderde en de smaak van de wereld veranderde: het enthousiasme van het publiek voor ontbijtgranen groeide met grote sprongen, dankzij een spectaculaire verschuiving in de Amerikaanse samenleving. Binnen tien jaar werkte 51 procent van de vrouwen buitenshuis, en toen levensmiddelenfabrikanten deze gegevens wat nader onderzochten, ontdekten ze nog gunstiger nieuws: het cijfer liep op tot 66 procent voor vrouwen van vijfentwintig tot vierenveertig jaar. Deze vrouwen – vaak met jonge kinderen – hadden meer geld dan tijd. Het avondeten was natuurlijk een hele inspanning, maar het ontbijt was ook een bron van stress, een dolle race waarbij moeders iedereen gevoed probeerden te krijgen voordat het hele gezin de deur uit stormde. Gemak was het sleutelbegrip voor het begin van de dag. Voor de Grote Drie betekende dit een kans om de ontbijttafel te beheersen als nooit tevoren, maar hun macht – in het opzicht van suiker én van geld – moest wel tactisch worden gehanteerd.

Terwijl de verkoop van graanproducten steeg – van 660 miljoen dollar in 1970 tot 4,4 miljard dollar medio jaren tachtig – kwam de eerste beproeving voor de Grote Drie van de zijde van de instanties in Washington die toezagen op eerlijke handel. Kellogg, Post en General Mills hadden de winkels overspoeld met zoveel eigen merken dat er geen ruimte meer was voor enige concurrentie van betekenis. Ze beheersten in feite de ontbijtgranenafdeling zo volledig dat de Federale Handelscommissie (FTC) in 1976 een klacht indiende tegen de Grote Drie, waarin ze die ervan beschuldigde een gedeeld monopolie in stand te houden om de prijzen op te krikken. De zaak zou de reputatie van de FTC als stuntelende voorvechter van consumentenbelangen niet verbeteren. De producenten van ontbijtgranen ontkenden de beschuldiging, bouwden een krachtige verdediging op, waarna de antitrustactie zich nog jaren voortsleepte, waarbij de ontbijtgranenfabrikanten de advocaten van de FTC telkens te slim af waren, tot de commissie in 1982 besloot de zaak te laten vallen.

Op het crucialere punt van wat de ontbijtgranenfabrikanten ín hun dozen deden, leek niemand in Washington het tegen de Grote Drie op te willen nemen. Kellogg en de andere fabrikanten hadden in feite een ferme bondgenoot in de federale overheid – en met name in de Food and Drug Administration. De FDA had de taak toezicht te houden op de vervaardiging van graanproducten en die van alle andere bewerkte voedingsmiddelen, behalve vlees en gevogelte, die werden gecontroleerd door het ministerie van Landbouw. De instantie weigerde echter steevast suiker als een bedreiging voor de volksgezondheid te beschouwen. Bovendien weigerde ze herhaaldelijk van levensmiddelenfabrikanten te eisen dat ze op hun verpakking precies vermeldden hoeveel suiker ze aan hun producten toevoegden.

Dit werd allemaal anders in 1975, toen suiker plotseling een zaak van acute zorg voor consumenten werd. Waar Washington had nagelaten in actie te komen, pakten twee mannen die ten behoeve van het publiek werkten de Grote Drie zelf aan. De ene was een voortvarende tandarts, Ira Shannon, die, geschrokken van de explosieve cijfers van tandbederf dat hij bij zijn jonge patiënten had geconstateerd, besloot dat hij genoeg had gezien. (Volgens een schatting waren er op zeker moment een miljard ongevulde gaatjes in Amerikaanse monden.) De tandarts toog naar zijn plaatselijke supermarkten, nam 78 merken ontbijtgranen mee naar zijn lab en mat het suikergehalte van elk met een vernietigende nauwkeurigheid. Een derde van de merken

4 ZIJN HET GRANEN OF IS HET SNOEP?

had een suikergehalte tussen 10 en 25 procent. Bij nog eens een derde beliep het een alarmerende 50 procent, en elf kwamen zelfs nog hoger uit. Eén graanproduct had zelfs een lading suiker van 70,8 procent. Bij koppeling van elk merk aan tv-reclamespotjes bleek dat de zoetste merken het sterkst onder de aandacht van kinderen werden gebracht tijdens de tekenfilms op zaterdagmorgen.

Met het rapport van de tandarts in de hand pakte een tweede criticus – die een veel grotere bedreiging voor de graanproductenindustrie vormde – de zaak op. Het was Jean Mayer, hoogleraar voedingswetenschap aan Harvard en ontzaglijk invloedrijk in eetaangelegenheden, waarbij armoede en honger zijn uitgangspunt vormden. Als adviseur van president Richard M. Nixon had hij in 1969 de Witte Huis Conferentie over Voedsel, Voeding en Gezondheid georganiseerd, die had geleid tot de invoering van voedselzegels en uitgewerkte schoollunchprogramma's voor hulpbehoevende kinderen. Dat maakte hem geliefd bij de voedingsindustrie, omdat die programma's haar afzetmarkt vergrootten.

Maar Mayer vormde met name een bedreiging voor de voedingsindustrie door zijn baanbrekende onderzoek naar obesitas, die hij een 'beschavingsziekte' noemde. Op zijn naam staat de ontdekking hoe de zin om te eten wordt beheerst door de hoeveelheid glucose in het bloed en door de hypothalamus van de hersenen, die beide weer sterk worden beïnvloed door suiker. Hij werd een vroege criticus van suiker, volgens hem een van de gevaarlijkste additieven in voedingsmiddelen, gezien het verband met diabetes, en hij bestreed fel de bewering van de industrie dat suiker een waardevolle rol in voedingsmiddelen speelde doordat hij voordelige calorieën leverde. In 1975 schreef hij, zijn toenemende zorg over suiker op de graanproductenindustrie richtend, een journalistieke pleitrede die kranten in het hele land afdrukten onder de kop 'Zijn het granen of is het snoep?' In het stuk zette Mayer zijn visie glashelder uiteen. Verwijzend naar het rapport van de tandartsen en naar het feit dat de FDA zijn verantwoordelijkheid voor de bescherming van de gezondheid van de consumenten niet waarmaakte, gaf Mayer wel één punt tegenover de industrie toe. Veel van hun merken waren inderdaad verrijkt met toegevoegde vitaminen en mineralen. Maar deze verrijking was slechts een truc. Sommige snoeprepen bevatten meer eiwitten dan veel ontbijtgranen. Mayer noemde ze 'vitaminepillen met een suikerlaagje' en schreef: 'Ik blijf erbij dat deze graanproducten die meer dan 50 procent suiker bevatten als namaakontbijtgranen of graanzoetigheden moeten worden aangemerkt, en ze behoren te worden verkocht op de snoepafdeling en niet op de afdeling Ontbijtgranen.'

Terwijl Mayer zijn kruistocht hield en ouders de ontbijtgranen met een toenemend onbehagen bezagen, deden de Grote Drie opvallend genoeg niets terug. Suiker stond centraal in de conferentie van levensmiddelenjournalisten en krantenredacteuren in 1977, waarbij diverse levensmiddelenfabrikanten zich haastten om de zorgen van het publiek te bespreken. Geconfronteerd met de groeiende bezorgdheid van consumenten over suiker en gezien de concurrentie van fabrikanten buiten Post en General Mills, probeerde Kellogg zijn afzet op te krikken door suiker te relativeren. Deze pogingen waren niet altijd even subtiel. Kellogg 'ontzoette' de naam van zijn voornaamste merk, Sugar Frosted Flakes, door het simpelweg te veranderen in Frosted Flakes. Ook de andere fabrikanten verwijderden in stilte het woord 'suiker' uit hun merknamen.

De nadruk afhalen van suiker zou echter dieper gaan dan de naam op de doos. De ontbijtgranenindustrie ging beseffen dat de ongerustheid van het publiek over suiker een herziening van haar marketingmethoden nodig maakte. De bedrijven konden niet blijven handelen in de zoetheid van hun producten zonder hun inkomsten in gevaar te brengen. Hun reclames, zo essentieel voor de hoogte van hun verkoopcijfers, moesten over meer aansprekende, meer hoopvolle thema's gaan.

Bij Kellogg zou de tactiek die werd ontwikkeld om de aandacht van de consument op iets anders dan suiker te richten ook het wezen van het bedrijf veranderen. Er zou een slag managers aantreden wier geloof en deskundigheid niet lagen in de verkoop van een product, maar in het verkopen als zodanig. En bij Kellogg zouden de veranderingen op het nippertje komen, net toen de federale waakhonden zich opmaakten voor hun eigen aanval.

De slag om de suiker in Washington begon, merkwaardig genoeg, met een hoop rotte tanden. In 1977 hadden twaalfduizend mensen uit de gezondheidszorg petities getekend waarin de Federale Han-

4 ZIJN HET GRANEN OF IS HET SNOEP?

delscommissie werd gevraagd reclames voor suikerhoudende voedingsmiddelen tijdens kinderprogramma's te verbieden, en de consumentengroepen die zich bij hen hadden aangesloten besloten er een eigen stukje theater aan toe te voegen. Ze verzamelden bij tandartsen tweehonderd rotte kindertanden, stopten ze in een zak en stuurden die naar de FTC, samen met de petities voor reclamebeperkingen.

De reactie van de FTC verraste de industrie.

Gedurende een groot deel van haar drieënzestigjarige geschiedenis werd de commissie beschouwd als een broedplaats van politiek paternalisme, met personeel dat zo laks en slecht toegerust was dat het alleen de meest triviale projecten aankon. Maar een schoonmaak door de regering-Nixon had een kader van jonge, idealistische advocaten aangetrokken en zij gingen eindelijk een paar serieuze gevechten met diverse industrieën aan over prijsbedrog en misleidende reclame. Begin 1977 benoemde president Jimmy Carter een nieuwe activistische voorzitter van de FTC, Michael Pertschuk. Pertschuk vond niet alleen dat de kwestie van de kinderreclame een kruistocht waard was, hij zag die ook als een kans om de FTC te mobiliseren. Hier was eindelijk een kwestie die emotioneel kon aanslaan bij het publiek en 'het voornaamste voertuig kon worden om te bewijzen dat wij het menen'.

Consumentenbeschermers wilden alleen dat de commissie het aanprijzen van suikerhoudende voedingsmiddelen bij kinderen zou aanpakken. Maar de commissieleden ontwierpen een serie aanbevelingen, waaronder een algeheel verbod op álle reclame voor kinderen – voor elk product, voedingsmiddel of wat dan ook. De regering-Carter stond niet bekend om haar politieke schranderheid, en deze brede, verstrekkende aanval op reclame betekende een probleem van 600 miljoen dollar: afgezien van zout, suiker en vet in hun producten was reclame verreweg het machtigste instrument waarover de industrie beschikte om artikelen aantrekkelijk te maken. Nu en dan was ze het enige middel waarover bedrijven beschikten om zich van hun concurrenten te onderscheiden.

De kracht van reclame blijkt in deze tijd met name duidelijk uit de schappen met ontbijtgranen, waar het door de hoge winstmarges ernstig dringen is geblazen. In elke afdeling Ontbijtgranen proberen tweehonderd merken – en hun bijproducten – om het hardst de aandacht van de winkelbezoeker te trekken. Daarom besteden levensmiddelenfabrikanten nu bijna tweemaal zoveel geld aan het aanprijzen van hun producten als aan de ingrediënten die erin gaan. Maar ontbijtgranenproducenten waren in de jaren zeventig al grote adverteerders; alles bij elkaar leverde op kinderen gerichte reclame voor alle soorten voedingsmiddelen jaarlijks 600 miljoen dollar winst op voor reclamebureaus.

Eén man waarschuwde de FTC dat elke aanval op deze kolossale rijkdom een stommiteit zou zijn. Deze man, Ralph Nader, zei tegen Pertschuk dat de publieke zorg over kinderreclame eenvoudig niet groot genoeg was om het gevecht op leven en dood te winnen dat de industrie zou ontketenen om dit soort inkomsten te behouden. 'Als je het opneemt tegen de reclamemakers,' hield Nader Pertschuk voor, 'zul je met al je toezichthouders – met gebleekte botten – in de woestijn eindigen.'

Pertschuk en de FTC zetten toch door en kwamen frontaal in botsing met het geduchtste team lobbyisten van de voedingsindustrie. Tommy Boggs bracht een groep van 32 adverteerders, levensmiddelenbedrijven en omroepmaatschappijen bijeen om de voorstellen van de commissie aan te vechten. In hun strijd met de FTC zouden ze kunnen putten uit een beweerde oorlogskas van 16 miljoen dollar, een kwart van het jaarlijkse budget van de commissie. Boggs' groep kreeg het voor elkaar dat Pertschuk werd gediskwalificeerd als degene die moest toezien op de hoorzittingen van de commissie – met de bewering dat hij zich vooraf een oordeel over de zaak had gevormd – en deed er alles aan om de onmisbare media aan zijn kant te krijgen.

Tot op dat moment had de redactie van de *Washington Post* het werk van de commissie over het algemeen gesteund, waarbij ze het afschilderde als noodzakelijk om de macht van de particuliere industrie in balans te houden. Maar inzake de kinderreclame keerde de krant zich fel tegen de FTC met een hoofdartikel waarvan de kop de commissie als 'de nationale kinderjuffrouw' bestempelde. Kinderen ertoe bewegen om minder suiker te eten mag dan een loffelijk doel zijn, zei de *Post*, die praktisch de opvatting van de industrie herhaalde dat niemand op regelgevende tussenkomst zat te wachten, 'maar waar moeten de kinderen tegen beschermd worden? De snoep en de ontbijtgranen met een suikerlaagje die tot tandbederf hebben geleid?

4 ZIJN HET GRANEN OF IS HET SNOEP?

Of het onvermogen of de weigering van hun ouders om nee te zeggen? De producten zullen er nog steeds zijn. Die blijven gewoon op de schappen van de plaatselijke supermarkten staan, wat er ook met de televisiespotjes gebeurt.'

Pertschuk werd afgezet als voorzitter, en hoewel hij nog verscheidene jaren commissielid bleef, werd zijn agenda niet langer gevolgd door de nieuwe, minder agressieve leiding van de FTC.

De nieuwe voorzitter, James Miller, sinds lang een criticus van overheidsbemoeienis, wees Pertschuks kritiek af met de woorden dat hij zijn kans had gehad om verandering te bewerkstelligen. 'Ik heb daar helemaal geen moeite mee,' zei Miller in die tijd. 'Er is een verschuiving van accent en filosofie opgetreden bij de Federale Handelscommissie. Wij gaan ons niet bezighouden met maatschappelijke maakbaarheid.'

Pertschuks inspanningen waren niet helemaal voor niets geweest. Bij het voeren van zijn strijd had Pertschuks staf een onderzoeksrapport opgesteld dat verregaand de dominante rol blootlegde die suiker speelde in de reclame van de industrie en de invloed die deze had op Amerikaanse kinderen.

Het 340 pagina's tellende rapport wierp al in de eerste alinea de tegenpartij de handschoen toe: kleine kinderen waren zo goedgelovig, heette het, dat ze reclamespotjes alleen maar als informatieve programma's konden opvatten. En dat niet alleen, ze waren niet in staat 'de invloed die televisiereclame op hen uitoefent' – vooral wanneer het om suiker ging – te begrijpen. Het doorsnee Amerikaanse kind in 1979 zag tussen de twee en elf jaar meer dan 20.000 reclamespotjes – en meer dan de helft van die reclame ging over gezoete ontbijtgranen, snoep, snacks en frisdrank. 'Suiker werd op elk net wel vier keer per halfuur gepromoot,' aldus het rapport, 'en wel zevenmaal per halfuur als reclame voor de snelle hap wordt meegerekend.' Het rapport noemde nog een punt, dat voor voedingsdeskundigen even verontrustend was. Levensmiddelenbedrijven probeerden ons er niet alleen toe te bewegen meer suikerhoudende kost te eten; ze leiden ook de aandacht af van andere, gezondere voedingsmiddelen die de consumptie van zoetigheden door kinderen konden verminderen.

De commissieleden strooiden niet lichtvaardig met deze beschuldigingen. Om hun rapport op te stellen verzamelden ze harde gegevens door middel van een negen maanden durend onderzoek naar dag-tv in de weekenden waaruit moest blijken hoeveel reclame er werd gemaakt voor suikerhoudende kost. Er waren 3832 spotjes voor meestal gezoete ontbijtgranen, 1627 voor snoep en kauwgom, 841 voor koekjes en crackers, 582 voor vruchtendrankjes en 184 voor gebak, taartjes en andere desserts. En het totale aantal spotjes voor ongezoete voedingsmiddelen, zoals vlees, vis of groentesap? Vier.

Hiermee was het FTC-rapport er nog niet. Het noemde namen en citeerde uit eigen documenten van de industrie, waaronder een memo van Kellogg dat de moraal van kinderreclame bondig samenvatte: 'Televisiereclame met kant-en-klare ontbijtgranen voor kinderen vergroot de consumptie van deze producten bij kinderen.' De commissie stak ook haar licht op bij de omroepmaatschappijen, waarbij ze een geestdriftige eigen advertentie aanhaalde in het blad *Broadcast* die adverteerders een onomwonden raad gaf. 'Als u verkoopt, is Charlies mama degene die koopt,' zei de advertentie. 'Maar u moet eerst aan Charlie verkopen. Zijn zakgeld bedraagt maar 50 dollarcent per week, maar zijn koopkracht is fenomenaal. Wanneer Charlie iets ziet waar hij zin in heeft, krijgt hij het meestal ook. Vraag maar aan General Mills of McDonald's. Natuurlijk moet u Charlie, als u aan hem wilt verkopen, bereiken wanneer hij lekker zit. Of in elk geval stilstaat. En dat is niet makkelijk. Gelukkig voor u kijkt Charlie tv.'

'En natuurlijk zit Charlie niet alleen te kijken!' voegde het blad eraan toe. 'U bereikt ook Jeff en Timmy, Chris en Susie, Mark en zijn kleine broertje John.'

Verontwaardigd vervolgden de commissieleden: 'Tot de voorbeelden die wij hebben verzameld, behoort ook een reclamespotje waarin kinderen wordt geleerd dat ontbijt "niet leuk" is zonder een bijzonder zwaar gezoet merk ontbijtgranen, en ook een waarin de boodschap luidt dat een bepaald merk van zwaar gezoete koekjes met vruchtensmaak eigenlijk de voorkeur verdient boven vers fruit.'

Het voorstel van de FTC om op kinderen gerichte tv-reclame, door de media 'kidvid' genoemd, aan banden te leggen veroorzaakte consternatie bij verslaggevers, die de uitkomsten uitzonden. Ook toen de kruistocht van de FTC in 1980 eindigde, bleef de suiker in bewerkte voedingsmiddelen het onderwerp van publieke aandacht. In 1985

4 ZIJN HET GRANEN OF IS HET SNOEP?

bracht de groep die de actie in gang had gezet, het Center for Science in the Public Interest, een handige wandkaart voor consumenten uit die diende als leidraad bij het suikergehalte in de populairste levensmiddelenmerken. Schrijvend over de kaart vertolkte Jane Brody, een invloedrijke gezondheidsspecialist van *Times*, wat iedere Amerikaan die de kaart zag vermoedelijk dacht: 'De hoeveelheid suiker die doorgaans in één keer wordt geconsumeerd is verbijsterend.'

De voortdurende aanvallen op suiker misten hun uitwerking niet. In datzelfde jaar veranderde Post de naam van zijn Super Sugar Crisp Cereal in Super Golden Crisp, ook al bleef het suikergehalte ervan boven de 50 procent. In de tijd waarin de verandering zich voltrok, zei een zegsvrouw dat dit was gebeurd 'als erkenning dat het woord "suiker" gevoelig ligt'.

De jaren negentig begonnen met alleen maar problemen voor Kellogg. Allereerst werd er op de afdeling Ontbijtgranen, eens het exclusieve domein van de Grote Drie, ingebroken door detailhandelreuzen als Safeway en Kroger. Ze begonnen hun eigen merkloze kopieën van de merkartikelen te verkopen. Ze vermeden ook de dure reclame van de Grote Drie, waardoor de prijzen van hun producten 30 procent lager lagen en hun jaarafzet tot bijna 10 procent van de totale ontbijtgranenmarkt opliep.

Nog verontrustender voor Kellogg: een oude concurrent, General Mills, won terrein in de granenafdeling door een gedurfde nieuwe prijstactiek te hanteren. Jarenlang hadden Post, Kellogg en General Mills allemaal een gestage groei van hun winst gehandhaafd door hun prijzen volgens een stilzwijgend patroon te verhogen. In het voorjaar van 1994 brak General Mills echter uit de groep en liet zijn prijzen dalen. Tegelijkertijd voerde het zijn marketinginspanningen op om de lagere prijzen te compenseren door een grotere verkoop. Stephen Sanger, het hoofd van de ontbijtgranenafdeling van General Mills, had een steekwoord voor het aantrekken van consumenten voor zijn merk: 'flux', voortdurende beweging. De producten van het bedrijf moesten constant in beweging blijven. Telkens wanneer winkelbezoekers in het gangpad met ontbijtgranen kwamen, moesten ze iets nieuws ontdekken aan hun favoriete graanproducten, iets wat hen ertoe zou aanzetten evenveel of meer te kopen dan ze de vorige keer hadden gedaan. Hij noemde dit 'productnieuws', en hij blonk erin uit. Productnieuws kon een knapperiger graanproduct zijn vanwege extra suiker in de samenstelling. Of het kon een geschenk zijn, binnen de industrie bekend als een 'incentive', die in een verpakking werd gestopt. Productnieuws was in elk geval iets wat tegen de consument zei: deze ontbijtgranen zijn nieuw en verrukkelijk.

Suiker was meestal de drijvende kracht achter de productontwikkeling bij General Mills. General Mills rende ook hard achter Amerika's groeiende trek in snacks aan die als tussendoortje konden worden gegeten: pizza's, bagels en frisdrank behoorden tot de snelst groeiende voedingsmiddelen in het Amerikaanse eetpatroon, samen met gezoete ontbijtgranen. Eén geheim van hun succes was het productontwerp en de verpakking waardoor ze gemakkelijk in alle drukte op te eten waren. General Mills sprong er begin 1992 in dit opzicht uit met een supergemakkelijke consumptie, Fingos, een graanproduct dat met de handen gegeten kan worden zonder dat het in een kom hoefde te worden gegoten. Het bedrijf maakte de opening van de doos zelfs groter om een graaiende hand meer ruimte te geven.

Het aandeel van het overtroefde Kellogg op de ontbijtgranenmarkt daalde in 1990 een volle 1 procent naar 37,5 procent, beduidend lager dan tijdens zijn piek, in de jaren zeventig, van 45 procent. Kellogg was met zijn eigen 'productnieuws' aan de gang, maar zijn ontwikkelingsafdeling opereerde blindelings en introduceerde hele reeksen graanproducten – wel vier per jaar – zonder het nodige marktonderzoek te doen, of nog erger: zonder acht te slaan op de resultaten wanneer onderzoek uitwees dat de consument minder enthousiast was. Op het randje van paniek keerde Kellogg terug naar de tekentafel en deze keer zou er een totale herziening van de marketingtactiek vereist zijn. Niets zou nog als heilig worden beschouwd. Ook niet de ongekend strikte – en soms bizarre – bedrijfsetiquette, die rang boven prestatie beloonde en daardoor alle creativiteit smoorde. (Deze regels golden op zeker moment zelfs voor het parkeerterrein van het bedrijf, waar alleen de directeur in een Cadillac mocht verschijnen. Adjunct-directeuren mochten in een Oldsmobile rijden, managers konden een Buick hebben, en alle anderen namen genoegen met een Chevrolet.) Ook de kledingcode, die uitsluitend pak en das toestond, was niet

4 ZIJN HET GRANEN OF IS HET SNOEP?

heilig meer. Evenmin als de regels die bepaalden waar werknemers zich konden ontspannen na gedane arbeid. Het opvallendst was nog dat Kellogg, al broedend op het maken van betere producten, zijn oude regel schrapte dat buitenstaanders de gevoeligste activiteiten van het bedrijf – zijn onderzoeks- en ontwikkelingslaboratoria – niet mochten zien uit angst voor bedrijfsspionage. Deze sluier van geheimzinnigheid gold zelfs voor medewerkers van het reclamebureau van het bedrijf, Leo Burnett.

Nu Kelloggs aandeel in de ontbijtgranenmarkt in een vrije val verkeerde, werden al deze regels overboord gezet. In plaats van af te gaan op levensmiddelentechnologen, die vanouds de teugels in handen hadden bij het bedenken van nieuwe producten, droeg Kellogg de leiding nu over aan de marketingafdeling. De marketingmensen vormden op hun beurt een speciaal team waarvan de leden waren ontheven van de bedrijfsnormen. Ze hingen hun pak in de kast en droegen spijkerbroeken. Ze gingen de stad in om te brainstormen bij een borrel en een barbecue. Ze installeerden zich in de gevoeligste hoek van Kelloggs bedrijf, een gebouw waar de granenblazers en andere streng geheime machinerie werden ontwikkeld. Het vertrek waar ze huisden, leek op een zenuwcentrum en was hermetisch afgegrendeld. Dozen ontbijtgranen van alle concurrenten werden binnengebracht en tegen de wanden opgestapeld, zodat ze een reusachtige kaart leken te vormen die de vijandelijke stellingen toonde. Als generaals dachten ze diep na over deze producten, maar uiteraard waren de andere voedingsbedrijven niet het doel.

Het doel waren de Amerikanen die de concurrerende graanproducten kochten.

De meest veelzeggende breuk met de traditie was dat Kelloggs zenuwcentrum werd opengesteld voor de mensen die voorheen op afstand waren gehouden van de gevoelige activiteiten van het bedrijf: de reclamemanagers van Leo Burnett. Nu het bedrijf onder druk stond om met beter verkopende producten te komen, werden deze reclamemensen niet alleen in het team opgenomen, maar kregen ze zelfs de beste plaatsen aan tafel, waardoor enkele van de eigen Kellogg-managers naar de zijkant van de kamer werden verbannen.

Het werkteam zou de traditionele productiemethoden van Kellogg op zijn kop zetten. In plaats van de levensmiddelentechnologen te laten ploeteren in hun labs, al experimenterend met smaken en texturen, joegen de marketingmensen op ideeën die allereerst aansloten bij de reclamebehoeften van Kellogg en zich pas daarna bekommerden om het strelen van het gehemelte van de consument. De drijfveer achter deze zwenking was de erkenning dat branding van overweldigend belang was. De Kellogg-iconen – Rice Krispies, Frosted Flakes, Special K – hadden allemaal een eigen identiteit, zorgvuldig aangezet met honderden miljoenen dollars reclamegeld. In toenemende mate was imago het enige wat tussen deze iconen en de minder dure kopieën van een huismerk stond. Elk merk moest zijn eigen imago uitdragen. Corn Flakes suggereerde traditie. Frosted Flakes pret. Special K voeding en kracht.

Kellogg had er alles aan gedaan om deze merken in de loop der jaren in het bewustzijn van Amerikaanse consumenten te branden, en met dit idee als leidraad zou het team massa's geweldig smakende kandidaten afwijzen die niet pasten bij het imago dat ze voor elk merk moesten overbrengen. Het zenuwcentrum van Kellogg begon zijn eigen wilde ideeën voor producten te genereren die potentieel een geweldig kassucces konden worden, maar waarvan niemand wist of ze werkelijk konden worden gemaakt. Een voorbeeld was de actie van het team met zijn legendarische zoete Rice Krispies Treats.

Het idee was gebaseerd op de perceptiepsychologie. Als een graanproduct het plezier van een namiddagsnack kon oproepen, kon het behalve als ontbijt ook verkoopcijfers genereren als snack op zich. Kellogg had sinds 1927 Rice Krispies gemaakt en had al bijna even lang het recept van een dessert – een combinatie van graanproduct, boter en marshmallow – op de zijkant van de doos afgedrukt. Wat het team voor ogen had toen het naar deze twee elementen keek – de ontbijtgranen en het dessert – was een dessertachtig graanproduct dat Rice Krispies Treat Cereal werd genoemd en dat over een enorm, ingebouwd magnetisme zou beschikken: het huiselijke imago zou bij de vaders en moeders blije jeugdherinneringen oproepen omdat ze altijd ontbijtgranen voor hun kinderen kochten. Maar toen het team de technologen de opdracht gaf dit visioen te realiseren, kreeg het weken later te horen dat het niet lukte. Alle pogingen het dessert na te bootsen hadden kleffe klonten opgeleverd die in brij veranderden zodra er melk bij kwam. 'Brij in de kom, dat was niks,' zei marketing-

4 ZIJN HET GRANEN OF IS HET SNOEP?

analist Edward Martin. 'Vooral kinderen houden van knapperig.'
Zelfs toen de technologen het suikergehalte verhoogden voor meer knapperigheid kregen ze het niet voor elkaar. Ze kregen het niet voor elkaar de granen knapperig te houden en de marshmallows kleverig wanneer de melk werd toegevoegd. Op dat punt pasten de marketingmensen hun magie toe. Ze organiseerden focusgroepen om consumenten vragen te stellen over het idee van Rice Krispies Treat Cereal, en de consumenten zeiden dat het graanproduct niet zo kleverig hoefde te zijn als het dessert. Het hoefde alleen de kleverige smáák te hebben. In voedingsmarketingtaal wordt dit 'permissie' genoemd. Het is datgene wat fabrikanten uit voedingsmiddelen mogen verwijderen in ruil voor gemak of prijs. Zeker, de consumenten hadden liever een kom met de echte Rice Krispies Treats gehad waarmee ze waren opgegroeid, maar ze waren bereid met minder genoegen te nemen.

Meer kon het productontwikkelingsteam echter niet doen voor Kellogg. Nieuwe producten zijn uitermate moeilijk op de markt te brengen, en het gaat vaker niet dan wel goed. In 2005 was Kelloggs aandeel in de ontbijtgranenmarkt opnieuw gedaald, nu nog meer zelfs. Het kwam onder een derde, terwijl de eigen merken van winkelketens nu ongeveer de helft van de markt uitmaakten. Als Kellogg zijn suprematie wilde heroveren, moest het bedrijf manieren bedenken om zijn bestaande merken nieuw leven in te blazen.

In 2006 verkeerde Frosted Mini-Wheats – het grootste merk in de Kellogg-familie, meteen na Frosted Flakes – in een complete identiteitscrisis. Het probleem waren zemelen, met hun glans van gezondheid. Meel dat is gemaakt van de hele graankorrel, inclusief de zemel, was heel populair geworden op de ontbijtgranenafdeling. Voedingsdeskundigen brachten zemelen in verband met een lager cholesterolgehalte, minder hart- en vaatziekten, gezondere darmen en een verminderde kans op obesitas, en overheidsbeamten waarschuwden dat de Amerikanen er niet genoeg van aten. Kelloggs concurrenten bij Post hadden net een bijzonder wapenfeit binnengehaald: met een besteding van niet meer dan 12 miljoen dollar, een schijntje in de ontbijtgranenreclame, voor een reclamecampagne die hun hele granen aanprees, had Post een zevenjarige inzinking in zijn Grape-Nuts- en

Shredded Wheat-merken ongedaan gemaakt en de verkoopcijfers daarvan met 9 procent doen stijgen. Kellogg had ook hele granen in zijn Frosted Minis, maar met meer dan twee theelepels suiker in één kom waren ze minder aantrekkelijk voor bewust etende mensen. In een analyse van de situatie concludeerde Kellogg dat het merk Frosted Mini-Wheats 'zijn aansluiting verloren had' en 'behoefte had aan een voorstelling die dieper ging dan basale voeding en het hart van de consument raakte'. Het bedrijf zette een offensief in om zijn kansen te doen keren.

Kellogg minderde niet met suiker om met Grape-Nuts te kunnen wedijveren. De aantrekkelijkheid van de Frosted Mini-lijn had alles met zoet te maken. Zelfs de namen van zijn lijnextensies – Cinnamon Streusel, Little Bites Chocolate, Vanilla Crème – deden aan toetjes denken. Het bedrijf kon die basis niet opeens ondermijnen. Dit was de 'branding' van het graanproduct. Het probeerde nog steeds kinderen aan te spreken, en kinderen wilden nog steeds een toetje als ontbijt. Maar het bedrijf kon het zich niet veroorloven de mensen te verliezen die het nodig had voor de verkoop: ouders. Om díé te overtuigen, bedacht Kellogg een reclamecampagne die Frosted Minis verkocht als hersenvoedsel.

De spotjes ontwikkelden zich tot een commercial van begin 2008 die uitging van de vooronderstelling dat Frosted Mini-Wheats kinderen zouden helpen hogere cijfers te halen. 'Help uw kinderen goed te scoren voor oplettendheid,' zei het bedrijf in een mediapublicatie die de reclamecampagne aanprees. Plaats van handeling was een leslokaal. De lerares die bij het bord staat, is de draad kwijt. 'Oké,' vraagt ze de klas. 'Waar waren we gebleven?' Haar jonge leerlingen zien er moe uit, ineengezakt achter hun tafel. Van één jongen schiet de hand in de lucht. Hij kijkt helder en enthousiast uit zijn ogen en zwaait met zijn vingers. 'We zijn bij de derde alinea op bladzijde 57, en u was aan het vertellen dat de stenen constructies die de oude Romeinen maakten aquaducten werden genoemd,' zei hij. 'En toen u dat op het bord schreef, brak uw krijtje. In drie stukken.'

'Juist,' zegt de lerares, verbaasd.

Dan brengt een voice-over de boodschap onder woorden: 'Klinisch onderzoek heeft aangetoond dat kinderen die een voedzaam ontbijt hadden genuttigd met Frosted Mini-Wheats hun oplettend-

4 ZIJN HET GRANEN OF IS HET SNOEP?

heid met bijna 20 procent verbeterden. Het houdt ze verzadigd. Het houdt ze geconcentreerd.'

Het spotje verscheen overal op tv, internet en in allerlei gedrukte vormen, bijvoorbeeld op melkpakken. Je kon je bijna voorstellen dat gespannen ouders uitrekenden wat een verbetering van 20 procent voor hun eigen kinderen zou betekenen. *Eens kijken. Billy had een 7 voor zijn laatste proefwerk. Doe daar 20 procent bij en hij heeft een 8,4!* Er was alleen één maar: de bewering klopte niet. Het in de leslokaalcampagne aangehaalde klinische onderzoek was uitgevoerd in opdracht van en betaald door Kellogg. Dat had het al onmiddellijk verdacht moeten maken, omdat, zoals iedere wetenschapper weet, de resultaten van een onderzoek vooraf kunnen zijn bepaald door de opzet ervan. Maar het opmerkelijkste aspect van de campagne is dat het bedrijfsonderzoek, ook al hield je het zonder meer voor waar, allerminst de bewering in de reclame overeind kon houden. De helft van de kinderen die kommen met Frosted Minis aten, liet helemaal geen verbetering zien bij de tests die ze kregen om hun vermogen tot herinneren, denken en redeneren te meten in vergelijking met dit vermogen vóór het eten van het graanproduct. Slechts één op de zeven kinderen vertoonde een verhoging van 18 procent of meer.

Dit waren de bevindingen van de oude vijand van de ontbijtgraneninstrie, de Federale Handelscommissie, de FTC, die weer overeind begon te krabbelen en van betekenis probeerde te worden na de klappen van het debacle met de op kinderen gerichte tv-reclames in 1980. Het siert de commissie dat ze, nadat ze snel lucht had gekregen van het verdachte onderzoek achter de Frosted Mini-spotjes, een gerechtelijke procedure startte. Ze noemde de spotjes onwaar of misleidend. Kelloggs campagne was overigens niet van hetzelfde niveau als de advertenties die een eeuw eerder door zijn oude rivaal, C.W. Post, waren uitgebracht en waarin die, zo luidde de beschuldiging, suggereerde dat zijn graanproduct, Grape-Nuts, blindedarmontsteking genas. Maar nu Kellogg 1 miljard dollar per jaar uitgaf aan reclame die Amerika's koopgewoonten sterk kon beïnvloeden, was de commissie zeer ontstemd.

'Het is vooral van belang dat de vooraanstaande bedrijven in Amerika "oplettender" zijn wat het waarheidsgehalte van hun reclame betreft en de uitkomsten van tests of research niet overdrijven,' merkte de FTC-voorzitter hatelijk op in een verklaring. 'In de toekomst zal de commissie beslist meer op nationale adverteerders letten.'*

Maar achter de schermen liep de zaak zo lang door dat de conclusie misschien weinig zal hebben gedaan om de effectiviteit van de spotjes bij het beïnvloeden van de percepties van consumenten te verminderen. De FTC weigerde gedetailleerde verslagen van de zaak aan mij vrij te geven, met een beroep op haar beleid van het niet verspreiden van informatie die de concurrentiepositie zou kunnen benadelen van een bedrijf waarvan de commissie de gedragingen kritisch onderzoekt. Kellogg weigerde het wetenschappelijk onderzoek over te dragen waarop de beweringen over intellectuele vermogens waren gebaseerd. (In 2011 stemde Kellogg, in een speciaal proces dat was aangespannen door consumenten, in met een schikking en keerde het in totaal 2,8 miljoen dollar uit aan terugbetalingen voor gekochte Frosted Minis, terwijl het eigen producten ter waarde van 5 miljoen dollar aan liefdadigheidsorganisaties doneerde.) 'Kellogg heeft een lange geschiedenis van verantwoordelijke marketing en neemt alle zorgen over onze reclameactiviteiten ernstig op,' liet het bedrijf mij in een e-mail weten. 'Toen wij commentaar van de FTC kregen, pasten wij onze publiciteit aan om het advies erin te verwerken.'

Dankzij de Freedom of Information Act kon ik echter aan e-mails en andere archiefstukken komen waaruit bleek dat de FTC in maart

---

* De voorzitter had een jaar later, in 2010, nog scherpere kritiek op Kellogg, toen het bedrijf een schikking trof voor een tweede zaak van misleidende reclame die door de FTC was aangekaart. In deze zaak stemde Kellogg ermee in te stoppen met zijn bewering dat zijn Rice Krispies, met hun toegevoegde vitaminen en antioxidanten, de 'immuniteit' van kinderen voor ziekte vergrootten. Opmerkend hoe kort deze reclame na de zaak van de Frosted Mini-Wheats was gekomen, zei de voorzitter, bij de schikking: 'Wij verwachten meer van een groot Amerikaans bedrijf dan dat het dubieuze beweringen doet – niet één keer, maar twee keer – dat zijn graanproducten de gezondheid van kinderen verbeteren. De volgende keer moet Kellogg maar de tijd nemen om tweemaal na te denken over zijn beweringen voordat het met een nieuwe reclamecampagne komt, zodat ouders de beste keuzes voor hun kinderen kunnen maken.' In een bijbehorende verklaring schreef de voorzitter: 'Kellogg mag zich niet onttrekken aan zijn verantwoordelijkheid om het juiste te doen wanneer het reclame maakt voor het voedsel dat wij aan onze kinderen geven.'

4 ZIJN HET GRANEN OF IS HET SNOEP?

2008 voor het eerst contact opnam met Kellogg over het reclamespotje – waarbij ze vraagtekens plaatste bij de waarheid van de reclame en Kellogg om bewijs vroeg dat de bewering van bijna 20 procent meer oplettendheid klopte. Maar de commissie sukkelde daarna nog ruim een jaar door voordat ze een besluit nam dat Kellogg verbood de claim te gebruiken. De FTC zei mij dat haar bevoegdheden in zulke gevallen beperkt zijn.

Intussen was Kellogg al uit eigen beweging gestopt met de vertoning van het spotje, maar dat deed het pas eind september 2008 – zes maanden nádat de FTC voor het eerst contact had opgenomen met het bedrijf om haar bezorgdheid te uiten. Zes maanden is een lange tijd bij commerciële campagnes, vooral bij zo'n effectieve als die van het leslokaalspotje. Net als andere bedrijven gaat Kellogg precies na hoe goed zijn dollars zijn besteed en in dit geval was de invloed die deze dollars op consumenten hadden werkelijk indrukwekkend. Een klinkende 51 procent van de ondervraagde volwassenen geloofde niet alleen dat de bewering over oplettendheid klopte, ze waren er ook nog van overtuigd dat dat alléén klopte voor Frosted Mini-Wheats. Dus alleen door dat graanproduct in hun winkelwagentje te zetten zouden ze hun kinderen vooruit laten komen in de klas. Ondanks het hoge suikergehalte en een toenemende behoedzaamheid van het publiek ten aanzien van gezoete graanproducten, bereikte Frosted Mini-Wheats in 2008 een marktaandeel van 3,5 procent, ook al daalden Frosted Flakes een graadje in populariteit.

Binnen enkele maanden na de uitspraak van de FTC over Frosted Mini-Wheats kwam Kellogg met alweer een campagne over intellect, al kreeg deze een nieuwe draai. In plaats van het nieuwe graanproduct te vergelijken met die van zijn concurrenten, bracht de reclame de Frosted Mini-Wheats in stelling tegen helemáál geen ontbijt – een bewering die vermoedelijk de kritische blik van de FTC zou doorstaan, zij het niet het morele kompas van de aanhangers van het consumentisme: 'Een klinisch onderzoek toonde aan dat kinderen die Frosted Minis aten voor 23 procent een beter geheugen hadden dan kinderen die het ontbijt oversloegen.' De campagne was nog voornamelijk gericht op de zorgen van vrouwen met schoolgaande kinderen en leek in te spelen op die bezorgdheid. De nieuwe campagne bracht een door Kellogg gefinancierde website, 'Mom's Homeroom', waarop moeders bespraken hoe ze hun kinderen het best konden helpen bij hun schoolprestaties.

Mom's Homeroom won in 2010 een reclameprijs, en bij de aanvaarding van de prijs legde Kellogg de redenering achter deze aanvalslijn uit: 'Na jaren van de Frosted Mini-Wheats-campagne die draaide om goede schoolprestaties kochten moeders het product nog steeds niet. De tijden waren veranderd en wij hadden een andere strategie nodig. Dus wij stopten met praten tegen de moeders en sloten ons aan bij de dialoog die ze al aan het voeren waren. Door al hun vertrouwde hulpmiddelen samen te brengen en een grote online supermarkt op te zetten voor al moeders schoolgebonden behoeften, bewees Frosted Mini-Wheats dat wij het niet bij woorden hielden, maar moeders ware partner waren die haar hielp haar kinderen te laten slagen op school.'

5 IK WIL EEN HELEBOEL LIJKZAKKEN ZIEN

Jeffrey Dunns eerste baan bij Coca-Cola bevestigde alles wat hij in zijn jeugd over het bedrijf had gehoord. Zijn vader had er gewerkt sinds Jeffrey vijf was, eerst als verkoopleider en toen als pionier van de vermaarde marketing van Coca-Cola, die op eigen kracht de frisdrank op de grootste trefpunten van sport en vermaak in de hele wereld had ingevoerd. Elke avond onthaalde zijn vader hem op een nieuw en fantastisch verhaal over zijn heldhaftige inspanningen om de aartsvijand, PepsiCo, te dwarsbomen en te beletten dat hij ook maar één klant kreeg. Op de ene dag verhinderde hij dat McDonald's in handen van zijn concurrent viel, de volgende dag vocht hij voor zijn monopolie in het Yankee Stadium. 'We hielden altijd bij hoe mijn vader het deed in de strijd tegen de "waardeloze hufters" van Pepsi en bij het handhaven van Coca-Cola's onaantastbaarheid,' zei Dunn.

Nu was het Jeffreys beurt. In 1984, zevenentwintig jaar oud, kwam hij bij de afdeling die Coca-Cola's equivalent van de mariniers was: verkoop aan frisdrankautomaten. Het was zijn taak op pad te gaan om de frisdrankautomaten bij fastfoodketens en in buurtwinkels te vullen met cola. En Dunn, een gespierde, voormalige atleet die een grotere hekel had aan verliezen dan dat hij gebrand was op winnen, was een ideale rekruut. Rondom frisdrankautomaten was zelfgenoegzaamheid uitgesloten. Dit waren de frontlinies van Coca-Cola's campagne om de frisdrankbusiness te beheersen en Amerika's eetgewoonten te veranderen. Bij de frisdrankautomaten ging het erom een gunstige aanvangspositie in te nemen en stand te houden, en Coca-Cola overheerste Pepsi op deze verkooppunten met twee op één. Hier werd het fenomeen 'superformaat' geboren, dat in de droom van het marketingkorps dé manier was om nog meer Coca-Cola te verkopen bij hamburgers en friet. De schermutselingen met Pepsi waren eindeloos en hevig. In de kantoren hadden ze een uitdrukking voor het verliezen van een van deze gevechten – ze noemden het 'gepositioneerd worden'.

'Er was geen status-quo, omdat iedereen op het marktplein constant wordt gepositioneerd,' zei hij tegen mij. 'Of je ging vooruit, of je ging achteruit. Ze noemden het positioneren vanwege de plaats waar je stond ten opzichte van de rest van het universum. De andere bedrijven oefenden constant druk op je uit, wilden klanten aftroggelen. En jij moest terugduwen, want als jij jouw positie niet afbakende en er niet leverde, dan wérd je per definitie gepositioneerd. Dus dat leer je wel in de frisdrankbusiness. De concurrentie is moordend en je bent constant bezig met niet alleen: waar moet mijn merk volgens mij voor staan?, maar ook: hoe wil ik het positioneren tegenover alle andere merken in de markt?'

Kellogg en General Mills en andere levensmiddelenfabrikanten denken misschien dat ze aardig goed zijn in dit gedoe van positioneren, maar hun inspanningen verbleken in vergelijking met die van Coca-Cola, dat niet zozeer een bedrijf is als wel een institutionele macht van 35 miljard dollar. Coca-Cola richtte niet slechts een zenuwcentrum in, zoals Kellogg deed met zijn speciale team dat de zorgen en verlangens van consumenten moest bepalen en bespelen. Bij Coca-Cola was de hele organisatie een zenuwcentrum. De bureaus en tafels in het hoofdkantoor van Coca-Cola in Atlanta waren bezaaid met kaarten die de tactiek van het bedrijf weergaven, en van iedere werknemer werd verwacht dat hij lange uren aan de zaak wijdde. Coca-Cola ging er prat op dat het progressief was, maar op een bedrijfsbijeenkomst in de jaren negentig vroeg een vrouwelijke manager of er misschien een dagopvang kon komen om de drukte om zes uur 's avonds tegen te gaan, als kinderen moesten worden opgehaald lang voordat de werkdag ten einde was. De bedrijfsdirecteur, Douglas Ivester, die geen kinderen had en vaak zeven dagen per week werkte, keek haar even aan en zei toen: 'Op dit terrein zal nooit een dagopvang komen.'

De man die dit ethos ingaf, Robert Woodruff, was een klassieke vechtersbaas. Hij werkte in 1923 voor een automobielfabrikant, de White Motor Company, toen zijn vader hem vroeg naar Atlanta te verhuizen. Hij had hulp nodig bij het runnen van zijn pas gekochte bedrijf, Coca-Cola, dat aan het instorten was. Woodruff senior, Ernest, had vier jaar eerder, toen de winsten waren gedaald, een groep bankiers ertoe gebracht Coca-Cola te kopen voor 25 miljoen dollar, maar de vooruitzichten van het bedrijf waren alleen maar verslechterd. De verkoop daalde, ondanks alle pogingen de consumptie te bevorderen met de invoering van een kartonnen doos waar zes flessen in pasten. Coca-Cola werd ook afgeleid door gevechten met zijn bottelaars – de concessiehouders, in die tijd twaalfhonderd, die de fabrieken bezaten waar het colaconcentraat werd gecombineerd met suiker, water en droge distillatie.

Aan Robert Woodruff – die de eerste zes decennia Coca-Cola leidde – wordt alom de eer toegekend, onder veel meer, van twee briljante vernieuwingen. In 1927 creëerde hij een afdeling die het Foreign Department heette en die de drank in de rest van de wereld introduceerde. Verder verklaarde hij aan het begin van de Tweede Wereldoorlog publiekelijk dat iedere soldaat in uniform cola zou krijgen voor 5 dollarcent per fles, waar hij ook gelegerd was of wat het het bedrijf ook kostte om de flessen bij hem af te leveren. Het gevolg was dat een hele generatie mannen en vrouwen verslingerd aan Coca-Cola thuiskwam.

Woodruff kreeg echter nog een ingeving – die als casestudy minder vaak wordt besproken in bedrijfskundeopleidingen – die het bedrijf spectaculair vooruit zou helpen. Hij zocht uit hoe hij de emoties van mensen beter aan kon boren dan alle andere spelers in de consumptieartikelenindustrie, of het nu om voedsel of bier of sigaretten ging. Voor zijn methode waren geen slagzinnen nodig of ondersteuning door beroemdheden of het soort geld dat het bedrijf elk jaar uitgaf aan reclame, ook al hielp dat allemaal wel. Het ging dieper. Het ging erom cola in handen van mensen, vooral kinderen, te krijgen wanneer ze het meest beïnvloedbaar waren: de vreugdevolle momenten. Zo werd Coca-Cola gekoppeld aan het favoriete amusement van Amerika. 'Het verhaal dat ze altijd bij Coca-Cola vertellen,' zei Dunn, 'is dat Mr. Woodruff vertelde: "Toen ik kind was, nam mijn vader mij mee naar mijn eerste honkbalwedstrijd, en niets was mij dierbaarder dan dat moment met mijn vader. En wat kreeg ik te drinken? Ik kreeg een ijskoude cola, die onderdeel werd van dat heilige moment." Het idee was op al die plaatsen te zijn waar deze speciale momenten van je leven plaatsvonden,' vervolgde Dunn. 'Coca-Cola wilde deel uitmaken van die momenten. Als dat niet de briljantste marketingtactiek aller tijden was, hoorde hij vermoedelijk wel bij de beste twee of drie. Je kon je je er niet alleen een voorstelling van maken, het was alsof iemand zich in zijn eigen televisiecommercial bevond. Jij bent ín dat moment, jij drinkt het product, jij hebt die emotionele context die zich aandient. En Coca-Cola ging werkelijk een zeer groot deel van die ervaringen uitmaken. Het ging erom letterlijk overal aanwezig te zijn. Het werd de "tactiek van de alomtegenwoordigheid" genoemd. In eenvoudige woorden drukte Mr. Woodruff het zo uit: "Breng het product binnen handbereik van de begeerte."' Dit hielp van de frisdrank veel meer dan een product te maken. Tot afgunst van elk levensmiddelenbedrijf op aarde werd Coca-Cola het machtigste merk ter wereld – een merk dat diep verankerd was in de psyche van de mensen, in staat om onthutsende hoogten van consumentenloyaliteit te creëren.

Terwijl de verkoopcijfers van Coca-Cola verdubbelden en verdrievoudigden en bleven stijgen – samen met die van Pepsi en andere frisdranken – gebeurde dat ook met Amerika's neiging om te slempen. In kringen van voedingsdeskundigen, waar de oorzaken van overgewicht worden besproken, bestaat er geen enkel product – onder de 60.000 artikelen die in de winkel worden verkocht – dat als kwaadaardiger en meer direct verantwoordelijk voor de crisis wordt beschouwd dan frisdrank. Het probleem zoals groeiende aantallen voedingsdeskundigen het zien, zijn niet de calorieën in frisdrank, al worden we uiteindelijk wel zwaarder van calorieën. Het is eerder hun vorm: onderzoek suggereert dat ons lichaam zich minder bewust is van buitensporige inname wanneer de calorieën vloeibaar zijn. Gezondheidsautoriteiten geven niet de schuld aan het ene blikje cola met ruwweg negen theelepels suiker. Wat Coca-Cola slecht maakte – of, afhankelijk van wie je gesprekspartner is, juist uiterst succesvol – waren de almaar grotere verpakkingen. Terwijl de obesitascrisis in de jaren tachtig doorzette, maakten die blikjes plaats voor flessen van 0,6 liter, met 15 theelepels suiker; literflessen, met 26 theelepels; en de Double Gulp van 1,9 liter, verkocht door de 7-Eleven-winkels, met 44 theelepels suiker. Afgezien van de omvang van elke verpakkingseenheid vloeide het succes van Coca-Cola voort uit de aantallen blikjes en flessen en bekers die mensen, vooral kinderen, dagelijks dronken.

5 IK WIL EEN HELEBOEL LIJKZAKKEN ZIEN

In 1995 dronken twee op de drie kinderen dagelijks een fles van 0,6 liter, maar dit was slechts het nationale gemiddelde. Bij Coca-Cola spraken managers niet van 'klanten' of zelfs 'consumenten'. Ze spraken van 'zware gebruikers', mensen die gewend waren aan twee of meer blikjes per dag. Toen Dunns carrière het tweede decennium in ging, liep het aantal zware gebruikers alleen maar op.

Bij het nastreven van massale consumptie klom Dunn op tot vlak onder de top van het bedrijf. Hij werd president-directeur voor Noord- en Zuid-Amerika, een functie die inhield dat 900 miljoen mensen aan het merk gebonden moesten blijven. Hij stond op met cola en ging ermee naar bed en was dol op zijn werk en het bedrijf, een toewijding die door velen werd gedeeld. En al die jaren had hij geen bedenkingen tegen het product dat hij verkocht. Deze gemoedsrust bereikte hij, zei hij, door domweg niet na te denken over wat hij verkocht. Hij dacht alleen na over de verkoop, en de verkoop was geweldig, tot dat niet meer zo was. Dat moment kwam op een dag in 2001, toen zijn naaste medewerkers hem meenamen naar een deel van de wereld waarover hij bij uitstek enthousiast was: Brazilië. De Braziliaanse economie floreerde en de bevolking van het land was in staat het niveau van de frisdrankconsumptie in de Verenigde Staten te evenaren. Coca-Cola moest ze alleen even de weg wijzen. Toen Dunn door enkele wijken reisde die tot het doelgebied behoorden, verging hem opeens de lust. Plotseling leken de kinderen daar, samen met de kinderen in de Verenigde Staten, zo oneerlijk verleid, zo hulpeloos tegenover de tactiek van het bedrijf, zo uiterst ontvankelijk voor de verslavende werking van cola, dat Dunn besloot dat het bedrijf te ver was gegaan. Nadat hij de volgende vier jaar had geprobeerd het bedrijf terug te brengen naar een gezonder voedingsbeleid, trad hij af. Voor het eerst sinds die tijd stemde hij ermee in enkele van de diepste geheimen van het bedrijf te bespreken die uiteindelijk zouden leiden tot zijn hartgrondige spijt.

Jeffrey Dunn is geen gewone klokkenluider. Hij is niet verbitterd en evenmin beschouwt hij zijn vroegere collega's als slecht. Ze zijn, zei hij, verblind door de drang om te winnen. 'Bij Coca-Cola geloven ze volgens mij dat ze het juiste doen,' zei hij. 'Als je echt denkt dat je het verkeerde doet en het wegduwt, is dat emotioneel moeilijk te verkroppen. Ik heb daar nog steeds vrienden en ik geef hun in overweging: "Het is gewoon heel moeilijk jezelf van binnenuit te zien."'

'Maar de obesitastrend is een epidemie,' ging Dunn verder. 'En het staat buiten kijf dat deze wortels heeft in de toenemende consumptie van fastfood, junkfood en frisdrank. Of je één van die dingen er met name mee kunt identificeren is vermoedelijk een redelijke vraag. De mensen van de frisdrank zijn daar de hele tijd naar op zoek. Maar je kunt naar de obesitascijfers kijken, en je kunt kijken naar de consumptie van suikerhoudende frisdranken per hoofd van de bevolking en die op een kaart leggen, en ik garandeer je: het hangt voor zo'n 99 procent met elkaar samen. Zoals ze zeggen: je kunt er wel voor weglopen, maar je kunt je er niet voor verstoppen.'

Jeffrey Dunn weet het precieze moment niet meer waarop hij voor het eerst wist dat hij voor Coca-Cola zou gaan werken. Hij schat dat hij zeven of acht was. En hij was vermoedelijk niet het enige kind in het gezin dat er zo over dacht. Hij groeide samen met vier oudere broers op in de San Fernando-vallei. De jongens Dunn speelden honkbal. Ze surften. Ze maakten ruzie met elkaar en – dit zijn de jaren zestig – ze lieten hun haar lang groeien. Hun moeder was striptekenaar bij de Disney-studio's geweest, maar ze gaf haar carrière op om haar jongens fulltime onder haar hoede te hebben of, zoals Dunn graag zegt, 'om ons uit de gevangenis te houden'. 's Avonds, wanneer Jeffrey en zijn broers kwamen binnenvallen, begon het hoogtepunt van de dag: hun vader kwam dan thuis met verbluffende verhalen over zijn werk.

Walter Dunn werkte voor Coca-Cola. De vijf jongens zaten er al kletsend bij, terwijl hij zijn nieuwste oorlogsverhalen debiteerde, die steevast over de concurrent, Pepsi, gingen.

In 1970 verhuisde Walter Dunn met zijn gezin naar Atlanta, waar het hoofdkantoor van Coca-Cola staat, om een veel zwaardere baan op te pakken. Hij kreeg de leiding over de prestigieuze klanten, de meest gewaardeerde relaties van het bedrijf. In deze jaren ontwikkelde – vond uit, feitelijk – Walter Dunn de onderneming die bekendstaat als 'sport- en entertainmentmarketing'. Onder leiding van voorzitter Woodruff had Walter Dunn tot taak het Coca-Cola-logo in stadions, filmtheaters, pretparken, op kermisterreinen en elk ander trefpunt in het land te brengen waar mensen zich vermaakten. Hij sloot sponsorovereenkomsten met atleten en teams en stadions, waardoor er voor Jeffrey, nu een tiener, een droom in vervulling ging.

Wanneer hij zijn vader hoorde, wist Jeffrey Dunn dat hij het arbeidsethos had dat nodig was om bij Coca-Cola te slagen. Maar pas op een dag op de middelbare school wist hij dat hij meer kon doen dan alleen hard werken – dat ook hij anderen kon leiden en bezielen zich aan iets groters over te geven. Hij was de aanvoerder van het honkbalteam, en aan het begin van een verhitte wedstrijd haalde zijn coach hem van het veld nadat hij een overtreding had begaan. Dunn, die het gevoel had dat de coach te timide was, pakte een stoel op en smeet die acht rijen ver de tribune in – waarop de coach hem prompt naar de kleedkamer stuurde. Zijn teamgenoten, die het goed deden met Dunn als hun aanvoerder, hadden andere ideeën. Ze gingen in de rust op de coach af en eisten dat hij Dunn weer in het veld zou sturen. En dat deed de coach.

Bij het besluit om voor Coca-Cola te gaan werken had Dunn te maken met één klein obstakel. In het bedrijf gold een strikt verbod op nepotisme, en zijn vader was niet de eerste de beste werknemer geweest. De rijkdom die Walter het bedrijf had gebracht, had hem tot een ster gemaakt, en dat zou niet zo makkelijk te negeren zijn wanneer Jeffrey kwam aankloppen, met zijn cv in de hand. De zevenentwintigjarige Jeffrey had zijn sporen al verdiend bij E. & J. Gallo Winery, waarvoor hij deur aan deur verkocht aan slijterijen in Mississippi en waarbij hij enkele trucs had opgedaan in de omgang met winkeleigenaars, handeldrijven en het omgaan met de concurrentie. Hij werkte ook voor Seagram, waar hij, in de loop van minder dan twee jaar, opklom tot commercieel directeur van het bedrijf voor zeventien westelijke staten. Toch was het een hele beproeving om binnen te komen bij Coca-Cola, waar hij altijd had willen werken.

Begin 1985 probeerde hij tevergeefs een sollicitatiegesprek te krijgen met Charlie Frenette, een manager die zijn telefoontjes niet beantwoordde. Hij liet zich niet afschrikken en kwam van een aardige secretaresse te weten wanneer Frenettes volgende reis was. Dunn vloog naar Atlanta en boekte dezelfde vlucht. 'Hij zat in de eerste klas,' zei Dunn. 'Ik in de tweede klas. Toen ze de lampjes voor de gordels uitdeden, liep ik naar voren en zei: "Ha, Charlie, hoe maak je het? Ik heb uit alle macht geprobeerd je te spreken te krijgen, dus ik dacht dat het voor ons beiden het best zou zijn om een paar minuten in het vliegtuig te zitten." En hij keek mij aan met zo'n blik – ja, echt – en zei: "Ik heb het nogal druk. Ik heb een belangrijke afspraak. Ik zal kijken of ik wat tijd heb aan het eind van de vlucht."' Dunn kreeg nog geen sollicitatiegesprek, maar hij kreeg wel een test. Vlak voor de landing liet Frenette hem naar de eerste klas komen, waar hij hem vroeg een presentatie te beoordelen die hij had voorbereid voor restaurantketen Denny's. 'Voor ik het wist, had hij mij in dienst genomen,' zei Dunn. 'En het grappige eraan was dat we goede vrienden werden, en hij zou dat verhaal telkens weer vertellen aan salesmensen. "Laat ik jullie eens vertellen over iemand die uitzocht wat je moet doen als je iemand per se te spreken wilt krijgen. Accepteer gewoon geen nee."'

Dunn begon zijn carrière in de frisdrankautomatenbusiness in een regionaal kantoor in Irvine, Californië, waar zijn eerste grote klant de hamburgerrestaurantketen Carl's Jr. was. Hier had hij ook zijn eerste ervaring met de manie van het superformaat die door de fastfoodindustrie zou razen en in de levensmiddelenwinkels zou doordringen met steeds grotere bekers en flessen frisdrank. 'Het was: hoe groter, hoe beter,' zei Dunn. 'We hadden een hele marketingafdeling binnen de automatenbusiness die op zoek was naar mogelijkheden. Coca-Cola ging naar zijn klanten, te beginnen bij McDonald's, met het idee van gecombineerde maaltijden met cola erbij. In die tijd deden de restaurantketens niet aan combi's – zoals hamburgers met friet –, maar wij berekenden dat als ze dat wel deden, wij heel wat meer mensen zouden krijgen die onze cola kochten. Vanaf 1980 tot in elk geval 2000 was het Coca-Cola's overheersende marketingstrategie om de consumptie in de fastfoodcentra op te bouwen.'

Begin jaren negentig had Dunn de leiding over zijn eigen bataljon – een strijdmacht van achthonderd mensen die levering voor automaten aan buurtwinkels, restaurants en cafetaria's regelden, met een jaarlijkse afzet van 3 miljard dollar. Zoals iedere populaire aanvoerder kreeg Dunn een bijnaam van de mensen die voor hem werkten. Het gebeurde op een dag toen hij zijn personeel had verzameld voor een peptalk. 'Salesmensen houden per definitie graag de stand bij,' vertelde hij mij. 'Je maakt het doorgaans niet als verkoper als je niet goed bent met mensen en niet graag de stand bijhoudt. Dat is nu eenmaal de aard van het beestje. Daar had je dus het grote leger verkoopmensen en ik stak een speech af over Pepsi. Coca-Cola heeft ongeveer een marktaandeel van 70 tot 80 procent in de automatenbusiness, en om de vijf jaar zette Pepsi een run in om de automaten over te nemen. Ik hield dus die speech over winnen en zei: "We zijn als het ware in oorlog. En de manier waarop je in een oorlog de stand bijhoudt, is door de lijkzakken te tellen die van het slagveld worden weggedragen. Het gaat erom dat er meer lijkzakken van hen van het veld worden gedragen dan van ons. Ik wil dat jullie allemaal op pad gaan en onze scores opvoeren. Ik wil een heleboel lijkzakken zien."

Ik verwoordde het nog een beetje sterker,' zei hij tegen mij. 'De lijkzakken waren de verkoopmensen van Pepsi die ontslagen zouden worden als ze onze klanten niet wisten te kapen. Dus mijn bijnaam voor de volgende tien jaar was Body Bag.'

De vijandigheid tussen Coca-Cola en Pepsi of de mate waarin ze elkaar met argwaan volgden, valt moeilijk te overschatten. Maar een dieptepunt werd bereikt in 1984, nadat PepsiCo een verbijsterende slag had geslagen door de grootste ster ter wereld, Michael Jackson, te contracteren voor een reclamespotje, een zet die Pepsi het overwicht leek te bezorgen. De betrekkingen verslechterden verder in het volgende jaar, toen Coca-Cola, misschien enigszins onder druk van Jacksons steun voor Pepsi, de introductie van New Coke voorbereidde – en hulpeloos toekeek toen PepsiCo alweer een publiciteitsstunt uithaalde. Een dag voor de aankondiging plaatste PepsiCo advertenties in kranten in het hele land, waarin de zet van Coca-Cola als een overwinning voor Pepsi werd afgeschilderd. Jarenlang had PepsiCo geroepen dat mensen zijn zoetere frisdrank lekkerder vonden dan Coca-Cola, en daar had je Coca-Cola, dat praktisch tegenover de wereld toegaf dat het er ook zo over dacht. New Coke was, volgens PepsiCo's analyse, 4 procent zoeter dan gewone Coke. En om de nieuwe samenstelling te vieren gaf PepsiCo zijn werknemers een dag vrij.

Van Wall Street tot de massamedia kwam deze rivaliteit tussen de twee frisdrankreuzen bekend te staan als de Grote Cola-oorlog. De bedrijven waren niet zozeer elkaar aan het bestrijden, ze bundelden eerder hun krachten om de consumptie in het algemeen op te voeren. Coca-Cola verpletterde Pepsi in de jaren zestig, en Pepsi won in de jaren tachtig, en Coca-Cola kwam sterk terug in de jaren negentig. Weinigen buiten die twee bedrijven beseften dat dit winnen of verliezen niet belangrijk was: in al die decennia ging de verkoop van Coca-Cola én die van Pepsi omhoog. Roger Enrico, de CEO van PepsiCo, liet zich als eerste ontvallen dat de Grote Cola-oorlog bij beide bedrijven weinig bloed had doen vloeien.

'Als de Coca-Cola Company niet bestond, zouden we bidden dat iemand haar uitvond,' schreef hij in zijn autobiografie van 1986, *The Other Guy Blinked*. 'Weet u, wanneer het publiek geïnteresseerd raakt in de Pepsi-Coca-Cola-concurrentie, wint Pepsi vaak niet ten koste van Coca-Cola en wint Coca-Cola niet ten koste van Pepsi. Iedereen in de business wint. Door de belangstelling van consumenten groeit de markt. Hoe meer plezier wij mensen bezorgen, hoe meer mensen onze producten kopen – ál onze producten.'

Voor alle duidelijkheid: het 'plezier' dat ze bezorgden, kwam voornamelijk van het product zelf, en daarbij speelde suiker een hoofdrol. Het is het grootste ingrediënt, na water, met niet ver daaronder cafeine. Van tijd tot tijd lekten andere elementen van het streng bewaakte recept van het bedrijf uit naar de media, en daarbij zou het gaan om extracten van coca, limoen en vanille.

Zoals Dunn nog zou leren, gaat het bij de verslavende werking van de formule om meer dan alleen suiker of welke geheime smaakstoffen ook. De precieze aard van deze aantrekkingskracht was tot eind jaren negentig niet eens bekend bij Coca-Cola zelf, toen Charlie Frenette, de man die Dunn in dienst had genomen en nu dé marketingtopman was, besloot dieper te graven in Coca-Cola's formule. In het uiterste geheim waarmee alles wat met Coca-Cola's recept te maken heeft wordt afgeschermd, huurde hij een beroemde Zwitserse fabrikant van smaakstoffen en geuren in, Givaudan, om de eigenlijke oorzaken van Coca-Cola's aantrekkingskracht vast te stellen. In zijn rapportage aan Frenette wees Givaudan erop dat de belletjes in de frisdrank zelf heel verlokkend zijn, wat een slok cola zonder prik meteen duidelijk maakt. Maar Givaudan ontdekte ook nog iets anders, en dat vloeit voort uit een biologische gril van de mens – een gril die de hele voedingsindustrie natuurlijk heeft leren uitbuiten. De premisse hiervan is: wij houden van voedingsmiddelen die een herkenbare sterke smaak hebben, maar we hebben er ook heel snel genoeg van.

Vleeseters zullen bijvoorbeeld veel sneller genoeg hebben van een schotel sterk gekruide kalkoentetrazzini dan van een gewone hamburger van hetzelfde formaat, ook al zullen de eerste happen van de kalkoen prikkelender zijn. Nog problematischer voor levensmiddelenfabrikanten is dat diezelfde vleeseters dit de volgende keer dat ze boodschappen doen waarschijnlijk nog zullen weten en vaker de gewone hamburger zullen kopen. Voedingswetenschappers denken dat dit gedrag voortkomt uit onze instinctieve behoefte aan gevarieerde voedingsstoffen, die gemakkelijker te krijgen zijn door allerlei verschillende voedingsmiddelen te eten. Neem te veel van het ene, en de hersenen beginnen signalen uit te zenden van verzadiging, of volheid, om ons aan te zetten op andere gerechten over te gaan.

Dit was het verschijnsel dat bekendstaat als 'sensorisch specifieke verzadiging', oftewel het vermogen van één overheersende smaak om het gevoel van volheid te veroorzaken, wat complicerend zou zijn voor de pogingen van voedingstechnologen als Howard Moskowitz om het perfecte blisspoint voor suikerhoudende voedingsmiddelen en dranken te treffen. Met het creëren van producten die constant zullen verkopen, leerden ze het midden te houden tussen de uitersten van een prikkelende eerste hap of slok en het vertrouwde. Meer dan enig ander product had Coca-Cola deze balanceerkunst onder de knie gekregen, zei Givaudan tegen de marketingchef van het bedrijf. 'Ze zeiden dat het fascinerende aan Coca-Cola versus de andere frisdranken is dat hij werkelijk, met recht het meest uitgebalanceerd is,' zei Dunn, die in het project werd gedropt. 'Wanneer je hem drinkt, is hij niet scherp. Hun analogie was een goede wijn die in balans is, zodat je na het drinken ervan niet blijft zitten met een of andere scherpe nasmaak. Ik denk, intuïtief, dat de technologen dat allemaal al wisten. Maar vanuit een marketingstandpunt was dit het aha-moment.'

Givaudans bevindingen werden veilig opgeborgen, omdat het niet bepaald de bouwstenen voor een flitsende reclamecampagne waren. De smaakexperts uit Zwitserland zeiden eigenlijk dat Coca-Cola zo dominant was vanwege een recept dat het 'vergeetbaar' maakte – althans in die zin dat de smaakbalans de hersenen ertoe bracht een continu groen licht voor meer te geven. Om dit een beetje te analyseren begaf ik me naar John Hayes, een voedingswetenschapper aan het hoofd van het Sensory Evaluation Center aan de Penn State University. Bij het beoordelen van de verleidingskracht van Coca-Cola putte

ZOUT, SUIKER, VET

hij uit meer dan alleen wetenschappelijke deskundigheid. In zijn jongere jaren was hij een echte frisdrankjunkie geweest. Hij dronk toen zés blikjes van 0,33 liter per dag, totdat hij ging minderen, omdat hij besefte dat 'dit op een heleboel manieren niet goed was'. Bekeerd als hij was, ik kon nog steeds de opwinding in zijn stem horen als hij over cola sprak. 'Vanuit een anatomisch besef noemen wij altijd geur en smaak,' zei hij. 'Maar in termen van aroma is daar de derde poot van de kruk waar niemand aan denkt, en dat is de somatosensoriek, of de aanrakingscomponent, en hieronder vallen dingen als de tinteling van koolzuurbelletjes, of de beet van chilipepers, of romigheid. In het geval van Coca-Cola is het interessante dat je in feite ál deze modaliteiten activeert. Je hebt de lekkere aroma's van vanille en citrus en de hele familie van bruine specerijen, zoals kaneel en nootmuskaat. Dan heb je de zoetheid. En dan is er de beet van fosforzuur, de tinteling van het koolzuur. Al met al stimuleer je alle verschillende delen van de aromatische constructie die wij ervaren.'

Toch werd het Dunn in zijn jaren bij Coca-Cola duidelijk dat er meer dan alleen sensorische kracht achter de torenhoge verkoopcijfers zat. De aantrekkingskracht, besefte hij, is evenzeer ontleend aan wat er óp het blik staat als aan wat er ín het blik gaat. Dat is het logo, het merk dat als Coke bekendstaat. 'Iedereen vraagt: waarom kun je Coca-Cola niet gewoon evenaren door uit te zoeken wat erin zit?' zei Dunn, terwijl hij een denkbeeldig blikje omhooghield. 'Maar zodra je het typische van Coke wegneemt, is het een ander merk.' Onderzoeken hebben aangetoond dat mensen Coca-Cola veel lekkerder vinden wanneer ze weten dat wat ze drinken inderdaad Coca-Cola is en niet een van de namaakcola's die door winkelketens worden verkocht.

Coca-Cola's marketinginspanningen waren behoorlijk ingetogen in een groot deel van de jaren zeventig, toen Dunn toekeek hoe zijn vader zich bezighield met de sportsponsoring. Maar 1980 betekende een keerpunt voor Coca-Cola, net als voor Amerika's obesitascijfer, die ineens flink stegen. Dat jaar stapte de onderneming van het gebruik van tafelsuiker over op fructoserijke maïssiroop, die minder duur was en zich sneller mengde met het op smaak brengende concentraat. De gerespecteerde maar vergrijzende voorzitter van de raad van bestuur, Robert Woodruff, koos een strak kijkende leermeester,

5 IK WIL EEN HELEBOEL LIJKZAKKEN ZIEN

de in Cuba geboren Roberto Goizueta, als nieuwe CEO. Dat was ook het jaar waarin het bedrijf zijn marketing intensiveerde, waarbij het meer dan twee keer zoveel uitgaf aan reclame (181 miljoen dollar in 1984).

De manager die in die tijd de marketing van het bedrijf leidde, Sergio Zyman, stond bekend als een genadeloze achtervolger van de consument. Met Zyman als aanvoerder van de operatie nam Coca-Cola Bill Cosby in dienst om de eigen cola aan te prijzen als 'je ware', wat inhield dat Pepsi dat níét was. Men ontwierp twelve-packs die eruitzagen als vrolijk verpakte cadeaus en daarna richtte men zich, als een marketeer die gelijke kansen bood, op moslims door in de ramadan met de reclame over te schakelen naar de avond, omdat moslims dan tot zonsondergang niet eten of drinken. 'Bij marketing gaat het erom een heleboel spul te verkopen en een heleboel geld te verdienen,' schreef Zyman in *The End of Marketing as We Know It*, zijn weergave van de gevechten met Pepsi. 'Het gaat erom dat de mensen meer van jouw producten kopen, en vaker, en tegen hogere prijzen. Hoewel sommige marketeers zullen zeggen dat het onmogelijk is, is het in feite de taak van een marketeer alles met winst te verkopen wat een bedrijf zou kunnen maken.'

Om het mondiale bereik van Coca-Cola's genadeloze marketingbenadering te illustreren vertelt Zyman het verhaal van de crisis die Mexico trof toen de regering in 1994 de peso devalueerde. Hij was aan het skiën, schrijft hij, toen hij het sombere nieuws hoorde, en hij zocht meteen een telefoon om Douglas Ivester te bellen, de topman van Coca-Cola. Hij drong er bij Ivester op aan te voorkomen dat Coca-Cola Mexico op zijn marketingcampagnes zou besnoeien. Plotseling werden de rijken armer en gingen de armen hongerlijden, worstelend met de stijgende prijzen. Maar Zyman zag daarin een reden te meer om harder te werken om beide – rijk en arm – ertoe te bewegen cola te drinken. 'Wij zaten niet meer in een gevecht om marktaandeel of aandeel in aandacht,' legde Zyman uit. 'We zaten in een gevecht om bruikbare inkomsten. We zouden moeten concurreren met alle andere producten en diensten op de Mexicaanse markt; het idee was erin te springen en ervoor te zorgen dat de consumenten niet vergaten Coca-Cola te kopen.' De tactiek werkte perfect. De afzet van Coca-Cola zakte niet in. Hij steeg zelfs – driemaal zo snel als de concurrentie, aangezien alle Mexicanen reageerden op de Coca-Cola-reclames.*

De doelgroepmarketing die Coca-Cola in de Verenigde Staten ontplooide, was niet minder meedogenloos of opdringerig. 'Waarom doet Coca-Cola aan marketing?' vroeg Dunn mij. 'Waarom doet McDonald's aan marketing? Het antwoord is: omdat je óf vooruitgaat, óf achteruitgaat. Je maakt grote conceptuele kaarten en kijkt naar de verschillende kenmerken van wat je verkoopt en naar de communicatiemethoden. De communicatie gaat goeddeels over "Hoe wil ik worden gezien in de verhouding tot mijn beoogde consument, in vergelijking met mijn primaire concurrenten". Relevantie, opvallendheid en concurrentiepositie maken Coca-Cola allemaal tot wat het vandaag de dag is.'

De geïntensifieerde targeting door Coca-Cola concentreerde zich op twee meeteenheden. De eerste was de consumptie per hoofd, de *per caps* oftewel hoeveel Coca-Cola de mensen gemiddeld per jaar dronken. Hierdoor wist Coca-Cola hoe het scoorde in relatie tot de groeiende bevolking. Het was niet genoeg alleen maar meer cola te verkopen. De per caps moest omhoog. De tweede meeteenheid was het marktaandeel, oftewel het aandeel in de totale wereldconsumptie van frisdrank. 'Al het andere vloeide voort uit deze twee dingen,' zei Dunn. 'Als je per caps aan het groeien waren en je sleepte marktaandeel in de wacht, verdiende je geld.' Voor Coca-Cola-aandeelhouders waren de jaren van 1980 tot 1997 vooral plezierig. De afzet werd ruim verviervoudigd van 4 miljard tot 18 miljard dollar. De per caps waren al even indrukwekkend. In 1997 dronken Amerikanen gemiddeld 204 liter frisdrank per jaar, en Coca-Cola beheerste bijna de helft van de frisdrankafzet, met een marktaandeel van 45 procent. De toenemende consumptie, die vanaf 1970 meer dan verdubbeld was, had ook onthutsende implicaties voor de volksgezondheid. Doordat sui-

---

* Op dezelfde manier bleken economisch zware tijden in de Verenigde Staten, zoals de recessie die in 2008 inzette, een zegen voor grote delen van levensmiddelenindustrie, doordat winkelbezoekers die de hand op de knip houden gemakkelijker frisdrank, snacks en diepvriesgerechten kopen dan duurdere dingen, zoals vers fruit en groente.

5 IK WIL EEN HELEBOEL LIJKZAKKEN ZIEN

kervrije frisdranken maar 25 procent van de afzet bedroegen, leverde de suikerhoudende frisdrank die de mensen elk jaar dronken – meer dan 150 liter – 60.000 calorieën en 3700 theelepels suiker per persoon op.

In 1994 werden Coca-Cola's marketinginspanningen nog intensiever, onder druk van concurrentie vanuit nieuwe bronnen: gezoete theesoorten en sportdrankjes. Zelfs gebotteld water maakte het moeilijker de per caps voor frisdrank op te schroeven. Steeds meer merkte Dunn dat hij deelnam aan activiteiten waarbij de machtige marketing werd gericht op de overwegend arme en kwetsbare delen van het land waar de consumptie onbegrensd leek te zijn. Plaatsen als New Orleans, waar mensen tweemaal zoveel cola dronken als het nationale gemiddelde. Coca-Cola-managers gebruikten natuurlijk nooit het woord 'verslaving' om dit gedrag te omschrijven. De voedingsindustrie spreekt liever niet van verslaving. In plaats daarvan kiezen ze, wanneer ze hun meest gewaardeerde klanten typeren, een term die een beeld oproept van junkies die uit zijn op hun shot.

In het hoofdkantoor in Atlanta werden deze consumenten geen 'trouwe klanten' genoemd. Ze werden 'zware gebruikers' genoemd, en hun belang voor het bedrijf was gebaseerd op een principe dat was genoemd naar een Italiaanse econoom, Vilfredo Pareto. Hij stelde een wiskundige formule op om de ongelijke welvaartsverdeling in zijn land te omschrijven nadat hij had vastgesteld dat 80 procent van het land in Italië in handen was van 20 procent van het volk, en net als veel andere dingen werkte de colaconsumptie op dezelfde manier. Tachtig procent van de frisdrank in de wereld werd geconsumeerd door 20 procent van de mensen. 'Je basis van zware gebruikers is, per definitie, heel belangrijk voor de business,' zei Dunn.

'Het andere model dat we gebruiken werd "dranken en drinkers" genoemd. Hoeveel drinkers heb ik en hoeveel dranken drinken ze? Als je een van die zware gebruikers verloor, als iemand gewoon besloot te stoppen met cola drinken, hoeveel drinkers zou ik dan moeten krijgen, bij lage snelheid, om die zware gebruiker te compenseren? Het antwoord is: heel wat. Het is efficiënter om mijn bestaande gebruikers meer te laten drinken.'

Een van Dunns naaste medewerkers, Todd Putman, die van 1997 tot 2000 bij Coca-Cola werkte, zei dat hij verbijsterd was over de

ZOUT, SUIKER, VET

meedogenloosheid waarmee het bedrijf achter consumenten aan zat. Het doel werd veel groter dan enkel de concurrerende merken verslaan; Coca-Cola wilde alle andere dranken die mensen gebruikten overtreffen, inclusief melk en water.

En wanneer het ging om per caps, zei Putman, kwamen de verrichtingen van de marketingdivisie neer op één vraag: 'Hoe kunnen wij vaker grotere hoeveelheden in meer lichamen krijgen?'

Eén aspect van deze jacht was spelen met de prijs om de vraag op te krikken. Op een en dezelfde feestdag kon een liter Coca-Cola in San Francisco 1,59 dollar kosten, maar slechts 99 dollarcent in Los Angeles, op basis van de interpretatie door het bedrijf van vraag en gewoonten van consumenten op die dag. Bij de jacht op zware gebruikers ging Coca-Cola echter verder dan de prijzen. Het begon met het benaderen van de groep mensen die nog niet hadden besloten of ze Coca-Cola- of Pepsi-liefhebbers waren. Dit waren de toekomstige zware gebruikers, van wie de gewoonten en merkentrouw nog ongevormd en plooibaar waren, en op hen werd als nooit tevoren gejaagd.

'Tieners werden het jachtterrein voor vroege merkadoptie,' zei Dunn.

Er was één voorbehoud bij Coca-Cola's jacht op kinderen en daarin vond Dunn, aanvankelijk, enige troost. Het bedrijf accepteerde in een vroege fase vrijwillige beperkingen voor zijn reclame, en het trok een duidelijke grens bij marketing voor kinderen onder de twaalf. Coca-Cola bracht zijn reclame niet uit in programma's – op televisie, radio, mobiele telefoons of internet – met kijkers van wie meer dan de helft elf jaar of jonger was. In 2010 scherpte het bedrijf dit beleid verder aan door de drempel te verlagen: Coca-Cola blijft nu weg uit programma's met kijkers van wie maar een derde onder de twaalf is.

Het bedrijf verkoopt dit beleid als onderdeel van een verstrekkende agenda van sociale verantwoordelijkheid die van alles omvat, van efficiënt energieverbruik en bescherming van watervoorraden in gebieden met waterschaarste tot een programma dat het 'actief gezond leven' noemt; dit varieert van het aanbieden van caloriearme dranken inclusief gebotteld water aan kinderen tot het uitzenden van een reclamecampagne die dansen als een vorm van sporten bevordert.

5 IK WIL EEN HELEBOEL LIJKZAKKEN ZIEN

Het reclamebeleid was een punt van trots voor Coca-Cola-werknemers, zei Dunn, en hij waardeert het dat het bedrijf deze positie heeft ingenomen. Maar de vrijwillige beperking tegenover kinderen had, betoogde hij, haar grenzen. In werkelijkheid was het alleen van toepassing op mediareclame, niet op de onschatbare marketing waarop Robert Woodruff voor het eerst had gewezen: kinderen op hun speciale momenten. 'Als je denkt aan de aanwezigheid van Coca-Cola op honkbalvelden en alle plaatsen waar kinderen heen gaan, was er beslist een op kinderen gerichte marketing gaande,' zei Dunn. Bovendien werden deze kinderen, zodra ze twaalf waren, nog voordat ze officieel tieners konden worden genoemd, op één hoop gegooid met de 680 miljoen tieners op aarde die een gemakkelijke prooi waren voor elk laatste beetje marketingvuurkracht dat het bedrijf kon opbrengen.

'Zodra ze twaalf werden, vielen wij ze plotseling aan als een stelletje wolven,' zei Putman.

In veel opzichten zijn tieners nog lucratievere doelen dan jongere kinderen. Vanaf hun twaalfde hebben kinderen meer zakgeld te besteden, reizen ze zelf naar en van school, en verlaten ze vaak het schoolterrein voor de lunch. Het cruciaalst is dat ze hun sympathieën en antipathieën beginnen te vormen die voor de rest van hun leven bepalend zullen zijn. Coca-Cola onderzocht deze meeteenheden natuurlijk ook en stemde zijn campagnes erop af.

Hoe belangrijk tieners ook voor Coca-Cola waren bij het bepalen van loyaliteit jegens het merk, veel van de marketinginspanning was toch gericht op jongvolwassenen, waarbij het doel was de consumptiecijfers te handhaven en te verhogen. Op dit vlak liet Coca-Cola niets aan het toeval over. Het creëerde een eenheid die tot taak heeft de marketeers met laserprecisie naar hun doelen te leiden. Deze groep, de Coca-Cola Retailing Research Council, brengt de sociale wetenschap van het koopgedrag in stelling om de manieren te doorgronden waarop zowel tieners als volwassenen ontvankelijker kunnen worden gemaakt voor overreding. Frisdrank beconcurreert al brood in de omzet van winkels en overtreft met gemak andere hoofdartikelen zoals melk, kaas en diepvriesgerechten. In 2005 produceerde de raad echter een van de omvangrijkste onderzoeken die ooit zijn verricht naar de koopgewoonten van Amerikanen, en het bevatte veel tips en adviezen voor winkeliers om hun frisdrankomzet nog verder te verhogen. Het onderzoek bevatte ook een 'winkelbezoekerdichtheidskaart', in heldergeel en -rood, om de 'hotspots' te markeren waar de meeste winkelbezoekers komen. Door de voordeur naar binnen gekomen, beginnen ze doorgaans aan de rechterkant van de supermarkt – waarbij ze zich tegen de klok in verplaatsen en, verbazend genoeg, van achteren naar voren werken. Dus de hoofduitstallingen van frisdrank moeten zich aan de achterkant van de winkel bevinden, aan de rechterkant. Het midden van de winkel wordt daarentegen niet druk bezocht, waarschuwt het rapport, dat dit gebied de 'dode zone' noemt.

Coca-Cola dringt er in dit onderzoek ook bij winkeliers op aan om manieren te zoeken hun winkelbezoekers te verrassen. Federale gezondheidsambtenaren die de obesitasepidemie bestrijden, raden de consumenten aan nooit zonder boodschappenlijstje een winkel binnen te gaan, om de impuls tegen te gaan royaal suikerhoudende, zoute en vette snacks in te slaan. Maar het onderzoek reikt de winkelier talrijke tactieken aan om zelfs de behoedzaamste consument te pakken te krijgen. 'Win de winkelbezoeker al vroeg voor u,' zegt het onderzoek, 'met reusachtige, opvallende uitstallingen van frisdrank, rechts vooraan voor de maximale stroom. Deze moeten zijn opgesteld buiten het gangpad waar frisdranken gewoonlijk te vinden zijn. Ook mogen kauwgom, snoepgoed en bladen niet exclusief gebruikmaken van het waardevolste deel van de winkel, de kassazones, waar de meeste impulsaankopen plaatsvinden. Hoge koelvitrines vol cola moeten pal naast de kassa's worden geplaatst. 'zestig procent van de koopbeslissingen in de supermarkt is volledig ongepland,' zegt het onderzoek. 'Alles wat de winkelbezoeker in staat stelt een sneller, gemakkelijker, beter besluit te nemen' zal helpen deze ongeplande aankopen aan te moedigen.

In de loop der jaren heeft Coca-Cola ook nauwkeurig onderzocht hoe de verkoop wordt beïnvloed door geslacht, etniciteit en leeftijd van de consument. Dunn vertelde mij dat Coca-Cola zijn demografische kennis verdiepte door de klantenpassen uit te buiten van mensen die bij een vestiging van een grote winkelketen kochten. Zo bleek dat Afro-Amerikanen doorgaans van dranken houden die niet alleen zoeter zijn, maar ook een vruchtensmaak hebben. 'We konden

5 IK WIL EEN HELEBOEL LIJKZAKKEN ZIEN

je per winkelmandje, per supermarkt, op grond van demografische gegevens vertellen wat mensen kochten,' zei Dunn. 'En dan stelden wij gerichte aanbiedingen op voor die mensen op basis van wat zij hoogstwaarschijnlijk zouden consumeren. "Koop twee liter Coca-Cola en krijg een gratis zak chips", of zoiets.'

Misschien wel de grootste invloed die Coca-Cola heeft gehad op Amerikaanse koopgewoonten is die op het terrein van de buurtwinkel, de *convenience store* of *C- stores*, zoals ze met een vakterm heten. Behalve gemak verkopen ze ook voedingsmiddelen die het hoogste gehalte aan zout, suiker en vet hebben. Voor voedingsdeskundigen zijn deze winkels voor obesitas wat drugsholen waren voor de crackepidemie. De buurtwinkels trekken jonge kinderen en tieners aan omdat ze dichter bij huis zijn en losse dranken verkopen. De inrichting is bedoeld om bij elke stap van deze kinderen vat op hen te krijgen. De hoofdartikelen – de pakken rijst, soepblikken, brood – bevinden zich allemaal achterin. Pal vooraan, meestal rechts van de ingang, zijn de rijen frisdrankflessen, samen met de rekken chips en koekjes, met de koelvitrines voor frisdrank aan de ene wand en voordelig snoep naast de kassa om het nog overgebleven kleingeld af te pakken.

Hoe invloedrijk de buurtwinkels ook mogen zijn qua volksgezondheid, ze bereiken die status niet zonder aanzienlijke hulp. In feite steeg het aantal buurtwinkels in de jaren tachtig als een direct gevolg van de marketingmethoden van Coca-Cola en Pepsi, en van snackvoedselfabrikanten als Frito-Lay. Deze bedrijven hebben hele afdelingen of contractanten die de buurtwinkels wekelijks bezoeken en bedienen om hun producten af te leveren. Deze krachten, die worden betaald per verkochte aantallen, bevoorraden hun uitstalruimten en ruimen die op, waarbij ze zorgen voor een maximale zichtbaarheid door te verhinderen dat andere artikelen hun ruimte in beslag nemen. In feite zijn die bedrijven de eigenaar van de rekken en de koelvitrines. Ik sprak een C-store-eigenaar in Philadelphia die het voedingsprofiel van zijn aanbiedingen probeerde te verbeteren door bananen helemaal vooraan te leggen, waarna hij ervan langs kreeg van een aantal frisdrankbezorgers, die deze ruimte voor zichzelf opeisten.

De marketingmethode van de industrie die deze explosie van C-stores genereerde, heeft een naam: 'de straat op en neer', zoals bij het op en neer rijden met de bezorgingswagen door de straten van een wijk, van de ene buurtwinkel naar de volgende. Voor de frisdranken snackbedrijven was het doel hierbij niet alleen het verkopen van meer goederen; ze wilden de loyaliteit van de kinderen winnen die vaak in deze winkels komen. 'De straat op en neer' werd een parool onder marketeers, iets waarop ze telkens weer teruggrepen om de afzet te verhogen en hun klantenbestand uit te breiden. 'Coca-Cola deed het en Pepsi deed het, en de snoepverkopers broedden er ook op,' zei Dunn. 'Alle levensmiddelenbedrijven begonnen een tactiek met het oog op onmiddellijke consumptie uit te stippelen, en terwijl ze daarmee bezig waren, steeg de verkoop in die winkels, en was er een enorme toename van buurtwinkels.'

'Je krijgt dan de vraag van de kip en het ei,' zei Dunn. 'Bepaalt de voorkeur voor frisdrank en snacks de beschikbaarheid van frisdrank en snacks, of bepaalt beschikbaarheid de voorkeur? Geen enkele speler staat stil bij de vraag of mensen echt een pak kippenvleugeltjes en een zak chips moeten eten en twee liter Coca-Cola drinken. Ze denken: "Levert dit mij een stijging van de verkoop op?"'

In 2005 probeerde de researchafdeling van Coca-Cola die vraag te beantwoorden met weer een winkelgedragrapport, ditmaal bestemd voor de eigenaars van buurtwinkels. Het rapport, gericht op 'het opbouwen van merkentrouw bij de volgende generatie', onthulde dat de lucratiefste persoon die de winkel binnenkomt niet degene is die de winkeleigenaar misschien in gedachten heeft.

'Wie is meer waard voor uw winkel?' vroeg het onderzoek. 'De 32-jarige die meer dan 10 dollar heeft besteed, of de tiener die goed was voor een cola, een sandwich en een snoepreep? Verbazend genoeg is de tiener nu bijna evenveel waard als de 30+-winkelbezoeker. Tieners geven minder uit, maar komen vaker. Als buurtwinkels de tieners kunnen vasthouden wanneer ze twintigers worden, zijn deze klanten in potentie aanzienlijk meer waard.'

Op een dag in 2000 arriveerde er een boek in Dunns hoekkantoor in het hoofdkantoor van Coca-Cola, ongevraagd, en dit voorval zette een reeks gebeurtenissen in gang die hem zou veranderen van de loyale soldaat in de ongelovige die hij nu is. Het boek heette *Sugar Busters!* en tot de groep auteurs behoorden twee artsen uit New Orleans.

5 IK WIL EEN HELEBOEL LIJKZAKKEN ZIEN

In het boek betoogden ze dat de snelle toename van suikerconsumptie een massale ontwrichting van de gezondheid in Amerika had veroorzaakt en ze gaven een groot deel van de schuld aan frisdrank. 'Gedurende de bliksemsnelle stijging van obesitas bij volwassenen en kinderen in de afgelopen 35 jaar is de consumptie van frisdrank ruwweg verdrievoudigd,' schreven ze. 'Om 10 theelepels toegevoegde suiker per normale frisdrank even in perspectief te zien: hoevelen van u zouden 10 theelepels suiker in een glas thee doen en dit dan rustig opdrinken?' Zelfs gemengd met gezonde snacks, betoogden de artsen, moedigde de suiker in frisdrank het lichaam aan de calorieën als vet op te slaan.

Dunn nam het boek mee naar huis en al lezend kreeg hij twee gedachten: dit klinkt zinnig, en het voorspelt weinig goeds.

Datzelfde jaar kreeg hij een relatie met een vrouw die zijn kijk op Coca-Cola verder aan het wankelen bracht. Ze was een onafhankelijke geest, graatmager, die geen suiker gebruikte en fel gekant was tegen junkfood. Ze reisde meermalen naar het regenwoud van de Amazone en na elke reis kwam ze thuis met nieuwe argumenten waarom Dunn zijn talenten voor iets anders moest gebruiken dan voor de verkoop van cola. 'Ik trouw met haar, ik lees dit boek, en tegelijk kom ik in aanmerking om de volgende president-directeur van het bedrijf te worden,' zei hij.

Begin 2001 was Jeffrey Dunn, vierenveertig jaar oud, al verantwoordelijk voor meer dan de helft van de 20 miljard dollar aan jaarlijkse afzet als directeur en hoofd Operaties voor Coca-Cola in zowel Noord- als Zuid-Amerika. Hij reisde veelvuldig door Mexico en dan naar Brazilië, waar het bedrijf net aan een offensief was begonnen om de colaconsumptie te verhogen. Brazilië was een enorme potentiële markt met een groeiende economie en een florerende jonge generatie die klaarstond om de nieuwe middenklasse van het land te worden. Maar veel van deze Brazilianen woonden nog steeds in barrio's, hadden niet veel spaargeld en wisten weinig van bewerkte voedingsmiddelen. De tactiek van het bedrijf was de barrio's in zijn greep te krijgen door de cola te verpakken in kleinere, voordeligere flessen van 0,20 liter, voor maar 20 dollarcent per stuk. Coca-Cola was niet de enige die Brazilië als een geschenk zag of die de methode van verkleining omarmde. De voedselgiganten Nestlé en Kraft begonnen ook een groot deel van hun levensmiddelenaanbod te verkleinen en voor minder te verkopen. Nestlé zette bataljons dames in die door de barrio's trokken om deze Amerikaanse bewerkte voedingsmiddelen aan de deur te verkopen, waarbij ze mensen verleidden die, hoewel ze alles nog zelf kookten, aasden op de luxe van een middenklassenpositie. Maar Coca-Cola was Dunns zorg en toen hij door een van de primaire doelgebieden liep, een verarmde barrio van Rio de Janeiro, kreeg hij een openbaring. 'Een stem in mijn hoofd zei: "Deze mensen hebben een heleboel dingen nodig, maar geen cola." Ik gaf bijna over. Vanaf dat moment was de lol er voor mij af.'

Hij ging terug naar Atlanta, vastbesloten om veranderingen aan te brengen. Hij wilde de frisdrankbusiness niet opgeven, maar hij wilde wel proberen het bedrijf tot een gezondere aanpak te bewegen. Eerst ontwikkelde hij Dasani, Coca-Cola's bedrijf voor gebotteld water. Toen probeerde hij de colamarketing op overheidsscholen te stoppen, waar de financiële prikkels om frisdrank te verkopen weldra maar al te duidelijk werden. De onafhankelijke bedrijven die Coca-Cola bottelden, vonden zijn plannen reactionair.

In februari 2004 onderging het bedrijf een reorganisatie en Jeffrey Dunn werd ontslagen door een van zijn rivalen voor het directeurschap. Dunn vertelde mij dat praten over zijn vroegere werkgever nu beslist niet makkelijk was en, aangezien hij nog steeds werkzaam is in de voedingsindustrie, niet zonder risico. 'Je wilt echt niet dat ze kwaad op je worden,' zei hij. 'En daarmee bedoel ik niet dat ik gevaar loop te eindigen op de bodem van de zee. Maar ze hebben geen gevoel voor humor wanneer het hierover gaat. Het is een heel, heel agressief bedrijf.'

Dunn ziet zichzelf niet als een klokkenluider, niet zoals de ingewijden van de tabaksindustrie in elk geval, die hun werkgevers beschuldigden van geknoei met nicotine om het effect ervan de vergroten. 'Ik weet er misschien meer van dan andere mensen,' zegt hij, 'maar er is niet zoiets als een *smoking gun*. Het pistool is gewoon te zien. Het is niet verstopt. Dat is de genialiteit van Coca-Cola.'

Op 27 april 2010 liep Jeffrey Dunn het Fairmont Hotel in Santa Monica binnen met plannen om Amerika warm te laten lopen voor een nieuwe snack. Hij had een onderhoud met drie managers van Madison Dearborn Partners, een particuliere equityfirma in Chicago met een omvangrijke investeringenportfolio. Ze hadden Dunn recentelijk ingehuurd om een van hun nieuwste aanwinsten – een levensmiddelenproducent in de nabijgelegen San Joaquin Valley – te leiden en waren uit Californië komen vliegen om zijn marketingplannen voor het product van het bedrijf te horen.

Terwijl ze in de vergaderzaal van het hotel zaten, met een verbluffend uitzicht op de Grote Oceaan, luisterden de mannen uit Madison naar een verkoopverhaal zoals ze nog nooit hadden gehoord. Dunn boezemde hun ontzag in. Zijn cv was geweldig. Aan zijn twintig jaar bij Coca-Cola had hij duidelijk een uitgelezen reeks marketingvaardigheden overgehouden, en in zijn uiteenzetting gebruikte hij die allemaal.

Hij sprak over het toekennen van een persoonlijkheid aan het product die brutaal, respectloos, stoer, slim en speels confronterend was, met het doel een belofte aan de consumenten over te brengen: dat dit het ultieme snackvoedsel was. Hij lichtte uitvoerig toe hoe hij zou mikken op een speciaal deel van de 146 miljoen Amerikanen die regelmatig snacken, mensen die, zei hij, 'hun snackritueel spannend willen houden door een nieuw voedingsproduct te proberen wanneer dit hun aandacht trekt'.

Hij hielp de investeerders een beeld van deze mensen te krijgen door nepbiografieën op een scherm te vertonen. Hij legde uit hoe hij in de reclamecampagne voor deze snack tactische *storytelling* zou inzetten, met gebruikmaking van een slagzin die zeer bewust was ontwikkeld. Hij nam de bijzonderheden van de voorgestelde productlancering door, waaronder een mediadeal met commercials op *House* en CSI; een fundamentele guerrilla-pr-campagne met de eigen videogame van het product; en digitale media met inzet van bloggers en het 'zaaien' van internetforums om de acceptatie te versnellen. Drie kwartier later was hij klaar. Hij klikte de laatste slide weg. 'Dank u wel,' zei hij.

Dit was een redelijk normale bijeenkomst voor de managers van Madison, alleen was Dunn een slag groter dan de merkmanagers met wie ze gewoonlijk te maken hadden. De hobbel in de presentatie kwam echter met de snack die Dunn wilde gaan promoten. Dit was geen nieuwe samenstelling van zout, suiker en vet, waarvan de aantrekkingskracht voor deze investeerders maar al te bekend was. De snack die Dunn wilde slijten: wortels. Gewone, verse wortels. Geen toegevoegde suiker. Geen romige saus of dipsauzen. Geen zout. Gewoon babyworteltjes die werden geschrapt, gewassen, ingepakt en dan verkocht in de schappen met oersaaie producten. Wortels verkochten niet door de manier waarop ze werden verkocht, zoals cola. Om dit te regelen, zei Dunn, zouden de beproefde marketingtechnieken voor bewerkte voedingsmiddelen moeten worden ingezet.

'We doen alsof het een snack is, geen groente,' zei hij tegen de investeerders. 'We gebruiken de regels van junkfood om het gesprek over de babyworteltjes gaande te houden. Wij zijn pro-junkfoodgedrag, maar anti-junkfoodbestel.'

Bij de beschrijving van zijn nieuwe werkkring vertelde Dunn mij dat hij boete deed voor zijn jaren bij Coca-Cola. Maar die dag in Santa Monica dachten de mannen van Madison aan verkoopcijfers. Ze waren helemaal uit Chicago gekomen om dit verkoopverhaal aan te horen, en ze vonden het prachtig. Ze hadden al afgesproken een van de twee grootste kwekers van babywortels in het land in dienst te nemen en ze hadden Dunn in dienst genomen om de hele operatie te leiden. Nu, na zijn verkoopverhaal, waren ze opgelucht. Dunn had uitgezocht dat gebruik van de eigen marketingtrucs van het bedrijf beter zou werken dan wat ook. Hij putte uit de voorraad trucs die hij onder de knie had gekregen in zijn twintig jaar bij Coca-Cola, waar hij een van de cruciaalste regels voor bewerkt voedsel leerde: de verkoop van voedingsmiddelen is van evenveel belang als deze middelen zelf. Zo niet van meer belang.

6 EEN EXPLOSIE VAN FRUITIG AROMA

Om 14.00 uur op een maandag eind februari 1990 kwamen twaalf van de topmanagers van Philip Morris bij elkaar in een vergaderzaal in het hoofdkantoor midden in Manhattan. Het strenge gebouw van grijs graniet stond aan Park Avenue, 26 verdiepingen hoog en direct tegenover de hoofdingang van Grand Central Station, met kenmerken die getuigden van de rijkdom van het bedrijf. Het had ondergrondse parkeerruimte voor de managers, een hoge lobby met kunst onder beheer van het Whitney Museum en een grandioos uitzicht op de New Yorkse haven. Als het operationeel centrum van het grootste tabaksbedrijf ter wereld had het ook een speciale accommodatie voor rokende werknemers: de meeste kantoorverdiepingen hadden plafondventilators. De managers kwamen bij elkaar op de bovenste verdieping, in een ruimte die de Management Room heette, waar zes tafels tegen elkaar waren geschoven tot een groot blok, met een schrijfblok, pen en waterglas bij elke stoel. Dit dozijn mannen vormde de vertrouwensraad bij Philip Morris, en als zodanig vergaderden ze eenmaal per maand, in wat ze de commissie Productontwikkeling noemden, om geïnformeerd te worden door de managers van de waardevolste merken van het bedrijf.

Zoals gewoonlijk nam de topmanager, Hamish Maxwell, plaats aan tafel. Bij hem waren twee van zijn voorgangers – Joseph Cullman III en George Weissman – die, hoewel inmiddels in de zeventig, in functie bleven als topadviseurs. Cullman, de achterkleinzoon van een Duitse sigarenmaker, had de aanzet gegeven tot de eerste diversificatie van het bedrijf buiten tabak toen hij eind jaren zestig de Miller Brewing Company kocht. Weissman, een zware roker, had bijgedragen aan de ontwikkeling van het mannelijke imago voor Marlboro-sigaretten en in 1978, toen hij de topman van het bedrijf werd, sprak hij de befaamd geworden woorden: 'Ik ben geen cowboy en ik rijd geen paard, maar ik denk graag dat ik de vrijheid bezit waar de Marlboro Man voor staat. Hij is een man die geen prikklok gebruikt. Hij heeft geen computer. Hij is een vrije geest.'

De bijeenkomst van deze maand werd voorgezeten door een van Maxwells directe ondergeschikten, een tweeënvijftigjarige in Australië geboren financieel manager, Geoffrey Bible. Hij wilde de functie van hoofddirecteur zelf niet nog eens vier jaar waarnemen, maar het voorzitterschap van de bijeenkomst rouleerde onder de managers. Het kwam goed uit dat Bible de leiding had van juist deze zitting, waarvan de agenda grotendeels zou zijn gewijd aan andere producten dan sigaretten. Net een maand daarvoor had Maxwell hem gevraagd zich te verdiepen in – en enige greep te krijgen op – de nieuwste toevoeging aan het schema van consumptiegoederen van het bedrijf: de omvangrijke en logge afdeling van bewerkte voedingsmiddelen.

Dankzij zijn overname van General Foods en Kraft viel 10 cent van elke dollar die Amerikanen aan levensmiddelenbedrijven besteedden nu toe aan Philip Morris, waardoor de balansen bij de tabaksreus een spectaculaire verandering te zien gaven. Philip Morris vergaarde bergen geld met zijn sigarettenverkoop en zag de voedingsbusiness als een manier om te diversifiëren en zijn winsten aan het werk te zetten. Toen het in 1989 klaar was met het inlijven van de twee voedselreuzen, waren hun gecombineerde jaarlijkse verkoopcijfers van 23 miljard dollar goed voor 51 procent van de totale opbrengst bij Philip Morris. Voedsel was niet alleen de grootste afdeling geworden, de tabaksmanagers stonden opeens ook aan het roer van het grootste levensmiddelenbedrijf in het land.

De agenda's van deze maandelijkse productbesprekingen, die eens keurig en beheerst waren, denderden nu door de gangpaden van de levensmiddelenwinkel, en overal waar de managers van Philip Morris keken, zagen ze gevechten woeden met concurrenten die hun territorium wilden binnendringen. Om zich voor te bereiden op deze bijeenkomst hadden de merkmanagers van levensmiddelen dagen besteed aan het opstellen van memo's over tactiek, verkoopgrafieken en testverslagen, maar de toon in het vertrek bleef, als altijd, rustig en hartelijk. De managers van Philip Morris waren doorgewinterde zakenmannen, die het volste vertrouwen hadden in hun vermogen om de loyaliteit van consumenten te winnen. Het merk Marlboro was in de jaren veertig een verliezer geweest, van de markt gehaald en doodverklaard, totdat de reclame van de Marlboro Man in de jaren zestig verscheen en de sigaret veranderde in de absolute bestseller van het land – en uiteindelijk van de wereld. Geoffrey Bible was bovendien begaan geraakt met de managers in de divisie Kraft General Foods (waarvan de naam later werd ingekort tot Kraft Foods), die een eindeloze strijd voerden om de vele concurrenten van zich af te slaan. Hij had tijd in het veld doorgebracht met hun verkoopmensen en hij kreeg ontzag voor de opgaven waarvoor ze stonden, van de moeilijke taak winkeliers te overreden om ruimte op hun schappen af te staan tot het creëren van de emotionele lokmiddelen in hun reclames en verpakking die, samen met de feitelijke samenstelling van de producten, winkelbezoekers zouden vermurwen hun producten op te pakken.

Ik ontmoette Bible eind 2011, toen hij drieënzeventig was. Toen Bible aan zijn bureau ging zitten, de plek waar hij de beursnoteringen volgt en met allerlei zakelijke activiteiten bezig is, viel één artefact op door zijn afwezigheid: er stond geen asbak. Hij had tot 2000 wel een pakje per dag gerookt, toen hij op advies van zijn dokter stopte. 'Wij waren zeer gezegend in de tabak, omdat wij het grootste merk in de wereld waren,' zei hij tegen mij. 'De bedrijfstak wilde ontzettend graag ons merk krijgen. Het was anders met voedsel. Jij wilde ontzettend graag hún handel krijgen.'

De inspanning die nodig was voor voedingsmarketing was in elk geval veeleisender en ook heel anders dan die voor tabak, dat werd gepromoot door idealiserende voorstellingen als de ruige cowboy in de Marlboro-reclame. 'Sigaretten zien er allemaal ongeveer hetzelfde uit en de reclame en marketing zijn veel ambitieuzer dan die voor voedsel,' zei Bible. 'Bij voedingsmiddelen moet je echt een manier vinden om het product beter over te brengen. Het is veel meer: "Dit product is goed voor u omdat het de volgende ingrediënten bevat, of het heeft deze of gene franje." En het moet die productdifferentiatie hebben, die reden om het te kopen en te consumeren,' zei Bible.

Met deze opgaven in gedachten trok de commissie Productontwikkeling op die winterdag in 1990 maar weinig tijd uit om de bedrijfsplannen voor het marketen van Marlboro in Hongkong door te nemen en besteedde ze nauwelijks méér tijd aan de nieuwe statiegeldloze flessen van 0,2 liter die Miller aan het invoeren was in de oostelijke en zuidelijke staten. De commissie richtte vervolgens haar aandacht op voedingsmiddelen, met name op de discussie over een van de lucratiefste onderdelen van het aanbod: de dranken die als vruchtendranken bekendstaan. De consumenten besteedden jaarlijks bijna 1 miljard dollar aan poedervormige dranken, zoals Kool-Aid. Kool-Aid leek snel terug te vallen, doordat vastberaden uitdagers om het hardst probeerden de opbrengst ervan te doen krimpen. Het was de taak van de commissie om dat te voorkomen, en de managers van Philip Morris hoorden stil toe toen de Kool-Aid-managers het eerste van een reeks plannen presenteerden die adembenemend waren, zowel in reikwijdte als in tactiek.

Sommige van deze dranken waren precies zo zoet als Coca-Cola, maar zouden niet als zodanig aan de man worden gebracht, gezien de toenemende zorg van het publiek over het suikergehalte daarvan. Bij het marketen van deze dranken bij kinderen en hun ouders zouden de merkmanagers die nu voor Philip Morris werkten iets anders gebruiken om ze aantrekkelijk te maken. Ze zouden fruit gebruiken, of eigenlijk de imitatie van fruit, om een nog krachtiger imago voor hun drinkers te creëren: een droombeeld van gezondheid.

Het had iets ironisch dat tabaksmensen Kool-Aid te hulp kwamen. De drank was in 1927 uitgevonden door een man uit Nebraska, Edwin Perkins. Er school een zeker marketingtalent in de ontwikkeling van Kool-Aid dat Philip Morris zou hebben gewaardeerd en dat de toon zette voor de huidige pogingen de drank nieuw leven in te blazen.

Perkins was een groothandelaar die diverse producten verkocht aan kruideniers, waaronder flessen met smaakstoffen voor dranken. Deze verkochten matig en waren lastig te distribueren. Daarom veranderde Perkins, die graag met mengsels en poeders in de weer was, de smaakstoffen in poeders die gemakkelijk konden worden getransporteerd in pakjes. Hij noemde ze Kool-Ade, later Kool-Aid gespeld, en ze waren meteen een sensatie. Amerika nam de pakjes met kunstmatige smaakstoffen, heldere kleurstoffen en suiker grif af – tot de crisis toesloeg, waarna de verkoop stagneerde. Intussen had Perkins al zijn andere producten opgegeven om zich te concentreren op Kool-Aid. Toen zijn bedrijf op de rand van het faillissement balanceerde, deed hij weer een nieuwe geïnspireerde zet: hij verlaagde de prijs van zijn pakjes Kool-Aid van 10 naar 5 dollarcent. En dat werkte. Mensen zagen Kool-Aid niet langer als lichtzinnige luxe. Voor een stuiver per stuk zagen ze de pakjes als een voordelige manier om in economisch zware tijden van frisdrank te genieten. In 1953, toen Perkins zijn bedrijf aan General Foods verkocht, produceerde hij meer dan een miljoen pakjes per dag.

General Foods stuwde Kool-Aid tot veel grotere hoogten op. Uiteindelijk zouden Amerikanen 2506 liter van het goedje per dag doorroeren en opdrinken, en Kool-Aid zou het assortiment poedervormige frisdranken van het bedrijf gaan domineren – een assortiment dat de 800 miljoen dollar aan verkoop zou overtreffen. Maar het merk begon in de jaren tachtig opnieuw te kwijnen. Deze keer lag het niet aan de economie. De frisdrank met prik deed het de das om, nu de juggernauts van Coca-Cola en PepsiCo steeds meer kinderen aan hun gebottelde dranken kregen. Daar kwam nog bij dat General Foods werd overtroefd door zijn concurrent. In 1987 introduceerde General Mills een product, Squeezit, dat feitelijk niet meer dan een nieuwe vorm van verpakking was. Met zijn 23 gram suiker per portie was deze helder gekleurde drank zoeter dan Coca-Cola, en kinderen waren er dol op. De verkoop bedroeg 75 miljoen dollar in het eerste jaar, wat bedrijfsleiders van supermarkten ertoe aanzette snel ruimte te maken voor elk van het dozijn smaken dat General Mills weldra produceerde. Plotseling werd Kool-Aid van de plank gedrukt. Noodgedwongen gaven Bible en de commissie Productontwikkeling van Philip Morris prioriteit aan het repareren van dit gat.

Om het verloren terrein te heroveren bedacht het Kool-Aid-team zijn eigen knijpbare fles, met een extraatje: hij had een buigzame hals, waardoor het drinken nog veel leuker werd. Ze noemden het resultaat Kool-Aid Kool Bursts en in een uitgebreid memo dat aan de commissieleden werd gepresenteerd, legden de merkmanagers precies uit hoe ze General Mills zouden overtroeven. De tactiek kwam voor een groot deel neer op promotie, inclusief manieren om kinderen te bereiken die de Philip Morris-managers zelf niet meer konden gebruiken bij de marketing van sigaretten. Vanaf 1965 had de tabaksindustrie geprobeerd de groeiende politieke weerstand tegen roken af te zwakken door geen promotiemateriaal te gebruiken dat direct op kinderen was gericht, zoals stripbladen. Dat weerhield General

Foods er echter niet van deze bladen te gebruiken om zoete dranken te verkopen.

Maar het echt geniale van hun marketingplan school in een vernuftigheid die zowel kinderen als moeders zou aanspreken. De dranken waren grotendeels gemaakt van suiker, kunstmatige smaakstoffen en conserveringsmiddelen. Aan elke plastic fles voegde het bedrijf echter een scheutje echt vruchtensap toe. Het ging om nauwelijks een halve theelepel sap, slechts 5 procent van de hele samenstelling, zo onthullen bedrijfsdocumenten, maar de Kool-Aid-managers wisten al dat zelfs een snufje fruit zijn gewicht vele malen in marketinggoud waard was.

De waarde van fruit was drie jaar eerder vastgesteld bij het herpositioneren van een andere op suiker gebaseerde drank van het bedrijf: Tang. In 1987, kort nadat Philip Morris General Foods had opgekocht, deden de drankmanagers Tang in pakjes, voegden twee eetlepels echt vruchtensap toe, versierden de pakjes met plaatjes van verse sinaasappels en kersen, en gaven ze de naam Tang Fruit Box. De resultaten waren bevredigend, en niet alleen wat de verkoopcijfers betreft. Afgezien van het scheutje echt vruchtensap bestond het 'voedingsgedeelte' van deze commerciële formule uit toegevoegde vitamine C. Moeders die Tang Fruit Boxes kochten, werden geprezen omdat ze hun kinderen deze goede substantie in handen speelden via een drank die, voor hen, alleen maar plezier betekende. Dit handigheidje werd vergeleken met andere trucs die ouders gebruiken om dingen als wortels, erwten en snijbonen weg te moffelen in het eten van hun kinderen.

Voortbouwend op dit thema leuk-maar-gezond bleven de merkmanagers van Kool-Aid een scheutje sap toevoegen. De Kool Bursts werden gefabriceerd met de bedoeling op zo veel mogelijk manieren het beeld van vers fruit op te roepen.

De managers van Philip Morris in de productencommissie kwamen met een paar eigen overwegingen. Ze vroegen naar de testmarketing en vroegen zich af of elke fruitsmaak zijn eigen fles – zelfs voor de flessen gold de gezondheidsmythe – in een bijpassende kleur moest hebben. Toen machtigden ze het drankenteam om 25 miljoen dollar te besteden aan een eerste reclamecampagne. In 1992 prees Philip Morris zijn succes aan bij zijn aandeelhouders, opmerkend dat

6 EEN EXPLOSIE VAN FRUITIG AROMA

de divisie Dranken 'uitstekende resultaten' liet zien 'die voortvloeien uit de landelijke introductie van Kool-Aid Kool Bursts'. Door Kool Bursts kreeg het bedrijf de smaak te pakken van het marketingeffect van fruit. Door de overname van General Foods beschikte Philip Morris nu over het grootste en meest geavanceerde onderzoekscentrum in de voedselverwerkende industrie, en precies op het moment dat de productencommissie het groene licht gaf aan Bursts, legden de wetenschappers in dit centrum de laatste hand aan een bijzonder stukje scheikunde dat de smaak van suiker zoeter maakte.

Het centrum in kwestie was in 1957 gebouwd door General Foods ter vervanging van de oude en te krappe labs in Hoboken, waar Al Clausi een decennium eerder instant-Jell-O-pudding had uitgevonden. Er werkten 900 mensen in het centrum, onder wie 530 wetenschappers met hun personeel, allemaal toegewijd aan baanbrekend onderzoek in voedsel. Alle belangrijke merken hadden hun eigen mensen en een ruim laboratorium.

Nu en dan stond het centrum open voor bezoekers, die werden onthaald op demonstraties van wat de wetenschap zoal deed voor modern bewerkt voedsel: het creëren van kunstmatige smaakstoffen, het proces van het ontdoen van vetten van hun natuurlijke geuren en de techniek die snelle massaproductie in fabrieken mogelijk maakte. Bij zo'n open huis in 1977 kregen de gasten in het Kool-Aid-laboratorium in Bay D-365 te horen: 'U kunt zelf proeven waarom een uitgebalanceerd smaakstoffensysteem belangrijk is voor poedervormige frisdranken, en u zult ontdekken waarom er een nauwe relatie bestaat tussen kleur en smaakherkenning in dranken.' Het centrum was een paradijs van illusie en ontdekking voor de technologen, die enthousiast toezagen hoe hun experimenten werden omgezet in commerciële superproducten.

Een zo'n prestatie kwam in 1990, toen een groepje onderzoekers zich wijdde aan het verbeteren van een hoofdbestanddeel van bewerkte voedingsmiddelen: suiker. In die tijd hadden fabrikanten veel manieren om hun producten te zoeten: maïssiroop, dextrose, geïnverteerde siroop, mout, stroop, honing en tafelsuiker in vloeibare, korrel- of poedervorm. Doorgaans mengden en combineerden ze deze verschillende vormen om een maximale aantrekkelijkheid tegen minimale kosten te bereiken. De chemische formules van de meeste van deze suikers hebben echter één hoofdbestanddeel gemeen: fructose. Fructose is een witte kristallijne verbinding van twaalf waterstofmoleculen, die zitten ingeklemd tussen zes koolstof- en zes zuurstofmoleculen, en ze heeft één overkoepelende eigenschap, die aanzienlijk enthousiasme in de Kool-Aid-laboratoria veroorzaakte. Van zichzelf is fructose veel zoeter dan de suiker in de suikerpot.

De precieze rol van pure fructose in commerciële zoetstoffen wordt nog breed verkeerd begrepen. Tafelsuiker, oftewel sucrose, is half fructose en half glucose. Op dezelfde manier is de zoetstof die bekendstaat als fructoserijke maïssiroop, volgens de meest gangbare formulering, globaal half fructose en half glucose. (In zijn vroegste vormen, halverwege de jaren zestig, had de siroop een hoger fructosegehalte, vandaar de naam.)

Fructose werd in zuivere vorm in 1847 ontdekt door een Franse scheikundige. Honderdveertig jaar later zou deze witte, geurloze, kristallijne vaste stof een weldaad voor de voedselindustrie blijken. Eind jaren tachtig verscheen een commerciële versie, kristallijne fructose genaamd, voor het eerst op de markt, en verkoopmensen prezen deze bij levensmiddelenfabrikanten aan als een additief met allerlei wonderbare technologische vermogens. Zuivere fructose is sterk oplosbaar, maar wordt niet zo snel afgebroken als andere suikers, waardoor het werkzaam kan blijven gedurende de lange houdbaarheidsperiode die voor bewerkte voedingsmiddelen is vereist. Fructose verzet zich tegen kristalvorming, die helpt voorkomen dat voedingsmiddelen zoals zachte koekjes hard worden. Wanneer hij wordt gebakken krijgt hij een aanlokkelijk aroma en een knapperig, bruin oppervlak dat lijkt op de afwerking die bij thuis koken wordt bereikt, terwijl hij in bevroren toestand de vorming van ijs voorkomt. Het gevolg was dat fructose in een hele reeks voedingsmiddelen begon op te duiken, van yoghurt tot ijs, van koekjes tot broden. De jaarlijkse productie steeg tot 240.000 ton.

De ware kracht van fructose ligt echter in zijn zoetende vermogens. Hij is veel zoeter dan glucose, het andere bestanddeel van tafelsuiker. Op een vergelijkende schaal, waarop de zoetheid van tafelsuiker op 100 staat, komt glucose op 74, terwijl fructose 173 haalt.

6 EEN EXPLOSIE VAN FRUITIG AROMA

Toen de fructoseverkopers een beroep deden op General Foods, was de divisie Dranken geïntrigeerd, maar er was een probleem. Fructose is zeer gevoelig voor water. Dit is geen probleem bij siroop, maar wanneer fructose in droge vorm wordt gelaten, zal hij bij de geringste blootstelling aan vocht in de lucht hard worden. Met andere woorden, een pakje of fles Kool-Aid zou al snel een baksteen zijn. In het researchcentrum werd de kleine groep onderzoekers – die zichzelf het 'fructoseteam' noemden – belast met de ontwikkeling van een niet-stollende fructose.

Een van de leden was Fouad Saleeb, een scheikundige uit Egypte die zoveel uitvindingen deed in zijn drie decennia bij General Foods dat hij de 'patentkoning' werd genoemd. Fructose waterbestendig maken was een van zijn opwekkender uitdagingen. Hij voorkwam dat fructose vochtig werd door zetmeel toe te voegen en gebruikte vervolgens agentia als calciumcitraat, tricalciumfosfaat en siliciumdioxide om het stollen te voorkomen. 'Het kostte ons misschien twee of drie maanden om de antistollingsmaterialen te ontwikkelen,' vertelde hij mij. 'Met de rigide kwaliteitscontroles moesten we de stof nog eens twaalf weken op de hoogste temperaturen houden om er 100 procent zeker van te zijn dat hij stabiel was.'

Saleeb moest met nog een uitvinding komen voordat het bedrijf dit niet-stollingsprocedé voor Kool-Aid in werking kon stellen. General Foods was genoodzaakt immense hoeveelheden ruwe fructose te kopen om zijn productie van poedervormige dranken bij te benen, en het dilemma was hoe men al die fructose moest opslaan voordat de antistollingsagentia konden worden toegevoegd. Dus ontwierp Saleeb een reusachtige luierachtige constructie die over de silo's met opgeslagen fructose werd getrokken om het vocht te weren. General Foods kon nu de vruchten plukken van waterbestendige fructose, hun nieuwe supersuiker.

Ten eerste stelde die het bedrijf in staat de suiker in zijn poedervormige dranken met 10 procent of meer te verminderen, wat lagere productiekosten en hogere winsten zou betekenen. En ten tweede bood het lagere suikergehalte het bedrijf een manier om zijn samenstellingen aan te prijzen als dranken die goed voor je zijn. Kool-Aid kon met eenzelfde claim aantrekkelijker worden gemaakt voor moeders: '25 procent minder suiker dan Coca-Cola of Pepsi.'

De claim van minder suiker zou alleen standhouden als de consumenten – vaak kleine kinderen – hun schepjes poedervormige Kool-Aid zorgvuldig afmaten volgens de instructies op de verpakking. Toch zou het verminderen van suiker in producten eruitzien als een flinke stap naar betere voeding en hogere verkoopcijfers, gezien de slechte reputatie die suiker nu had. De FDA was nog niet bereid aan suiker iets ergers toe te schrijven dan tandbederf. Maar in 1990, het jaar waarin General Foods zijn niet-stollende waterbestendige fructose ontwikkelde, kwam suiker vanuit verschillende richtingen onder vuur te liggen. Een onderzoek van Yale leverde grote koppen in kranten op vanwege de ontdekking dat kinderen die twee cupcakejes kregen een tienvoudige toename van adrenaline te verduren kregen en abnormaal gedrag vertoonden. Van haar kant was de Wereldgezondheidsorganisatie, de WHO, van plan haar voedingsrichtlijnen te wijzigen om de aanbevolen dagelijkse hoeveelheden suiker te verlagen tot 10 procent van iemands calorische inname, waarbij ze meerdere onderzoeken aanhaalde die een verband suggereerden tussen suiker en diabetes, hart- en vaatziekten en obesitas.

De WHO trok dat plan uiteindelijk in nadat de voedingsindustrie er vernietigend op had gereageerd, maar de reputatie van suiker zonk nog dieper toen onderzoekers een nog zorgwekkender lijn van onderzoek lanceerden, waarbij een verband werd gelegd tussen suiker en verslavende middelen. In 1993 koos een wetenschapper aan de universiteit van Michigan, Adam Drewnowski, een nieuwe benadering bij het onderzoek naar het probleem van dwangmatig overeten. Drewnowski wist dat er verbanden bestonden tussen suiker en verslaving aan opiaten; onderzoeken toonden bijvoorbeeld aan dat zoetigheden de pijn van onthouding soms verlichtten. Hij behandelde zijn proefpersonen dus alsof het drugsverslaafden waren. Hij gaf hun een medicijn dat het effect van opiaten tegengaat; dit middel, naloxon, wordt gegeven aan mensen die een overdosis hebben genomen. Drewnowski bood zijn proefpersonen daarna allerlei snacks aan – variërend van popcorn, dat weinig suiker bevatte, tot chocolate-chipkoekjes, die volop suiker en ook vet bevatten. Zijn bevindingen: het medicijn werkte het best bij het beteugelen van de aantrekkingskracht van snacks die van beide het meest bevatten.

Fructoserijke maïssiroop heeft in elk geval een slechtere reputatie onder consumenten, al moet het punt niet zijn of te veel eten van de siroop slechter is voor iemands gezondheid dan tafelsuiker – deskundigen zijn het er nu over eens dat ze even slecht zijn. Liever gezegd: in een tijd waarin consumenten probeerden hun suikerconsumptie te verminderen, gebruikten voedingsbedrijven tweemaal zoveel siroop – die is goedkoop en makkelijk te produceren –, waardoor de productie van frisdrank en snacks tot een recordhoogte steeg.

Ondanks alle onderzoek heeft pure fructose echter grotendeels vrij baan gekregen – tot nu toe. Nieuw onderzoek naar fructose baart zorgen. (De voedingswetenschap, zo moet wel worden benadrukt, is over het algemeen veel minder gezaghebbend dan onderzoeken waarbij strenge, maandenlange experimenten, zoals die voor farmaceutische middelen, zijn betrokken, dus deze onderzoeken naar fructose, net als die naar suiker, moeten voorzichtig worden gehanteerd.) In 2011 rapporteerde een onafhankelijke groep onderzoekers aan de universiteit van Californië over hun onderzoeken naar pure fructose en zij deden een mogelijk veelzeggende ontdekking: in een twee weken durend experiment zonderden ze jongvolwassenen af in een lab om hun eetgedrag nauwkeurig na te gaan. Bij elke maaltijd kregen de proefpersonen een drank die afwisselend was gezoet met glucose, fructose en maïssiroop. De glucosegroep kwam er goeddeels ongedeerd vanaf, maar zij die de dranken met fructose of maïssiroop kregen, beleefden een toename van 25 procent in hun triglyceriden, LDL-cholesterol en een vetbindend eiwit, die allemaal hartziekte bevorderden.

Toen ik Kraft vroeg naar dit nieuwe onderzoek, kreeg ik te horen dat fructose door toezichthouders van de overheid als veilig wordt beschouwd, maar dat het bedrijf 'het onderzoek zou blijven volgen en zou reageren op alle regelgevende aanbevelingen die eruit voortvloeien'. John White, een vroegere onderzoeker uit de suikerindustrie die hielp zoetstoffen te ontwikkelen, waaronder fructoserijke maïssiroop, zei dat ook hij wacht op nader onderzoek voordat hij een oordeel velt over de manier waarop fructose mogelijk het Amerikaanse eetgedrag beïnvloedt. 'Bij de tests waren hoge concentraties fructose betrokken, dus ik denk dat het prematuur is om naar fructose te wijzen,' zei hij tegen mij. Toch is fructose nu, terwijl deze eens werd verwelkomd als onschuldige vruchtennectar, nadrukkelijk aanwezig als een risico voor de gezondheid dat minstens even groot is als dat van tafelsuiker.

Als het erom gaat aan de aandacht van het publiek te ontsnappen kan zelfs fructose niet op tegen de spectaculaire pr die voedingsbedrijven hebben ingezet voor een zoetmaker die bekendstaat als 'vruchtensapconcentraat'. Dit concentraat, doorgaans gemaakt van druiven en peren, met een enorme mondiale markt, wordt nu toegevoegd aan bijna elk zoet product dat de fabrikant wil koppelen aan het gezonde imago van fruit.

Vruchtensapconcentraat wordt gemaakt in een sterk variërend industrieel proces, waarbij meestal de volgende stappen komen kijken: de vruchten schillen, waarmee veel van de heilzame vezels en vitaminen worden verwijderd; het sap onttrekken aan het vruchtvlees, dat nog meer van de vezel verliest; verwijdering van de bittere bestanddelen; afstelling van de zoetheid door het combineren van variëteiten; en het water laten verdampen uit het sap. In het extreme geval resulteert het proces in wat in de industrie bekendstaat als 'diksap', dat eigenlijk pure suiker is, bijna helemaal ontdaan van de vezel, smaken, aroma's of welke andere eigenschappen ook die wij associëren met echt fruit. Het concentraat wordt, met andere woorden, gereduceerd tot de zoveelste vorm van suiker, zonder voedingsvoordeel boven dat van tafelsuiker of fructoserijke maïssiroop. Zijn waarde schuilt eerder in het gezonde imago van fruit dat het behoudt. Een bedrijf als General Foods kan deze substantie gebruiken en toch de troostende woorden 'Bevat echt fruit' op het pak zetten.

General Foods was niet de eerste die het marketingpotentieel van vruchtenconcentraat in bewerkte voedingsmiddelen inzag, maar het gebruikte deze supersuiker zeer succesvol in een van zijn meest winstgevende producten: een 'fruitdrank' die Capri Sun heette en die Philip Morris in 1991 kocht voor 155 miljoen dollar. Vijf jaar later bracht de drank jaarlijks 230 miljoen dollar op uit de verkoop. Een deel van dit succes was te danken aan enkele technische heldhaftigheden in de fabriek, waar technologen uitzochten hoe ze nieuwe machines in het productieproces konden inzetten om sneller de 21 smaken van de drank door te nemen, waardoor de productiviteit en het resultaat enorm werden verbeterd. Maar dat was niet het enige. Net als Kool-

Aid en Tang werd Capri Sun voornamelijk gezoet met fructoserijke maïssiroop, maar het drankje bevatte nu ook vruchtensapconcentraat, waardoor er voor het eerst 'Natuurlijke fruitdrank. Geen kunstmatige ingrediënten' op het etiket kon staan. Dit was een enorm pluspunt voor moeders, die de drank nu met een geruster hart aan de schoollunch van hun kinderen toevoegden. Ik vroeg de vroegere merkmanager van Capri Sun, Paul Halladay, of de samenstelling van de drank veranderd had kunnen worden om het vruchtenconcentraat te vermijden zonder de smaak aan te tasten. 'Ja, dat had gekund,' zei hij. 'Het was geen belangrijk deel van de zoetstof. Maar Capri Sun heeft altijd enig vruchtenconcentraat gehad. Het helpt samen met de geldigheid van het "natuurlijk" in de reclame om het natuurlijke erin te hebben.'

'Kraft is altijd trots geweest op zijn duidelijk en zorgvuldig geëtiketteerde producten, op een manier die niet misleidend is voor consumenten,' zei een zegsvrouw van het bedrijf tegen mij. 'De voedingsinformatie die voortkwam uit de toevoeging van echt vruchtensap en het gebruik van de claim van natuurlijkheid was in overeenstemming met de etiketteringsvoorschriften.' Maar op het gebruik door Capri Sun van 'natuurlijk' in zijn marketing zou in 2007 kritiek komen. Bij sommige smaken van Capri Sun lag het suikergehalte nog hoger dan bij frisdrank. Wild Cherry bevatte bijvoorbeeld 28 gram suiker – meer dan zes theelepels – in elk zakje van 192 gram. Coca-Cola heeft in zijn grotere blikje van 0,33 liter 39 gram suiker – 28 procent minder per 28 gram. Met inschakeling van een advocaat voor het Center for Science in the Public Interest werd Kraft vervolgd voor misleidende marketing. Achttien dagen later kondigde Kraft aan dat het de woorden 'geheel natuurlijk' zou vervangen door 'geen kunstmatige kleurstoffen, smaakstoffen of conserveringsmiddelen', en bedankte het de groep voor zijn aandeel in het oplossen van de zaak. Kraft stelde zich later ten doel de hoeveelheid suiker te reduceren tot 16 gram, zo zei het bedrijf.

Of Kraft iets aan omzet verloor door deze concessies is niet duidelijk. Het stelde zich een vermindering van 5 procent in 2008 voor vanwege diverse factoren, maar een nieuwe reclamecampagne, die de drank cooler moest maken voor zes- tot twaalfjarigen, joeg de consumptie weer op met meer dan 17 procent. Capri Sun werd geholpen door nog een ander plan, dat voor het eerst werd ingezet in de jaren negentig, en dat was een idee waarop de managers van Philip Morris hun stempel hadden gedrukt.

Toen Philip Morris in het bezit kwam van General Foods en Kraft, stonden zijn managers voor één supergrote opgave: ze wisten bijna niets van bewerkte voedingsmiddelen. Bovendien hadden de mensen die deze twee voedselreuzen bestuurden weinig sympathie voor en vertrouwen in elkaar. Hun manier van doen had niet verschillender kunnen zijn. General Foods, met zijn menigten voedingswetenschappers, was intellectueel en uiterst nauwgezet in de manier waarop het producten lanceerde of de marketing aanpaste om te profiteren van trends die onder consumenten leefden, zoals vezelrijk of vetarm. Een vroegere Kraft-manager die bij General Foods begon, omschreef laatstgenoemde als het klassieke Griekenland, onderlegd en ontwikkeld en niet bijzonder gespitst op oorlogvoering. Kraft daarentegen zag hij als het imperiale Romeinse leger op een brute mars om de wereld te veroveren. Kraft ging prat op een krachtige reeks megamerken en voortdurend wisselende fastfoodgevoeligheden. De directeur van Kraft, Michael Miles, was een voormalige manager bij Leo Burnett, het reclamebureau, en hoofd van Kentucky Fried Chicken. Kort nadat hij bij Kraft was gekomen, nam hij een aantal afgestudeerden van Amerikaanse topuniversiteiten en managers van Procter & Gamble in dienst om de slagkracht van Kraft te vergroten. Ze deden dingen als prijzen verhogen en extra veel reclame maken om concurrenten te overtroeven. Na de fusie werd Miles CEO van de gecombineerde voedseldivisies. Eind 1990 zag de fusie er echter meer uit als een overname door Kraft: slechts twee van de resterende 35 managers kwamen van General Foods.

De managers van Philip Morris, onder leiding van Hamish Maxwell, hadden een relaxte managementstijl, waardoor ze positiever hadden kunnen staan tegenover de gereserveerde manieren bij General Foods, maar ze hadden des te meer waardering voor de winsten die Kraft boekte. Hun reactie om deze twee bedrijven zo soepel mogelijk te laten fuseren, was Geoffrey Bible naar het hoofdkantoor van Kraft sturen en hem de weg laten wijzen. Zijn parool was 'synergie', en Philip Morris had in dit opzicht een paar tactieken in huis. In de volgende maanden brachten de immense bedragen die Philip Morris aan tabaksreclame besteedde lagere advertentiekosten voor het Miller-bier van het bedrijf met zich mee; producten werden gezamenlijk gepromoot. Philip Morris zorgde er ook voor dat de technologen en merkmanagers in zijn hele imperium met elkaar spraken om de geheimen van de marketingsuccessen te delen.

'Het concept "synergie" vloeit voort uit het sterke idee dat twee of meer entiteiten sterker zijn als ze hun krachten bundelen dan ze ooit afzonderlijk zouden kunnen zijn,' hield Bible de Kraft-managers voor tijdens een tactische bespreking eind jaren negentig. 'Dat geldt zeker voor de groep bedrijven die hier vandaag vertegenwoordigd zijn. Als we ervoor kunnen zorgen dat het enorme creatieve potentieel van Kraft General Foods, Miller en de bedrijven van Philip Morris onderling wordt ingezet om een beter begrip van de consument te krijgen, kan er een druk op de markt worden uitgeoefend die geen van ons afzonderlijk zou kunnen uitoefenen. Dat is in een notendop onze missie voor deze conferentie. Een kettingreactie van synergie op gang brengen door dit hele bedrijf heen. Een kettingreactie waarvan het uiteindelijke doel is de mannen en vrouwen die onze producten kopen beter te begrijpen.'

Nergens weerklonk deze boodschap luider dan in de divisie Dranken. In 1996 maakten de fruitdranken van het bedrijf – gecreëerd door General Foods, maar nu in de markt gezet door Kraft – een groot deel uit van het winkelassortiment aan dranken. Niet alleen was de jaarafzet gestegen tot 1 miljard dollar, Kool-Aid en de andere merken van het bedrijf stonden nu ook op een solide derde plaats achter de frisdrankreuzen, Coca-Cola en Pepsi.

De drankmanagers bij Kraft verwelkomden het idee van synergie van harte en gaven gehoor aan Bibles oproep de consument beter te peilen en te targeten. In de zomer van 1996 verschenen ze weer voor de commissie Productontwikkeling van Philip Morris, met een uitvoerig verslag van hun triomfen. De notulen van de bijeenkomst weerspiegelen op hun beurt de feestelijke stemming, waarbij de tabaksmanagers alleen maar lof uitdeelden.

'De divisie Dranken, die bestaat uit zeven grote handelsmerken, nadert het punt van 1 miljard in zowel *pound volume* als opbrengst,' schreef een van de managers van Philip Morris die de bijeenkomst bijwoonden, Nancy Lund, in de notulen. '1995 was een keerpunt, 1996 is op weg een recordjaar te worden.'

Om die winst te behalen trokken de managers van de drankendivisie van Kraft de voorsteden in, waar de voornaamste doelgroep bestond uit moeders die bezorgd waren geworden over de invloed van suiker op de gezondheid. Ze lanceerden producten waarvan de samenstelling nog steeds gegarandeerd voor 'bliss', zorgde, maar met fruitmotieven die suiker voorstelden als iets wat voedzamer was.

Nadat de divisie Dranken de moeders had bereikt, ging ze op zoek naar de Afro-Amerikanen, op wier voorkeuren ze zich richtte. Ze gebruikte uiterst nauwkeurige onderzoeken naar zwarte consumenten om hun sym- en antipathieën op te sporen en stemde de reclames van het bedrijf daarop af. 'Consumentenonderzoek heeft uitgewezen dat Afro-Amerikanen hun Kool-Aid graag aan hun persoonlijke smaak aanpassen door vruchten toe te voegen of smaken te mengen.' Dus gebruikte de marketingafdeling deze 'consumentenkennis' om een trefzekerder marketingthema te bedenken: 'Hoe gebruikt u uw Kool-Aid?'

Kraft trok daarna de supermarkten binnen met slimme nieuwe tactieken om het effect van hun displays te vergroten. Elke aprilmaand installeerde het verkoopleger van het bedrijf in levensmiddelenwinkels in het hele land 30.000 aparte rekken met vijf schappen en een groot opschrift bovenop om hun dranken te laten zien. Ze staken boven de gewone stellingen uit om de aandacht van de winkelbezoeker te trekken. Ze bleven meestal staan zolang de zomer duurde, de tijd waarin de verkoop van suikerhoudende dranken een piek bereikte. Maar Kraft haalde de winkels over om deze rekken te laten staan tot de winter door erin toe te stemmen dat de displays werden gedeeld met puddingen en andere toetjes van hun zusterdivisies.

De centra van Amerikaanse steden hebben niet veel supermarkten en daarom richtten de managers van de drankendivisie hun inspanningen daar op buurtwinkels, die als vallen voor de argeloze burger staan opgesteld. Kraft moest hard werken om zijn dranken op de schappen te krijgen, omdat het niet direct aan de winkels leverde, zoals Coca-Cola en Pepsi. Op dit front had Kraft echter zijn eigen geheime wapen, rechtstreeks ontleend aan Philip Morris. De divisie Dranken sloeg verwoed aan het telefoneren met deze winkels om de eigenaars ervan te overtuigen dat het zo zijn voordelen had dranken van Kraft aan te bieden, met als allereerste pluspunt de lage prijzen, die waren afgestemd op de lage inkomens van hun klanten. Maar ze namen niet zomaar de telefoongids door, ze hanteerden doelgerichte lijsten die door het tabaksbedrijf waren opgesteld bij de verkoop van sigaretten. Nog een voorbeeld van de synergie waarvoor Philip Morris had gepleit.

Ze richtten zich zelfs speciaal op mensen die misschien al te zeer hadden toegegeven aan de dranken van het bedrijf: diabetici, die met hun groeiende aantallen ironisch genoeg een nieuwe, geweldige markt ontsloten. Of, zoals de drankendivisie het formuleerde, deze 'inzet van doelgroepgerichte marketing houdt nieuwe programma's in voor onze suikervrije merken die zijn gericht op diabetici'.

De discussie verschoof uiteindelijk naar de diepvriespizza, waarvan de aantrekkelijkheid nu werd vergroot door de toevoeging van steeds grotere hoeveelheden kaas, erop en in de bodem, om beter te kunnen concurreren met de pizza's van de fastfoodketens.

Het vet in deze kaas en een reeks andere voedingsmiddelen in het assortiment van Philip Morris zou op de weerstand van zijn eigen consumenten stuiten, waartegen de bedrijfsmanagers al hun geslepenheid en vakkennis zouden moeten inzetten. In de loop van de jaren negentig en daarna zou vet in enkele opzichten een nog belangrijkere rol gaan spelen dan suiker en Philip Morris en andere levensmiddelenfabrikanten ongekende rijkdom bezorgen. Het zou ook tot enkele van hun grootste problemen leiden.

DEEL TWEE
VET

7 DAT ZACHTE, ZALVENDE MONDGEVOEL

De overlevering wil, en voedingswetenschappers koesteren dit verhaal, dat Aristoteles de eerste was die ons vermogen om smaken in voedsel te ontdekken heeft onderzocht. Dit vermogen, kortweg 'smaak' genoemd, is een van de vijf basiszintuigen, waartoe ook zien en ruiken behoren. Het onderzoek dat Aristoteles naar al deze zintuigen deed, maakte deel uit van de opmerkelijke observaties van het leven die zijn naam vestigden als een van de grondleggers van de westerse filosofie. Hij was een leerling van Plato, die op zijn beurt was onderwezen door Socrates. Hij gaf les aan Alexander de Grote en andere toekomstige koningen van het oude Griekenland. In 335 v.Chr. stichtte hij in Athene zijn eigen school, die 'Lyceum' werd genoemd. Vermoedelijk heeft hij daar in de loop van twaalf jaar zijn serie verhandelingen geschreven. In een elegante stijl behandelde hij allerlei onderwerpen, van muziek tot natuurkunde, van ethiek tot zoölogie en van politiek tot poëzie. Een van deze geschriften was *De Anima*, waarin de levenskracht in planten en dieren werd onderzocht. In dit boek probeerde Aristoteles de smaak te analyseren. Hij maakte graag lijstjes en boven aan zijn lijstje van smaken stond 'zoet', die hij omschreef als pure voeding. De smaken die volgden, waaronder bitter, zout, wrang, scherp, samentrekkend en zuur, dienden volgens hem alleen om het evenwicht te herstellen, 'omdat het zoet al te voedzaam is en naar de maag zwemt.' Maar wat hij als laatste op het lijstje van basale smaken zette, was iets wat evenveel genot kon verschaffen als zoetigheid. Aristoteles noemde het 'vet of olieachtig'.

Vierentwintig eeuwen later wordt vet beschouwd als een fundamenteel bestanddeel van bewerkt voedsel, een basisingrediënt met een nog grotere potentie dan suiker. Vet is inderdaad olieachtig, zoals Aristoteles al opmerkte – tenminste, in een aantal van de vormen waarin het voorkomt. Raapzaadolie, sojaolie, olijfolie, maïsolie en andere oliën zijn allemaal vloeibare, stroperige en stromende vetten.

ZOUT, SUIKER, VET

Ze zijn gemakkelijk te herkennen als vet. Maar in ons voedsel zit ook ander vet, dat niet vloeibaar is bij kamertemperatuur. Een homp kaas bestaat voor een derde uit vet. Verder zitten er eiwitten, zout en een beetje suiker in. Dit statistische gegeven is nog een onderschatting van de krachtige werking van vet in voedsel. Twee derde van de calorieën in die kaas worden geleverd door vet, dat ruim twee keer zoveel energie in zich draagt als suiker.

Waarom vet voedsel aantrekkelijker maakt, is niet zo gemakkelijk te achterhalen. Welke smaak heeft vet eigenlijk? Het maakt geen deel uit van ons officiële schema van primaire smaken. Daarin staan er maar vijf: zoet, zout, zuur, bitter en sinds kort ook umami, een hartige smaak die afkomstig is van een aminozuur met de naam glutamaat. Sommige onderzoekers hebben ervoor gepleit vet toe te voegen aan de lijst van primaire smaken, maar zij stuitten op één aanzienlijk obstakel: de regels voor opname in de groep vereisen dat wetenschappers weten hoe elke smaak inspeelt op onze smaakpapillen en tot nog toe heeft niemand kunnen ontdekken wat de interactie met vet is. Voor alle andere smaken zijn er receptoren gevonden in de papillen. Deze receptoren vangen de smaken op en geven ze door aan de hersenen.

Voor vet is zo'n receptor niet gevonden.

Toch leunt de voedingsindustrie op vet, meer dan op welk ander bestanddeel ook. Vet verandert flauwe chips in knapperige wondertjes, geeft glans aan droog brood en tovert saaie vleeswaren om in delicatessen. Net als suiker zorgen sommige soorten vet ervoor dat bewerkt voedsel voldoet aan een van de belangrijkste voorwaarden: dat het dagen- of zelfs maandenlang goed blijft in de schappen van levensmiddelenwinkels. Vet geeft koekjes ook meer massa en een stevigere textuur. Het kan de rol van water overnemen door crackers zachter te maken en het mondgevoel ervan te verhogen. Het maakt hotdogs minder rubberachtig en dieper van kleur, voorkomt dat ze aan de grill blijven plakken en bespaart de producenten ook nog geld, omdat de vettere afsnijdsels van vlees die ze in hotdogs verwerken goedkoper zijn dan magerder stukken vlees. De hele hamburgerindustrie draait om vet. Een hamburger is een mengsel van afsnijdsels van runderkarkassen, die bij slachthuizen van over de hele wereld gekocht worden.

7 DAT ZACHTE, ZALVENDE MONDGEVOEL

Vet heeft nog andere bijzondere eigenschappen, die voedingsproducenten in staat stellen allerlei trucs uit te halen. Het kan andere smaken maskeren en tegelijkertijd overdragen. Illustratief voor dit verschijnsel is een dot zure room. De zure bestanddelen in de room zijn eigenlijk niet zo lekker. Vet bekleedt de tong met een laagje, waardoor de smaakpapillen niet overprikkeld worden door deze zuren. Vervolgens werkt hetzelfde vettige laagje in omgekeerde richting. Het schermt niet langer af, maar stimuleert de absorptie van de meer verfijnde en aromatische smaken van de zure room. De smaakpapillen seinen die aangename ervaring door naar de hersenen, en dat is natuurlijk precies wat de voedingsproducenten willen. Het vermogen van vet om andere smaken over te brengen is een van zijn hoogst gewaardeerde eigenschappen.

Er is nog iets, waardoor vet zelfs suiker van de eerste plaats verdringt als het om bewerkt voedsel gaat. Vet is niet zo overrompelend als suiker. Het is geniepiger. Toen ik met wetenschappers sprak over de manier waarop vet zich gedraagt, kon ik het niet nalaten een vergelijking met de wereld van de drugs te maken. Als suiker met zijn snelle en krachtige werking op onze hersenen de amfetamine onder de ingrediënten van bewerkt voedsel is, dan is vet de opium. De werking van vet is minder duidelijk dan die van suiker, maar daarom nog niet minder krachtig.

Wat Aristoteles beweerde over smaak, is des te opmerkelijker omdat hij maar weinig begreep van de manier waarop het menselijk lichaam werkt. Hij verwierp de gedachte dat de geest in de hersenen zetelt, een idee die zijn leermeester Plato had omarmd, en beschouwde in plaats daarvan de hersenen als het orgaan dat de temperatuur van het hart reguleert. Hij schatte in dat het hart de hoofdrol speelde, zowel in fysieke als in psychologische aangelegenheden. Sommige geleerden geloven dat hij het hart zelfs als het voornaamste smaakorgaan zag, waarbij de tong slechts een bemiddelende rol speelde. Vandaag de dag richten wetenschappers zich uiteraard op de hersenen om te leren begrijpen wat voedsel aantrekkelijk maakt en waarom we al dan niet in staat zijn onze consumptie te beheersen. Een aantal van de meest intrigerende studies over dit onderwerp komt van de universiteit van Oxford, in Engeland, waar een neuroloog met de naam

ZOUT, SUIKER, VET

Edmund Rolls heeft onderzocht hoe het brein informatie verwerkt. Hij grasduinde, ruwweg gezegd, in het hele veld van het hersenonderzoek, met gebruikmaking van medische apparaten om de reacties van de hersenen op diverse prikkels zichtbaar te maken. In 2003 publiceerde hij de resultaten van een experiment waarin hij registreerde hoe de hersenen reageren op twee stoffen: suiker en vet.

Eerder was al vastgesteld dat na de inname van suiker de *nucleus accumbens* (letterlijk: aanliggende kern, de groep hersencellen die tegen het tussenschot aan ligt) en andere gebieden in de hersenen oplichten. Deze zogenoemde 'beloningsgebieden' geven intense gevoelens van genot wanneer we iets doen om te overleven, zoals eten. Het effect van suiker op de hersenen is zo duidelijk en consistent aangetoond in deze onderzoeken dat sommige wetenschappers bepaalde voedingsmiddelen als mogelijk verslavend zijn gaan beschouwen. Op een Amerikaans onderzoeksinstituut in Long Island, Brookhaven National Laboratory genaamd, onderzochten wetenschappers de reactie van de hersenen op bewerkt voedsel en op verslavende middelen zoals cocaïne. Zij kwamen tot de conclusie dat sommige drugs aantrekkelijk worden en verslavend werken door dezelfde neurologische paden te volgen die ons lichaam oorspronkelijk voor voedsel heeft aangelegd. De wetenschappers van Brookhaven gebruikten voor hun onderzoeken voedingsmiddelen die zoet of zowel zoet als vet waren, terwijl Rolls wilde weten of vet op zích verslavend is. Hij vroeg twaalf gezonde volwassenen mee te doen aan het onderzoek. Ze hadden drie uur lang niet gegeten en lustten dus wel iets. Een voor een gingen ze de tunnel van een MRI-scanner in, een apparaat dat met behulp van magneetgolven afbeeldingen van organen, weefsels enzovoort maakt. In de tunnel konden ze hun armen niet bewegen. Daarom werden er plastic buizen in hun mond gestopt, waardoor ze gevoed werden met een suikeroplossing en een vloeistof waarin plantaardige olie was opgelost. De olie was gekocht bij de plaatselijke supermarkt. Het was koolzaadolie en er zaten zowel verzadigde als enkelvoudig en meervoudig onverzadigde vetten in. Naast de suiker- en vetoplossingen diende een derde oplossing, waarin speeksel werd nagebootst, als controlemiddel.

Terwijl de proefpersonen proefden en slikten, keek Rolls naar de apparaten die de reacties van hun hersenen registreerden. Zoals ver-

7 DAT ZACHTE, ZALVENDE MONDGEVOEL

wacht, gaf het speeksel geen stimulus. Ook de suikeroplossing liet niets onverwachts zien: op de schermen die de elektrische activiteit in de hersenen vertoonden, lichtten felgele plekken op. Maar de schok kwam op het moment dat de proefpersonen vet binnenkregen: weer lichtten er plekken op – even fel als bij suiker. Bovendien toonden de beelden dat de hersenactiviteit zich precies voordeed waar de neurologen die hadden verwacht. Zowel suiker als vet stimuleerde delen van de hersenen die met honger en dorst geassocieerd worden, maar liet ook het beloningscentrum oplichten, dat gevoelens van genot opwekt. 'Vet en suiker genereren allebei sterke beloningseffecten in de hersenen,' zei Rolls toen ik hem vroeg wat krachtiger was, suiker of vet.

In de afgelopen jaren heeft een aantal van de grootste voedingsfabrikanten ter wereld zelf hersenonderzoek gedaan om te weten te komen hoe aantrekkelijk vet is. Unilever alleen al investeerde 30 miljoen dollar om een team van twintig personen te laten onderzoeken, met gebruikmaking van de meest geavanceerde neurologische technologie en hersenscans, hoe voeding, waaronder vet, inwerkt op de zintuiglijke waarneming. Francis McGlone, die tot voor kort aan het hoofd van dit team stond, omschreef de activiteiten als de verkenning van een snel uitdijend deelgebied van de wetenschap. De onderzoekers kregen alle ruimte en middelen: 3 miljoen voor de apparatuur om hersenscans te maken, om maar iets te noemen. Volgens McGlone geeft dit en ander neurologisch onderzoek meer inzicht in het consumentengedrag dan de gebruikelijke onderzoeken met focusgroepen. Unilever voert een hele reeks gezondheids- en schoonheidsproducten, zoals Dove, naast verpakt voedsel, van Ben & Jerry's tot Knorr, en McGlone ploegde al deze producten door, op zoek naar manieren om ze te verbeteren. Hij probeerde vooral te ontdekken wat bepaalde groepen van producten zo aantrekkelijk maakt.

McGlone hoefde niet te praten met de personen die zich aan de tests onderwierpen; hij kon in hun hersenen kijken. De ontdekkingen die door zijn team werden gedaan, benadrukten de ingewikkelde en uiteenlopende manieren waarop bewerkt voedsel bijzonder verleidelijk kan worden gemaakt. In de onderzoeken kwamen alle vijf de zintuigen aan bod. Om de rol die geur speelt te onderzoeken, lieten ze de proefpersonen bijvoorbeeld ruiken aan een beker milkshake.

De genotscentra in de hersenen bleken bij het ruiken even sterk geprikkeld te raken als bij het proeven van de drank. Om de rol van het gehoor te testen versterkte Charles Spence, een van de onderzoekers, het geluid dat chips maken als ze worden gegeten. Uit dit onderzoek, waarmee Spence een Ig Nobelprijs won, de prijs voor iets wat even briljant als buitenissig is, bleek dat de aantrekkelijkheid toenam met het volume: de chips die het hardst kraakten, werden door de proefpersonen als uitzonderlijk vers en knaperig beoordeeld. McGlone onderzocht wat alleen al de aanblik van voedsel met ons doet.

Unilever, dat meer ijs maakt dan enig ander levensmiddelenconcern, waaronder Magnum, raakte heel erg opgewonden door McGlones onderzoek naar de reacties van de hersenen op het zijdezachte vet en de suiker in roomijs. Dit project begon in 2005, toen McGlone een onderhoud had met de man die bij het bedrijf de leiding had over onderzoeken naar consumentengedrag. Ze kwamen tot de conclusie dat er veel winst te behalen zou zijn als McGlone kon vaststellen – uiteraard met wetenschappelijke methoden – dat roomijs mensen gelukkig maakt. McGlone liet acht studenten plaatsnemen in een MRI en scande hun hersenen, terwijl een assistent een lepel vanille-ijs op hun lippen deponeerde, dat wegsmolt in hun mond. McGlone is een beetje verlegen over dit experiment: hij zei tegen me dat hij er geen ruchtbaarheid aan zou geven, omdat er te weinig proefpersonen bij betrokken waren en er te veel variabelen waren om het als een wetenschappelijk onderzoek te bestempelen. Maar de beelden die het experiment opleverde – waarop te zien is dat de genotscentra in de hersenen oplichtten wanneer de proefpersonen het ijs proefden – brachten de marketingafdeling van Unilever in een hoge staat van opwinding. 'Voor het eerst kunnen we laten zien dat roomijs je gelukkig maakt,' briefde Don Darling, een adjunct-directeur van Unilever, door aan een vakblad. Unilever gaf de resultaten vrij, waarna er een golf van publiciteit over de wereld ging. In alle journaals werd erover bericht en in de Amerikaanse media weerklonk de slogan: 'IJs maakt gelukkig – het is nu bewezen!'

Levensmiddelenfabrikanten weten echter allang, ook zonder deze hersenonderzoeken, dat vet hun producten aantrekkelijker maakt. De voedingsindustrie is er zo afhankelijk van dat leveranciers van vet, zoals Cargill, seminars organiseren en workshops houden. Cargill,

7 DAT ZACHTE, ZALVENDE MONDGEVOEL

dat in de buurt van Minneapolis is gevestigd, is een van de grootste particuliere bedrijven ter wereld en een van de belangrijkste leveranciers van ingrediënten aan voedselfabrikanten. Cargill verkoopt zeventien soorten zoetmakers, veertig soorten zout en eenentwintig soorten olie en bakvet, van kokosolie om op snacks te spuiten tot palmolie voor snoep en arachideolie voor het frituren. In een recente presentatie voor voedselfabrikanten die zijn vetten kopen, toonde een manager van Cargill begrip toen een klant om advies vroeg om de hoeveelheid vet die snacks tijdens het frituren absorberen zo veel mogelijk te beperken.

Het vetgehalte in bewerkt voedsel beperken is geen gemakkelijke opgave voor de producenten. De smaak of de textuur mag er niet onder lijden, want dan verkopen ze minder. De productiekosten mogen er ook niet te veel door stijgen, want dan maken ze minder winst. De cruciale vraag is wat consumenten overhebben voor een gezonder product. Deze Cargill-manager wees erop dat rommelen met het vet dat voor frituren wordt gebruikt nadelig zou zijn voor de klanten. Natuurlijk konden ze het vetgehalte in hun voedingsmiddelen verlagen. Het enige wat ze hoefden te doen, was de temperatuur van de olie verhogen. Maar hoe hoger de temperatuur, hoe minder vaak de olie opnieuw gebruikt kan worden. De voedingsproducenten zouden dus vaker naar Cargill moeten komen om verse olie in te slaan.

In één opzicht staat vet zwakker dan de andere twee hoekstenen van bewerkt voedsel: suiker en zout. Bij het publiek heeft vet altijd een slecht imago gehad.

In elk geval tot de enorme toename van obesitas in de jaren tachtig was suiker iets wat producenten enthousiast aanprezen in hun voedingsmiddelen, en wel door er allerlei aanlokkelijke omschrijvingen voor te gebruiken. Op de lange lijst stonden woorden als 'zoet', 'honingzoet', 'stroperig' en 'gekonfijt', die effectief bleken te zijn om klanten te trekken. In ruimere zin werd het woord 'zoet' gebruikt om de gedachte aan iets lekkers, onschuldigs of aantrekkelijks op te roepen. Totdat in diezelfde jaren tachtig bleek dat de bloeddruk van de gemiddelde Amerikaan flink was gestegen, had ook zout een gunstig imago, wat werd bevorderd door uitdrukkingen als 'het zout der aarde' en 'het zout in de pap'. Stel je een warme krakeling voor, met van die grote witte zoutkristallen erop. Het water loopt je vast in de mond, wat het bewijs is dat je hersenen onmiddellijk na het vormen van dit beeld signalen van genot afgeven.

Stel je nu eens voor dat de krakeling druipt van de olie. Dat beeld is niet zo positief, toch? Er zijn wel uitzonderingen, natuurlijk. (Wat is een kreeft zonder een schaaltje gesmolten boter?) Maar over het algemeen, en zo lang als iedereen in de voedingsindustrie zich kan herinneren, roept vet negatieve reacties op. Het is ronduit onaantrekkelijk, wat tot uiting komt in het taalgebruik. Woorden als 'vettig', 'olieachtig', 'zwaar' en 'machtig' zijn niet bepaald vleiend. Erger nog: vet in het eten wordt gelijkgesteld met vet aan het lichaam. En dat is terecht, want vet levert machtig veel calorieën. De energetische waarde van 1 gram vet is 9 calorieën, ruim twee keer zoveel als van suiker of eiwit. Uit onderzoek is gebleken dat wie tijdens het boodschappen doen de moeite neemt om de ingrediëntenvermelding op de etiketten te lezen, eerst en vooral naar het vetgehalte kijkt. Dit heeft geleid tot een overvloed aan producten waarvan wordt beweerd dat ze vetarm zijn. De voedingsindustrie heeft allerlei marketingtrucs bedacht om de indruk te wekken dat ze minder vet zijn gaan gebruiken. Neem bijvoorbeeld melk. In de jaren zestig daalden de verkoopcijfers dramatisch. De mensen werden zich bewust van de gevaren van vet. Je werd er dik van en het was slecht voor je hart. Melk werd als de grote boosdoener beschouwd. De zuivelindustrie verzon er iets op: melk waaruit een beetje vet was verwijderd, werd voorzien van een etiket met *low-fat*. Deze meer dan halfvolle melk werd razendsnel populair. Zo populair dat er nu meer van wordt verkocht dan van alle andere soorten melk, met inbegrip van magere melk, waarin helemaal geen vet zit.

Terwijl vet een bijzonder slechte naam heeft gekregen, is de voedingsindustrie het in eigen kring blijven behandelen als een gewaardeerde vriend. Er is veel werk verzet om de geheimzinnige gedragingen van deze onmisbare voedingsstof te doorgronden en er optimaal gebruik van te maken. In het onderzoekscentrum van General Foods werd vet de levenslange obsessie van een in Polen geboren wetenschapper met de naam Alina Szczesniak, die in 1986 met pensioen ging. Een van haar bijdragen die zullen beklijven, kwam voort uit het inzicht dat vet in een bepaald opzicht helemaal niets met smaak te maken heeft. De aanblik van een plas olie op hun pizza hoefde mensen ook niet te bevallen om in vervoering te raken door wat er in hun mond gebeurde. Szczesniak was de eerste die doorhad dat het bij vet gaat om het gevoel ofwel de textuur en dat het een enorme kracht in bewerkt voedsel vertegenwoordigt. Iets wat ons besluipt, grijpt en meesleurt, zonder te waarschuwen, zoals een dosis suiker of zout doet.

Een deel van het werk van Szczesniak bestond uit de evaluatie van kant-en-klare slagroom. Ze gebruikte gewone burgers als proefpersoon. Ze liet hen plaatsnemen aan een tafel met kommetjes slagroom erop en een kaart om de textuur van de verschillende monsters te beschrijven en te waarderen. Toen ze deze tests ontwikkelde, legde Szczesniak een lange lijst termen aan om het gevoel van vette voedingswaren te omschrijven, waaronder 'zacht', 'stevig', 'veerkrachtig', 'wiebelend', 'snel verdwijnend', 'glibberig', 'gummiachtig', 'smeltend', 'vochtig', 'nat' en 'warm'. Haar proefsysteem wordt nog steeds gebruikt door voedselfabrikanten en de aan de textuur toegeschreven eigenschappen werden bekend onder de noemer 'mondgevoel'. Er zijn sterke bewijzen, afkomstig uit de neurologie, voor de stelling dat vet evenzeer een gevoel is als een smaak. We weten nu dat we vet voelen door een bepaalde zenuw, de driehoekszenuw. Dit uiterst belangrijke onderdeel van onze anatomie zweeft boven en achter de mond, vlak bij de hersenen, en strekt tentakels uit om tactiele informatie van de lippen, het tandvlees, de tanden en de kaken op te pikken en aan de hersenen door te geven. De driehoekszenuw stelt ons in staat een korrelige structuur te onderscheiden van een gladde textuur. Ook de onaangename verrassing van zand in sla danken we aan deze zenuw. Als het om vet gaat, laat hij ons ervaren hoe lekker knapperig gebraden kip is, hoe fluwelig zacht smeltende chocolade en vanille-ijs van topkwaliteit zijn en hoe romig een rijpe kaas kan aanvoelen. En hij zet er veel kracht achter, zoals is gebleken uit een hersenonderzoek dat onlangs door Nestlé is uitgevoerd.

Nestlé ging door met de onderzoeken naar vet toen General Foods ermee ophield. De multinational heeft er goede redenen voor om beter te leren begrijpen wat vet doet. Het bedrijf is opgericht in het midden van de negentiende eeuw. In die tijd hoefde het zich om maar één product te bekommeren: melkchocolade. Maar nu is Nestlé een gigant, met een jaaromzet van 100 miljard dollar en een immens aanbod aan bewerkt voedsel en dranken waarin vet een hoofdrol speelt, van ijs van Häagen-Dazs tot Kit-Kat-repen.

Hoe essentieel vet is voor de jaarcijfers van Nestlé, blijkt telkens weer als het bedrijf pogingen doet om minder vet in zijn producten te verwerken. Aan het begin van de jaren tachtig probeerde Steve Witherly, een van de voedingswetenschappers binnen het bedrijf, de productiekosten te drukken door de hoeveelheid kaas in een saus te verlagen. Ter vervanging gebruikte hij chemische stoffen, die een kaasachtige smaak moesten geven. Maar hij merkte dat het vet in de kaas meer dan alleen smaak gaf. Het verleende de saus een zachte, volle textuur, het mondgevoel dat de consumenten verlangden – en dat was iets wat geen enkele chemische stof kon oproepen. 'We probeerden voortdurend de kosten te drukken,' vertelde hij mij, 'maar de mensen merkten het altijd als we met de kaas begonnen te sjoemelen. Ze zijn verzot op de textuur van kaassaus.'

In de buurt van Genève is Nestlés instituut voor research en ontwikkeling gevestigd. Een van de wetenschappers die daar werken, is Johannes Le Coutre, een in Duitsland opgeleide biofysicus. Hij past technieken toe om de activiteit van hersenen in kaart te brengen en gebruikt dezelfde methoden als in academische centra als Oxford worden toegepast. Hij maakt onder meer gebruik van elektro-encefalografie (EEG), waarbij een net van elektroden op het hoofd wordt bevestigd om te onderzoeken hoe de hersenen op verschillende stimuli reageren. In 2008 verbond hij vijftien volwassenen met een EEG-apparaat, waarna hij hun foto's liet zien van voedingsmiddelen die veel of weinig vet bevatten. Om te beginnen wilde hij zien of hun brein het verschil zou herkennen – en dat was zo. Maar daarna deed hij een andere, opmerkelijke ontdekking. Hij ging na hoe lang het duurde voordat de door de foto's afgegeven signalen doorkwamen. Het bleek dat ze in amper 200 milliseconden het brein bereikten. Ongelooflijk snel herkenden de hersenen het vet. Om meer te weten te komen over dit fenomeen benaderde Le Coutre collega's in de voedingsindustrie en in de academische wereld. Vijftig van hen waren bereid hem te helpen een overzicht te maken van 'alle bekende feiten' over vet. Dit compendium werd in 2010 gepubliceerd, in een boek van 609 bladzijden met de titel *Fat Detection: Taste, Texture, and Post*

7 DAT ZACHTE, ZALVENDE MONDGEVOEL

Ingestive Effects (Beleving van vet: smaak, textuur en effecten na het eten). Het is een naslagwerk voor producenten die de kracht van vet willen aanwenden in hun voedingswaren en dranken.

Om een antwoord te vinden op de vraag waar onze hunkering naar voedsel vandaan komt, wendden de schrijvers van het boek zich tot een Amerikaanse geleerde die een intrigerende ontdekking had gedaan met betrekking tot chocoladekoekjes. De drang om door te eten van deze en andere zoetigheden bleek onderdrukt te kunnen worden door hetzelfde medicijn dat dokters voorschrijven om de effecten van heroïne tegen te gaan. Dit was een van de vroegste bewijzen dat obesitas te vergelijken is met drugsverslaving. Overigens heeft deze wetenschapper, Adam Drewnowski, even belangrijke ontdekkingen gedaan over de rol die vet alleen speelt in de stimulans om mensen te laten eten.

In zijn werk heeft Drewnowski zich op verschillende deelterreinen van de voedingsleer begeven. Hij onderzocht onder meer de verbanden tussen industrieel vervaardigd voedsel en de verbreiding van obesitas. Hij is hoogleraar epidemiologie aan de universiteit van Washington in Seattle en leidt het daaraan verbonden centrum voor onderzoek naar obesitas. De afgelopen jaren richtte hij zich op de economische aspecten van voedsel. Hij deed onderzoek naar de redenen waarom bewerkt voedsel aantrekkelijker is dan verse groenten en fruit en naar de beslissingen die mensen nemen bij de keuze van wat er op tafel moet komen. 'Ik wil weten op welk punt mensen compromissen sluiten,' zei hij. 'Je moet rekening houden met de kosten, maar er zijn ook andere beperkingen. Als je kinderen hebt, wordt de vraag: "Is het niet te duur, lusten de kinderen het wel en kost de bereiding niet te veel tijd?" Bonen en eieren zijn voedzaam en niet duur, maar je moet ze bereiden. De meeste groenten zijn vrij duur, behalve aardappelen en wortels. Maar dan wordt de vraag hoeveel gerechten je met aardappelen en wortels kunt maken, voordat je verzucht: "Zo slecht is een gebraden kippetje nou ook weer niet." Een andere vraag die ik me stel, is wanneer het verlangen om de honger te stillen zwaarder gaat wegen dan de voedingswaarde van een product. Neem nou tomaten, voor 2,20 dollar per pond. Ze zijn gezond, maar geven geen voldaan gevoel. Denk dan aan een pizza. Die is niet zo gezond, maar vult wel. Dit alles geldt in nog sterkere mate als je de keus hebt tussen groente en een grote zak chips.'

In 1982 begon Drewnowski vragen te stellen over vet. Hij was afgestudeerd in de biochemie, aan de universiteit van Oxford, en interesseerde zich voor voedingsleer. Dit vakgebied was een gesloten wereldje, waarin de een het werk van de ander nauwlettend in de gaten hield. Hij wist dat zijn collega's al veel onderzoek naar suiker hadden gedaan. Hij volgde de vorderingen die Howard Moskowitz had gemaakt in de bepaling van het blisspoint, het punt waarop de gebruiker zich gelukzalig gaat voelen, voor de zoete smaak. Hij had de artikelen gelezen die Szczesniak bij General Foods had geschreven over de textuur van vet en hij kende het waarderingssysteem dat door haar was ontwikkeld en door veel voedingsdeskundigen werd gebruikt. Maar wat vet betreft, zag hij een onderzoeksgebied dat grotendeels braak lag. Tot dan toe had niemand geprobeerd met enige precisie te meten hoe verleidelijk vet is. Het viel hem op dat wetenschappers die onderzoek deden naar boulimia een vergissing maakten die het effect van vet zou kunnen verdoezelen. Ten onrechte deelden zij gevulde chocoladerepen in bij de zoete voedingswaren, terwijl ze stikvol vet zitten.

Drewnowski bedacht een experiment. Zestien studenten, elf vrouwen en vijf mannen, kregen twintig verschillende mengsels van melk, room en suiker voorgezet. Daarna vroeg hij hun hoe lekker ze die vonden. Om hun antwoorden te rangschikken gebruikte hij zijn wiskundige vaardigheden en een computer van een vroeg model. De verzamelde en geordende data leidden tot twee opmerkelijke bevindingen. Drewnowski wist dat het blisspoint voor suiker een eindpunt is: de gelukzaligheid die we voelen als we iets zoets proeven, neemt op een gegeven moment af. Toevoeging van extra suiker kan dan juist afkeer wekken.

'Maar voor vet was er geen blisspoint of breekpunt,' vertelde Drewnowski mij. De zestien proefpersonen gaven geen krimp, terwijl ze zich door de almaar vettere mengsels heen werkten. Het vet werd door hun hersenen als zo plezierig ervaren dat ze op geen enkel moment aangaven dat ze niet meer wilden eten. Hun lichaam wilde steeds meer vet. 'Hoe meer vet, hoe beter,' zei hij. 'Als er al een breekpunt was, lag dat ergens na moddervette room.'

7 DAT ZACHTE, ZALVENDE MONDGEVOEL

De tweede bevinding betrof de relatie tussen vet en suiker. Drewnowski ontdekte dat de proefpersonen de vetste room nog lekkerder vonden als hij er een beetje suiker aan toevoegde. Iets in deze combinatie bleek een krachtige wisselwerking op gang te brengen. Vet en suiker verhogen elkaars aantrekkelijkheid.

Gegeven het gigantische aanbod aan voedingswaren met een hoog suiker- en vetgehalte neemt Drewnowski aan dat de voedingsindustrie zich al bewust was van deze synergie. De ervaring leert immers dat de combinatie werkt. Maar Drewnowski wilde er meer van weten. Er bleven nog genoeg vragen over. Is het in extreme gevallen van vraatzucht zo dat de hersenen doen wat het lichaam verlangt? Zien de hersenen vet als het beste middel om energie op te slaan voor noodgevallen? Wat hebben suiker en vet met elkaar? Een paar jaar later liet Drewnowski vijftig studenten vijftien soorten glazuur met verschillende suiker- en vetgehaltes proeven en waarderen. De studenten bleken nauwkeurig te kunnen beoordelen welk monster zoeter was dan het andere, maar van het vetgehalte hadden ze geen idee. Ze proefden soms niet eens dat er vet in zat, laat staan hoeveel. En er was nog iets merkwaardigs: als er aan de vettere mengsels suiker werd toegevoegd, dachten de studenten dat de hoeveelheid vet was verláágd. Het vet had zich dus 'verstopt'. Dit betekende dat voedselfabrikanten vet in hun producten konden stoppen zonder zich zorgen te hoeven maken over een mogelijk negatieve reactie van het menselijk brein. Ze gaan dan ook onbekommerd hun gang. Veel soepen, koekjes, chips, cakes, taarten en diepvriesmaaltijden leveren minstens de helft van hun calorische waarde door het vetaandeel, en toch herkennen consumenten ze niet als vette voedingswaren, wat ideaal is voor de omzet. Om de indruk dat deze producten vet zijn helemaal weg te nemen, hoeven de producenten er alleen maar wat suiker in te doen.

In 1990 publiceerde Drewnowski zijn studie *Invisible Fats* (Onzichtbare vetten), waarin werd aangetoond dat vet een tweesnijdend zwaard is als het door de voedingsindustrie wordt gebruikt. In bepaalde omstandigheden en voor bepaalde voedingsmiddelen zouden de producenten het vetgehalte kunnen verlagen zonder de aantrekkelijkheid van het product aanzienlijk te doen dalen. Aan de andere kant zouden dezelfde producenten het vetgehalte kunnen opkrikken zonder dat de consumenten er iets van merken, tenzij ze de etiketten goed lezen. Het vet glijdt naar binnen zonder alarmbellen te doen afgaan. Het systeem waarover het lichaam beschikt om ons te waarschuwen dat we te veel eten, reageert niet.

'Een gerecht of een drank kon heel vet zijn zonder dat de mensen er erg in hadden,' zei Drewnowski. 'Die bevinding kan twee kanten op werken. Het is goed als je minder vet wilt gebruiken. Het is niet zo goed als er al veel vet in het eten zit en de mensen zich er niet van bewust zijn. Vet is geniepiger dan suiker. Vet levert de meeste calorieën. Jaren geleden had ik onenigheid met onderzoekers die bewijzen probeerden te vinden voor de stelling dat obesitas wordt veroorzaakt door koolhydraten, suiker dus. Zij gebruikten dingen als Snickers en M&M's met het idee: "Aha, zoetigheid, koolhydraten." En ik zei: ja, ze zíjn zoet en er zít suiker in. Maar de koolhydraten doen er niet zoveel toe – 60 tot 70 of zelfs 80 procent van de calorieën in deze producten komt van vet. Het is onzichtbaar vet; zelfs de onderzoekers zagen het niet.'

8 VLOEIBAAR GOUD

Dean Southworth genoot in Florida van zijn pensioen na achtendertig jaar als voedingswetenschapper voor Kraft te hebben gewerkt. In die jaren bij Kraft had hij lange dagen gemaakt om nieuwe producten te ontwikkelen. De concurrentie was groot en hij probeerde zijn concurrenten voor te blijven. Nu deed hij andere dingen. Hij maakte lange wandelingen en hielp de plaatselijke Kiwanis Club draaiende te houden. Maar zijn vorige leven had hij niet helemaal achter zich gelaten. Telkens wanneer hij er zin in had, wat behoorlijk vaak gebeurde, genoot hij van een van zijn beste uitvindingen: de spread die bekend werd onder de naam Cheez Whiz.

Southworth had deel uitgemaakt van het team dat Cheez Whiz aan het begin van de jaren vijftig creëerde. De opdracht was een alternatief te vinden voor de kaassaus die werd gebruikt voor *Welsh rarebit*, een populair, maar bewerkelijk gerecht, dat minstens een halfuur moest sudderen voordat het over geroosterd brood kon worden uitgegoten. Het kostte hun anderhalf jaar hard werken om de smaak precies goed te krijgen, maar toen het uiteindelijk lukte, werd de saus een van de eerste megahits op het gebied van gemaksvoedsel. Southworth en zijn vrouw Betty raakten eraan verslaafd. Ze gebruikten de saus bijna elke dag. 'Op toast, op muffins, op gebakken aardappelen,' vertelde hij me. 'Het was een prima spread, met een goede smaak. 's Avonds was het ook lekker, met crackers en een glaasje martini.'

Het was dan ook schrikken op die avond in 2001. Met een ruk draaide hij zich om naar zijn vrouw nadat hij een lik uit een pot Cheez Whiz had genomen. 'Ik zei: "Mijn god, het smaakt naar wagensmeer." Ik keek op het etiket en riep uit: "Wat hebben ze in godsnaam gedaan?" Ik belde Kraft, op nummer 800 voor consumentenklachten, en ik zei: "Jullie gebruiken wagensmeer, verdorie!"'

Voedingsdeskundigen vonden Cheez Whiz sowieso al een gruwel. Eén portie, twee afgestreken eetlepels volgens Kraft, leverde bijna een derde van de aanbevolen maximale hoeveelheid verzadigde vetten per dag en ook een derde van de maximale hoeveelheid zout – aanbevolen voor een meerderheid van de Amerikaanse volwassenen, welteverstaan. Als je met een drankje en een kommetje Cheez Whip voor de tv gaat zitten en de saus op zoute botercrackers schept, ga je al heel gauw over beide grenzen heen.

Wat de smaak betreft, gaf Southworth toe dat de spread een saus van echte Engelse stilton nooit had kunnen evenaren. Maar dat was ook nooit gepretendeerd en ook niet de bedoeling geweest. In de laboratoria van Kraft was Cheez Whiz juist ontwikkeld met de intentie er een zo zacht mogelijke smaak aan te geven, om een zo groot mogelijke groep consumenten aan te spreken.

Toch wist Southworth zeker dat er iets was veranderd. Hij staarde naar het etiket en las de ingrediëntenvermelding door. Uiteindelijk ontdekte hij wat er mis was. Op het lijstje stonden zevenentwintig ingrediënten en hulpstoffen, te beginnen met wei, de waterige vloeistof die na het kaasmaken van melk overblijft, tot koolzaadolie, maïssiroop en een additief met de naam melkeiwitconcentraat. Maar er ontbrak iets, iets belangrijks. Van het begin af aan had er kaas in Cheez Whiz gezeten. Echte kaas gaf de saus klasse en authenticiteit, zei Southworth, om van de smaak nog maar te zwijgen. En nu stond de kaas, die altijd prominent op het etiket was vermeld, niet eens meer in het ingrediëntenlijstje.

Het zal geen verbazing wekken dat Kraft deze verandering voor zich hield. Voor zover ik negen jaar later kon nagaan, is er ook geen publieke discussie over geweest. Nadat Southworth mij zijn verhaal had verteld, heb ik me in de kwestie verdiept. Tijdens een bezoek aan het hoofdkwartier van Kraft, in 2011, vroeg ik of het waar was, of Kraft inderdaad de kaas uit Cheez Whiz had gehaald. Een woordvoerster vertelde me dat er nog steeds een beetje kaas in zat, maar niet zoveel als vroeger. Toen ik vroeg hoeveel dan precies, wilde ze dat niet zeggen. Het stond niet meer op het etiket, voegde ze eraan toe, omdat Kraft de lange ingrediëntenlijsten op zijn producten had willen vereenvoudigen en daarom niet langer alle ingrediënten noemde, maar wel hun bestanddelen. In dit geval dus geen 'kaas', maar 'melk'.

Southworth was direct in zijn beoordeling van wat er met zijn creatie was gebeurd. 'Ik denk dat het met marketing en winstmarges te maken heeft,' zei hij. 'Als je geen kaas hoeft te gebruiken, die een bepaalde tijd bewaard moet worden om de gewenste smaak en textuur te krijgen, bespaar je op de kosten en houd je meer over.'

Southworth voelde zich echt gegriefd; hij belde zelfs met bevriende voedingswetenschappers die nog steeds bij Kraft werkten om zich bij hen te beklagen. Maar met Cheez Whiz waren andere, ernstiger dingen aan de hand dan het gesjoemel met de zestig jaar oude formule. Of er nu wel of geen kaas in zat, was niet zo belangrijk. De smeerbare saus was een soort dinosaurus geworden, overspoeld door een vloedgolf van nieuwere, hippere, aan kaas gerelateerde producten. Veel van deze producten tarten elke beschrijving. Toezichthouders van de overheid namen hun toevlucht tot omschrijvingen als *cheese food*, 'kaasproduct' en 'bewerkt gepasteuriseerd Amerikaans', terwijl de voedingsindustrie alles gewoon 'kaas' noemt. Al met al hebben de inspanningen van Kraft en kleinere spelers op de markt om dit traditionele voedingsmiddel in andere vormen te gieten en massaal te verbreiden tot verbijsterende resultaten geleid.

Tegenwoordig eten Amerikanen gemiddeld 15 kilo kaas en 'kaasproducten' per jaar, drie keer zoveel als in het begin van de jaren zeventig. In diezelfde periode zagen de drankenproducenten kans het gebruik van koolzuurhoudende frisdrank slechts te verdubbelen, tot 190 liter per jaar per hoofd van de bevolking. De laatste jaren lopen de verkoopcijfers terug, omdat veel consumenten op andere suikerhoudende dranken zijn overgestapt.

Ronduit onthutsend zijn de cijfers als het om de voedingswaarde van kaas gaat. Afhankelijk van het product in kwestie levert 15 kilo kaas maar liefst 60.000 calorieën, wat voldoende energie is om een volwassene een maand lang in leven te houden. En in die 15 kilo zit wel 3100 gram verzadigd vet, wat meer is dan de aanbevolen maximale hoeveelheid voor een halfjaar. Voor Amerikanen is kaas de belangrijkste bron van verzadigd vet geworden, waarmee niet gezegd wil zijn dat kaas de enige boosdoener is.

Dat er zoveel kaas wordt gegeten, is geen toeval. Het is een direct gevolg van de gezamenlijke inspanningen van de voedingsindustrie, die er lang en hard aan heeft gewerkt om de aard van kaas en de rol die kaas in voeding speelt totaal te veranderen. Deze inspanningen waren er deels op gericht de fysieke eigenschappen te veranderen, zodat kaas zowel langer houdbaar als snel en goedkoop te produceren werd.

De industrialisatie op zich is niet de enige verklaring voor de enorme toename in de consumptie van kaas. Om in veertig jaar tijd het gebruik van kaas te verdrievoudigen heeft de voedingsindustrie er ook alles aan gedaan om de manier waarop kaas wordt gegeten te veranderen. Vroeger was kaas een zeldzame traktatie, die bij de borrel werd gegeven. Maar in de handen van de voedselfabrikanten is kaas een ingrediënt geworden, iets wat we aan ander voedsel toevoegen. En niet zomaar een ingrediënt. Kaas wordt tegenwoordig in allerlei voedingswaren gestopt. In elk gangpad van de supermarkt is verpakt voedsel met kaas erin te vinden, van de sandwiches in de koelvitrine tot de pizza's in de vrieskist. Bovendien is de zuivelafdeling volgestouwd met kaas die voortdurend 'verbeterd' wordt om in recepten toe te passen. Waar vroeger een paar blokken cheddar en gruyère op het schap lagen, naast een pak in plakken gesneden kaas, liggen nu in speciale vitrines kazen te kust en te keur – geraspte kaas, blokjes kaas, smeerkaas, kaas vermengd met roomkaas, vloeibare kaas in spuitzakken...

De toepassing van kaas als additief heeft de voedingsindustrie geen windeieren gelegd. De verkoop van kaas is enorm gestegen en ook de producten waarin kaas is verwerkt om ze aantrekkelijker te maken vliegen de winkel uit. Kraft is daardoor niet alleen de grootste kaasmaker geworden, maar staat nu ook aan de top van de hele voedingsindustrie. Voor consumenten zijn de resultaten veel minder gunstig. Hoe zaligmakend ook, kaas als additief is te veel van het goede.

De eerste stap in de industriële verwerking van kaas werd gezet in 1912, toen een achtendertigjarige straatventer uit Chicago met de naam James Lewis Kraft zijn roeping vond. Met paard en wagen leverde hij altijd cheddar af aan winkeliers. Voor dag en dauw stond hij op om op de markt in South Water Street kaas te halen, kaas van hoge kwaliteit, die aan de prijs was. Hij verkocht goed, maar er was één probleem: bedorven waar, die vrat aan zijn verdiensten. 'Winst-en-verliesrekening opgemaakt voor december,' schreef hij in zijn dagboek. 'Uitkomst: zeventien cent verlies. Slechter dan ik had gedacht.'

In de zomer wilden sommige winkeliers zijn cheddar niet eens hebben, omdat de kaas slap en zweterig werd door de hitte. Andere kruideniers mopperden dat ze zoveel moesten weggooien: telkens wanneer ze voor een klant een stuk hadden afgesneden, vormde zich een harde korst op het snijvlak. Kraft zon op middelen om zijn handel te redden. Scheikunde had hij nooit gehad, laat staan voedingschemie. Op jonge leeftijd had hij de boerderij van zijn familie, in Ontario, verlaten en een baantje als winkelbediende aangenomen. Maar hij liet zich niet hinderen door gebrek aan kennis. In het kosthuis waar hij woonde, begon hij 's avonds, na het werk, te prutsen. Hij vermaalde verschillende soorten cheddar en kookte ze in een koperen ketel, waarna hij een draderige, vettige brij overhield. Door de hitte werden de olie- en eiwitmoleculen van elkaar gescheiden, waardoor Kraft met een vieze troep bleef zitten.

Onverschrokken bleef Kraft ongeveer drie jaar lang experimenteren. En op een dag, in 1915, vond hij toevallig een oplossing. Hij was al een kwartier aan het roeren in een pot smeltende kaas. Op een gegeven moment zag hij dat het vet zich niet had afgescheiden. Doordat de massa voortdurend in beweging was gehouden, waren de vetten en de eiwitten bij elkaar gebleven. Het mengsel, dat nu glad en homogeen was, kon gemakkelijk ergens in gegoten worden en stolde dan weer. Kraft verzamelde blikjes van 100 en 250 ml, steriliseerde ze, vulde ze met kaas en zette KRAFT CHEESE op het etiket.

De traditionele kaasmakers waren ontzet. Ze benaderden wetgevers om Kraft te dwingen zijn ingeblikte kaas van etiketten te voorzien met woorden als 'namaak', 'imitatie' of desnoods 'vernieuwd' in de productomschrijving. Het ministerie van Landbouw, dat toeziet op de productie van kaas en andere zuivelproducten, besliste uiteindelijk dat er zoiets als 'Amerikaans kaasproduct' op moest staan, wat minder onvriendelijk klinkt. Maar de benaming die bleef hangen, was afkomstig van Krafts eigen patent, waarin hij zijn uitvinding omschreef als 'een proces om kaas te steriliseren en een verbeterd product dat met behulp van dit proces is gemaakt'. Sindsdien wordt alle kaas die in de categorie industrieel verbeterde kaas valt 'bewerkte kaas' genoemd.

In de volgende decennia speelden de technici van Kraft het ene mirakel na het andere klaar. De fabricage van bewerkte kaas ging steeds sneller en werd steeds goedkoper. De bekroning van al die inspanningen kwam in 1985. In dat jaar opende Kraft twee fabrieken in Minnesota en Arkansas, waarin uiterst geavanceerde technologie toegepast zou worden om het fabricageproces aan te jagen als nooit tevoren. Als deze twee fabrieken eenmaal volop draaiden, kon de revolutie beginnen. In één enkel, doorgaand proces zou er aan de ene kant verse melk binnenstromen en aan de andere kant kaas uit gaan. Terwijl traditionele kaas minstens anderhalf jaar moest rijpen, nam het nieuwe proces maar een paar dagen in beslag.

Nu het was gelukt het productieproces tot het uiterste te versnellen, moest er alleen nog iets op gevonden worden om de mensen meer kaas te laten eten, wat geen gemakkelijke opgave was. Daarvoor waren de gezamenlijke inspanningen van de zuivelindustrie, de federale regering en Kraft nodig. Met vereende krachten moesten ze een groot obstakel wegnemen. De mensen hadden niet zoveel zin om zoveel kaas te eten.

In de jaren tachtig probeerden veel Amerikanen juist volvette zuivelproducten te vermijden, vooral melk. Sinds de jaren vijftig was er een langzame – en voor de zuivelindustrie pijnlijke – verschuiving opgetreden, die op gang was gebracht door het vrouwelijk deel van de bevolking. Vrouwen en jonge meisjes die op hun lijn letten, dronken simpelweg geen melk meer. Een glas melk van 335 ml levert 225 calorieën. In de jaren zestig werd bovendien de link gelegd tussen hart- en vaatziekten en het vet in melk. Datzelfde glas melk bevat 7,5 gram verzadigd vet, wat ongeveer de helft is van de aanbevolen dagelijkse maximumhoeveelheid. (Melk bevat ook verrassend veel suiker; in 335 ml zitten vier theelepels suiker, die afkomstig zijn van de lactose in de melk.) In 1988 werd er in de winkels voor het eerst in de geschiedenis meer halfvolle dan volle melk verkocht.

De pogingen van Amerikanen om minder vet te gebruiken, veroorzaakten een crisis in de zuivelindustrie. Die verdronk bijna in het overschot aan volle melk en zat tot aan haar nek in het vet dat uit volle melk werd gehaald om magere en halfvolle melk te maken. Dit geëxtraheerde vet heet melkvet. Het hoopte zich op door een natuurlijk gegeven: koeien kunnen nu eenmaal geen afgeroomde melk maken. Ze produceren alleen volvette melk. Melkvet werd dus iets wat weggehaald en vervolgens ergens opgeslagen moest worden. Wat er uit de uiers van een koe komt, was niet het enige probleem waar de industrie mee te kampen had. De koeien die de industrie meer en meer in eigendom kreeg, waren geen gewone koeien met een bescheiden melkafgifte. Het waren melkmachines. Vroeger liepen melkkoeien in de wei. Elke boerderij had er maar een paar. Maar aan het eind van de jaren zeventig werd Californië het centrum van de melkveehouderij. Het zachte klimaat daar was nog maar het begin van de grote dingen die de melkkoe te wachten stonden. Een typische melkveehouderij had een kudde van vijfhonderd tot tweeduizend koeien, genetisch gefokt met behulp van kunstmatige inseminatie. De koeien werden verhuisd naar gigantische schuren, waar kunstlicht hun werkdag verlengde. Deze industrialisering zorgde er samen met een steviger dieet van maïs en toegevoegde vetten voor dat de Amerikaanse melkkoeien buitensporige melkproducenten werden. Terwijl een koe vroeger amper 6 liter melk per dag gaf, is een moderne melkkoe zeker goed voor bijna 23 liter: 23 liter volvette melk.

Als de mensen minder melk dronken, waarom werd de productie dan niet verlaagd, zou je je kunnen afvragen. Waarom deden de melkveebedrijven er juist alles aan om de melkafgifte te verhogen? Het antwoord is dat ze de productie niet hóéfden te beperken. Melk is een van de meest verbluffende voorbeelden van overproductie in het Amerikaanse systeem van voedselvoorziening, met enorme consequenties voor het vraagstuk van overgewicht. Deze onwaarschijnlijke groei vergt enige uitleg.

Melkveehouderijen zijn geen gewone ondernemingen. Ze zijn niet onderworpen aan de beperkingen van een vrijemarkteconomie. Sinds de jaren dertig beschouwde de regering melk als onontbeerlijk voor de volksgezondheid en dus nam de overheid alle mogelijke maatregelen om de melkveehouderij in stand te houden. Ze subsidieerde de bedrijfstak door de prijs van melk te garanderen en gebruikte geld van de belastingbetalers om het overschot aan zuivelproducten op te kopen. Daardoor hoefden melkveebedrijven zich niet te houden aan de economische regels die normaliter gelden voor de verkoop van voedsel. Ze hoefden niet met speciale marketingstrategieën te komen, zoals grotere verpakkingen bedenken of op zware gebruikers mikken, om hun producten aan de man te brengen. Voor hen maakte het niet uit of de consumptie hoog of laag was; de over-

heid kocht simpelweg zoveel als zij konden produceren.
De regering subsidieerde niet alleen de melk. Ze nam ook maatregelen om het melkvet te beschermen en daarmee de financiële gezondheid van de bedrijven, die eronder zou lijden als ze het vet gewoon weggooiden. Dit had zo zijn gevolgen. Nu de koeien meer melk gaven dan de mensen wilden drinken en de melk die de mensen nog wel wilden drinken afgeroomd was, bedacht de industrie een vernuftige oplossing: ze ging van al die overtollige melk en van het vet dat eruit was gehaald iets anders maken. Ze ging er kaas van maken, die melk en melkvet opzuigt als een spons. Een pond kaas betekent voor de zuivelindustrie weer bijna 4 liter melk minder. De productie begon te stijgen en net als bij het overschot aan melk hoefden de zuivelbedrijven zich niet veel zorgen te maken over de afzet. Wat de winkeliers niet kochten, kocht de overheid, die zich beriep op haar verantwoordelijkheid voor de melkveehouderij.

Dit beleid werd min of meer geruisloos voortgezet tot 1981, toen de zuivelbedrijven hun hand overspeelden. Inmiddels stuurden zoveel ondernemers zoveel overtollige melk en zoveel melkvet naar kaasmakers dat de overheid meer kaas kocht dan ze ooit zou kunnen weggeven. Die kaas hoopte zich samen met een overschot aan boter en melkpoeder op tot een berg van 862.600.000 kilo oftewel ruim 850.000 ton, en kostte de belastingbetalers 4 miljard dollar per jaar. Elke dag kwamen er meer vrachtwagens voorrijden en de berg vet groeide sneller dan de nationale schuld. De kosten voor de opslag alleen al liepen op tot 1 miljoen dollar per dag. Op een gegeven moment was er zoveel vet dat de overheid het ging wegstoppen in grotten en in een grote, verlaten kalksteengroeve in de buurt van Kansas City, waar de in landbouw gespecialiseerde verslaggever van de *Washington Post* een verbijsterend tafereel beschreef: 'Hier rusten, diep onder de grond, in meer dozen, zakken en vaten dan iemand zich kan voorstellen, de ontzagwekkende triomfen van de wonderbaarlijke Amerikaanse koe, omsloten door een donkere, koele en kostbare ruimte. Wat ze hier bewaren, is melk, boter en kaas. Staatseigendom, dat zich blijft opstapelen en de schatkist miljoenen en nog eens miljoenen dollars kost. Niemand weet wat ermee moet gebeuren.'

Maar toen trad de regering-Reagan aan, die vast van plan was de uitgaven te beperken. Op zoek naar posten waarop viel te bezuinigen, ontdekte John Block, de nieuwe minister van Landbouw, de grotten vol kaas. Hij nam zich voor een eind te maken aan het opkopen van overschotten. Het kostte hem moeite zijn plannen door te drukken, maar uiteindelijk kreeg hij zijn zin. De zuivelbedrijven werd te verstaan gegeven dat ze hun overtollige producten niet meer op de stoep van het ministerie konden deponeren. Ook voor de kosten van opslag wilde de overheid niet meer opdraaien.

Toch moest er iets aan het overschot gedaan worden. In 1983 bedacht het Congres een oplossing. Koeien waren het probleem niet. Het probleem was de consument, die het overschot in eerste instantie had veroorzaakt. De mensen dronken domweg te weinig melk en daarom kwam het Congres met een plan om de consumptie van zuivelproducten te verhogen. Het hield in dat de regering een speciale belasting zou heffen bij iedere melkproducent in het land en dat dit geld besteed zou worden aan marketingcampagnes die melk en kaas aantrekkelijker moesten maken.

Er bleef nog maar één vraag over: waarom zouden mensen die geen vette melk willen meer vette kaas gaan eten?

Een deel van het antwoord op deze vraag is: omdat ze geen keus hadden. Kaas zonder vet is niet te eten. Nou ja, het kan wel, maar die haalt het niet bij echte kaas. De zuivelindustrie heeft wel pogingen gedaan om vetarme kaas even aantrekkelijk te maken als halfvolle melk, maar over het algemeen zijn de smaak en textuur van deze kazen teleurstellend, om het zacht uit te drukken. Het gevolg is dat 90 procent van de kaas die tegenwoordig wordt verkocht nog steeds volvet is.

Maar er is nog een andere reden waarom mensen die volle melk mijden volvette kaas verslinden. Kaas heeft een voordeel dat melk niet kent: kaas wordt niet onmiddellijk herkend als vet voedsel. Toch zit kaas boordevol vet, met name met verzadigd vet, dat met hart- en vaatziekten in verband wordt gebracht. Er zit veel minder onverzadigd vet in, dat door voedingsdeskundigen gaandeweg steeds meer als 'goed' wordt beschouwd. Betere bronnen voor dit goede vet zijn oliën als koolzaadolie, olijfolie en saffloerolie. Het eigenaardige is dat het 'slechte', verzadigde vet er niet vettig uitziet en ook niet vettig aanvoelt. Op kamertemperatuur blijft het stevig. Het onttrekt zich aan het oog door aan de eiwitmoleculen te klitten.

Natuurlijk maakt niet iedere Amerikaan zich zorgen om vet. Er zijn veel mensen die volle melk drinken en kaas eten, veel kaas, omdat ze de specifieke smaak en het fluwelige mondgevoel zo lekker vinden. In de winter van 2010 heb ik zo iemand ontmoet, en het was fantastisch om te zien hoeveel hij van kaas hield. Zijn naam is Ulfert Broockmann. Hij is van Duitse afkomst en hij weet alles van kaas. Hij heeft zevenenveertig jaar in de zuivelindustrie gewerkt. Bij Kraft werkte hij twee keer vijf jaar achter elkaar aan een opdracht. In 1984 ging hij er weg. Hij zei dat Kraft instemde met een riante ontslagregeling. Ze wilden hem weg hebben, dacht hij, omdat hij het niet eens was met de koers van het bedrijf om de kaas steeds sneller te produceren. Wat hem vooral tegenstond, was het toegenomen gebruik van enzymen ter vervanging van het rijpingsproces.

Toen we aan de tafel in zijn eetkamer zaten te praten, vroeg ik of ik in zijn koelkast mocht kijken. Hij had cheddar en jack, blue en gorgonzola, brie, camembert en gruyère. Alle kazen waren keurig gerangschikt, op plateaus van aardewerk. Ik begon al te watertanden, maar als je in het huis van Broockmann kaas wilt eten, moet je er de tijd voor nemen en discipline opbrengen. Geduld moet je hebben. Voordat hij kaas eet, vertelde hij me, haalt hij hem uit de koeling en zet hij hem op het aanrecht. De kaas moet op kamertemperatuur komen om zijn aroma's te ontplooien. Voor een man van in de zeventig was Broockmann opvallend fit, groot en slank. Voor een rit van 160 kilometer op de fiets draaide hij zijn hand niet om. Hij bekommert zich niet om het vet in zijn eten. Zijn goede gezondheid schrijft hij zelfs toe aan een dieet met veel kaas.

'Ik eet het 's morgens, op brood,' vertelde hij me. 'Het is een Europees ontbijt. We zetten vier of vijf soorten kaas op tafel, met boter. En 's avonds eet ik ook kaas, met een glas wijn.' Hij koopt nooit kaas die door Kraft is gemaakt. Hij zegt dat hij kan proeven dat er veel enzymen in zitten. Hij geeft de voorkeur aan ambachtelijk bereide kaas, die minstens achttien maanden is gerijpt.

Hoeveel hij ook van kaas houdt, de manier waarop Broockmann ermee omging, zou de problemen die de zuivelindustrie had met het overschot aan melk en melkvet niet oplossen. Om de consumptie per hoofd van de bevolking te verdrievoudigen, tot 15 kilo, zou kaas veel sneller afgezet en geconsumeerd moeten worden. Niet lang nadat

Broockmann het bedrijf had verlaten, gingen hooggeplaatste functionarissen bij Kraft op zoek naar een realistische oplossing voor de berg melkvet.

De eerste pogingen van Kraft om kaas gemakkelijker te eten te maken, mislukten jammerlijk. De managers van de kaasdivisie begonnen met een van hun belangrijkste merken, Philadelphia Cream Cheese. Het idee was dat mensen die het druk hadden roomkaas eerder zouden gebruiken als de kaas niet in met folie omwikkelde blokken, maar voorgesneden en in porties verpakt te koop zou worden aangeboden. Roomkaas in blokvorm werd alleen voor het ontbijt gebruikt. De mensen sneden er plakjes af en belegden er bagels en geroosterd brood mee. De nieuwe, voorgesneden versie moest ervoor zorgen dat de kaas ook voor de lunch en het avondmaal gebruikt zou worden. Als extra stimulans werden er allerlei recepten bij gegeven.

De voorverpakte plakken roomkaas flopten. Gelukkig voor Kraft was het bedrijf kort daarvoor verkocht aan Philip Morris. De topman van deze onderneming, Geoffrey Bible, was net op het hoofdkantoor van Kraft aangekomen toen de tegenvallende verkoopcijfers bekend werden. Hij nam onmiddellijk de leiding en waste de kaasmanagers de oren. Om van een artikel een succes te maken, hield hij hun voor, moet je lang en goed nadenken over wat mensen willen. 'Niets ten nadele van Philadelphia Cream Cheese, want dat is een parel in de kroon van onze producten,' zei Bible op een vergadering. 'Maar dit is een voorbeeld van wat er gebeurt als je de klant uit het oog verliest en te lang doorgaat met een op zich interessante technologie, zonder die eerst te testen en de klant erbij te betrekken. Weet je wat we te laat hebben ontdekt, van de consumenten en hun roomkaas? Ze smeren hem liever zelf! Dat vinden ze leuk!'

De kaasmanagers namen Bibles woorden ter harte. Roomkaas was geen Oreo-koekje, maar kon ook leuk zijn. Ze zagen ook niet in waarom zij niet de marketingstrategie zouden volgen die voor dat andere, befaamde suikerhoudende product – Coke – werd gebruikt. Als Coca-Cola de mensen meer cola kon laten drinken door te mikken op degenen die al veel dronken, waarom zou Kraft dan niet hetzelfde kunnen doen met kaas? De managers namen zelfs het taalgebruik van Coca-Cola over, door liefhebbers van kaas 'zware gebruikers' te noemen. Op deze consumenten mikten ze door een nieuwe serie spreads van kaas met een smaakje te ontwikkelen, onder de naam Kraft Crockery.

Toen de verkoopcijfers van de nieuwe lijn producten omhoogschoten, kwam Kraft erachter dat er nog iets anders was met kaas, iets wat kaas even aantrekkelijk maakt als zoete voedingswaren, zo niet nog aantrekkelijker. Mensen krijgen op een gegeven moment genoeg van zoetigheid. Maar kaas is anders. Kaas bevat vet, en zoals Adam Drewnowski in Seattle en andere voedingswetenschappers elders hadden ontdekt, vinden we wat we eten des te lekkerder als er meer vet in zit. Dit betekende dat voedselfabrikanten kaas aan andere producten konden toevoegen zonder bang te hoeven zijn dat de klanten zouden weglopen. Integendeel, ze konden erop rekenen dat het vet die producten nog aantrekkelijker zou maken.

Bij de eerste stappen die Kraft op dit terrein zette, werd er vooral geëxperimenteerd met Macaroni & Cheese, een van de bekendste producten van het bedrijf. Er werden achttien nieuwe versies gecreëerd, de meeste met extra kaas, om van de Blue Box, zoals ze het noemden, een echt groot merk te maken. Dat lukte: de verkoopcijfers stegen tot 300 miljoen dollar per jaar. In de memo's over de te volgen strategie stonden zinnetjes als 'de kaas zoveel mogelijk het verschil laten maken'.

Kraft paste dezelfde strategie toe om de consumptie van zijn verpakte maaltijden 'waar alleen nog vlees bij moet' te verhogen. Deze bevatten soms wel 15 gram verzadigd vet per pakje, welk aandeel nog flink werd verhoogd wanneer het mengsel, zoals het recept voorschreef, aan rundergehakt werd toegevoegd. In de reclamecampagne die op tv voor deze maaltijdsupplementen werd gevoerd, is een stoere smid te zien, die een lepel in een pan gesmolten kaas steekt en de fluweelzachte, kleverige massa langzaam naar boven haalt, terwijl hij met een diepe stem '*Liquid go-o-o-o-o-ld*' ('Vloeibaar goud') zingt.

Nadat Kraft kaas als lokmiddel was gaan gebruiken in zijn kant-en-klaarmaaltijden, konden andere voedselfabrikanten natuurlijk niet achterblijven. Het marketinganalysebureau Packaged Facts, dat de jacht naar goud op de voet volgde, omschreef het zo: 'In elk gangpad van de supermarkt liggen kansen voor wie kaas in het eten wil stoppen.' Er werd vooral slag geleverd op het terrein van de diepvriesproducten. Vroeger werden pizza's met zo weinig mogelijk kaas gemaakt, om te besparen op de kosten voor de ingrediënten. Nu was het andersom. Hoe meer kaas erin zat, hoe beter de pizza's verkochten, en hoe beter ze verkochten, hoe meer Kraft ervoor kon vragen. Kraft bracht diepvriespizza's op de markt met twee, drie en vier verschillende soorten kaas, waaronder zelfs een scherpe blauwschimmel, en stopte steeds meer kaas in de bodem. Andere firma's volgen zijn voorbeeld. Tegen 2009 werd er jaarlijks voor 4 miljard dollar aan diepvriespizza's verkocht.

Jarenlang had Kraft gelet op de zorgen die de mensen zich maakten over de nadelige gevolgen van te veel vet eten. In een vertrouwelijk strategisch plan dat de onderneming in 1993 opstelde, noemde Kraft de zorg op dit punt een van de grootste 'zwakheden' van de serie producten waarin kaas was verwerkt. Het was moeilijk zakendoen, klaagde Kraft, 'in categorieën die vitaliteit ontberen, omdat ze bij de consument uit de gratie zijn geraakt vanwege de gerichtheid op een bepaald ingrediënt en/of op vet'.

Maar toen de hele voedingsindustrie zich op kaas – het vetste van alle producten met vet – stortte om de verkoop aan te jagen, zag de kaasdivisie van Kraft zich gedwongen een tandje bij te zetten. In hetzelfde strategische plan zei Kraft: 'In alle categorieën wordt de concurrentie heviger. De uitgaven nemen toe. Kiezen voor gezondheid geldt nu ook voor kaas. We volgen allemaal dezelfde strategie. Alle collega's proberen te bepalen welke producten bovenaan staan in hun categorie. Het streven is een groei van minstens 3 procent per jaar. Voor Kraft betekent dit dat we moeten inzetten op schaalvergroting en het "sneller, beter en vollediger" moeten doen dan onze concurrenten.'

Nu de industrie zo haar best deed kaas te veranderen in een ingrediënt dat in andere voedingswaren verstopt kon worden, nam de consumptie hand over hand toe. En bijna niemand merkte het. Zelfs consumentenorganisaties die ijveren voor gezonde voeding, zagen de kaas over het hoofd. Maar het ministerie van Landbouw houdt de consumptie van stapelproducten bij en let met name op kaas. Bijna elk jaar wordt er een nieuw record gevestigd, zo blijkt. In 1970 at de gemiddelde Amerikaan 5 kilo kaas per jaar, in 1980 ruim 8 kilo, in

1990 bijna 11,5 kilo, in 2000 ruim 13,6 kilo en in 2007 bijna 15 kilo, waarna de consumptie afnam, om vervolgens weer sterk op te lopen.

Opmerkelijk is de spiegeling tussen de stijgende cijfers voor kaas en de dalende cijfers voor volle melk, die door de Amerikaanse consument werd gezien als de voornaamste bron van verzadigd vet. Ten onrechte, zoals zou blijken. In 1970 dronk de gemiddelde Amerikaan 95 liter melk per jaar en nu nog maar 23. Het inruilen van melk voor kaas heeft weinig opgeleverd als het om de volksgezondheid gaat. De nettowinst per persoon is ruwweg 200 gram verzadigd vet per jaar. Natuurlijk waren er maar weinig mensen die beseften hoeveel kaas ze aten. Tegen 2010 werden de sluizen echter wijd opengezet voor kaas, als ingrediënt.

Er waren twintig jaren verstreken sinds het debacle met de voorgesneden roomkaas die de divisie Kaas van Kraft op een schrobbering van de directie van Philip Morris was komen te staan. De sigarettenfabrikant wees de voedingstechnologen erop dat het geen zin had met de vorm van producten te spelen als er niet evenveel energie werd besteed aan het voorspellen van de markt, en dat het 'verkopen' van voedsel even belangrijk was als het voedsel zelf.

Tegen 2010 was deze boodschap volledig doorgedrongen bij de kaasmanagers van Kraft en ze waren dan ook bijzonder tevreden met de spectaculaire campagne die ze ontwikkelden om inzicht te krijgen in wat de consument wilde. En wel een campagne rond het product waarmee ze eerder zo weinig succes hadden: Philadelphia Cream Cheese.

De campagne heette de 'Real Women of Philadelphia', de echte vrouwen van Philadelphia. De bedoeling was om een deel te bemachtigen van de naar schatting 7,3 miljard dollar die jaarlijks werd besteed aan vette toevoegingen aan thuis bereide maaltijden. Op dit gebied was er al van alles: zure room, geraspte kaas, sauzen en ingeblikte soep. 'Met een traditionele aanpak was er voor ons niets te winnen,' zei Kraft in een evaluatie van de campagne. 'We moesten beter luisteren en tegemoetkomen aan de wensen van de consument.'

'Philadelphia Cream Cheese was favoriet als beleg van bagels en hoofdingrediënt voor cheesecakes. Maar de groei was eruit. De uitdaging voor ons was andere redenen te vinden waarom de mensen ons product zouden kopen. Ons doel was er meer van te verkopen door het merk in verband te brengen met koken. We moesten de consumenten ertoe brengen roomkaas in hun recepten te gebruiken, zodat ze het product vaker zouden kopen. De verkoopcijfers, die vijf jaar lang gelijk waren gebleven, moesten omhoog.'

Het idee was huisvrouwen te leren koken met roomkaas. Kraft was op zoek naar nieuwe manieren om reclame te maken. Door echte mensen de producten te laten aanprijzen, zouden ze de geloofwaardigheid vergroten, dachten de bedenkers van de campagne. Het was een briljant idee. Het was alsof de buurvrouw je over de schutting heen vertelde over een nieuw recept dat ze had uitgeprobeerd en waarin ze roomkaas had verwerkt, iets nieuws, wat heel lekker en heel zacht was.

Maar Kraft wilde niet alleen gewone vrouwen het product laten promoten. Er moest een vrouw van formaat bij. Kraft had Paula Deen nodig.

Deen, die een ster was geworden door haar veelvuldige verschijning op de tv-zender Food Network, was geknipt voor de rol. In haar tv-programma, *Paula's Home Cooking*, speelden gerechten uit de zuidelijke staten – met veel boter, mayonaise en andere vette ingrediënten – de hoofdrol. Ten behoeve van Kraft verscheen Deen in de talkshow *The View*, die overdag werd uitgezonden, en in andere tv-programma's. Samen met deelnemers aan een receptenwedstrijd schreef ze een kookboek en ze stelde haar uitgebreide netwerk van sociale media open voor een campagne. Alles draaide om roomkaas. De receptenwedstrijd werd geleid door Deen en Kraft loofde een prijs van 25.000 dollar uit voor elk van de vier beste recepten.

Vier maanden lang schitterde Deen elke week in een video op YouTube, waarin ze de ingestuurde recepten demonstreerde, de winnaars uitbundig prees en videofragmenten vertoonde die de deelnemers zelf hadden ingezonden. Samen met het andere promotiewerk van Deen en een website die Kraft aan de campagne wijdde, riepen deze video's de door Kraft gewenste reactie op. Het bedrijf werd overspoeld door recepten met roomkaas van thuiskoks. In de testkeukens van Kraft waren ze tien jaar bezig geweest om vijfhonderd recepten op basis van roomkaas te ontwikkelen. De campagne leverde veel en veel meer op: vijfduizend recepten in drie maanden tijd. Kraft maakte er dankbaar gebruik van en verspreidde ze via Facebook, Twitter en advertenties op Google.

Voor het eerst in vijf jaar stegen de verkoopcijfers van Philadelphia Cream Cheese, en wel met 5 procent. Hoe succesvol de campagne was, bleek ook uit onderzoek naar het consumentengedrag. Het traditionele gebruik van roomkaas als beleg was gedaald, terwijl de toepassing ervan als ingrediënt was toegenomen.

In januari 2012 haperde de campagne even, toen Deen bekendmaakte dat er drie jaar daarvoor diabetes bij haar was geconstateerd. Nu had ze een probleem met de vette gerechten die ze had aangeprezen. Volgens critici was vet eten de zekerste weg om diabetes te ontwikkelen.

Deen verscheen in de *Today Show* om haar standpunt toe te lichten. Op de vraag of ze van plan was haar eetgewoonten te veranderen, zei Deen dat het nooit haar bedoeling was geweest dat iemand de recepten dag in dag uit zou gebruiken. 'Ik heb altijd matigheid aanbevolen,' zei ze. 'Ik deel al deze overheerlijke, dikmakende recepten met jullie, maar "alles met mate" zeg ik erbij.'

In de loop van mijn onderzoek naar deze campagne van Kraft en naar andere pogingen van de voedingsindustrie om de verhoogde consumptie van kaas te promoten, nam ik contact op met Walter Willett, hoofd van de vakgroep voeding in Harvard. Hij wist heel veel af van verzadigde vetten, aangezien hij jarenlang het consumptiepatroon van Amerikanen had bestudeerd. Toch stond hij ervan te kijken dat kaas zo'n grote rol was gaan spelen. 'We hoeven kaas niet in de ban te doen, echt niet,' zei hij tegen mij. 'Een kleine hoeveelheid kaas van goede kwaliteit kan samengaan met een gezonde voeding. Maar in de Verenigde Staten is de consumptie van kaas enorm en veel te hoog.' Hij was vooral bezorgd over het gebruik van kaas als additief in voedingswaren, met de bedoeling die aantrekkelijker te maken, wat indruist tegen een belangrijke strategie op het terrein van voeding. Het is beter, zei hij, vet- en calorierijke zaken, zoals kaas, gewoon zo te eten. Als ze verstopt zijn in ander eten, merk je niet meteen dat je veel verzadigd vet en calorieën binnenkrijgt.

In 2008 deed een groep Nederlandse onderzoekers een experiment om na te gaan of mensen meer of minder eten als ze het vet dat in het eten zit kunnen zien. 'De producten die we gebruikten, waren voedingsmiddelen die in Nederland vaak geconsumeerd worden, maar we hadden ze bewerkt, zodat er naast een versie met verborgen vet een versie met zichtbaar vet was,' vertelde Mirre Viskaal-van Dongen, die het team leidde. Eerst werd er tomatensoep opgediend waarop een laagje plantaardige olie dreef en vervolgens tomatensoep die goed was omgeroerd. De proefpersonen kregen met boter besmeerde boterhammen voorgezet, naast brood waarbij de boter in het deeg verwerkt en dus niet zichtbaar was. 'We gebruikten ook saucijzenbroodjes,' zei ze. 'In de ene versie was het broodje van bladerdeeg, dat heel vet lijkt. Het glimt, en als je het vastpakt, krijg je vette vingers. In de andere versie was het broodje gemaakt van deeg dat ook vet is, maar niet vet aandoet.'

Om het effect van de zichtbare vetten nauwkeuriger te meten, werd er voor het onderzoek meer boter en olie gebruikt dan de zevenenvijftig deelnemers wellicht gewend waren. In werkelijkheid zou het effect waarschijnlijk minder duidelijk zijn. De resultaten waren opvallend. De deelnemers werd eerst gevraagd de hoeveelheid vet – en calorieën – in het voedsel te schatten. Voor de versies waarin het vet was weggestopt, schatten ze beide veel te laag in. Daarna mochten ze eten zoveel ze wilden. De leden van de groep die zichtbaar vet kreeg, zaten eerder 'vol', terwijl de leden van de andere groep door bleven eten, omdat ze trek hielden. Een aspect van obesitas dat vaak over het hoofd wordt gezien, is dat overgewicht kan ontstaan door een minieme verhoging van consumptie, als die dag in dag uit doorgaat. Honderd calorieën per dag extra, wat op zich niet veel is, zet op den duur kilo's aan. De deelnemers aan het Nederlandse onderzoek kwamen daar precies op uit. Als ze het vet in het eten niet zagen, aten ze bijna 10 procent meer – ongeveer 100 calorieën extra.

Dit is slecht nieuws voor wie veel vette ingrediënten gebruikt, zoals kaas, en als die kaas aan het oog wordt onttrokken. Dat is bijvoorbeeld het geval met het glanzende laagje vet op een pizza met drie soorten kaas. Dat vet stolt en is na het afkoelen van de pizza niet meer te zien. Het wordt pas weer aantoonbaar wanneer degene die de pizza heeft gegeten op de weegschaal gaat staan. De winst die ze opstreken door de verhoogde consumptie van producten met verborgen vetten, was voor de voedingsindustrie bepaald geen slecht nieuws. Hoe meer er wordt gegeten, hoe meer er wordt verkocht. Vet verstoppen in bewerkt voedsel werd een vast gebruik – en daarbij ging het om veel meer dan kaas alleen.

9 DE LUNCH IS IETS VAN JOU ALLEEN

In de zomer van 1988 kwam er bij Oscar Mayer in Madison, in de staat Wisconsin, een soort lopende band op gang. Het was een provisorische productielijn, die niet was opgezet in de grote fabriek voor bewerkt voedsel, waar 1800 werknemers met vleeswaren en hotdogs in de weer waren, maar in het hoofdkantoor van de onderneming, op de zevende verdieping.

Daar, in een grote open ruimte die de staf van de afdeling Research en Ontwikkeling gebruikte om ideeën uit te proberen, gingen twintig mannen en vrouwen aan weerszijden van de geïmproviseerde transportband staan. Op het eerste gezicht was wat er over de band kwam niet erg opvallend: witte plastic bakjes met vakjes, zo klein en licht dat ze vlotjes voorbijdreven in plaats van met horten en stoten. Achter de mensen aan de lopende band stonden tafels waarop het product dat in de bakjes moest hoog was opgestapeld: in plakken gesneden bolognaworst.

Oscar Mayer had zijn naam gevestigd met dit product, maar in de loop der jaren had de worst aan populariteit ingeboet bij het Amerikaanse publiek, wat deels te wijten was aan de forse hoeveelheden verzadigd vet en zout in de worst. Het bedrijf had de bolognaworst altijd als delicatesse op de markt gebracht, in plakken gesneden en in pakjes van een halve Amerikaanse pond (bijna 190 gram). In de bakjes die nu langskwamen, zou het vlees een minder prominente rol spelen. Het werd een bestanddeel, een van de vele, in een verpakking gestopt die de gedachte aan iets plezierigs moest oproepen. In een van de vakjes waarin de bakjes waren verdeeld, werden acht plakjes worst gelegd. In een ander vakje kwamen acht blokjes kaas en in weer een ander vakje acht botercrackers. Er werd een servetje van geel papier bij gedaan. Ten slotte werden de bakjes in plastic geseald, in een kartonnen omhulsel met de gele kleur van Amerikaanse schoolbussen gedaan en in dozen verpakt voor een reis die ze, als alles

ZOUT, SUIKER, VET

goed ging, van het magazijn naar een distributiecentrum en vervolgens naar kruidenierswinkels in heel Amerika zou brengen, waar ze in koelvitrines zouden worden opgeslagen.

De man die verantwoordelijk was voor dit product, dat Lunchables moest gaan heten, stond een beetje ongerust toe te kijken. Tweeënhalf jaar lang had Bob Drane een team van voedingstechnologen en ontwerpers geleid op de lange, hobbelige weg die naar deze uitvinding voerde. Op een gegeven moment had Dranes team zich teruggetrokken in een hotel. Dag na dag kwamen ze bij elkaar in een zaal die ze hun 'speelplaats' noemden. Zakkenvol boodschappen hadden ze bij zich en allerlei materialen om mee te knutselen. Ze proefden, knipten en plakten om de volmaakte combinatie van verpakking en voedsel te vinden. En nu de eerste bakjes van de lopende band rolden, vroeg Drane zich af of ze het niet helemaal verkeerd hadden aangepakt.

Sinds 1985 had Drane bij Oscar Mayer de leiding over de afdeling Strategie en Ontwikkeling. Hij had vaak genoeg de lancering van een product meegemaakt om te weten dat succes lang niet altijd was verzekerd. In de concurrentieslag rond bewerkt voedsel verschijnen er jaarlijks 14.000 nieuwe producten in de supermarkten, die afhankelijk van hun grootte 15.000 tot 60.000 artikelen in hun assortiment hebben. Twee op de drie nieuwe producten houden het amper een paar maanden uit. Eén van de tien die de supermarkten blijven voeren, bereikt wat de voedingsindustrie als een bescheiden succes beschouwt: 25 miljoen dollar afzet. Het is bij het bedenken van nieuwe levensmiddelen net als bij het boren naar olie; het grote geld wordt gemaakt door te blijven pompen uit bronnen met een matige opbrengst, in de wetenschap dat er eens een spuiter bij zal zijn.

Het bleek dat Drane zich terecht zorgen maakte over de lancering van Lunchables, maar om een andere reden dan hij dacht. De knalgele pakketjes vlogen de winkels uit. Lunchables verkocht goed – te goed haast. Winkeliers maakten zo veel mogelijk ruimte vrij in hun koelvitrines en de verkopers van Oscar Mayer raceten terug naar Madison om nieuwe Lunchables te halen, zoveel en zo snel als de werknemers aan de lopende band aan konden.

Dranes probleem was de boekhouding sluitend te krijgen. De verkoopcijfers waren spectaculair, maar de productiekosten ook. 'Er is een krankzinnig gevecht gaande,' vertelde Drane me op een middag in zijn kantoor in Madison. 'Hoe kunnen we miljoenen van deze eenheden produceren tegen een redelijke kostprijs? We "dachten" dat we wisten hoe we dat moesten doen, maar in werkelijkheid wisten we het niet. Oscar maakt hotdogs en bolognaworst enzovoort, maar heeft geen ervaring met assemblage, met bakjes die je moet vullen en verpakken. Voordat we dit op de markt brengen, hebben we enorm veel kosten. Er gaat gigantisch veel verloren. We komen steeds dieper in de rode cijfers en mijn bankiers, die iedere dag tegenover me zitten, vragen: "Wat is hier aan de hand? Je hebt leuke artikelen, die heel goed verkopen, maar we maken geen winst. Wat ga je eraan doen?"'

Die bankiers, zoals Drane de accountants van de onderneming noemde, zouden al snel nog ongeruster worden. Een paar maanden na de lancering van Lunchables ging Oscar Mayer op in Kraft, waar de universitair geschoolde boekhouders maar één allesoverheersend idee leken te hebben: blaas deze hele handel af, voordat iedereen zijn baan kwijtraakt. Drane vroeg om tien nieuwe productielijnen voor 3 miljoen dollar per stuk om aan de vraag naar Lunchables te kunnen voldoen. De mannen die over het geld gingen, waren bang dat het om een bevlieging ging. Als de verkoopcijfers inzakten, zouden ze met meer blijven zitten dan met een verliesgevend product. Ze zouden fabrieken bezitten met productielijnen die nutteloos waren geworden.

Op dat punt aangekomen, nam Drane een besluit. Hij verzamelde zijn gegevens en vloog naar New York City, waar hij een beroep deed op zakenmensen van een heel ander slag: mannen die moeilijkheden hadden ondervonden bij het lanceren van producten, maar zich niet uit het veld hadden laten slaan. Ze zaten in de directie van Philip Morris, het bedrijf dat kort daarvoor Kraft en General Foods had overgenomen en daarmee het beheer over honderden artikelen had gekregen, waaronder ruim vijftig heel grote merken. Daarbij vergeleken stelden de bakjes van Bob Drane niets voor.

Het hoofd van Philip Morris was Hamish Maxwell. Als hoogste leidinggevende van het pas gefuseerde bedrijf moest hij weten dat de vooruitzichten op de lange termijn slecht waren voor Lunchables. Drane besprak de problemen met Maxwell tot in de details. Samen namen ze de gegevens over de verkoop door, waaruit bleek dat meer dan de helft van de kopers terugkwam voor meer, wat voor een nieuw levensmiddel een buitengewoon goed resultaat was. Aan het eind van het gesprek knikte Maxwell Drane toe en zei tegen hem dat hij zich geen zorgen meer hoefde te maken.

'Het moeilijkste is iets te bedenken wat zal verkopen,' zei Maxwell. 'Als je eenmaal iets hebt wat verkoopt, vind je wel een manier om de kosten te drukken.'

Toen Drane het hoofdkwartier van Philip Morris aan Park Avenue uit wandelde, had hij het geld dat hij nodig had om de productie te vergroten en te stroomlijnen. Of de mannen van de tabak nu doorhadden dat Lunchables een gouden vondst was of niet, de volgende jaren zouden ze meer doen dan een buidel met geld overhandigen. Ze hielpen Lunchables tot een gigantisch succes te maken, een dat alle records in de voedingsindustrie zou breken. Door de felbegeerde gele bakjes werd bolognaworst plotseling iets waar kinderen om vroegen. Drane had zijn doel bereikt: de banen van de mensen die bij Oscar Mayer de vette vleeswaren maakten, bleven behouden.

Maar op den duur zou Lunchables een bron van zorg worden voor de volksgezondheid. Er was een heel nieuwe categorie voedsel gecreëerd, die Amerikanen, en met name jonge kinderen, blootstelde aan de verleidingen van fastfood, die tot dan toe beperkt bleven tot restaurantketens als McDonald's en Burger King. Lunchables werd aan het eind van de jaren tachtig geïntroduceerd. In die tijd richtten de fabrikanten zich al wel op gemaksvoedsel met veel zout, suiker en vet, maar realiseerden ze zich nog niet dat ze de fastfoodketens konden imiteren door complete maaltijden te maken die op school gegeten konden worden, tussen de lessen door. Nog bijzonderder was dat ze in de supermarkt te koop aangeboden konden worden en dat ze niet in de magnetron hoefden. 'Gekoeld kant-en-klaarvoedsel' ging deze categorie heten. De fabrikanten omarmden dit idee precies op het moment dat deze voedingswaren problematisch werden voor de consumenten. Obesitas was in opkomst, en Bob Drane, die met de beste bedoelingen Lunchables creëerde, moest uiteindelijk onder ogen zien dat hij een monster had gebaard.

Oscar Mayer is misschien wel het bekendst om de *Wienermobiles*, de Amerikaanse sleeën met een reusachtige knakworst op het dak, die door het land rijden om reclame te maken voor hotdogs. Om Ame-

9 DE LUNCH IS IETS VAN JOU ALLEEN

rika's favoriet te blijven cultiveerde het bedrijf een warme, vriendelijke uitstraling en een sterke reputatie: Oscar Mayer zorgt goed voor zijn klanten. In 1883 was de onderneming in Chicago begonnen als een voorvechter voor vlees van hoge kwaliteit. De oprichters waren twee Beierse broers, Oscar en Gottfried, die zich wilden onderscheiden door af te zien van praktijken die de voedingsindustrie een slechte naam bezorgden, zoals het bleken van wekenoud vlees, zodat het als vers kon worden verkocht. Om maar te zwijgen van het rattengif dat per ongeluk in worst was verwerkt! Deze en andere missers werden later door de journalist Upton Sinclair onthuld in zijn boek *The Jungle*.

De gebroeders Mayer zetten hun naam op pakjes spek, bacon en saucijzen, wat toen nog niet gebruikelijk was. Ze gaven ermee aan dat zij instonden voor de kwaliteit van hun producten. In de dagen voordat etiketten aan bepaalde eisen moesten voldoen, onttrokken veel vleesproducenten zich aan nader onderzoek door anoniem te blijven. De firma deed ook als een van de eerste mee aan de belangrijkste hervorming die het gevolg was van Sinclairs verhandeling, een systeem van toezicht door de overheid, dat begon als een programma waaraan firma's vrijwillig konden deelnemen.

De sterke wil van Oscar Mayer om schoon schip te maken, hielp zijn naam te vestigen. Het bedrijf behield gedurende een groot deel van de twintigste eeuw een uitstekende reputatie, totdat het werd geconfronteerd met zorgen van de consumenten die niets te maken hadden met voedselveiligheid. Varkens- en rundvlees werd meer en meer als ongezond beschouwd. Eén plak ossenworst, om een voorbeeld te noemen, bevat 3,5 gram verzadigd vet, naast 330 milligram natrium, wat bijna een kwart is van de voor volwassenen aanbevolen maximale hoeveelheid.

Vet werd synoniem met cholesterol, dichtgeslibde bloedvaten, hartaanvallen en herseninfarcten. Het gevolg was dat de consumptie van rood vlees tussen 1980 en 1990 met ruim 10 procent daalde. In diezelfde periode steeg de consumptie van gevogelte, dat minder verzadigd vet bevat, met 50 procent. Dit wees op een verandering in eetgewoonten die grootscheepse vormen kon aannemen – en niemand maakte zich daar meer zorgen om dan Oscar Mayer.

'Van 1986 tot 1988 groeiden vet en natrium uit tot belangrijke issues als het om hotdogs en bolognaworst ging,' vertrouwde Tom Coffey, die bij Oscar Mayer een leidende positie op de afdeling Productontwikkeling had, in 1990 toe aan functionarissen van Philip Morris. Steeds meer mensen die zich zorgen maakten over vet en zout gingen minder vlees eten – of aten helemaal geen vlees meer.

Om deze crisis te bezweren ging het bedrijf eerst sleutelen aan de samenstelling van een aantal producten om de consumenten iets te bieden wat minder ongezond was. Zo werd er een minder vette bolognaworst, met een aandeel kalkoenvlees, op de markt gebracht. En er kwamen ook hotdogs van kip in plaats van rundvlees. Maar deze producten sloegen niet echt aan en de afzet bleef maar dalen.

Daarnaast paste het bedrijf zijn reclame aan om een groter publiek aan te spreken. Bolognaworst deed iets verkeerd met zijn liefhebbers; de kinderen verloren hun interesse ervoor wanneer ze ouder werden. De afdeling Marketing van Oscar Mayer organiseerde proeverijen om erachter te komen waar de voorkeur van volwassenen naar uitging. Mannen bleken ham, kalkoen en rosbief te prefereren. Op een schaal van 1 tot en met 10 gaven mannen de sandwich met bolognaworst een 4 of hooguit een 5 – maar er was iets wat een sprankje hoop gaf. Het imago van bolognaworst was slechter dan het vleesproduct zelf. Als er echt sandwiches met bolognaworst werden uitgedeeld, scoorde het product opeens een 8 of een 9. Aangemoedigd door dit resultaat, probeerde Oscar Mayer de markt voor bolognaworst uit te breiden van kinderen naar mannen door reclames te ontwikkelen waarin mannen lieten zien hoe lekker ze deze worst vonden. Tegelijkertijd stelde het bedrijf alles in het werk om meer kinderen te bereiken.

Om de verkoopcijfers van bolognaworst op te krikken probeerde Oscar Mayer ook de kosten te drukken. Aan de ene kant door zo veel mogelijk te besparen op de productie, waarvoor veranderingen in de fabrieken en in de samenstelling van de producten werden doorgevoerd. Net als andere voedingsfabrikanten was Oscar Mayer voortdurend op zoek naar goedkopere ingrediënten die in plaats van andere gebruikt konden worden zonder de kwaliteit aan te tasten. Aan de andere kant werd er iets aan de prijzen gedaan. De managers van de afdeling Bolognaworst deden er alles aan om de concurrenten af te troeven. Ze moesten de prijs van bolognaworst zo laag zien te krijgen dat de mensen er meer van zouden kopen, maar de prijs mocht niet zo sterk dalen dat de winstmarge te klein werd. Ze slaagden erin Oscar Mayer een marktaandeel van 29 procent te laten behouden. Het bleek een pyrrusoverwinning te zijn. Bolognaworst was een zinkend schip. In de jaren negentig liep de verkoop van de worst, van welke fabrikant ook, terug met 1 procent per jaar.

Oscar Mayer moest de feiten onder ogen zien: de mensen waren niet meer zo gek op bolognaworst. Er moest iets verzonnen worden om de worst weer populair te maken. Iets anders dan brood en mosterd. Iets nieuws, iets opzienbarends, dat de groeiende aarzeling bij het publiek kon wegnemen. De ongerustheid over vet in rood vlees en vleeswaren moest overstemd worden. Dit was de taak van productontwikkelaars, de mensen die ploeteren in laboratoria en testkeukens, op zoek naar manieren om voedingswaren die uit de gratie raken anders te verpakken en te presenteren. Oscar Mayer had het geluk dat zijn productontwikkelaars een voorsprong hadden. Op het moment dat de verkoop stagneerde, in het midden van de jaren tachtig, waren ze al bezig met de ontwikkeling van methoden om vleeswaren voor de lunch aan de man te brengen. De tijd van in plastic verpakte plakken worst was voorbij.

Eind 1985 vroeg Oscar Mayer Drane het voortouw te nemen in de zoektocht naar betere verpakkingen voor bolognaworst en andere vleeswaren die aan revisie toe waren. Ik bezocht Drane in zijn kantoor aan huis en nam met hem de verslagen door die hij had opgesteld tijdens de geboorte en de ontwikkeling van wat de oplossing van het probleem zou worden: Lunchables. Er was een presentatie bij, van in totaal 206 dia's, die hij had voorbereid om de bijzonderheden van het project aan andere voedingsontwikkelaars te laten zien. Drane vertelde me dat Oscar Mayer, toen de verkoop van bolognaworst begon in te zakken, er nog vrij luchtig over deed. 'We kregen te horen: "Jullie moeten uitzoeken hoe we wat we hebben aan de tijd kunnen aanpassen. We zijn beroemd om onze vleeswaren en we hebben uitstekende producten voor de lunch. Dus waarom richten jullie je niet op de lunch? Zie maar wat je ervan kunt maken."'

Maar Drane voelde aan dat er grote veranderingen op til waren en begreep wat er op het spel stond voor een bedrijf waarin alles om vlees draaide. 'De alarmbellen rinkelen!' staat er op de zesentwintigste dia in zijn presentatie. Onder het kopje 'Lunch in de jaren vijftig' was een bruine papieren zak met bolognaworst op brood afgebeeld, naast een plaatje met een groot vraagteken onder het kopje 'Lunch in de jaren negentig'. Daarna kwam er een foto van Drane met drie van zijn teamleden, alle vier in hun witte schort met het rode logo van Oscar Mayer, met de armen over elkaar en een vastberaden uitdrukking op het gezicht.

Om te beginnen probeerde Drane te achterhalen wat Amerikanen eigenlijk van de lunch als maaltijd vonden. Hij organiseerde doelgroepsessies met de mensen die altijd bolognaworst kochten: moeders. Hij liet hen praten en maakte uit hun woorden op dat niet het vet in het eten hun eerste zorg was, maar de tijd die het eten kostte. Werkende moeders en moeders met een druk huishouden probeerden natuurlijk wel hun kinderen gezond voedsel voor te zetten. Daarom steeg de verkoop van kalkoen, waar weinig vet in zit. Maar het werd steeds moeilijker om dag in dag uit tijd te vinden om maaltijden te bereiden. De moeders hielden hele verhalen over de drukte 's morgens, de moeite die het kostte om het ontbijt op tafel te krijgen, de lunchpakketjes te maken, de veters te strikken en de kinderen de deur uit te werken. Drane citeerde opmerkingen als deze: 'Het is verschrikkelijk. Mijn kinderen vragen me van alles, terwijl ik probeer me klaar te maken voor kantoor. Dan ga ik die lunchpakketjes maken, maar ik weet niet wat erin moet. Ze willen iets speciaals en ik wil goed voor ze zorgen, voor mezelf ook trouwens, maar ik heb niet altijd alles in huis.'

Met zijn grote bril met zwart montuur en zijn professorachtige manier van doen gold Drane niet bepaald als de hardste van de leidinggevenden binnen het bedrijf. Maar de verhalen van de moeders maakten de haai in hem wakker. Drane rook bloed, of, zoals hij het tegenover mij verwoordde, 'een goudmijn van teleurstellingen en problemen'.

Hij verzamelde een stuk of vijftien mensen met expertise op verschillende gebieden, van design tot voedingsleer tot reclame, om zich heen en zette dit team in voor wat hij de 'Montessorischool' noemde. Om bolognaworst uit de problemen te helpen konden ze niet simpelweg een truc nadoen die een andere voedselfabrikant had toegepast. Ze moesten met iets nieuws, iets verfrissends komen en dat was een kolfje naar Dranes hand. Hij stelde een uitvoerig programma op om

9 DE LUNCH IS IETS VAN JOU ALLEEN

de leden van zijn team te helpen hun fantasie aan te spreken.
Nadat ze hun intrek in het hoofdkwartier van Oscar Mayer hadden genomen, bestudeerden ze om te beginnen andere kwetsbare ontwerpen in consumptiegoederen die succesvolle veranderingen hadden ondergaan, zoals de gettoblaster (die was geëvolueerd tot de walkman), veters voor kinderschoenen (vervangen door klittenband) en proefoperaties (waarvoor MRI-scans in de plaats zijn gekomen). Ze pakten hun markeerstiften en brainstormden over een lijst met gewenste eigenschappen voor het product dat de boterham met bolognaworst zou moeten vervangen. Wat het ook zou worden, het moest de consument aanspreken. Om de discussie levendig te houden gebruikten ze termen als 'sneller', 'leuker', 'lekkerder' en 'speciaal voor jou'.

Ze lieten hun fantasie de vrije loop en kwamen met allerlei ideeën. Op een gegeven moment waren ze het erover eens dat het een voorverpakte lunch moest worden. Vervolgens vroegen ze zich af hoe de verpakking eruit moest zien en wat erin moest.

Natuurlijk zouden ze de vleeswaren van Oscar Mayer moeten gebruiken. De bedoeling van dit hele project was immers de stagnerende verkoop aan te jagen. In plakjes gesneden bolognaworst en ham werden dus de eerste bouwstenen van het pakket. Er moest ook brood bij, vonden ze, want wie at er nou vleeswaren zonder brood? Maar daarmee hadden ze meteen een probleem: het product zou twee maanden in pakhuizen of in de koeling van de supermarkten moeten liggen en het was onmogelijk brood zo lang vers te houden. Met crackers kon het wel.

Bij het kiezen van de bestanddelen voor de lunch was het vooral moeilijk een beslissing over de kaas te nemen. Het lag voor de hand kaas te gebruiken, omdat kaas steeds vaker in bewerkt voedsel werd gestopt. (In 1987 lekte er voor het eerst iets uit van het Lunchablesproject. Er gingen geruchten over de toevoeging van kaas, wat de zuivelfabrikanten rillingen van plezier gaf: weer een nieuwe afzetmogelijkheid voor hun product. Maar de vreugde was van korte duur. In 1988 ging Oscar Mayer op in Kraft. Alles wat het bedrijf nodig had, kreeg het voortaan tegen kostprijs van de nieuwe zusteronderneming. De kaasfabrikanten hadden het nakijken.) Maar wat voor kaas moest er in het lunchpakket? Eerst probeerden ze echte cheddar, maar die verbrokkelde en was niet gemakkelijk te snijden. Daarom stapten ze over op industrieel bereide kaassoorten, die buig- en snijdbaar waren en altijd goed bleven. De volgende vraag was welke vorm de kaas moest hebben. Door consumentenonderzoek ontdekten ze dat in rondjes gesneden kaas er iets beter in ging dan vierkante plakjes. In de matrix waarin de waarderingscijfers waren uitgezet, scoorden de rondjes 80 op een schaal van 100, terwijl de vierkante plakjes op 70 bleven steken. De productiekosten moesten echter zo laag mogelijk worden gehouden, anders werd het lunchpakket duurder dan de consument bereid was ervoor te betalen. Vierkante plakken snijden is het gemakkelijkst, dus kozen ze daarvoor. Zo namen ze de hele matrix door, speurend naar mogelijkheden om de kosten te beperken zonder de smaak of de textuur van het product al te zeer aan te tasten. Ze konden de door Kraft gemaakte kaas gebruiken, die al een stuk goedkoper was dan gewone kaas, of nog 2 cent van de prijs per eenheid afhalen door 'kaasproduct' te gebruiken, een minderwaardig soort 'kaas', die het in de proeverijen slecht had gedaan. Ook vergeleken ze verschillende soorten pepperoni (met echte paprika of met een smaakstof) en verpakkingsmaterialen (karton of folie) enzovoort.

Toen ze eenmaal de bestanddelen hadden, het vlees, de kaas en de crackers, in de juiste vorm, verkasten ze naar een naburig hotel, waar ze de beste mix van vorm en inhoud probeerden te vinden. 'Wat zijn de voorwaarden voor succes?' vroeg Drane voor de zoveelste keer. 'Het product moet op zichzelf staan, het moet compact, draagbaar en klaar voor gebruik zijn – én cool.' Ze namen plaats aan tafels waarop zakkenvol vlees, kaas, crackers en allerlei verpakkingsmaterialen waren gestort. Enthousiast gingen ze aan de slag en uiteindelijk hadden ze twintig ontwerpen, van belachelijk (vlees en kaas door elkaar in een doos met een piepklein raampje van cellofaan) tot banaal (een stukje kaas, omwikkeld met een plakje worst, op een bordje van schuimplastic). Later ging het verhaal, verspreid door de top van het bedrijf, dat het team uiteindelijk had gekozen voor een witte plastic bak met vakjes die geïnspireerd zou zijn op de Japanse bentobox. De werkelijkheid was veel minder exotisch, vertelde Drane mij. Na uren knippen en plakken, met teleurstellende resultaten, namen ze de Amerikaanse *TV dinner* als voorbeeld.

9 DE LUNCH IS IETS VAN JOU ALLEEN

De Montessorischool van Drane wachtte nu nog één taak: een pakkende naam verzinnen voor het lunchpakket. Er werden vellen bruin pakpapier aan de muur gehangen, waarop de teamleden konden schrijven wat hun inviel. Uit de lange lijst leuzen en woordspelingen op 'snel, leuk en lekker' werd Lunchables gekozen als de beste. Nadat ze een naam, de juiste bestanddelen en een prototype voor de verpakking hadden gekozen, vroegen de teamleden zich wel af of de Amerikanen zaten te wachten op een simpele lunch met worst, crackers en kaas.

Hun bazen bij Oscar Mayer waren daar ook niet zo zeker van en lieten daarom nog een consumentenonderzoek uitvoeren. Ze benaderden een extern bureau dat hierin was gespecialiseerd. Het onderzoek, 'BehaviorScan' genaamd, richtte zich op het gedrag van de consumenten. Het moest uitwijzen of Lunchables aantrekkelijk was voor schoolkinderen of ouders, voor hun eigen lunch, en welke vorm van reclame de consumptie ervan het sterkst zou verhogen.

Er werden een stuk of twintig gezinnen in de arm genomen. Ze kregen een winkelpasje dat hun aankopen zou registreren – en dus ook te zien zou geven hoe vaak ze Lunchables kochten. Vervolgens werd hun tv aangesloten op een elektronisch apparaat dat inbrak in de programma's waarnaar ze keken om reclamespotjes te vertonen die hun buren niet zagen. Ze kregen reclame voor Lunchables te zien. De frequentie, de timing en de toon van de spotjes varieerden. Ze werden aangepast om te testen op welk tijdstip en in welke vorm ze het meeste effect hadden.

Het onderzoek, dat maanden duurde, overtrof Oscar Mayers stoutste verwachtingen. De proefpersonen gingen niet alleen de lunchpakketten halen nadat ze waren blootgesteld aan de reclamespotjes, maar bleken er ook gevoelig voor te zijn dat de inhoud van de pakketten, hoe eenvoudig ook, zo vertrouwd was. Drane noemt in dit verband de 'vervreemdende factor': als een nieuw product te ongewoon is, schrikt het kopers af. 'Het moet voor 80 procent vertrouwd zijn, zeg ik altijd. Anders gaan de mensen zich achter de oren krabben en zien ze af van de aankoop.'

Het lunchpakket bood een ongewone aanblik op de schappen van de supermarkt, maar wat erin zat, was vertrouwd. Uit het onderzoek kon het bedrijf ook opmaken waar de pakketten voor het eerst te koop moesten worden aangeboden. In de maanden daarna zouden Drane en zijn medewerkers nog meer leren over consumentengedrag – welke mensen Lunchables kochten en waarom. Maar eerst zouden ze hulp krijgen van directieleden met meer overzicht, die wisten wat er niet alleen bij Oscar Mayer, maar ook bij General Foods en Kraft speelde: de managers van Philip Morris.

Tegen 1990 had Philip Morris bijna het monopolie op de markt voor sigaretten. Zijn aandeel in de verkoop van tabakswaren was gegroeid tot 42 procent. Na de aankoop van General Foods en Kraft was het bedrijf ook een gigant in levensmiddelen geworden, met 3,5 miljard dollar winst per jaar bij een omzet van 51,2 miljard. Wereldwijd had het 157.000 werknemers. De helft van de opbrengst was inmiddels afkomstig van voeding, maar tabak, met het merk Marlboro voorop, was nog steeds het lucratiefst. Met de verkoop van sigaretten werd 70 procent van de totale winst binnengehaald. Het was, zoals de voormalige CEO Hamish Maxwell bij zijn vertrek zei, 'een prima business, omdat het in verhouding zo gemakkelijk gaat. Bij sigaretten is de merkentrouw groot. Je hoeft niet om de vijf minuten een nieuw product op de markt te brengen.'

Als ze bij Philip Morris al iets veranderden, werden de beslissingen snel genomen, bijna instinctief. Iemand uit de top van Kraft herinnerde zich dat hij vol ontzag was voor de manier waarop de managers van Philip Morris hun commissie voor productontwikkeling leidde. Op een van de maandelijkse bijeenkomsten was Marlboro's manager voor Australië naar New York gereisd om toestemming te vragen het wereldberoemde beeldmerk te veranderen. 'Dit is het oude,' zei hij, terwijl hij een pakje sigaretten op tafel legde. 'En hier is het nieuwe.' Prima, zei de commissie, doe maar.

Met de nieuwe afdeling Voedingswaren veranderde er wel iets in hun aanpak. Philip Morris had de twee voedselgiganten gekocht om de grote sommen geld die het bedrijf aan sigaretten verdiende te investeren in iets wat nog meer opleverde. Met General Foods en Kraft zouden ze de portefeuille van het bedrijf aanzienlijk vergroten. Voor General Foods hadden ze veel betaald. In november 1985 was er een slordige 5,7 miljard dollar neergeteld voor deze gigant. Drie jaar later zouden ze nog veel meer betalen voor Kraft: 12,9 miljard. Vooral de overname van Kraft kwam hun op kritiek van Wall Street te staan. Het bedrag zou veel te hoog zijn. Maar bij Philip Morris waren ze ervan overtuigd dat ze het geld dubbel en dwars zouden terugverdienen.

En zo kwam het dat Geoffrey Bible ruim een jaar op het hoofdkwartier van Kraft ten noorden van Chicago doorbracht. Hij had zijn gezin achtergelaten en zijn intrek genomen in een appartement van het bedrijf, 1200 meter verderop. Daar sliep hij alleen; overdag was hij bij Kraft om de handel in levensmiddelen onder de knie te krijgen. 'Hamish Maxwell was een briljante kerel, naar mijn mening de beste CEO die we ooit hebben gehad,' zei Bible tegen mij. 'Hij was de bedenker van het plan die voedselgiganten over te nemen. Zijn houding was: als je het doet, moet je het groots aanpakken, anders heeft het geen zin. Daarvoor hadden we kleinere bedrijven opgekocht en dat was geen succes. Hij vroeg me anderhalf jaar of zo bij Kraft te blijven om te leren hoe het er in de voedingsindustrie aan toegaat. En ook om een oogje in het zeil te houden, denk ik.'

Bible stelde zich onder meer ten doel de fusie gladjes te laten verlopen door een synergie tussen de voedselgiganten te doen ontstaan, zodat al hun expertise bij elkaar zou komen. Van de laboratoria in Tarrytown, waar mensen als Al Clausi, de chemicus, hard werkten om de merken fris en aantrekkelijk te houden, tot de ploeg verkopers die door het land trok om ervoor te zorgen dat de producten een prominente plaats in de winkel kregen, en niet te vergeten de reclamemakers van het bureau Leo Burnett, die de campagnes verzonnen om de mensen over te halen die producten te kopen en mee naar huis te nemen. Om dit concept van synergie ingang te doen vinden liet Philip Morris zijn staf uit alle uithoeken van de wereld naar een Marriott-hotel in Chicago komen, waar ze zich in december 1990 twee dagen lang afzonderden voor het 'Philip Morris Product Development Symposium', zoals op het affiche stond.

Bible gaf de aftrap met een redevoering die deels uit oorlogsverhalen, deels uit peptalk bestond. Hij legde er de nadruk op dat iedere manager in de voedingsindustrie één ding voor ogen moest houden, wilden hun producten een overheersende rol blijven spelen. Ze moesten begrijpen wat er in de consument omging. 'Wat er zo mooi is aan de uitdaging die Kraft General Foods moet aangaan, is de eenvoudige waarheid dat iedereen eet,' hield Bible hun voor. 'In de taak die ons wacht, spreekt vooral dit mij aan: de mogelijkheden zijn ontzettend groot. De fascinerende uitdaging is tot nog toe onvervulde wensen en behoeften rond dit oeroude gedrag te ontdekken. Die zijn er. In het puin van het moderne leven liggen ze te wachten om opgegraven te worden. We moeten ze opgraven en omschrijven. Ze zullen waarschijnlijk evengoed met tijd of gemak als met smaak en voedingswaarde te maken hebben. Ook aspecten als hoe, wanneer, waarom of waar mensen eten zullen we onder de loep nemen. Punt één: we scheppen geen vraag, we leggen hem bloot. We zoeken naar iets en graven tot we het vinden.'

Ter inspiratie kregen de voedselmanagers te horen hoe Philip Morris erin geslaagd was zijn eigen beroemde merk, Marlboro, van een verliesgevend product, dat niemand wilde, te veranderen in een sigaret die meer mensen verslaafd maakte dan welk ander merk ook, en hoe het bedrijf nieuwe merken en lijnextensies in de markt zette. Philip Morris was niet de knapste sigarettenfabrikant, maar wel de snelste en de agressiefste als het erom ging te ontdekken waar de consument gevoelig voor was, zoals John Tindall van de afdeling Research en Ontwikkeling uitlegde. Het bedrijf had in 1954 een marktaandeel van 9 procent. In 1989 was dat gestegen tot 42 procent. Dat kwam niet doordat Philip Morris de trendsetter was, maar doordat het bedrijf snel volgde wanneer zijn rivalen met succesvolle vernieuwingen kwamen. Ontwikkelingen die desastreus hadden kunnen uitpakken, veranderde het in goud door altijd in gedachten te houden wat de consument wilde. Toen het koninklijk college van artsen en chirurgen in 1964 met zijn eerste rapport over roken en gezondheid kwam, raakten kleinere sigarettenfabrikanten in paniek, terwijl de managers van Philip Morris met een briljant antwoord kwamen. Ze begonnen filtersigaretten te verkopen als een 'gezonder' alternatief, dat op zijn beurt een heel nieuwe markt aanboorde: vrouwen. 'Opeens werd de filtersigaret vanwege de publiciteit over roken en gezondheid niet alleen acceptabel, maar was er ook behoefte aan,' zei Tindall. 'Filtersigaretten boden wat rokers als "gezond" ervoeren, en het snel groeiende deel van de bevolking dat ging roken, vrouwen, kreeg geen tabak meer in de mond en minder tabakskruimels in de handtas.'

9 DE LUNCH IS IETS VAN JOU ALLEEN

Een van de beste voorbeelden van de snelle, adequate reacties van Philip Morris op verschuivingen in de markt was op dat moment te zien, zei Tindall. Nu de verslavende eigenschappen van nicotine algemener bekend werden, werkte de fabrikant aan een sigaret met een laag nicotinegehalte. Dat het lukte, was te danken aan de voedingswetenschappers. Om nicotine uit tabak te halen leende Philip Morris de technologie die General Foods gebruikte om cafeïne uit koffie te halen. 'Er was natuurlijk wel enige ongerustheid,' zei Tindall. 'Zou de nicotinearme sigaret niet het failliet van de sigarettenindustrie betekenen? Maar overheersend was de gedachte dat het op de lange termijn goed zou komen. We zouden meedoen met alles wat kans op succes bood.'*

Die dag waren er onder de toehoorders 86 functionarissen van de afdeling Onderzoek en Ontwikkeling van General Foods en nog eens 125 van Kraft, die alle grote merken, van ontbijtgranen in dozen tot desserts uit de diepvries, vertegenwoordigden. Maar geen van hen zou meer baat hebben bij al dat gepraat over het aftasten van de wensen van de consument en het najagen van trends dan de mensen van Oscar Mayer, die op het punt stonden hun eigen product, de Lunchables, naar nieuwe hoogten te voeren.

Even leek het alsof Philip Morris op het verkeerde paard had gewed. De productiekosten van Lunchables waren hoger dan de winst. Vlak nadat Hamish Maxwell het groene licht had gegeven om meer geld in de ontwikkeling van de lunchpakketten te steken, wat de accountants van Kraft ervan weerhield de hele zaak af te blazen, zakte de verkoop in. Het team van Bob Drane zette alles op alles om de productiekosten te verlagen. Drane deed zelfs afstand van het onderdeel van het pakket waar hij het meest op gesteld was: het gele servetje. 'Ik heb ervoor gevochten. Het kostte maar anderhalve cent, maar we moesten nu eenmaal naar alles kijken om uit te vinden waarop we konden bezuinigen zonder in te boeten op kwaliteit.' Geleidelijk aan leerde Oscar Mayer ook de assemblage technisch te vervolmaken, waarbij

---

* De nicotinearme sigaret zou maar een kort leven beschoren zijn. Binnen een jaar na de lancering ervan in 1992 haalde Philip Morris de sigaret van de markt vanwege tegenvallende verkoopcijfers.

werknemers werden vervangen door machines, die de productie versnelden en automatiseerden, waardoor de kosten verder verlaagd werden. Voor 1991 was een verlies van 6 miljoen dollar voorzien, maar in plaats daarvan werd het break-evenpoint bereikt. En het volgend jaar werd er 8 miljoen winst gemaakt.

Nu deze brand was geblust, kon het Lunchables-team al zijn aandacht weer richten op het opvoeren van de verkoopcijfers. En dat deed het door een van de hoofdregels voor bewerkt voedsel toe te passen: bij twijfel suiker toevoegen. 'Lunchables met toetje is een logische uitbreiding,' rapporteerde een functionaris van Oscar Mayer begin 1991 aan de directie van Philip Morris. Om dit plan uit te voeren zouden ze 1,2 miljoen dollar moeten uitgeven om de productielijnen weer van nieuwe machines te voorzien. Maar de 'doelgroep' bleef dezelfde als voor de gewone Lunchables – 'druk bezette moeders' en 'werkende vrouwen' van vijfentwintig tot negenenveertig jaar, zei hij – en de toevoeging van koekjes en toetjes zou bepaalde voordelen hebben. De 'verhoogde smaak' zou kopers trekken die de gewone pakketten saai waren gaan vinden. Vanwege de toegevoegde zoetigheid kon het bedrijf 30 cent extra vragen en met de dessertlijn zou Oscar concurrenten die op het succes van de Lunchables reageerden door hun eigen versies van een koude, kant-en-klare lunch op de markt te brengen een stap voor blijven.

In 1995, zes jaar na de lancering, was Lunchables voor de tabaksfabrikant een van de weinige redenen tot juichen in de financiële verslagen van Oscar Mayer. In de herfst van dat jaar verscheen Bob Eckert, president-directeur van de Oscar Mayer-unit, voor de commissie Productontwikkeling van Philip Morris. Wat de vleeswaren betreft, had hij alleen slecht nieuws te melden: bolognaworst in de min, bacon in de min en zelfs van de hotdogs was er 4 procent minder verkocht. 'Onze categorieën bewerkt vlees krijgen de klappen van al die negatieve verhalen over vet, leukemie, nitraten enzovoort,' klaagde Eckert. Oscar Mayer had gereageerd door een nieuwe lijn van vetarm vlees – hotdogs, bolognaworst, voorgesneden ham – op te zetten.

Maar de Lunchables stonden met stip genoteerd op de lijst van Oscar Mayer, ook al zaten er vette dingen in. Van een verliesgevend product was het uitgegroeid tot een 'groeimachine' waar de winst van de onderneming op gebaseerd was. 'Wij hebben de leiding in het "heetste" segment van de koelvitrines in de supermarkt,' zei hij. Lunchables had zoveel vooruitgang geboekt en wel zo snel dat Oscar Mayer alle zeilen bij moest zetten om de productie op te voeren.

Suiker was niet de enige katalysator die werd ingezet om de verkoop van Lunchables op te stuwen. Ook de aandelen zout en vet werden fors verhoogd. Toen ik Geoffrey Bible, voormalig CEO van Philip Morris, vragen stelde over deze verschuiving naar meer zout, suiker en vet in maaltijden voor kinderen, wuifde hij de gerezen bezwaren niet weg. Zelfs in de eerste uitvoering had Lunchables kritiek gekregen, zei hij. 'In een van die artikelen stond iets in de trant van: "Als je Lunchables uit elkaar haalt, blijkt het gezondste wat erin zit het servetje te zijn."'

'Er zat toch ook heel wat vet in?' probeerde ik.

'Reken maar,' zei hij. 'En koekjes.'

In het algemeen sprekend over de nutritieve aspecten van de producten die Philip Morris via zijn voedseldivisie verkocht, zei Bible dat de onderneming in een lastig parket zat. De overheersende houding bij de levensmiddelenmanagers van het bedrijf was die van 'vraag en aanbod'. Dat was in elk geval zo in de jaren negentig, voordat obesitas een probleem werd waar niemand meer omheen kon. 'Als iemand naar die producten wees en zei dat er te veel suiker en te veel zout in zat, dan was het antwoord: "Dit is wat de consumenten willen. Wij zetten geen pistool op hun hoofd om ze te dwingen het te eten. Dit is wat ze wíllen. Als we hun minder geven, kopen ze minder en neemt de concurrent ons marktaandeel over." Je zit als voedselfabrikant dus eigenlijk in het nauw.'

Bible zei dat de nutritieve aspecten van de producten in handen werden gelaten van merkmanagers, die tegen de stroom in moesten roeien als ze een nieuw product probeerden te introduceren. Gezien de grilligheid van de consument was het risico dat het zou mislukken nog groter als ze de fundamenten van de samenstelling – zout, suiker en vet – verzwakten.

Wat Lunchables betreft, probeerden ze wel er gezondere ingrediënten in te stoppen. In het begin had Drane geëxperimenteerd met verse worteltjes en plakjes appel, maar daar was hij algauw mee opgehouden. De verse bestanddelen pasten niet binnen de beperkingen van het systeem van voedselbewerking. Het vervoer en de opslag van de voedingswaren namen te veel tijd in beslag. Het duurde weken of zelfs maanden voordat de producten bij de kruidenier werden afgeleverd. En na een paar dagen waren de worteltjes en de plakken appel al bruin en verschrompeld. Later werd er een vetarme versie van Lunchables ontwikkeld, met vlees, kaas en crackers die allemaal minder vet waren, maar net als de nicotinearme sigaret smaakte dit product de mensen niet. Het verkocht slecht en werd algauw uit de markt genomen.

In 2011 had ik een ontmoeting met functionarissen van Kraft om over hun producten en hun beleid ten aanzien van voedingswaarde te praten. Zij zeiden dat ze probeerden het voedingsprofiel van Lunchables te verbeteren door kleine veranderingen aan te brengen die de consumenten nauwelijks merkten. Over de hele lijn hadden ze de aandelen zout, suiker en vet met circa 10 procent verlaagd, zeiden ze, en er werden nieuwe versies ontwikkeld – met partjes mandarijn en schijven ananas. Die zouden gepromoot worden als 'gezonder', want 'met vers fruit', maar de lijst van ingrediënten – meer dan zeventig, waaronder sucrose, maïssiroop, fructoserijke maïssiroop, fructose en vruchtenconcentraat – lokte nogal wat reacties uit. 'Snack Girl gaat vaak naar de plaatselijke supermarkt om te kijken of er iets nieuws is,' schreef Lisa Cain, biologe en moeder van twee kinderen, op de website die ze Snack Girl heeft genoemd. 'Raad eens wat ik in het schap met toiletartikelen aantrof? Lunchables met pindakaas en jam! Naast scheerschuim, tandpasta, shampoo en crèmespoeling stond daar Oscar Mayers kindvriendelijke kant-en-klaarmaaltijd. Nou, mocht er een orkaan in aantocht zijn, dan zou ik zeggen: "Sla er flink wat van in. Ze blijven eeuwig goed!"'

Ze noemde vijf redenen om de nieuwe Lunchables te mijden: er zat 37 gram suiker in, bijna evenveel als in een blikje cola van 0,33 liter; het pakket kostte 3 dollar, veel meer dan de boterhammetjes die ze zelf smeerde en het verse fruit dat ze erbij gaf; de verpakking kon niet opnieuw gebruikt worden; het brood was niet 100 procent volkoren en tot de ingrediënten behoorden 'kleur- en smaakstoffen en iets wat "carnaubawas" wordt genoemd – ik gebruik was voor de vloer en voor de auto en niet voor het eten voor mijn kinderen'.

Natuurlijk heeft Kraft van het begin af aan kritiek als deze slim gepareerd. Een van de tegenargumenten van het bedrijf was dat

9 DE LUNCH IS IETS VAN JOU ALLEEN

kinderen niet elke dag Lunchables eten. Zelfs de zoutste, zoetste en vetste versies waren maar een deel van wat ze allemaal aten; de ouders konden het aanvullen met gezondere voedingswaren. Ook werd erop gewezen dat wat er in de ouderwetse zak van bruin papier zat ook niet altijd even gezond was, naast de boterhammen bijvoorbeeld frisdrank en zelfgebakken brownies. En wat de kinderen betreft, die waren onbetrouwbaar – zelfs als hun ouders verse worteltjes, appels en water in de zak stopten, was het nog maar de vraag of ze die áten. Eenmaal op school gooiden ze de gezonde dingen vaak weg en namen ze alleen de bijgevoegde zoetigheid.

Het idee dat kinderen zelf beslissen wat ze eten, werd in de begintijd van Lunchables al geopperd. In 1994, toen een kindercardioloog de Lunchables een 'ramp op voedingsgebied' noemde, ging een woordvoerster van Kraft in de tegenaanval. 'Dit is geen complot van een grote onderneming om kinderen dik te maken. Dit is wat kinderen willen. Er zijn maar heel weinig kinderen die rijstwafels en tofoe willen eten.'

Dit idee zou een sleutelbegrip worden in de reclamecampagnes. Het Lunchables-team zou ontzettend veel bereiken door te graven in de psychologie van opgroeiende kinderen. Zo kwam het tot de ontdekking dat het de kinderen niet uitmaakte wat er in de bakjes zat. Lunchables sprak hen aan, omdat het grappig en cool was en vooral omdat het hun een gevoel van macht over hun eigen leven gaf.

'Als je morgen met Michael Jordan mocht lunchen, wat zou je dan het liefst eten?'

Halverwege de jaren negentig, toen zijn team naar slimmigheidjes begon te zoeken om de groei van Lunchables erin te houden, stelde Bob Drane deze vraag aan kinderen. 'En raad eens wat ze zeiden?' vroeg Drane aan mij. 'Pizza.'

Ik had het kunnen weten. In die tijd was pizza booming. Pizza werd het populairste gemaksvoedsel van het land en de hele fastfoodmarkt zou er wel bij varen.

Het Lunchables-team vroeg zich af wat het kon doen met de wetenschap dat pizza zo populair was. Al die pizza's en hamburgers die restaurants verkochten en waar kinderen zo dol op waren, hadden iets wat de Lunchables nooit zouden kunnen nadoen: ze kwamen uit een oven. Ze waren warm. Lunchables kwam uit de koelvitrine van de supermarkt en ging vanuit de ijskast thuis mee naar school. Lunchables met pizza, dat kon toch niet?

Dat kon wel.

'We gingen weer de hele procedure van de Montessorischool door. We vroegen ons af of er een pizza in de wereld van Lunchables paste en wat voor pizza dat dan zou moeten zijn,' vertelde Drane me. 'We begonnen pizza's te maken. Koude pizza's waren het. Ze hadden opgewarmd kunnen worden, maar niet als lunch om mee te nemen. Dat was onpraktisch. Daarom maakten we bodempjes, sausjes en toppings, stopten ze in een verpakking en lieten ze aan moeders zien.' Die vonden het natuurlijk niks. 'De moeders zeiden: "Dat is een slecht idee, echt een heel slecht idee." Het was een ramp om te maken, wie zou ooit een koude, rauwe pizza eten enzovoort, enzovoort. Van alles wat we ooit getest hebben, scoorde dit het laagst, denk ik.'

Toch liet Drane het idee niet varen. Er was te veel geld mee te verdienen. Niet alleen kochten de Amerikanen voor 26 miljard dollar aan pizza's bij restaurants, ze gaven ook nog eens 1,7 miljard dollar uit aan diepvriespizza's, die ze thuis opwarmden. Drane vestigde zijn hoop op deze diepvriespizza's. Zelfs na het opwarmen hadden de meeste een bleke, sponzige korst, die naar karton smaakte. Dat moest beter kunnen. Drane en zijn team hielden vol en een paar maanden later stuitten ze op goed nieuws. Gruwden de moeders bij de gedachte hun kinderen een koude, rauwe pizza te geven, voor de kinderen lag het anders. Het team draaide een prototype in elkaar en volgens Drane riepen de kinderen toen ze het zagen: 'Wauw, dat is vet cool. Gaaf!'

De tegengestelde reacties van de moeders en de kinderen hadden te maken met de verschillende manieren waarop ze eten in het algemeen benaderen. Volwassenen gebruiken hun mond als ze eten. Ze proeven wat ze eten. Kinderen gebruiken daarentegen hun ogen. Ze kijken hoe het eten eruitziet. Ze beoordelen het op het uiterlijk, in het begin tenminste. Lunchables met koude pizza vonden ze leuk. Om het er nog grappiger te laten uitzien, schikte Dranes team de pizza niet in 'taartpunten'. De pizza ging in onderdelen in de bak: de bodem in het ene vakje, de kaas in een ander vakje, de salami in het derde en de saus in het vierde. Zo konden de kinderen op school hun eigen pizza maken, terwijl hun klasgenoten jaloers toekeken.

Maar kinderen vormden niet de enige doelgroep. Lunchables, in welke versie ook, moest ook de moeders aanspreken. Hun kracht lag in de psychologische benadering. In het begin waren de bakjes verpakt in een vrolijk omhulsel van geel karton. Het deed denken aan een cadeau. Werkende moeders die zich schuldig voelden omdat ze hun kinderen alleen lieten, hadden nu iets speciaals om hun kinderen mee te geven wanneer ze 's morgens de deur uit gingen. 'De doos was een geschenk, iets kostbaars, waardoor hij extra bijzonder werd,' zei Drane. Een paar jaar later werd het kartonnen omhulsel weggelaten als reactie op de kritiek van milieubewegingen dat er te veel verpakkingsmateriaal werd gebruikt. 'Dat was zo'n moment waarop je je adem inhoudt,' zei Drane. Maar het idee dat Lunchables een soort cadeau was, bleef hangen. 'Mensen kopen uit emotie. De rechterhelft van de hersenen beslist. In de loop van de tijd kwamen we erachter dat de moeders Lunchables als een cadeau voor hun kinderen zagen en dat de kinderen er de blits mee maakten.'

Uiteindelijk waren het toch de kinderen die Lunchables konden maken of breken. Om vooral de kinderen aan te spreken veranderde Kraft zijn reclamestrategie. In de tekenfilms die op zaterdagmorgen op tv werden uitgezonden, werd een reclamespot opgenomen met een andere boodschap dan voorheen. In die reclame lag de nadruk op onafhankelijkheid en 'opkomen voor jezelf'.

'De hele dag moet je doen wat zij zeggen, maar tussen de middag ben jij de baas,' werd er gezegd.

Nu deze krachtige marketingstrategie in gang was gezet en de pizza-Lunchables een doorslaand succes bleek te zijn, lag plotseling de hele wereld van het fastfood open voor Kraft. De snelle 'Mexicaanse' hap waarmee ketens als Taco Bell de Amerikanen verleidden, vond navolging in een versie van Lunchables die 'Beef Taco Wraps' werd gedoopt. (Net als bij de pizza was de vulling voor de taco apart verpakt, zodat kinderen voor kok konden spelen.) Het populairst waren nog steeds de hamburgers, natuurlijk, en de koning van hamburgerland was McDonald's met zijn Happy Meal. Om die naar de kroon te steken kwam Kraft met de Mini Burgers Lunchables, een pakket met twee vleesschijven, bewerkte kaas, twee broodjes, ketchup en mosterd, frisdrank en een snoepreep. Niet veel later werd de Mini Hot

Dog Lunchable op de markt gebracht, wat voor Oscar Mayer dé kans was om van zijn knakworsten af te komen. Vervolgens kwam er een lijn Lunchables die het bereik van het product verruimde van tussen de middag naar andere momenten van de dag, inclusief het ontbijt.

Het hele assortiment was bedoeld om koud gegeten te worden. De kinderen kon het niet schelen: koude pannenkoeken aten ze net zo lief als rauwe pizza's. De verkoopcijfers bleven stijgen. In de taal van de voedingsindustrie werd Lunchables meer dan een hit: het werd een categorie, een die Oscar Mayer overeind hield in een tijd waarin zijn vleeswaren weinig aftrek vonden.

Uiteindelijk verschenen er ruim zestig varianten van Lunchables en pakketten van andere merken in de levensmiddelenwinkels, waarvan de meeste voor kinderen waren bestemd. In 2007 bracht Kraft zelfs Lunchables Jr. op de markt – voor kinderen van drie tot vijf jaar jong.

Een groot deel van dit gekoelde voedsel bleek geen hoge voedingswaarde te hebben. Dat is niet verbazingwekkend; gemak heeft zijn prijs. Aan het voedsel zijn grote hoeveelheden zout, suiker en vet toegevoegd, niet alleen om het aantrekkelijker te maken, maar ook om het weken- of zelfs maandenlang goed te kunnen houden. In 2009, toen een groep consumentenbeschermers de explosie van fastfood in de supermarkt nader ging bekijken, werd de prijs van gemak niet meer alleen aan de groeicijfers van obesitas bij kinderen afgemeten. Steeds meer kinderen kregen diabetes, een ontwikkeling die uit een aantal schokkende studies naar voren kwam. Bijna één op de vier Amerikaanse adolescenten staat op het punt om diabetes type 2 te krijgen of heeft het al. In de jaren negentig was dat nog één op de tien. Type 2 is de meest voorkomende vorm van suikerziekte en overgewicht wordt als de voornaamste oorzaak genoemd. In 2008 constateerden artsen die bij zeventig kinderen, van wie de meeste te zwaar waren, een echoscopie uitvoerden, dat kinderen van tien jaar al de stugge aderen met dikke wanden van 45-jarigen hadden en andere afwijkingen die de kans op hart- en vaatziekten vergroten.

De groep die in het kader van het zogenoemde Kankerproject de voorverpakte maaltijden van het type Lunchables onderzocht, mat bijna zestig kant-en-klare maaltijden door en trof in bijna allemaal een gruwelijke mix van zout, suiker en vet aan. Drie van de slechtst scorende maaltijden kwamen uit de serie Lunchables, waaronder, op nummer één, een pakket met ham en kaas uit de lijn Maxed Out. Onder druk van aanvallen als deze heeft Kraft deze lijn geschrapt en worden in de andere Lunchables de zout-, suiker- en vetgehalten verlaagd.

Bij de ontwikkeling van al die nieuwe lijnen was Bob Drane niet meer betrokken. Maar terugkijkend op de begindagen van Lunchables, waarin hij de financiering voor de productie had veiliggesteld door naar Philip Morris te stappen, zei hij niet verrast te zijn door hun succes. 'Er kwam tekening in,' zei hij. 'De omzet stijgt. De opbrengst wordt groter. De kosten gaan omlaag. De winstmarges worden groter. De cijfers gaan van rood naar zwart. Je krijgt wat wij een platform noemen, dat zich ontwikkelt tot wat wij een groeimachine noemen, en dan gaat het maar door en door.'

In al die verslagen waarin de opkomst van de Lunchables wordt beschreven en de verschuivingen die ze teweegbrachten in lunchgewoonten, was er één ding dat mij in het bijzonder opviel. Het zei mij veel, misschien nog wel meer dan de memo's over de sluwe benadering van moeders en kinderen of de duwtjes en overdreven loftuitingen van de managers van Philip Morris. Het was een foto van de dochter van Bob Drane, die hij tussen de dia's voor de presentatie van Lunchables had gestopt. De foto was genomen op de bruiloft van Monica Drane, in 1989. Ze stond buiten, bij het huis van haar ouders in Madison. Een mooie vrouw in een witte bruidsjurk, met een van de gloednieuwe gele lunchpakketten in haar handen.

In de maanden waarin ik bezig was met het onderzoek naar Lunchables, kwam ik telkens weer bij die foto terug. Er was iets mee. Ik bleef me afvragen of ze echt zo dol was op Lunchables. Uiteindelijk besloot ik het haar te vragen. 'Er moeten een paar in de koelkast hebben gelegen,' zei ze tegen me. 'Waarschijnlijk heb ik er een uit gepakt, voordat we naar de kerk gingen. Mijn moeder had er grapjes over gemaakt. Het lijkt wel ons vierde kind, zei ze, omdat mijn vader er zoveel tijd en energie in stak.'

Maar toen we over Lunchables begonnen, zei ze dat ze aan een heel ander moment uit haar leven moest denken. Dat was een paar jaar later. Ze was verhuisd naar Boston om in een districtskantoor van het Congreslid Barney Frank te gaan werken. Op een dag ging ze lunchen met een paar andere stafmedewerkers en vrijwilligers. 'Ik kwam aanzetten met een Lunchables. Best wel trots, omdat mijn vader dit hippe, coole pakket had bedacht. Een van de vrouwen, een vrijwilligster, was ontzet. "Besef je wel dat al dat plastic op de afvalberg komt? En wat denk je van al die nitraten in de ham?"

Ik had letteren gestudeerd aan een universiteit in Minnesota en ik was misschien een beetje geïnteresseerd in gezondere voeding, maar niet echt. Ik kromp echt helemaal ineen, terwijl ik dacht: o mijn hemel, ze heeft gelijk. Kijk nou toch eens naar dat afschuwelijke gele plastic. Kijk naar de ingrediënten. En ik weet niet eens of er toen al een ingrediëntenvermelding op verpakkingen stond, maar ik had voldoende besef om te denken: o jee, dit is echt erg.'

Op het moment dat ik met haar sprak, had Monica Drane drie kinderen, van tien, veertien en zeventien jaar. 'Ik geloof niet dat mijn kinderen ooit Lunchables hebben gegeten,' vertelde ze me. 'Ze weten dat ze bestaan en dat opa Bob ze heeft uitgevonden. Maar wij eten heel gezond.'

Na het voorval in Boston, vertelde Monica, had ze haar vader bestookt met kritiek. Ze verweet hem dat hij junkfood had gemaakt. 'Nu ik ouder ben, realiseer ik me hoe onnadenkend dat was,' zei ze. 'Hij had het gedaan voor de werkgelegenheid in Madison. Om banen te creëren. Dat stond voor hem voorop. Hij bekeek het ook vanuit een maatschappelijk standpunt. Hij had het gevoel dat er behoefte was aan zoiets als Lunchables. Voor mensen die niet over de middelen beschikken die ik heb. Misschien was het resultaat niet het best denkbare product, maar de bedoeling was goed.'

Bob Drane verbruide het niet bij al zijn kinderen. Een van zijn beide zoons werd een fan, zei Monica. Die gaf zijn eigen kinderen Lunchables mee naar school. Drane zei trouwens dat productontwikkelaars als hij zich zelden laten inspireren door de situatie in hun eigen gezin. Bij bewerkt voedsel speelt klassenverschil een rol. Bedenkers van producten zijn niet de aangewezen consumenten. Daarom wordt er zoveel belang gehecht aan focusgroepen.

'De mensen die in deze bedrijven werken, hebben vaak maar heel weinig gemeen met de mensen voor wie ze de producten maken,' zei hij. 'Ze zijn hoog opgeleid en hebben een veel hoger inkomen. Ze hebben vaak een heel andere leefstijl. Zij zijn de mensen die dingen bedenken voor de gemiddelde consument. Vaak hebben ze geen idee. Ze moeten luisteren naar wat de consument te zeggen heeft. Dat is een van de voorwaarden voor succes. Luister niet naar de hoofddirecteur. Laat de mensen aan wie je iets wilt verkopen je vertellen wat zij willen.'

Bob Drane had dat gedaan. Hij had geleverd wat de mensen wilden, een paar honderd banen gered en de ochtendstress in het gemiddelde gezin weggenomen. Toen ik hem vroeg of hij nog steeds trots was op zijn vinding, zweeg hij even. Even maar. 'Je kunt niet altijd alles hebben,' zei hij toen. 'En je kunt alles beredeneren. Achteraf bekeken hadden we beter op de voedingswaarde moeten letten, maar ik wil niet het hele project afdoen als allesbehalve een positieve bijdrage aan het leven van de mensen. Het heeft hun leven gemakkelijker gemaakt en ik denk dat de voordelen opwegen tegen de nadelen. Het is het model geworden voor een kant-en-klare, voorverpakte lunch. En wat ik zo mooi vind van innovaties, is dat volgende generaties erop terug kunnen grijpen, dat ze een voorbeeld hebben en het voortdurend zullen verbeteren. Ik geloof nog steeds dat dit model lang zal blijven bestaan en de maatschappij, de kinderen, en de moeders op verschillende manieren vooruit zal helpen. En dat het aangepast zal worden op de punten waar dat nodig is.'

Nog steeds praat Bob Drane met kinderen over wat ze graag eten, maar zijn benadering is veranderd. Hij werkt als vrijwilliger voor een non-profitorganisatie die in Madison is gevestigd. Het streven is de communicatie tussen schoolkinderen en hun ouders te verbeteren. Het gaat om gezinnen die moeilijk kunnen rondkomen. Een van de problemen waarmee ze te kampen hebben, is overgewicht bij de kinderen. Voor een discussie over obesitas met studenten van de universiteit van Wisconsin heeft Drane ook een verslag over de voedingsindustrie gemaakt. In dit stuk noemt hij zijn eigen Lunchables niet, maar houdt hij de hele industrie verantwoordelijk voor het almaar groeiende probleem door te wijzen op de 'toename van door bedrijven bereide, bewerkte en geconserveerde voedingswaren, die vaak veel suiker, vet, zout enzovoort bevatten. Er gaan meer calorieën naar binnen, er worden minder calorieën verbrand en het gewicht gaat omhoog.'

Er bestaat geen tovermiddel tegen overgewicht, schrijft Drane. In plaats daarvan geeft hij een lange lijst van deeloplossingen en bestookt hij de makers van bewerkt voedsel even hard als zijn dochter hem bekritiseerde. De industrie, schrijft hij, 'moet erkennen dat "fabrieksvoedsel" een overheersende rol in onze voeding speelt en dat "als het maar verkoopt" niet meer de enige overweging mag zijn'. De industrie moet ingrediënten die obesitas veroorzaken uit de producten halen of er in elk geval minder van gebruiken. De voedselfabrikanten moeten investeren in onderzoek om 'te weten te komen hoe ze even gezond kunnen "koken" als de huismoeders van vroeger. Er moet heel veel veranderen in de samenstelling, bereiding en conservering van de producten. En in de distributie. Die moet sneller en langs kortere lijnen.'

Doordat hij de industrie verantwoordelijk hield, ontbrak er iets in de lijst van mogelijke oplossingen die Drane opstelde: de rol die de regering kon spelen om de voedingsindustrie te beteugelen. Daar was een reden voor. Zoals voedselfabrikanten heel goed weten en zoals ik zou merken toen ik voor het verslag in dit boek van Madison naar Washington verhuisde, is de regering minder op regelgeving gericht dan op de bevordering van een aantal praktijken die zeer bedreigend zijn voor de gezondheid van consumenten.

10 DE BOODSCHAP DIE DE REGERING UITDRAAGT

Het hoofdkwartier van het ministerie van Landbouw staat aan de National Mall, op een steenworp afstand van het Washington Monument. Het instituut, met 117.00 werknemers, laat zich erop voorstaan het hele land te dienen. In 1862 werd het opgericht door president Abraham Lincoln. In die tijd was Amerika nog een overwegend agrarisch land en Lincoln sprak dan ook niet voor niets over 'het ministerie van het volk'.

Het hoofdkantoor van het ministerie bestaat uit twee gebouwen en ze zijn allebei reusachtig. Voor het hoofdgebouw, waarin de top van het ministerie zetelt, werd in 1904 de eerste steen gelegd. Het is in gedeelten gebouwd. De twee vleugels, uitgevoerd in wit marmer, strekken zich uit over meer dan 250 meter en worden gesteund door de gigantische Korinthische zuilen die kenmerkend zijn voor de stijl Beaux Arts. Erachter staat het zuidelijke gebouw, het South Building, dat in 1936 verrees om ruimte te bieden voor de uitbreiding van de werkzaamheden. Met zijn 4500 kamers en 112 kilometer aan gangen werd het tijdelijk het grootste kantoorgebouw ter wereld, totdat een paar jaar later het Pentagon werd gebouwd.

Binnen het ministerie van Landbouw werkt het instituut een agenda af die even omvangrijk is als de gebouwen zelf: het houdt toezicht op het voedsel dat de Amerikanen eten. Zijn voornaamste taak is te verzekeren dat het meest elementaire wat het land te bieden heeft volkomen zuiver is. Het voedsel moet aan alle mogelijke eisen voldoen en wel 'van de boerderij tot op het bord'. Maar het 'ministerie voor het volk', waarvan Lincoln zulke hoge verwachtingen had, is in die kwestie allang verstrikt geraakt in een belangenstrijd die zijn volkse wortels ondergraaft. Aan de ene kant moet het ministerie opkomen voor de circa 312 miljoen mensen die in de Verenigde Staten leven en hun gezondheid beschermen. Aan de andere kant voelt het zich verplicht de ongeveer driehonderd ondernemingen in de voedingsindustrie, waarin 1 biljoen dollar omgaat, te sussen en te koesteren. De spanning tussen wat goed is voor de bedrijven en wat goed is voor het volk, is nergens zo duidelijk te voelen als in een van de pijlers van bewerkt voedsel: vet.

Vet is natuurlijk het smeermiddel dat de handel in snacks, met een omzet van 90 miljard dollar, draaiende houdt door dat cruciale element te leveren dat 'mondgevoel' is gaan heten en onontbeerlijk is in maïschips en crackers, roomijs en koekjes. Wat veel mensen niet weten, is dat chips of toetjes lang niet zoveel vet bevatten als twee andere steunpilaren van bewerkt voedsel. De belangrijkste leveranciers van verzadigd vet – het type vet waar artsen zich zorgen om maken – zijn kaas en vlees. In de productie en de verkoop van juist deze twee producten heeft de voedingsindustrie zich uitzonderlijk bedreven getoond om het beleid te beïnvloeden. Terwijl het Amerikaanse volk zich gesteld ziet voor een epidemie van vetzucht en dichtgeslibde slagaderen, neemt het 'ministerie van het volk' onvoldoende maatregelen om het gebruik van vet te beperken, omdat het steevast zijn oren laat hangen naar de voedingsindustrie. Het ministerie heeft zich zelfs aan de zijde van de industrie geschaard om het volk te verleiden tot een hogere consumptie van kaas en vlees.

De belangen van de consument worden behartigd door het Center for Nutrition Policy and Promotion. Dat het centrum laag in de pikorde staat, blijkt niet alleen uit het feit dat het niet in het hoofdkwartier van het ministerie van Landbouw is gevestigd, maar ook uit het bedrag dat het mag besteden aan de zoektocht naar gezonder eten. Het budget is een armzalige 6,5 miljoen dollar per jaar, wat neerkomt op 0,0045 procent van de totale uitgaven (146 miljard dollar) van het ministerie. Gegeven deze beperking steekt het centrum veel energie in één bescheiden project: het opstellen en verspreiden van een officiële handleiding voor gezonder eten.

Deze gids, die het kader aangeeft van het regeringsbeleid op voedingsgebied, verscheen voor het eerst in 1980, toen het aantal gevallen van obesitas begon te stijgen. Om de vijf jaar wordt de gids bijgewerkt met behulp van een groep deskundigen die met het centrum samenwerken om de ontwikkelingen in de eetgewoonten te volgen. Tot deze groep behoren diëtisten, pedagogen, laboranten en epidemiologen, en in de loop van de jaren kregen ze de grootste boosdoeners op het gebied van overmatig eten in het vizier. In hun dikke, gedetailleerde verslagen staat uitvoerig beschreven dat Amerika verslaafd is geraakt aan suiker en ook afhankelijk is geworden van zout. Bij de voorbereiding van hun laatste rapport, dat in 2010 door het ministerie werd gepubliceerd, kwamen ze tot nog een andere, verbijsterende ontdekking.

De consumptie van verzadigd vet bleek enorm te zijn gestegen.

Dit type vet wordt zo genoemd omdat het volledig verzadigd is met waterstofatomen. De dubbel gebonden koolstofatomen die kenmerkend zijn voor onverzadigde vetten, komen er niet in voor. Verzadigd vet wordt al lang in verband gebracht met hart- en vaatziekten, schreef het panel. Het is een van de voornaamste oorzaken voor een hoog cholesterolgehalte in het bloed. Cholesterol is een wasachtige substantie die de aderen doet dichtslibben en daarmee het risico op hart- en herseninfarcten verhoogt. Indirect verdient de farmaceutische industrie veel aan verzadigd vet. Dit was allemaal bekend, maar er kwam nog iets bij. Het panel benadrukte dat verzadigd vet mede verantwoordelijk is voor een andere welvaartsziekte: diabetes type 2, die wordt veroorzaakt door slechte eetgewoonten. Nog verontrustender was dat een klein, maar groeiend aantal kinderen – van wie veel te zwaar waren – deze vorm van suikerziekte kreeg.

Het panel beschikte over de landelijke gegevens over de hoeveelheid zout, suiker en vet die de Amerikanen aten. Het bleek dat Amerikanen, en vooral kinderen, veel verzadigd vet binnenkregen. Om de verschillen in ons voedselpatroon aan te geven meten voedingsdeskundigen het vet als een percentage van alle calorieën die we gebruiken. Uit de gegevens maakten ze op dat kinderen van één tot drie jaar in verhouding het meeste verzadigd vet binnenkregen – ruim 12 procent van hun totale calorieëninname. Ze werden op de voet gevolgd door oudere kinderen, die 11,5 procent scoorden, en volwassenen, die op circa 11 procent uitkwamen. Dit waren natuurlijk gemiddelden, waarin geen rekening was gehouden met de 'zware gebruikers' op wie de voedingsindustrie haar pijlen richt en die onbeperkte hoeveelheden vet consumeerden.

'Om de inname van verzadigde vetten te beperken zijn inspanningen van de overheid gerechtvaardigd,' zei het panel in zijn rapport van 2010. Het nam een gewaagde stap door de aanbevolen maximumhoeveelheid verzadigde vetten te verlagen en wel voor iedereen, zowel kinderen als volwassenen. De oude limiet was 10 procent. Maar nu, zei het panel, zou iedereen moeten streven naar een inname van hooguit 7 procent of iets meer dan de helft van wat kinderen nu gemiddeld gebruiken.*

Bleef de vraag hoe de Amerikanen aan al dat vet kwamen. Het panel kreeg uiteindelijk toegang tot onderzoeken die de federale regering daarnaar had gedaan. De bevindingen waren verbluffend. Boven aan de lijst van boosdoeners stond kaas, met daarachter pizza, wat in feite een vehikel voor kaas is. Kaas en pizza droegen samen meer dan 14 procent bij aan de totale hoeveelheid verzadigd vet die werd geconsumeerd. Nummer twee op de lijst was vlees, dat wil zeggen rood vlees en vleeswaren, die ruim 13 procent van het vet in het eten voor hun rekening namen. Op de derde plaats, met iets minder dan 6 procent, stond al dat gebak op basis van granen, al die koekjes en chocoladetaartjes, die stikvol oliën zitten. Het was een lange lijst, die zich door de gangpaden van de levensmiddelenwinkels slingerde, van de vrieskisten met kant-en-klaarmaaltijden naar de bakken met snoep. Chips, van aardappelen of maïs, bleken maar 2,4 procent van het verzadigde vet in de Amerikaanse voeding bij te dragen.

Al met al zou het rapport van het instituut over verzadigd vet tot maar één conclusie moeten leiden: we moeten stoppen met het eten van die grote hoeveelheden kaas en vlees. Precies tot die slotsom kwam een aantal van de intelligentste onafhankelijke denkers op voedingsgebied, onder wie Walter Willett, die op de School of Public Health van Harvard verantwoordelijk is voor het lesprogramma voedingskunde. Willett windt er geen doekjes om als hij erop aandringt dat mensen minder vlees en kaas moeten eten. Hij zegt gewoon dat we in plaats van elke dag een portie vlees niet vaker dan twee keer per week een portie moeten nemen. Vlees dat verwerkt is tot bacon,

---

* Uitgaande van 2000 calorieën per dag, een gemiddelde waarop de etikettering van verpakte voedingswaren is gebaseerd, zou iemand maar 15,5 gram verzadigd vet hoeven te gebruiken – drie bolletjes roomijs of twee glazen volle melk – om de limiet van 7 procent te bereiken.

bolognaworst, hotdogs, vleeswaren en andere producten waaraan zout is toegevoegd, zouden we helemaal moeten vermijden. Tal van andere voedingsmiddelen, waaronder kip en vis, kunnen de eiwitten leveren die we nodig hebben, terwijl in de behoefte aan calcium kan worden voldaan door groenten, of desnoods een voedingssupplement.

Maar hier scheiden zich de wegen. Wat de verdedigers van de consumentenbelangen zeggen, wijkt sterk af van de boodschap van het Amerikaanse ministerie van Landbouw. Om te beginnen is er in de gids van 2010 nauwelijks iets te vinden over de herkomst van al dat verzadigde vet. In het rapport van 95 bladzijden staat maar één tabelletje, op bladzijde 26, met vette voedingswaren. Veelzeggend is ook dat er nergens in het rapport over vermindering van de consumptie van kaas en vlees wordt gesproken.

Nadat de gids was uitgekomen, gingen Willett en Margo Wootan, hoofd Voeding in het Center for Science in the Public Interest, de confrontatie aan met een woordvoerder van het voedingscentrum van het ministerie. Willett en Wootan verweten het voedingscentrum te terughoudend te zijn. Het had duidelijker moeten maken waar het gevaar in schuilt: in kaas, vlees en al die andere producten waarvan is bewezen dat ze slecht voor de gezondheid zijn.

In zijn antwoord begon Robert Post, de adjunct-directeur van het voedingscentrum, de gebruikelijke praatjes te verkopen, die volstrekt onvoldoende waren om zijn ondervragers te kalmeren. Naar zijn mening draaide het in de voedingsleer om voedingsstoffen en niet om specifieke voedingsmiddelen, en moest in het streven naar optimale gezondheid het hele voedingspatroon in ogenschouw worden genomen. 'Het is niet de bedoeling specifieke voedingswaren te schrappen,' zei hij.

Als dit alles was wat het 'ministerie van het volk' in zijn richtlijnen deed – géén namen noemen als het erop aankwam mensen te helpen hun voedingsgewoonten te verbeteren – waren voedingsdeskundigen misschien niet zo boos geworden op het voedingscentrum. De mensen begrepen misschien zelf wel, als ze de gids goed lazen, dat ze minder kaas en vlees moesten eten. Maar het ministerie ging veel verder om de voedingsindustrie te helpen. In de gids van 2010 werd kaas wel genoemd. In een paragraaf met het kopje 'Aanbevolen voedingswaren en voedingsstoffen' stond kaas tussen de levensmiddelen waar de mensen méér van zouden moeten nemen. Wat vlees betreft, beveelt de gids een hogere consumptie van vis en schaal- en schelpdieren aan vanwege de omega-3-vetzuren die ze bevatten, 'goede' vetten, die het risico op hart- en vaatziekten verlagen. Maar in het hele rapport wordt vlees aangeprezen, met de verzekering dat de consumptie ervan niet tot overgewicht hoeft te leiden, net zomin als die van zuivelproducten: 'In een gezond eetpatroon zijn deze levensmiddelen belangrijke bronnen van voedingsstoffen.'

Bij deze aanbevelingen werd wel een waarschuwing gegeven: neem alleen kaas en vlees met weinig of geen vet. Maar in de praktijk is dit niet haalbaar. Omdat kaas zonder vet vies is en kaas met weinig vet niet veel beter smaakt, bieden de supermarkten vooral volvette kaas aan. Bij vlees is het probleem nog groter. In de levensmiddelenwinkel zijn er geen stukken vlees te koop die aan de door het ministerie gestelde norm voor 'vetarm' – hooguit 3 procent vet – voldoen. Wat er het dichtstbij komt, is 'extra mager' vlees, met 5 procent vet, en 'mager' vlees, met 10 procent vet. Een stukje mager vlees van 85 gram bevat 4,5 gram verzadigd vet, bijna een derde van de aanbevolen maximumhoeveelheid per dag. En uitgerekend dit vlees wilde het ministerie de mensen laten eten.

Mager vlees is niet wat de mensen voor ogen hebben als ze aan vlees denken. Maar zelfs als meer mensen het advies van het ministerie zouden wíllen opvolgen, zou het een hele toer worden om aan mager vlees te komen. In de supermarkt is het niet of nauwelijks te vinden.

Dat het ministerie zich inhield als het om kaas en vlees ging, is begrijpelijk. De fabrikanten van bewerkt voedsel, die beseffen hoe belangrijk de gids was, besteedden grote sommen geld om het panel dat aan de editie van 2010 zou werken te beïnvloeden. Uit de gegevens van het ministerie blijkt dat zeven van de dertien leden van het panel waren benoemd door de Grocery Manufacturer's Association (GMA), de vereniging van fabrikanten van kruidenierswaren. De leden die ik interviewde, beweerden allemaal dat ze onafhankelijk waren, maar in de benoemingsbrieven maakte de vereniging duidelijk waar ze stond: als het panel over gezonder eten zou beginnen, moest het 'expertise en perspectief inzake de ontwikkeling van voedingsproducten inbrengen', en dus moesten er in het panel mensen zitten die begrépen wat de industrie nodig had en wat er van de fabrikanten werd gevraagd.

Behalve de GMA, waarin Kraft, Kellogg, Nestlé, PepsiCo en bijna alle andere grote fabrikanten van bewerkt voedsel – meer dan driehonderd ondernemingen in totaal – waren verenigd, oefenden ook andere groepen van voedselfabrikanten en individuele bedrijven druk uit op het panel. Allemaal pleitten ze ervoor voorzichtig om te springen met hun grote belangen en vooral niet de nadruk te leggen op zout, suiker en vet. Het panel werd overspoeld met brieven, vergezeld van documentatie waarin de gezondheidsrisico's van die toevoegingen werden betwist. Daarnaast somden de voedselfabrikanten de bezwaren op van verlaging van de gebruikte hoeveelheden zout, suiker en vet. Zo zou er kraak noch smaak zijn aan ontbijtgranen met minder suiker of vet.

Het panel kreeg ook een brief, van zeventien kantjes, van de gefortuneerde achterban van het ministerie. De afzender zei dat hij een industrie vertegenwoordigde met een omzet van 2,1 biljoen dollar per jaar, 14 miljoen banen en 1 biljoen dollar in 'toegevoegde waarde voor de economie van het land'. De brief, die was gestuurd door de GMA, begon met een dubbele klacht: 'We constateren dat er in het rapport van de adviescommissie voor voedingsrichtlijnen herhaaldelijk de suggestie wordt gewekt dat het voor Amerikanen beter zou zijn minder bewerkt voedsel te eten. Deze veronderstelling is niet gebaseerd op wetenschappelijk onderzoek, miskent de waarde van de voedselvoorziening in de Verenigde Staten en houdt vast aan de misplaatste gedachte dat bewerkt voedsel arm aan hoogwaardige nutriënten zou zijn.' Volgens de vereniging zorgt de bewerking van voedsel er juist voor dat er het hele jaar door een grote verscheidenheid van verrijkte voedingswaren te krijgen is. Vervolgens probeerde de vereniging het panel over te halen niet in details te treden als het er bij de Amerikanen op aan bleef dringen minder bewerkt voedsel te eten.

De GMA voerde ook argumenten, die een paar bladzijden besloegen, aan tegen de aanbeveling van het panel de dagelijkse maximumhoeveelheid verzadigd vet te verlagen, door onder andere te beweren dat de vorige, hogere limiet gemakkelijker te bereiken en dus 'consumentvriendelijker' was. Uiteindelijk verloren de fabrikanten op dit punt. Het panel hield voet bij stuk en verlaagde de aanbevolen maximumhoeveelheid, maar die verandering was niet echt bedreigend voor de voedingsindustrie, omdat er geen gedetailleerd advies werd gegeven over vermindering van de consumptie. Aan de eetgewoonten van de Amerikanen zou niets veranderen. 'Voor de consumenten is de verlaging van 10 naar 7 procent een abstract begrip,' hield de GMA het panel voor.

Naar Virginia afreizen om op het ministerie van Landbouw de functionarissen te bewerken die voor de gezondheid van de consument opkomen, is natuurlijk maar een deel van de taakomschrijving voor de vertegenwoordigers van de voedingsindustrie. Een groot gedeelte van hun tijd hangen ze rond in de gangen van het hoofdkwartier van het ministerie, waar ze nauwelijks op weerstand stuiten. Daar hoeven de voedselfabrikanten niet veel moeite te doen om maatregelen af te zwakken, al behoort dat ook tot hun opdracht. In plaats daarvan gebruiken ze hun macht om het voedingscentrum tot hun bondgenoot te maken. Deze innige relatie heeft de voedingsindustrie uit de nesten geholpen en er zelfs voor gezorgd dat de Amerikanen nog meer kaas en vlees in hun winkelwagentje laden, ook al 'letten ze op vet'.

Onder Reagan begon het ministerie van Landbouw een serieuze rol te spelen in de promotie van kaas en vlees. In 1985 bereidde de regering maatregelen voor om de subsidies voor melk te beteugelen. Omdat er te veel werd geproduceerd, moest de veestapel inkrimpen, was de gedachte. De overheid zou betalen voor het slachten van 339.000 melkkoeien. Al dat vlees zou op de markt komen en de prijs van rundvlees doen kelderen.

Het Congres betoonde een en al medeleven.

'Ik maak me zorgen om de Amerikaanse veehouders,' zei senator Steve Symms, een Republikein uit Idaho, tegen zijn collega's. Ze bespraken de laatste versie van de 'Farm Bill', het wetsvoorstel voor het boerenbedrijf. 'De cowboys zijn een groep boeren die niet naar Washington komen om een greep in de schatkist te doen. Ik weet geen oplossing, maar ik ben echt bezorgd om de Amerikaanse veehouders en ik vind dat ze onze hartelijke gelukwensen verdienen. Wat we in elk geval kunnen doen, is iedereen oproepen biefstuk te kopen. Daarmee zullen de veeboeren zeker geholpen zijn. We zouden ook een paar bekers melk extra kunnen drinken om van de melkplas af te komen.'

Het opkopen van koeien bleek weinig te helpen. De melkveehouders kochten gewoon nieuwe koeien en de overproductie van melk bleef bestaan. En om de melk niet te hoeven weggooien, werd er steeds meer kaas gemaakt. Maar de veefokkers kregen het toch iets gemakkelijker door de Farm Bill van 1985. Het ministerie van Landbouw zag zich door deze wet gedwongen in de volgende twee jaar 90.000 ton rundvlees op te kopen, dat verdeeld zou worden over hulpbehoevenden. Voor de langere termijn bood de wet een andere, slimmere oplossing. Er zou een systeem komen waardoor kaas- en vleesproducenten het Amerikaanse publiek directer en agressiever konden benaderen om de consumptie van rundvlees op te stuwen tot ongekende hoogten.

Marketing was nooit een van de sterke punten geweest van de vlees- en zuivelindustrie. De ondernemers in de veehouderij hadden hulp nodig en het Congres verzon er iets op. Het stelde twee marketingprogramma's op, een voor rundvlees en een voor melk, en belastte de minister van Landbouw met de uitvoering.

De programma's werden bekend als *check-offs*. Om het voor de marketing benodigde geld te vergaren was het volgende systeem bedacht: de ruim 90.000 melkveehouders moesten 15 dollarcent bijdragen per 45 liter melk. Voor rundvlees was de heffing gebaseerd op transacties: elke keer dat er een koe werd verkocht, van de ranch naar een weide om af te mesten, of van de weide naar het slachthuis, moest de verkopende partij een dollar afdragen voor de marketing.

De afgedragen dollars voor de marketing van rundvlees liepen op tot ruim 80 miljoen per jaar. In de loop van de jaren werd er in totaal 2 miljard dollar afgedragen. Dat betekent dat er 2 miljard dollar in kas was om de verkoop van rundvlees te bevorderen. De 6,5 miljoen dollar die het voedingscentrum van het ministerie van Landbouw jaarlijks mag besteden om de Amerikanen ertoe te bewegen niet alleen minder vet, maar ook minder suiker en zout te gebruiken, steekt hier schril bij af. Het was geen eerlijk gevecht.

Het grote geld kwam net op tijd. Sinds 1976 was de consumptie van rundvlees gedaald, van 42 tot 30 kilo per hoofd van de bevolking per jaar. Ongeveer de helft van het geconsumeerde rundvlees bestond uit hamburgers. Tegelijkertijd waren de Amerikanen steeds meer kip gaan eten en ook wat meer vis, die beide veel minder rijk zijn aan verzadigde vetten.

Voor rundvlees was dit een zorgwekkende ontwikkeling, maar de nieuwe oorlogskas bood mogelijkheden om een strategie te ontplooien die de trend om zou buigen. Een deel van het geld werd gestoken in marktonderzoek en de bevinding was dat met rundvlees hetzelfde aan de hand bleek te zijn als met kaas. De mensen hadden altijd gewoon kaas gegeten, hooguit met een cracker, totdat Kraft – ondersteund door het marketingprogramma van de zuivelindustrie – op de gedachte kwam het idee dat consumenten over kaas hadden compleet te veranderen, waarna de verkoopcijfers door het plafond schoten. Waarom zou er met rundvlees niet hetzelfde kunnen gebeuren?

Mark Thomas, een biochemicus, werkte in een tak van de vleesindustrie waarin aan research en ontwikkeling werd gedaan toen dit lampje ging branden. Omdat zijn afdeling niet over de technische middelen beschikte om uitgebreid onderzoek te doen, werd er een wedstrijd uitgeschreven. Mensen uit het vakgebied, van veefokkers tot grote en kleine voedselfabrikanten, werden opgeroepen ideeën aan te leveren voor rundvlees als ingrediënt. De opdracht was: stop rundvlees in een kant-en-klare, verpakte maaltijd die alleen maar opgewarmd hoeft te worden voor het opdienen.

'Ik vond het een dom idee,' vertelde Thomas mij. 'We zouden deze producten naar onze testkeukens in Chicago sturen en ze vervolgens door een jury laten beoordelen, die er vijf zou uitkiezen. Er werd een hoofdprijs van 50.000 dollar uitgeloofd. Ik had er weinig fiducie in, maar we gingen ervoor. We maakten eigenlijk alleen nog maar reclame voor deze nieuwe categorie van voedsel. En als je nu in de supermarkt kijkt, vind je vijf tot acht merken kant-en-klare voorgerechten met rundvlees.

Omdat er steeds meer kip werd verkocht, mede door het gigantische succes van fastfoodsnacks als de McNugget, legde de vleesindustrie zich vervolgens toe op de ontwikkeling van fingerfood met rundvlees. Een team voedingstechnologen haalde van alles uit met rundvlees, wikkelde het in pannenkoekjes met ei en kaas, deed er kaas bij en wikkelde het om een stokje, stopte het in een rolletje dat rechtop kon blijven staan enzovoort. 'De afgelopen jaren hebben we veel onderzoek gedaan. Onder de jongeren van nu en onder de volwassenen van nu. En we richtten ons speciaal op de volwassen consument,' zei een bestuurslid van de rundvleessector in een promotievideo. 'Volwassenen hebben het druk. En kinderen ook. Ze gaan naar school, naar naschoolse activiteiten, naar allerlei trainingen. En dan moeten ze ook nog hun huiswerk doen. Wij aten elke avond met elkaar aan tafel, maar ik begrijp dat dit in veel gezinnen tegenwoordig anders gaat. Daarom proberen we nieuwe producten te maken, die passen in de leefstijl van de moderne consument. We hebben geprobeerd deze producten zo gemakkelijk mogelijk te maken, gemakkelijk om mee te nemen en te eten.'

Als Amerikanen de hele dag wilden snacken, moest en zou er rundvlees voor hen zijn. Om dit voor elkaar te krijgen vond de vleesindustrie een natuurlijke bondgenoot: de zuivelindustrie. Ze gingen samenwerken om recepten te ontwikkelen met zowel kaas als rundvlees. En samen deden ze er alles aan om de verkoop van fastfood te bevorderen.

Naast de promotie van nieuwe soorten gemaksvoedsel met rundvlees besteedde het marketingprogramma voor de vleesindustrie ook aandacht aan de vraag naar minder vet vlees. Volgens de woordvoerders van de vleessector kan de consument nu kiezen uit minstens negenentwintig verschillende stukken vlees – runderlappen, biefstuk enzovoort – die voldoen aan de richtlijnen van de regering: 4,5 gram verzadigd vet per portie, wat, let wel, nog steeds bijna een derde is van de aanbevolen dagelijkse maximumhoeveelheid. Ook werd er intensief campagne gevoerd om het idee dat rundvlees per definitie vet is tegen te spreken en tegelijkertijd te benadrukken dat er veel goeds in zit, zoals zink en vitamine B12. 'Behalve dat rundvlees mager is en een gunstig vetzurenprofiel heeft, bevat het allerlei voedingsstoffen die goed zijn voor de groei, de ontwikkeling en het behoud van de algehele gezondheid in alle fasen van het leven, van de zwangerschapsperiode tot op hoge leeftijd,' schreef de National Cattlemen's Beef Association, de 'bond van veehouders', aan het panel van het ministerie dat de voedingsgids van 2010 voorbereidde.

Achter de schermen worstelde de industrie met het vlees dat magerder moest. Sommige stukken vlees gaan er erg op achteruit en worden taai als er geen vet meer aan of in mag zitten. Een van de oplossingen die de vleesindustrie hiervoor bedacht, was het spierweefsel zachter te maken door het magerste vlees door een apparaat te halen dat rijen stalen naalden of bladen ontrolt om het vlees te doorboren. Met dit procedé wordt tegenwoordig ruim 22 miljoen kilo vlees per maand op mechanische wijze min of meer mals gemaakt. Een andere methode is het vlees te behandelen met een zoutoplossing die het weefsel verzacht.*

Een van de succesvolste methoden om mager rundvlees aan de man te brengen zou tevens de controversieelste worden. Er kwam geen mes aan te pas om randjes vet af te snijden. En ook geen naalden of pekel om het vlees malser te maken. Het ging met ammonia. Met dit goedje werd de magerste, de goedkoopste en de meest gegeten hamburger gemaakt.

Deze materie, ook wel bekend als 'roze slijm', maar door het ministerie van Landbouw liever 'mager rundvlees met een verfijnde structuur' genoemd, wordt gecreëerd door stukken vlees van de vetste delen van de koe te nemen, met soms wel 70 procent vet, waarvan vroeger talk of honden- of kattenvoer werd gemaakt. Vervolgens wordt dit spul in een centrifuge gestopt die het meeste vet eruit slingert. Wat overblijft, is een brij, waaruit al het vet is gehaald, op 10 procent na. De vleesbrij gaat vervolgens in bevroren blokken van 13,5 kilo per stuk naar vleesfabrieken, waar er afsnijdsels van rundvlees aan worden toegevoegd om er hamburgers van te maken.

Ontvet rundvlees werd om een andere reden populair bij de bedrijven die hamburgers maken: het was 15 procent goedkoper dan het van nature magere vlees uit Zuid-Amerika, waar de veefokkers hun runderen gras laten eten en hun dieren dus niet voeden met het in Noord-Amerika gebruikelijke veevoer op maïsbasis, waar het vlees

---

* Beide methoden zijn omstreden, hoewel de industrie ervan overtuigd is dat ze veilig zijn. De naalden die gebruikt worden bij de 'mechanische vermalsing' zouden E. coli-bacteriën en andere ziekteverwekkers in de steaks kunnen duwen, tot in de kern, waar de temperatuur tijdens het bakken meestal niet hoog genoeg wordt om ze te doden. En wat het pekelen betreft: soms worden er oplossingen gebruikt die erg veel zout aan het vlees toevoegen.

vetter van wordt. Er kon flink wat bespaard worden, wat niet alleen belangrijk was voor de winkeliers en voor restaurantketens als McDonald's, die hamburgers van ontvet rundvlees kochten.

Aan het begin van de jaren negentig gaf het ministerie van Landbouw het groene licht aan de hamburgerleveranciers om ontvet rundvlees in gemalen rundvlees te verwerken. De grootste producent was een onderneming met de naam Beef Products Inc., die een procedé introduceerde dat desastreus zou blijken. Beef Products Inc. begon het bewerkte vlees met ammoniakgas te behandelen om mogelijke ziekteverwekkers te doden. Bij het ontvette materiaal was het risico op besmetting groter omdat het afkomstig was van de achterste delen van het koeienkarkas. In feces zitten vaak E. coli-bacteriën. Tijdens het slachten kan het vlees met feces besmeurd en zo met de beruchte E. coli besmet raken. De toevoeging van ammoniak – die het materiaal ook een roze tint gaf, die lichter was dan de kleur van normaal rundvlees – was riskant. De methodologische experimenten die het bedrijf liet uitvoeren, leidden tot gevallen waarin de ammoniak de ziekteverwekkers niet doodde of het vlees bedierf door zijn sterke geur. Desalniettemin werd ammoniak binnen de kortste keren als additief gebruikt in naar schatting 70 procent van de hamburgers die in supermarkten en restaurants werden verkocht.

Het gebruik van ammoniak verontrustte de leden van het team dat voor het ministerie van Landbouw aanbevelingen voor schoolmaaltijden zou doen. Ze vochten voor vermelding ervan op het etiket, maar werden overruled door anderen van het ministerie, die ammoniak wensten te beschouwen als een van de vele chemicaliën die in de vleesverwerkende industrie worden gebruikt en waar het publiek niets van hoeft te weten. Maar daarmee was het onderwerp niet van tafel. In 2002 stuurde Gerald Zirnstein, die als microbioloog werkzaam was bij het ministerie, een e-mail naar collega's waarin hij schreef: 'Ik beschouw dit spul niet als gemalen rundvlees en ik vind het een vorm van valse etikettering het in gemalen rundvlees toe te laten.' In dezelfde e-mail noemde hij het bewerkte vlees 'roze slijm'.

De benaming 'roze slijm' werd bekend nadat ik hem in 2009 had overgenomen. Ik had Zirnsteins e-mail te pakken gekregen toen ik verslag deed van Beef Products Inc.'s worsteling met de ammoniakbehandeling. Het artikel dat ik schreef, leidde tot een aaneenschakeling van gebeurtenissen. Het bedrijf beloofde zijn methoden te verbeteren, het ministerie zei dat het beter op zou letten en een paar ouders – in Manhattan en Boston – namen contact met me op om me te vertellen dat ze er bij hun schooldistrict op hadden aangedrongen hun kinderen geen hamburgers met ontvet vlees meer te geven. En, wat nog veel belangrijker was, een van de grootste afnemers van het spul, McDonald's, zou langzaam maar zeker zijn beleid wijzigen. In 2011 stopte de restaurantketen met het gebruik van ontvet vlees voor zijn hamburgers.

Toch bleef het ministerie instaan voor het roze slijm. Het kwam met een argument dat de vleesindustrie jarenlang had gebruikt om de Amerikanen meer rundvlees te laten eten. Natuurlijk, het spul was goedkoop, en ja, de ammoniak maakte het veilig. Maar het was om een andere reden van wezenlijk belang voor de voedselvoorziening in de Verenigde Staten: het was vetarm. Daarom was het een onmisbare bondgenoot in de strijd tegen obesitas bij kinderen. Tom Vilsack, de minister van Landbouw, formuleerde het als volgt in een persconferentie die hij gaf op 28 maart 2012: 'Dat is een van de redenen waarom we het in het lunchprogramma voor scholen hebben opgenomen,' zei hij. 'We zijn verontrust over de toename van obesitas en grijpen deze kans aan om ervoor te zorgen dat jonge mensen een product krijgen dat mager is en minder vet bevat.'

In 2007 was er in Washington een bijeenkomst van eenentwintig wetenschappers uit de hele wereld. Zij stonden op het punt een doos van Pandora te openen die de vleesindustrie met alle geweld dicht wilde houden. De wetenschappers hadden vijf jaar lang geprobeerd de meest waarschijnlijke oorzaken van kanker te achterhalen. Ze deden geen eigen onderzoek, maar ploegden 7000 gepubliceerde studies door om tot een consensus over de bevindingen te komen. Ze letten heel goed op de kwaliteit van het onderzoek, waarbij ze resultaten die ze als ongefundeerd of methodologisch onverantwoord beschouwden opzijschoven. Sommige voor de hand liggende factoren glipten bij gebrek aan bewijs door de mazen van het net. Zo werd er in sommige studies een verband gelegd tussen kanker en voedingswaren met veel suiker, met name fructose, maar de onderzoeksgroep vond de bewijzen te mager en zette vraagtekens bij de vermeende negatieve effecten van (vruchten)suikers. Het laatste wat ze wilden, was onrust zaaien. Dit was trouwens het tweede rapport van de wetenschappers, die onder auspiciën van twee instanties – het Wereld Kanker Onderzoekfonds en het Amerikaanse Instituut voor Kankeronderzoek – werkten. In het eerste rapport, dat ze in 1997 uitbrachten, schreven ze dat er onvoldoende bewijs was voor het verband tussen vlees en kanker.

Deze keer kwamen de wetenschappers tot een heel andere conclusie wat rood en bewerkt vlees betreft. In de onderzoeken die in de tien jaar na 1997 waren gedaan, hadden ze 'overtuigende' bewijzen gevonden dat vlees de kans op (dikke)darmkanker vergroot. In dit geval is de boosdoener, als die er is, waarschijnlijk niet verzadigd vet. De wetenschappers wezen op een stof die van nature in vlees voorkomt. Deze stof, heem genaamd, zou de vorming van mogelijk carcinogene verbindingen bevorderen. Ze zeiden ook dat er tijdens de bereiding van vlees op hoog vuur een groep van meer dan honderd stoffen – met ingewikkelde namen als heterocyclische aminen en polycyclische aromatische koolwaterstoffen – wordt gevormd, die kanker kunnen veroorzaken bij mensen met een genetische aanleg daarvoor. Het risico op kanker lijkt groter te zijn bij bewerkt vlees en neemt toe naarmate er meer van wordt gegeten, merkten de wetenschappers op. De onderzoeken die zij nader bestudeerd hadden, gaven aan dat het eten van rood vlees geen kwaad kan als de consumptie beperkt blijft tot 500 gram per week. Voor bewerkt vlees kunnen we geen veilige norm stellen, zeiden de wetenschappers. Ze konden wel zeggen dat 50 gram bewerkt vlees per dag het risico op darmkanker met 21 procent vergroot.

Voor de vleesverwerkers vormde dit een bedreiging die weleens groter zou kunnen zijn dan de ongerustheid over verzadigd vet, waar ze handig mee wisten om te springen. Kanker boezemde de consumenten veel meer angst in, die de industrie niet kon wegnemen door met oplossingen als het wegsnijden van vet of het benadrukken van de goede eigenschappen van zink te komen. Negen maanden voordat het rapport van de wetenschappers verscheen, bereikten geruchten over de conclusies die erin stonden de vleesproducenten. Gealarmeerd grepen ze naar het machtigste wapen dat ze hadden: het promotieprogramma voor rundvlees dat door het Congres in het leven was geroepen en onder toezicht van het ministerie van Landbouw stond. De industrie gebruikte de door heffingen verzamelde gelden om het wetenschappelijke rapport te ondermijnen voordat het bekend zou worden bij het publiek.

Normaliter zou het veel speurwerk vergen om te achterhalen wat er zich achter de schermen afspeelde, maar het marketingprogramma voor rundvlees is openbaar. De verslagen mag je inzien – je hoeft er alleen maar om te vragen. In die verslagen, van honderden bladzijden, kun je lezen wat er allemaal gebeurde. Er werd 1,2 miljoen dollar uit het fonds gehaald om een interne groep van managers, het zogenoemde 'Kankerteam', aan het werk te zetten. Daarnaast werd er een adviesbureau met de naam Exponent in de arm genomen. Dit bureau levert getuige-deskundigen aan industriële klanten die voor het gerecht moeten verschijnen. Zo wist Exponent een gunstige regeling uit het vuur te slepen voor een verzekeringsmaatschappij waarvan een cliënt Peruviaanse dorpelingen aan kwik blootgesteld zou hebben. In een ander geval werd Uruguay bijgestaan in een conflict met Argentinië over een nieuwe pulpfabriek, die vervuilend en daarmee bedreigend voor het milieu zou zijn. En in een derde geval hielp Exponent een oliemaatschappij die door de regering van Jemen werd beschuldigd van schade aan agrarische bedrijven. Voor de vleesproducenten maakte Exponent een eigen analyse van de onderzoeken die de wetenschappers hadden bestudeerd voor hun rapport over kanker. Het bureau ontdekte fouten in de studies die de bewijskracht zouden verzwakken; later ontdekte het ook vergissingen in het rapport zelf. De wetenschappers en de organisaties voor kankerbestrijding voerden aan dat het kleine foutjes waren, die niet van invloed waren op de bevindingen, maar Exponent bleef bij zijn conclusie: de wetenschappers waren te ver gegaan en de bewijzen voor een verband tussen rundvlees en (dikke)darmkanker waren onbetrouwbaar.

Het Kankerteam probeerde ook de berichtgeving over rundvlees te beïnvloeden en daarmee de publieke opinie. De activiteiten van het team op dat front werden beschreven in een verslag voor de Cattlemen's Beef Board, die toeziet op de inning van de gelden die de veefokkers moeten bijdragen. Volgens het rapport was kanker 'een onderwerp dat emoties en angst oproept'. Verscheidene functionarissen die door het team waren geïnterviewd, noemden kanker een veel grotere bedreiging voor de vleesverwerkende industrie dan de vrees voor de gekkekoeienziekte die een paar jaar eerder de kop had opgestoken.

Het Kankerteam benaderde Carma, een bedrijf dat voor een groot aantal cliënten de berichtgeving in de media doorlicht. Carma verzamelde alles wat er over rundvlees was verschenen, van recepten tot artikelen over onderwerpen als voedselveiligheid, dierenrechten, eetgewoonten en gezondheid; wees de vijanden en vrienden van de vleesindustrie aan; en lette vooral op journalisten die onaardige dingen over rundvlees schreven.

Op grond van deze gegevens ging het Kankerteam aan de slag met focusgroepen om vast te stellen waar consumenten zich vooral zorgen om maken als het om voeding en gezondheid gaat. Vervolgens stuurde het team 'vleesvriendelijke boodschappen' de wereld in. Zoals deze: 'Kanker komt niet door eten alleen. De leefstijl is minstens zo belangrijk. Roken, drinken, overgewicht en gebrek aan lichaamsbeweging zijn factoren die de kans op kanker aanzienlijk verhogen.' Of deze: 'Weeg de risico's. Overgewicht en te weinig beweging geven een twee tot drie keer zo hoog risico.'

Uiteindelijk kwam de klap van het wetenschappelijk rapport over kanker veel minder hard aan door de tegenacties van de vleesindustrie, die de oorzaken van kanker 'complex' noemde en de nadruk op 'matigheid en evenwicht' legde. In de berichtgeving was er veel aandacht voor andere aspecten van het wetenschappelijk onderzoek, zoals het verband tussen lichaamsvet en kanker en de mogelijk preventieve werking van knoflook. Eigenlijk was de vleesverwerkende industrie op het nippertje gered door het rapport. 'De vleesvriendelijke boodschappen bereikten meer dan 3,1 miljoen consumenten en de media berichtten herhaaldelijk dat rood vlees, mits met mate geconsumeerd, veilig is,' stond er in het verslag van het Kankerteam. 'De berichtgeving maakte de consumenten bewuster, maar leidde er niet toe dat ze minder rood of bewerkt vlees gingen eten.'

11 GEEN SUIKER, GEEN VET, GEEN AFZET

Ellen Wartella had nooit iets gehad met bewerkt voedsel. Ze nam kooklessen en stond graag in de keuken, net als haar echtgenoot. Samen verwenden ze hun beide zoons met maaltijden die ze zelf hadden bereid. De jongens waren dol op junkfood en alles wat in een doos zat. Ze verbood hun die dingen niet, maar moedigde ze ook niet bepaald aan. 'Toen mijn kinderen opgroeiden, kochten we Macaroni & Cheese van Kraft, omdat zij die zo lekker vonden,' zei ze. 'En ik herinner me dat ik daar erg van schrok.'

In de vierde of vijfde klas viel een van haar zoons voor een andere bestseller van Kraft, de Lunchables. Vooral de versie met pizza vond hij geweldig. Maar die verliefdheid ging al snel vanzelf over. Tegen de tijd dat ze naar de middelbare school gingen, eind jaren negentig, hadden ze de schaduwzijde van volksgezondheid en marketing leren kennen. Ze kregen vooral een afkeer van de sigarettenfabrikanten die het land bewust verslaafd hadden gemaakt aan een gewoonte waar de mensen voortijdig dood aan gingen, en wel op een verschrikkelijke manier.

Wartella werkte als decaan aan de universiteit van Texas in Austin, bij de faculteit communicatie, waar ze zich een mening had gevormd over de manier waarop de industrie de markt bespeelde. Dertig jaar lang had ze onderzoek gedaan naar de invloed van de media op kinderen, waaronder geweld en reclame op tv, en haar twaalf boeken en 175 verslagen en artikelen hadden haar tot een van de experts op dit gebied gemaakt. In 2003 kreeg ze zomaar ineens een telefoontje van een topman van Kraft. Hij vroeg haar of ze deel wilde uitmaken van een panel dat zich over de problemen van overgewicht zou buigen. Het klonk Wartella in de oren alsof er een raad van wijzen bijeen werd geroepen om een gezondheidscrisis te bezweren: Kraft had twee doktoren aangezocht die alles wisten van diabetes en volksgezondheid, naast een psycholoog die onderzoek deed naar gedrag en obesitas, en een voedingsdeskundige die gespecialiseerd was in overgewicht en hartaandoeningen – een negental experts, dat met Wartella erbij een tiental zou worden.

Indertijd had Kraft twee mensen die als CEO optraden. Beiden gaven statements toen het panel werd gevormd, waarin ze uitlegden waarom de grootste voedselfabrikant ter wereld een taak op zich nam die tot dan toe tot het domein van de regering had behoord. 'Door deze besprekingen zal Kraft in contact komen met gezaghebbende personen van buiten het bedrijf,' zei Betsy Holden, een van de CEO's, 'die een rol van onschatbare waarde kunnen spelen door ons te helpen een antwoord te formuleren op de wereldwijde uitdaging die obesitas voor ons is.' Roger Deromedi, de andere CEO, voegde eraan toe: 'Wij verwelkomen de kennis, het inzicht en het oordeel van de raad, die ons zullen helpen om onze producten en marketingpraktijken nog meer in overeenstemming te brengen met de behoeften van de samenleving.'

Dat een handelsmaatschappij sprak over de behoeften van de mensen en stappen zette om te leren hoe ze die beter kon dienen, gaf Wartella moed. Maatschappijen bestonden toch om geld te verdienen voor hun aandeelhouders en Kraft was verbonden met een van de grootste moneymakers van allemaal: Philip Morris. De tabaksgigant was sinds vijftien jaar eigenaar van Kraft en voor Wartella's kinderen was dit een probleem. Toen ze hun vertelde dat ze gevraagd was voor het panel, reageerden ze hevig verontwaardigd. 'Mijn beide jongens waren ontzet,' vertelde ze me. 'Het idee dat ik in een adviesraad voor Kraft zou gaan zitten! Fel gekant tegen roken als ze waren, zeiden ze: "Hoe kun je nu gaan werken voor een maatschappij die de mensen sigaretten opdringt?"'

Maar Wartella had het idee dat ze iets goeds zou kunnen doen. Van obesitas wist ze niet veel, maar Kraft speelde een hoofdrol in een recente ontwikkeling die ze met groeiende ergernis had gevolgd: op kwetsbare kinderen gerichte reclame die via de sociale media werd verspreid en bijvoorbeeld ook in online spelletjes was verstopt. En de kinderen hapten toe. In 2003 brak obesitas alle records. Volwassenen waren gemiddeld 10 kilo zwaarder dan in 1960. Eén op de drie Amerikanen – en bijna één op de vijf kinderen in de leeftijd van zes tot elf – werd als obees aangemerkt. Wetenschappers deden alle mo-

ZOUT, SUIKER, VET

gelijke metingen om de omvang van het probleem te bepalen. Uit hun onderzoeken kwam één ding naar voren waar de mensen enorm van schrokken: obesitas was een blijvende, schijnbaar ongeneeslijke aandoening. Kinderen met overgewicht zouden waarschijnlijk hun leven lang te zwaar blijven.

Ondanks de verklaringen van de CEO's van Kraft en de gesprekken die ze voerde met het directielid van Kraft dat haar in het panel wilde hebben, had Wartella haar twijfels over de oprechtheid van Kraft in deze hele onderneming. Dat was niet meer dan logisch. De ene expert na de andere wees met de vinger naar bewerkt voedsel en tot nog toe had Kraft zijn verantwoordelijkheid ontdoken, net als de rest van de voedingsindustrie. Waarom zou ze al die praatjes over maatschappelijke behoeften geloven?

Uiteindelijk besloot Wartella in de adviesgroep te gaan zitten, maar niet dan nadat ze zichzelf en haar kinderen plechtig had beloofd dat ze eruit zou stappen als het de bedoeling bleek te zijn de zaken te verdoezelen.

Na de eerste twee bijeenkomsten op het hoofdkantoor van Kraft onder de rook van Chicago leek de vrees van Wartella bewaarheid te worden. Er werd weliswaar over obesitas gesproken, maar er werd behoorlijk om de hete brij heen gedraaid. Het ging over voeding en lichaamsbeweging, over de grootte van porties. Er viel geen onvertogen woord over Kraft, de gigant van 35 miljard dollar. Maar dat veranderde in de derde bijeenkomst. Er zou een discussie over marketing gevoerd worden en Wartella had haar huiswerk gedaan. Aan het begin van de vergadering schetsten woordvoerders van Kraft een rooskleurig beeld van de praktijken van de onderneming. Geen reclame gericht op kinderen van onder de zes jaar, zou het beleid zijn. Wartella zag dat anders.

In werkelijkheid, zei ze, zaten Krafts eigen websites vol trucs om jonge kinderen te verleiden tot hun zoetste en vetste producten. Ze noemde spelletjes waarin kinderen Oreo-koekjes moesten tellen of de Flintstone Barney Rubble moesten opsporen, wiens rol het in deze spelletjes was Fruity Pebbles (gekleurde cornflakes) aan te prijzen. Met deze trucs omzeilde de firma het reclameverbod dat ze zichzelf had opgelegd, zei Wartella. Voor de promotie van andere producten, zoals de macaroni met kaas, gold hetzelfde. Zelfs op de verpakkingen stonden stripfiguren als Shrek en Dora – enkel en alleen met de bedoeling jonge kinderen te verleiden.

'Ik wees hun daarop en ik zei: "In het gunstigste geval zijn jullie oneerlijk en in het ongunstigste geval liegen jullie gewoon." De voedingswetenschappers en de andere leden van de adviesraad schrokken nogal van de stelligheid van mijn beweringen. Na de bijeenkomst kwamen er een paar mensen naar me toe. "Ze zullen proberen je dat uit het hoofd te praten," zeiden ze.'

Maar dat gebeurde niet. De mensen van Kraft luisterden. En dat niet alleen; ze vroegen Wartella ook dieper te graven in de praktijken van de onderneming en terug te komen met hardere kritiek. En dat deed Wartella. Ze begon te geloven dat haar oorspronkelijke vrees ongegrond was. Het panel kon écht een verschil maken en Kraft leek, ongelooflijk maar waar, zijn praktijken te willen veranderen als die het probleem van obesitas vergrootten.

Dat was niet niks. Voor de voedingsindustrie begon 2003 een jaar van verwoede strijd te worden om de consumptie van de producten aan te jagen. Bovendien moesten de grote voedselfabrikanten vechten om de kosten te drukken. Alleen op die manier konden ze de prijzen verlagen, zodat de enige logische keus die de mensen in de winkel zouden maken die voor bewerkt voedsel was.*

Kraft liet zich niet onbetuigd. Er werden producten ontwikkeld die verleidelijker, in grotere verpakkingen aangeboden en goedkoper moesten worden dan alles wat de concurrenten op de markt brachten. Maar binnen het bedrijf waren er nu ook mensen met een afwijkende visie. Eind jaren negentig had een kleine groep topfunctionarissen met groeiende bezorgdheid naar de enorme toename van overgewicht bij de Amerikaanse bevolking gekeken. Zij deelden niet

* In 2012 probeerden twee economen van het ministerie van Landbouw het idee dat gezond voedsel duurder is tegen te spreken. Ze gaven toe dat de stelling klopt als voedingswaren op hun energetische waarde worden beoordeeld. Per calorie is broccoli veel duurder dan koekjes. Gegeven het feit dat de inname van te veel calorieën tot overgewicht leidt, maakten de economen een andere berekening. Ze vergeleken voedingswaren naar gewicht: zo gemeten is broccoli goedkoper per pond dan cornflakes en andere verpakte voedingswaren die berusten op de hoogcalorische/lichtgewicht pijlers van bewerkt voedsel: suiker en vet.

de door de voedingsindustrie gehuldigde mening dat de consumenten daarvoor zelf verantwoordelijk waren omdat het hun aan wilskracht zou ontbreken. Sommigen gingen op hun gevoel af. Zij vonden dat ze ethisch en moreel verplicht waren mee te helpen om de obesitasepidemie tot staan te brengen. Anderen hadden praktische overwegingen: als de consument zich van bewerkt voedsel zou afkeren, zou dit een zware wissel op de winst van het bedrijf trekken. 'Wij probeerden de managers aan de top ervan te overtuigen dat we op den duur beter af zouden zijn als we iets opgaven om veel te redden. De reputatie van het bedrijf stond op het spel,' zei Kathleen Spear, een van de oudgedienden die tot deze groep behoorden.

De groep van verontrusten wist Kraft ertoe te bewegen experts te raadplegen en gebruikte vervolgens hun bevindingen om Kraft ervan te overtuigen dat er actie ondernomen moest worden. Eerst nam het bedrijf kleine stapjes. Het drong aan op enige terughoudendheid in de marketing. Maar dat was eigenlijk alleen maar voor de vorm. Wilde er echt iets veranderen, begrepen de mensen die zich zorgen maakten, dan moesten ze de aard van bewerkt voedsel aan de kaak stellen.

Vanaf de oprichting van het bedrijf had Kraft al zijn talent en energie gestoken in verleiding. De producten moesten zo aantrekkelijk mogelijk zijn. Daarvoor was het gebruik van zout, suiker en vet onontbeerlijk. De kracht van Kraft lag in zijn grootse aanpak, in het feit dat het alles groter en slimmer deed dan alle andere fabrikanten bij elkaar en meer vet, meer zout en meer suiker gebruikte. En juist daar ging het nu om, beseften de verontruste functionarissen. Ze moesten vraagtekens zetten bij de samenstelling van de producten. Wat nu als de mensen daardoor meer gingen kopen en te veel gingen eten? Zouden er manieren te vinden zijn om de mensen te helpen gezonder te gaan eten zonder het bedrijf om zeep te helpen?

Als toezichthouders van de overheid deze vragen hadden durven stellen, zouden ze gebrandmerkt zijn als verraders van het vrije ondernemerschap. Hiermee raakte je aan de kern van het bedrijf. De groep verontrusten bij Kraft moest heel voorzichtig zijn in de analyse van het eigenlijke onderwerp: het verlangen dat hun producten opriepen. Spear herinnerde zich dat ze dacht: wij zijn een levensmiddelenbedrijf. Dat stond voorop. 'We wilden dat de mensen alles wat

11 GEEN SUIKER, GEEN VET, GEEN AFZET

we maakten lekker vonden, vooral als het om snacks en koekjes ging. We wisten heel goed dat we zoetigheid en snacks verkochten en geen rijstwafels. Het was niet de bedoeling de producten minder aantrekkelijk te maken. We moesten ervoor zorgen dat de mensen niet tot overconsumptie werden aangezet.'

Hoe dan ook, het was een eigenaardig idee dat een voedselgigant zich boog over de vraag hoe de mensen ertoe gebracht konden worden minder te eten. In de volgende maanden zou Kraft dieper in de psychologie van eten duiken dan enige andere voedselfabrikant ooit had gedaan. Maar toen ik deze uitzonderlijke gebeurtenis bij Kraft onderzocht, werd duidelijk dat er nog iets anders achter zat. Jarenlang was Krafts motivatie om mensen meer gemaksvoeding te laten eten vooral ingegeven door de bazen bij Philip Morris. De tabaksgigant moedigde het voedselbedrijf aan steeds krachtiger middelen te vinden om consumenten aan te trekken en applaudisseerde bij elke stijging van de verkoopcijfers. Philip Morris voorzag Kraft zelfs van zijn eigen marketingapparaat en de strategieën die zo succesvol waren geweest bij de verkoop van sigaretten.

Maar achter de schermen, in de privévertrekken waar de hoogste bazen bijeenkwamen om zich te verantwoorden voor hun daden en richtlijnen te krijgen voor volgende stappen, deed zich een dramatische verschuiving voor. In deze vertrouwelijke setting, zo ontdekte ik – uit geheime documenten en interviews met functionarissen die voor het eerst openlijk over deze dingen spraken – deden dezelfde van tabak doordrenkte bovenbazen in New York die gedurende hun hele loopbaan sigaretten aanprezen en ontkenden dat ze verslavend waren het ondenkbare: ze stemden in met de groep verontrusten en drongen er bij Kraft op aan de producten aan te passen als reactie op de toenemende obesitascijfers.

Zout, suiker en vet mochten Kraft aan de top van de voedingsindustrie hebben gebracht, zeiden de seniors van Philip Morris, maar het tij was gekeerd. Net zoals nicotine een blok aan hun been was geworden, zouden zout, suiker en vet molenstenen worden die het hele bedrijf omlaag zouden trekken.

In 1925 dook er een advertentie op in kranten en tijdschriften in heel Amerika. De afbeelding toonde een slanke vrouw met kort haar, in een badpak, die op een duikplank stond. Ze zag er vrolijk uit, blij en tevreden over zichzelf. Maar naast haar, in de schaduw, stond haar toekomstige ik: slonzig en heel dik. 'Dit ben jij over vijf jaar!' luidde de kop. 'Als je zin in iets lekkers hebt, steek dan liever een Lucky op.'

De advertentie, voor Lucky Strike, was bedacht door American Tobacco, de eerste sigarettenfabrikant die zich realiseerde dat overgewicht als vehikel voor reclame kon dienen. Tot dan toe was roken overwegend een mannenaangelegenheid geweest. Om het afzetgebied te vergroten zon de tabaksindustrie op middelen om ook vrouwen aan het roken te krijgen. Zo werd de sigaret aangeprezen als middel om de eetlust te temperen. Uiteindelijk zou de industrie stoppen met gezondheidsclaims als deze. Op een top in 1953 concludeerden de fabrikanten dat sommige advertenties – in het bijzonder die waarin filtersigaretten 'gezonder' werden genoemd – de verkoop geen goeddeden, omdat ze impliceerden dat roken risico's met zich meebracht. Toen Philip Morris in 1968 zijn eigen merk voor vrouwen, Virginia Slims, introduceerde, koos het bedrijf dan ook voor een subtiele benadering: de sigaret werd geassocieerd met elegante, succesvolle, slanke vrouwen. Alleen intern legde Philip Morris uit wat de verborgen verleiding was. In de reclameleuzen die aan focusgroepen werden voorgelegd, waren ideeën verwerkt als deze: 'Een sigaret die voldoening schenkt, speciaal gemaakt om je eetlust te bedwingen.'

Toen de gezondheidsrisico's van roken aan het licht kwamen, was er zelfs een korte periode waarin sigarettenfabrikanten vet als een mogelijke bondgenoot zagen. Onderzoekers begonnen een verband te leggen tussen longkanker en vetrijk voedsel, en het is dan ook begrijpelijk dat dit de belangstelling wekte van de managers in de tabaksindustrie, aangezien hiermee de aandacht kon worden afgeleid van sigaretten. In één onderzoek, waarvoor het Nationaal Kankerinstituut gelden beschikbaar stelde, werd gekeken naar de eet- en rookgewoonten van mensen in drieënveertig landen. In deze studie werd een correlatie gevonden tussen vet en longkanker die zou kunnen verklaren waarom er in Japan – waar veel werd gerookt, maar vetarm werd gegeten – minder longkanker voorkwam dan in de Verenigde Staten. 'Vetrijk eten bevordert wellicht de groei van longtumoren door het vermogen om nieuwe kankercellen te vernietigen te verminderen,' was een van de conclusies. Als ze de tabaksindustrie al

11 GEEN SUIKER, GEEN VET, GEEN AFZET

enige troost bood, dan was die van korte duur, met name voor Philip Morris. Toen deze studie in 1986 verscheen, zetten de directieleden 'zeer vertrouwelijk' op hun exemplaar voordat ze het in hun archiefkast opborgen. Philip Morris ging niet langer meer alleen over tabak. Het bedrijf was op weg om ook een van de grootste voedselfabrikanten van de Verenigde Staten te worden, wat een heel ander licht op vet wierp. De storm die over de tabaksindustrie zou gaan woeden, was nog maar een briesje. Er werden wel processen aangespannen en venijnige artikelen geschreven, maar daar kon Philip Morris wel tegen.

In de jaren tachtig was de tabaksgigant begonnen de voedselgiganten op te kopen. Niet om van tabak op voedsel over te gaan, maar om zijn stal van succesnummers uit te breiden met een paar paradepaardjes. Maar algauw bleek er iets aan de hand te zijn met deze paradepaardjes. Behalve met nicotine kregen de managers van Philip Morris nu ook te kampen met verzadigd vet, dat naast suiker als een gevaar voor de volksgezondheid werd gezien. Binnen een paar jaar kreeg de directie van Philip Morris een andere kijk op vet: van een mogelijke bondgenoot was het een vijand geworden.

In 1990 trok het bataljon advocaten die voor Philip Morris werkten, zich terug in La Jolla, Californië, waar Fred Newman, het hoofd van de juridische afdeling, hen opriep de strijd aan te gaan. Door de uitbreiding van het bedrijf was Philip Morris opgezadeld met een hoop consumentenzaken. 'Het gaat niet meer alleen om tabak, maar ook om alcohol, rood vlees, zuivel, verzadigd vet, suiker, natrium, cafeïne en andere ingrediënten in veel van onze producten,' zei hij. 'Jullie weten voor welke uitdagingen we staan in de tabakshandel. Het ziet ernaar uit dat we voor even grote uitdagingen komen te staan als het om alcoholische dranken en om voedingswaren gaat. Omdat deze productcategorieën een steeds groter deel van ons bedrijf uitmaken, zal de noodzaak om ons belang daarin te beschermen ook steeds groter worden. Velen van de hier aanwezigen zullen een belangrijke rol krijgen in de opbouw en handhaving van onze belangen op deze terreinen. Jullie daden op het ultieme slagveld – in de rechtszaal – zullen van invloed zijn op het hele land. Groei door samenwerking is de hoeksteen van het toekomstig succes van alle bedrijven en merken van Philip Morris.'

In datzelfde jaar zei Hamish Maxwell, de CEO van Philip Morris, tegen de verzamelde managers van de voedingsdivisie dat ze – net als de bedrijfsjuristen – gevoelig zouden moeten zijn voor allerlei zorgen van het publiek. 'Ik weet zeker dat jullie, als nieuw management binnen ons bedrijf, ook hebben nagedacht over kwesties van volksgezondheid en een aantal van de meer omstreden aspecten van onze business,' zei hij. 'Wij willen antwoorden formuleren op alle zorgen die de consumenten zich maken. Wij hebben onze voedingswaren veranderd om er vet uit te halen of het aantal calorieën te verlagen, net zoals we lichtere sigaretten hebben ontwikkeld.'

In die begindagen van zorgen om vet dacht Philip Morris nog de ongerustheid van het publiek weg te kunnen nemen. Het bedrijf hoefde alleen maar een strategie te ontplooien die herhaaldelijk wordt toegepast, door de hele industrie van consumptiegoederen en bekend is onder de naam 'lijnextensie'. Als mensen luid genoeg om gezondere producten vragen en daarvoor zelfs een deel van het genot willen opofferen dat deze producten hun verschaffen, zorgen de fabrikanten wel voor 'verbeterde' varianten. Of het nu teerarme sigaretten, caloriearm bier of vetarme chips zijn, deze gezondere versies vormen geen bedreiging voor de gewone producten. Als het goed is gedaan, stimuleren deze producten juist de verkoop van de oorspronkelijke versies, omdat het merk nieuwe kopers aantrekt. De managers van de voedingsdivisie van Philip Morris zetten dan ook in op lijnextensies, over de hele linie.

Wat de gewone versies van zijn merken betreft, toonde Philip Morris weinig bereidheid om iets anders te doen dan deze producten te promoten met alle kracht en bedrevenheid die Marlboro tot zo'n gigantisch succes hadden gemaakt. Van de sigaretten had Philip Morris geleerd dat het minder belangrijk is de eerste te zijn dan snel en agressief in te spelen op trends, en de voedingsmanagers kregen dan ook te horen dat ze dezelfde tactiek moesten toepassen. Als Amerikanen voor 'snel en gemakkelijk' kozen, zou Philip Morris niet alleen proberen zijn concurrenten in de supermarkt af te troeven, maar ook een deel willen veroveren van de gigantische markt die in handen van de fastfoodketens was. Philip Morris zou hun formules en in enkele gevallen zelfs hun merken overnemen.

'Om in de zwarte cijfers te blijven zal Kraft een passend antwoord moeten vinden op belangrijke trends, zei COO William Webb in 1999

11 GEEN SUIKER, GEEN VET, GEEN AFZET

in een vergadering van investeerders en analisten. 'Om te beginnen krijgen de consumenten het steeds drukker. Zevenenzeventig procent van de vrouwen van tussen de vijfentwintig en vierenvijftig werkt buitenshuis, tegen 51 procent in 1970. Naar verwachting zal het tegen 2010 80 procent zijn. Met het grotere aantal werkende vrouwen zal het aantal zelfbereide maaltijden alleen maar verder dalen. Sinds 1990 bereidt de gemiddelde consument een halve maaltijd per week minder zelf en gaat in plaats daarvan uit eten of haalt eten af of laat het bezorgen. Kraft speelt in op deze trend. We weten ook dat de meest gestelde vraag om vier 's middags is: "Wat eten we vandaag?" En dat de meeste consumenten geen idee hebben.'

Terwijl Philip Morris de Amerikanen steeds meer vettigheid in de maag splitste, hielden de managers heel goed bij hoe de publieke opinie zich ontwikkelde. Ze wisten dat de mensen zich steeds meer zorgen maakten over het verband tussen vet en obesitas. De cijfers spraken voor zich. Van de jaren zestig tot tachtig was het aantal gevallen van obesitas vrijwel constant gebleven. Bij kinderen lag het rond de 5 procent. Maar in 1980 begon het percentage op te lopen, voor álle leeftijden. Bovendien begonnen de media de aandacht te vestigen op de gevolgen van gewichtstoename. Philip Morris maakte al heel lang overzichten van onderwerpen die de mensen bezighielden. In 1999 werd obesitas aan de lijst toegevoegd. De enquêteurs begrepen onmiddellijk dat dit een significante bedreiging was voor de productie van bewerkt voedsel: acht van de tien ondervraagden zagen overgewicht als een serieus gevaar voor de volksgezondheid. Eén op de drie noemde weliswaar 'gebrek aan lichaamsbeweging' als oorzaak, maar veel meer mensen, bijna de helft van de ondervraagden, wezen een 'onevenwichtig eetpatroon' als de hoofdschuldige aan. Daarmee bedoelden ze te veel vet en te veel suiker.

'Obesitas is letterlijk een epidemie in dit land en de ideeën die door sommigen worden geopperd om dit probleem aan te pakken, kunnen gevolgen hebben voor de hele agrarische industrie, van de boer tot de consument,' was de waarschuwing die Jay Poole, vicepresident van Philip Morris, dat jaar aan een groep landbouweconomen gaf. 'Ze denken aan een straftaks op bepaalde voedingswaren en aan maatregelen om de reclame voor die producten aan banden te leggen.'

Terwijl Philip Morris pogingen deed zijn voedingswaren tegen aanvallen als deze te beschermen, nam de strijd om de sigaretten een plotselinge wending. In de jaren negentig was de tabaksgigant tot bijna het eind aan toe vastbesloten geweest om tegen alle aanklachten, of ze nu door de overheid of door particulieren waren ingediend, in het geweer te komen. We zullen niet altijd winnen, zei Philip Morris tegen de investeerders, maar de schade zal beperkt blijven. Tot er een proces werd aangespannen dat een eind zou maken aan alle processen die tegen de tabaksindustrie werden gevoerd. De aanklacht was ingediend door meer dan veertig staten. De gezondheidszorg in die staten kon de groei van het aantal mensen met aan roken gerelateerde ziekten niet aan. De staten beschuldigden de tabaksindustrie van een hele reeks misleidende en bedrieglijke praktijken. Ze schaarden zich achter Mike Moore, de geduchte procureur-generaal van Mississippi, die zei dat er een eenvoudige reden was waarom dit proces werd gevoerd: 'Jullie hebben de crisis in de volksgezondheid veroorzaakt en jullie zullen ervoor betalen.' De staten wonnen uiteindelijk, in 1998. Philip Morris trof samen met de andere grote tabaksfabrikanten een regeling om de staten tegemoet te komen door 365 miljard dollar beschikbaar te stellen om hun gezondheidszorg overeind te houden. Ze stemden ook in met regelgeving door de FDA en met krachtigere waarschuwingen op de pakjes sigaretten.

Wat Philip Morris haast nog meer zorgen baarde dan dit proces, was de ommekeer die zich in de publieke opinie leek voor te doen. Om het bedrijf hing nu de geur van fraude en misleiding. Werd roken vroeger als een individuele, bewuste keuze beschouwd, nu begonnen mensen de tabaksindustrie aansprakelijk te stellen, gezien haar marketingtactieken en de voorkennis die ze had over de risico's van roken. In de maanden na de schikking namen tactici bij Philip Morris de activiteiten van de onderneming onder de loep. In 1999 brachten ze een strategisch rapport uit onder de titel 'Lessen van de Tabaksoorlogen'.

Dit manifest riep op tot een andere houding tegenover de consument: 'Schenk aandacht aan de zorgen van het publiek en probeer de ongerustheid weg te nemen. Ontkennen is niet genoeg, denk na over oplossingen. Het is net als met goede marketing. Spreek de klant niet tegen, maar kom hem tegemoet. Houd rekening met zijn wensen en opvattingen. Acceptatie door het publiek is in het belang van ons

11 GEEN SUIKER, GEEN VET, GEEN AFZET

bedrijf.' Terwijl de tabaksindustrie gebukt ging onder de last van nicotine, hing de voedseldivisies nog veel meer boven het hoofd, waarschuwde het strategisch rapport. Er dreigden minstens drie grote rampen te gebeuren. 'De media staan klaar om alarmerende verhalen te schrijven over vet, zout, suiker of biotechnologische producten in het eten,' zei hij. 'En al zijn je critici nog zo fel of zelfs niet goed bij hun hoofd – sommige verslaggevers gedragen zich echt onverantwoordelijk –, dat betekent niet dat jullie het je kunnen veroorloven ze te negeren. Ze gaan niet vanzelf weg. Als je tegenstanders lang genoeg blijven graven en jij er hoofdschuddend bij blijft staan kijken, krijg je modder over je heen. Er zal iets aan je blijven kleven.'

De man die in deze roerige tijden de leiding had over Philip Morris, was Geoffrey Bible. Hij was de enige 'tabaksman' die veel van de voedselbusiness wist. Hij had achttien maanden op het hoofdkantoor van Kraft in de buurt van Chicago doorgebracht. Nu, in 2001, maakte hij als CEO van Philip Morris gebruik van deze ervaring om de voedselmanagers, die geconfronteerd werden met de groeiende zorgen van het publiek, aan te sturen. 'We hadden een moeilijke periode doorgemaakt,' vertelde Bible mij. 'Om het te begrijpen had je erbij moeten zijn. De ogen waren gericht op voedsel en dus vroegen we: "Als wij hard werken om onze tabaksbusiness af te stemmen op wat wij de behoeften van de samenleving noemen, hoe zit het dan met de voedselbusiness? We hoeven toch niet weer door de mangel gehaald te worden?"'

Een van de voornaamste lessen uit de 'tabaksoorlogen' had te maken met de relaties tussen Philip Morris en andere tabaksfabrikanten, of liever: het gebrek daaraan. In plaats van goede contacten was er groeiend wantrouwen. Toen Philip Morris de stap nam publiekelijk enige verantwoordelijkheid te aanvaarden voor de crisis in de volksgezondheid ten gevolge van roken, trokken zijn rivalen de motieven van het bedrijf in twijfel. Op z'n best zagen ze er een pr-stunt in en op z'n slechtst een handige zet om tijd te winnen, zodat Philip Morris zich meer kon richten op de verkoop van tabak in andere werelddelen, waar mensen zich minder zorgen maakten om longkanker. Gezien deze negatieve houding van zijn concurrenten, ging Philip Morris ervan uit dat het bedrijf ook de problemen in zijn voedseldivisie zelf zou moeten oplossen.

Bible deed bij de problemen rond obesitas dan ook geen pogingen de hele voedingsindustrie erbij te betrekken. Ook beval hij zijn voedselmanagers niet eenvoudigweg om in actie te komen. Bij Kraft in Chicago had hij geleerd dat ze niet zo loyaal waren als leidinggevenden in de tabaksindustrie. 'Ze waren van een ander slag,' zei hij. 'Ze voelden zich niet zo verbonden met het bedrijf als wij. Ze zijn ook veel moeilijker te overtuigen.'

Bible begon in voorzichtige bewoordingen over zout, suiker en vet. Over de grote hoeveelheden waaraan Amerikanen gewend waren geraakt. Over de dilemma's. 'Voor de consument zou een product zónder suiker en zónder vet waarschijnlijk het beste zijn, maar dan verkoop je niets,' hield hij hun voor. Kraft kon misschien beter een middenweg tussen junkfood en gezond voedsel zoeken. Zulke discussies voerde hij onder vier ogen met functionarissen van Kraft, onder wie John Ruff, leidinggevende en productontwikkelaar bij Kraft, die in 1972 tot General Foods was toegetreden. Ruff was een schrandere man met veel ervaring. Met gemengde gevoelens luisterde hij naar Bible. Dat Philip Morris opeens zo anders over voedsel dacht, wilde er eerst niet in bij hem. Hij werd een beetje nijdig. Wat was dat voor gepraat over verantwoordelijkheid? 'De meesten van ons hadden Philip Morris jarenlang meegemaakt en alleen maar horen zeggen: "We maken een wettelijk toegestaan product en we informeren de mensen over de risico's en het is niet onze schuld, bla, bla, bla,"' vertelde Ruff mij. 'Zo hebben ze zich jarenlang verdedigd, en Geoff Bible keek er in het begin net zo tegenaan.'

Maar hoe langer Bible sprak, hoe meer weerklank zijn boodschap vond. Ruff herinnerde zich een moment in 2001 waarop Bible wat meer uitleg gaf over de veranderde houding van de firma tegenover tabak. 'Hij vertelde waarom Philip Morris aan zelfonderzoek was gaan doen,' zei Ruff. 'En hij zei: "Jarenlang hadden we het standpunt ingenomen dat het niet onze schuld was, maar we merkten dat steeds meer consumenten vonden dat wij deels schuldig waren en daar moesten we iets aan doen."'

Dat trouwe klanten zich plotseling tegen een bedrijf kunnen keren, was een angstwekkende gedachte die de functionarissen van Kraft niet konden verdringen. Nadat Bible had beschreven welke prijs Philip Morris had moeten betalen voor jarenlange veronacht-

11 GEEN SUIKER, GEEN VET, GEEN AFZET

zaming van de publieke opinie, ging hij recht op zijn doel af. Ook de voedingsindustrie zou ter verantwoording worden geroepen, zei hij. Het enige verschil was de aard van het gezondheidsprobleem. Bij sigaretten was het kanker. 'Ik voorspel jullie dat het bij de voedingswaren om obesitas zal gaan.'

In 2003, zes jaar voordat hij Kraft verliet als senior vicepresident, bracht John Ruff een bezoek aan zijn orthopedist in verband met de pijn waar hij al een poosje last van had bij het sporten. Na een MRI-scan vertelde de dokter hem dat het kraakbeen in zijn knie bijna verdwenen was. Elke dag deed hij oefeningen om niet dik te worden, met weinig resultaat. Twintig jaar lang had hij minstens 5 kilometer per dag hardgelopen 'om de effecten van te veel eten en reizen tegen te gaan, en toch ik was nog steeds te zwaar', vertelde hij me. En nu mocht hij van de dokter alleen nog wandelen en fietsen, waardoor hij minder calorieën zou verbranden. 'Ik moest minder calorieën binnen zien te krijgen en toen ben ik mijn eetgewoonten gaan veranderen.'

In zijn nieuwe eetpatroon pasten de producten van zijn eigen bedrijf niet meer.

Ruff wist dat uit recent onderzoek was gebleken dat de controlesystemen van het lichaam minder goed werken als calorieën in vloeibare vorm worden ingenomen, dus nam hij geen zoete dranken meer. Vette snacks deed hij ook in de ban. 'Vroeger scheurde ik zo'n grote zak chips open wanneer ik thuiskwam van het werk,' zei hij. 'In een kleine zak chips zitten twee porties. Wat denk je dat er in zo'n grote zak zit? Wel 800 calorieën, schat ik, en twee keer zoveel vet als je nodig hebt. Die zak at ik half leeg, met een martini erbij. Maar er waren ook dagen bij dat ik die hele zak leegat.' Ruff verving de martini door gemberbier met weinig suiker en de chips door een handvol noten. 'In veertig weken tijd raakte ik 18 kilo kwijt,' zei hij. 'Ik ging van 94 naar 76 kilo en ik weeg nog steeds 76 kilo.'

Toevallig was Ruff net bezig zijn eigen eetgewoonten te veranderen toen Kraft hem de leiding over het antiobesitasprogramma van het bedrijf toevertrouwde. Het kon niet beter treffen. Als hij door de supermarkt liep als bezorgde consument, mompelde Ruff al voortdurend: 'Dit mag ik niet eten en dat ook niet.' En als hij nu door diezelfde supermarkt zou lopen, als functionaris van Kraft, kon hij zeg-

gen: 'Dit zouden we niet moeten verkopen en dat ook niet.'
   In het team van Ruff werd ook Kathleen Spear opgenomen, advocate en senior vicepresident van Kraft. Haar taak was het een onderscheid te maken tussen producten die alleen maar aantrekkelijk waren en producten die aanzetten tot overconsumptie. Een ander lid van het team was Michael Mudd, de adjunct-directeur voor externe aangelegenheden. Hij was degene die in 1999 de directies van de grootste levensmiddelenbedrijven in Amerika had toegesproken en geprobeerd had ze voor de strijd tegen obesitas te winnen. Zij hadden hem alleen maar verwijten naar het hoofd geslingerd, waarop hij zich had teruggetrokken. Nu kwam hij met een ander, gewaagd voorstel: Kraft moest het in zijn eentje doen. Hij was degene die de adviesgroep van externe deskundigen samenstelde en Ellen Wartella overhaalde om er zitting in te nemen.
   In de herfst van 2003 kwam het panel voor het eerst bij elkaar. De drie functionarissen van Kraft – Ruff, Spear en Mudd – brachten meteen hun punten naar voren. Ze vormden geen groepje samenzweerders meer; Kraft stond volledig achter hun missie. Ze mochten alle activiteiten van het bedrijf onderzoeken op praktijken die overgewicht bevorderden. Toen Wartella met vernietigende bewijzen kwam van de agressieve manier waarop Kraft kinderen benaderde, zeiden de drie functionarissen dat die reclame als eerste aangepakt moest worden. En dat gebeurde ook. Kraft zou kinderen geen producten zonder enige voedingswaarde meer aansmeren. De samenstelling van de producten moest veranderen: er moesten vezels, groente of fruit, mineralen en vitaminen in.
   Het antiobesitasteam nam vervolgens de etiketten onder handen om de daarop gegeven informatie eerlijk te maken. Het team keek vooral naar de 'kleine lettertjes', de ingrediëntenvermelding die de FDA in de jaren negentig verplicht had gesteld. Deze lijstjes met ingrediënten staan meestal op de achterkant of op de zijkant van de verpakking, omkaderd door een dunne zwarte lijn. Volgens het team zou er eigenlijk WAARSCHUWING boven moeten staan, want als je de lijst goed leest, schrik je van de hoeveelheden zout, suiker en vet en het aantal calorieën die er in een product zitten.
   Het team vond dat de FDA Kraft en andere voedselfabrikanten te veel de vrije hand liet. Ze mochten zelf de berekeningen maken. In

11 GEEN SUIKER, GEEN VET, GEEN AFZET

plaats van de consument te vertellen hoeveel het hele pak bevatte, gaf het lijstje alleen de hoeveelheden per portie. Voor de fabrikanten was dit uiteraard voordelig: de cijfers leken niet verontrustend. Neem bijvoorbeeld een zak chips. Daar stond niet op: 2400 calorieën en 22,5 gram vet, wat er feitelijk in zat, maar 160 calorieën en 1,5 gram vet, wat er in één portie zat. Bovendien ging het om porties die de FDA aan het begin van de jaren negentig had vastgesteld, uitgaande van gegevens uit de jaren zeventig! Die hadden weinig te maken met wat mensen in werkelijkheid aten, zeker als het om junkfood ging, dat mensen tot overmatig eten aanzette.

De cijfers per – te kleine – portie geven was des te bedrieglijker omdat de verpakkingen steeds groter werden. Deze trend, die in de fastfoodketens begon, werd algauw overgenomen door de supermarkten. In elk pak, elke bak en elke zak werd steeds meer eten en zout gestopt, zodat de mensen meer zouden kopen en meer zouden consumeren. Kraft deed er ook aan mee. In de dozen en zakken met snacks die de firma op de markt bracht, zat vaak minstens twee keer zoveel als een door de overheid als 'redelijk' omschreven portie. In principe was dat niet verkeerd, zei het team, maar de formules voor deze voedingswaren waren zo uitgekiend dat ze een gevoel van gelukzaligheid opriepen en bijna niemand het bij één portie hield.

Het team speelde met de gedachte het meest alarmerende cijfer – hoeveel calorieën er in het héle pak zaten – duidelijk zichtbaar voor op het pak te zetten. Maar toen de Nabisco-managers klaagden dat ze daardoor veel minder koekjes zouden verkopen, omdat geen enkele andere fabrikant hetzelfde zou doen, bedacht Kraft een tussenoplossing. Naast het lijstje met de gegevens voor één portie zou een lijstje worden afgedrukt met het totaalaantal calorieën en de hoeveelheden zout, suiker en vet per pak.

Kraft kon deze verandering niet doorvoeren zonder toestemming van de FDA. In mei 2004 gingen bestuursleden van de onderneming naar de FDA om het idee te bespreken. Ze lieten de beambten van de FDA foto's van hun producten zien om te illustreren wat ze inmiddels zelf als een misleidende praktijk zagen. Zo wezen ze op een zak koekjes waarop in grote letters VERWEN JEZELF stond. Sommige consumenten zullen zich wel kunnen bedwingen als ze zo'n zak openen, zeiden de mensen van Kraft. Ze delen de koekjes uit of eten er een paar en bewaren de rest voor later. Maar de meeste consumenten nemen er meer dan goed voor hen is. 'Hoe maak je hun nu duidelijk dat de inhoud voor meer dan één keer is bedoeld? Door het ze voor te rekenen!'

Met deze stap naar eerlijke etikettering gooide Kraft een steen in de vijver. Binnen enkele maanden na de bijeenkomst in 2003 drong de FDA er bij de hele voedingsindustrie op aan Krafts voorbeeld te volgen en op de verpakking van alle voedingswaren die overconsumptie in de hand werkten gedetailleerde informatie over de hele inhoud te geven. Tegen 2012 werd er in de voedingsindustrie zelfs over nog meer veranderingen gesproken. Zoals die ene, die Kraft wilde, maar niet kon doorvoeren zonder grote omzetverliezen te riskeren: vermelding van het totale aantal calorieën op de vóórkant van de verpakking.

Tegenover mij gaf John Ruff openheid van zaken wat het antiobesitasteam betrof. We hebben elkaar twee keer ontmoet en belden elkaar ook geregeld. Hij vertelde me over de eerste stappen die Kraft had gezet en de bereidheid van de onderneming zichzelf beperkingen op te leggen als het om kinderen ging en eerlijk te zijn over de misleiding die in de ingrediëntenvermeldingen school. Daarom durfde ik hem ook een groter, neteliger probleem voor te leggen: de enorme hoeveelheden zout, suiker en vet in bewerkt voedsel.

Ik vroeg hem of iemand weleens had gevraagd: 'En wat nou als mensen die producten zo lekker vinden dat ze er niet af kunnen blijven? Is een deel van het probleem misschien dat jullie ze zo lekker hebben gemaakt dat mensen ervan door blijven eten? Zonder het eigenlijk te willen?'

Ruff zei dat er voortdurend over werd gesproken, omdat die vraag telkens weer opkwam. Het was, zei hij, het moeilijkste onderwerp voor het team. Het worstelde ermee. Voor zover hij wist, had niemand bij Kraft ooit gesproken over een zodanige samenstelling van producten dat ze 'verslavend' zouden zijn. Maar dat woord hoefden ze ook niet te gebruiken. Ze wisten heel goed dat het hele bedrijf – van de voedingstechnologen en de ontwerpers van de verpakkingen tot de copywriters op de reclameafdeling – maar één doel nastreefde. 'Je bent op zoek naar het product dat de mensen het meest zal aanspreken,' zei Ruff. 'Wij hadden het over "waar de mensen naar verlangen", en dan maak je iets waarvan je denkt dat ze het heel erg lekker zullen vinden.'

Het was dan ook moedig van Kraft om dit onderwerp aan te snijden. Dat gebeurde in 2004.

Vanaf het begin, meer dan een eeuw geleden, beschouwde de voedingsindustrie de productsamenstellingen als een onvervreemdbaar recht. Maar nu ze heroverwogen wat het aandeel daarvan was in de gigantische groei van het aantal gevallen van obesitas, drongen Ruff en zijn collega's er bij Kraft op aan in actie te komen voor het welzijn van de consumenten. Eind 2003 kwamen ze met een radicaal voorstel: bij de ontwikkeling van nieuwe producten mochten de voedingstechnologen en de merkenmanagers niet zoveel zout, suiker en vet meer toevoegen als ze wilden. En Kraft beperkte inderdaad de hoeveelheden van deze ingrediënten en daarmee ook het aantal calorieën in al zijn voedingscategorieën.

Kraft benadrukt dat het zich nog steeds aan deze beperkingen houdt. Om er het fijne van te weten te komen bezocht ik het bedrijf in 2011. Ik maakte een rondgang door de afdelingen Research en Productontwikkeling en sprak met topfunctionarissen over wat er was geworden van de campagne tegen obesitas, die acht jaar daarvoor was begonnen. Een van hen was Marc Firestone, hoofd van de juridische afdeling. De groep verontrusten binnen het bedrijf die obesitas op de agenda hadden gezet, beschouwde Firestone als een bondgenoot, maar in ons gesprek hield hij zich op de vlakte. Uit concurrentieoverwegingen, zei hij, kon hij geen bijzonderheden verstrekken over beperkingen in het gebruik van zout, suiker en vet. Actuele gegevens kreeg ik al helemaal niet.

Daarom gooide ik het over een andere boeg. In 2004, zei ik, beweerde Kraft dat het erin was geslaagd 30 miljard calorieën uit tweehonderd producten te halen. Wist hij misschien of er nu ook zo'n getal kon worden genoemd?

'Uit Capri Sun alleen al hebben we 120 miljard calorieën gehaald,' zei Firestone. 'Van de andere producten weet ik het niet precies. We konden het haast niet bijhouden.' Hoe indrukwekkend deze cijfers ook zijn, in 2010 wist Michelle Obama nog meer uit de hele voedingsindustrie te persen, nadat ze de voedselfabrikanten had gevraagd haar te helpen in de strijd tegen overgewicht. 'Ik ben ontzettend blij. Ze hebben beloofd tegen 2012 in totaal een biljoen calorieën uit het voedsel te halen dat ze jaarlijks verkopen en tegen 2015 1,5 biljoen,' deelde ze mee. 'Ze stemden erin toe hun producten te herformuleren, op allerlei manieren, onder meer door het vet- en suikergehalte aan te pakken, door caloriearme varianten te introduceren en door het volume te verkleinen van bestaande producten die voor één persoon zijn bedoeld.'

Maar als we alles narekenen, blijkt het niet zoveel voor te stellen. Als iedereen in Amerika 2000 calorieën per dag zou gebruiken, oftewel 730.000 calorieën per jaar, zouden die 1,5 biljoen calorieën minder betekenen dat we met elkaar bijna 1 procent minder eten. In werkelijkheid ziet het er slechter uit, zeggen sommige experts. Velen van ons consumeren veel meer dan 2000 calorieën en bewerkt voedsel maakt een groot deel uit van wat we eten. Er zijn mensen die niets anders eten. De teruggang in consumptie is waarschijnlijk veel minder dan 1 procent. Maar goed, het is een begin.

Een van de meest enthousiaste supporters van Krafts initiatief tegen overgewicht was CEO Betsy Holden. Maar het bedrijf had de wind niet mee. Eind 2003 ging het op tal van fronten mis. Een aantal nieuwe producten was geflopt. En ouwe getrouwen, zoals Philadelphia Cream Cheese, zakten weg. Die zomer was een telefonische vergadering met analisten van Wall Street in een grimmige sfeer verlopen. De bedrijfsresultaten van Kraft waren beneden verwachting en de onderneming zou 200 miljoen dollar moeten investeren om haar concurrentiepositie te heroveren.

Een van de analisten vroeg waar al dat gezeur over obesitas voor nodig was. Hoe kon Kraft de geplande groei van 3 procent halen als het bedrijf zich zorgen maakte om vetrolletjes? 'Jullie hebben een statement gemaakt, dat is waar, maar wat doen jullie om de omzet te verhogen? Als je de omzet in eigen land met 2 tot 3 procent wilt doen groeien, moeten we haast wel dik worden.'

Holden hield dapper vol dat de strijd tegen obesitas de verhoging van de winst niet in de weg hoefde te staan. Ze haalde het in de voedingsindustrie bekende concept 'maagaandeel' aan. Kraft probeerde een groter aandeel te krijgen in wat de mensen aten, zei ze, en probeerde ze niet per se meer te laten eten. Maar Wall Street was niet

11 GEEN SUIKER, GEEN VET, GEEN AFZET

gerustgesteld. Net toen de antiobesitasactie van Kraft goed op stoom kwam, in de zomer en de herfst van 2003, zakte de aandelenkoers van Kraft.

De financiële perikelen bij Kraft kwamen op het slechtst denkbare moment voor één hoofdrolspeler: Philip Morris, de moedermaatschappij. Na bijna twee decennia eigenaar te zijn geweest, om te beginnen van General Foods, had de tabaksgigant besloten zich uit de voedingsbusiness terug te trekken. Maar Philip Morris wilde zijn miljoenen aandelen niet verkopen tegen zo'n lage prijs. (Vanwege het geslonken aandelenkapitaal, maar ook om andere redenen, stelde Philip Morris de verkoop van de laatste van zijn aandelen uit tot 2007, het jaar waarin Kraft weer een onafhankelijk bedrijf werd.)

Holdens carrière bij Kraft eindigde al veel eerder. Op 18 december 2003 werd ze ontheven uit haar functie als CEO en aangesteld als hoofd Internationale Marketing, wat een minder prestigieuze positie was. De functionarissen van Kraft die ik heb ontmoet, hadden veel waardering voor Holden. Als een van de redenen voor haar overplaatsing voerden ze aan dat het onhandig was twee CEO's te hebben. Achttien maanden later ging Holden weg bij Kraft om meer tijd met haar kinderen te kunnen doorbrengen.

Michael Mudd, de grootste voorvechter van het antiobesitasinitiatief, was toen al weg. Eind 2004 verliet hij het bedrijf. Het panel van experts dat hij had samengesteld en waarvan Ellen Wartella deel uitmaakte, had zijn werk goed gedaan. Het had hem en zijn collega's geholpen het bedrijf op het goede pad te brengen. Maar Mudd raakte steeds gefrustreerder door de weigering van andere voedselfabrikanten het goede voorbeeld van Kraft te volgen, waardoor Kraft alleen en onder druk kwam te staan. Het bedrijf werd gedwongen niet te veel aan te dikke kinderen te denken en weer meer te gaan nadenken over waar het in de voedingsindustrie om was begonnen. Het aandelenkapitaal moest omhoog, en dat kon alleen door meer te verkopen van wat mensen het lekkerst vonden.

Op 3 maart 2011 kondigde Kraft aan dat er in India een nieuw tijdperk was aangebroken, een zoete tijd. De Oreo, het koekje dat daar nooit eerder op de markt was gebracht, kwam in de schappen te liggen van honderdduizenden winkels verspreid over het subcontinent.

De introductie ging gepaard met een groots opgezette reclamecampagne. Er verschenen spotjes op tv, billboards in de straten en een felblauwe bus, die het land doorkruiste, van New Delhi naar Mumbai. Kinderen mochten in de bus stappen om Oreo-spelletjes te doen. De marketing had een zogenaamd opvoedkundig thema: de 1,2 miljard inwoners van het land leren hoe je een Oreo hoort te eten. 'Het ritueel van "draaien, likken, dippen en dan opeten" heeft talloze families over de hele wereld zoveel plezier bezorgd dat ze verzot op Oreo zijn geraakt,' verklaarde het hoofd van de afdeling Zuidoost-Azië en Indo-China.

In juli 2012 volgde Toblerone, de driehoekige chocoladereep die Kraft in Zwitserland maakte en die nu in 122 landen te koop is. Om te begrijpen hoe deze kaskrakers in India belandden, waar overgewicht inmiddels een even groot probleem is als ondervoeding, moeten we terug naar de tijd waarin de koekjes van Kraft het bepaald niet goed deden in de Amerikaanse winkels.

Dat was in 2002. De verkoopcijfers van koekjes daalden drastisch. Kraft huurde onderzoekers in om na te gaan wat er mis was. Die voorspelden een ramp: klanten hadden hun toevertrouwd dat ze de schappen met koekjes meden, doodsbang als ze waren zich niet te kunnen beheersen, hun boodschappenwagentje vol te gooien, naar huis te racen en zich dan – nou ja, vol te proppen.

'Er was over de hele linie een verandering gaande,' zei Daryl Brewster, die op dat moment de divisie Nabisco leidde. 'De Oreo was een afschrikwekkend voorbeeld geworden. De consumenten die gek op Oreo's waren, die al onze koekjes lekker vonden, durfden ze niet meer te kopen. Ze waren bang dat ze de koekjes achter elkaar zouden opeten. Daarom hebben we uitgezocht waar die drang vandaan komt. Het kan gebeuren dat mensen steeds meer trek krijgen als ze snoepen of snacken. Ze maken een pak koekjes of een zak chips open, beginnen te eten en kunnen niet meer stoppen. Als alles op is, hebben ze honderden of zelfs duizenden calorieën naar binnen gewerkt. En dan voelen ze zich schuldig. Ze krijgen een hekel aan zichzelf.'

De vrees van de klant zich niet te kunnen beheersen was niet het enige probleem, zei Brewster. De Oreo was het onderwerp in een rechtszaak die tegen Kraft was aangespannen. De aanklacht was dat het bedrijf nog steeds transvetten gebruikte, een vorm van vet die

11 GEEN SUIKER, GEEN VET, GEEN AFZET

als nog schadelijker werd beschouwd dan verzadigd vet. (In de voedingsindustrie is het gebruik ervan inmiddels sterk beperkt.) Ook leek het hele land opeens het dieet van Atkins te volgen, die iets tegen koolhydraten in het algemeen had en in het bijzonder tegen koekjes en andere zoetigheid.

Maar álles zou verloren zijn als Kraft de mensen er niet van kon weerhouden het gangpad met koekjes te vermijden. De afdeling Nabisco ging aan de slag en eind 2003 kwam ze met iets wat consumenten die zich al schuldig voelden als ze maar naar een pakje Oreo's kéken gerust moest stellen. Het was bedacht door een van de marketingspecialisten van Brewster. Waarom maakte Kraft geen verpakking die er minder bedreigend uitzag, die de consument meer controle over zichzelf beloofde? En zo deed de 100-calorieënverpakking zijn intrede.

Kraft pakte eerst de Oreo aan. Een handvol koekjes mocht niet meer dan 100 calorieën leveren. Voor de voedingstechnologen was dit een moeilijke opdracht. De romige vulling was zo machtig en vet dat ze die maar helemaal weglieten. In plaats daarvan gaven ze de chocoladewafeltjes een romige smaak. Hun inspanningen wierpen resultaat af: de verkoopcijfers schoten omhoog. En daar bleef het niet bij. De mensen keerden in drommen terug naar de schappen en kochten niet alleen Oreo's, maar ook andere koekjes. En niet alleen de varianten met minder vet.

Het 100-calorieënconcept werkte eigenlijk te goed. De concurrenten namen het over en boekten er zoveel succes mee dat Kraft tandenknarsend toe moest kijken. De grootste bedreiging kwam van Hershey, de chocoladefabrikant. Toen de verkoop van koekjes inzakte, in 2002 en de jaren daarna, had Kraft de oplossing gezocht in het geruststellen van consumenten die zich schuldig voelden als ze zich te buiten gingen. Hershey bekommerde zich daar niet om. Het bedrijf legde zichzelf geen beperkingen op. Als een product niet meer zo goed liep, bracht het gewoon iets anders op de markt. In 2003 kwam het met S'mores, een soort sandwich van koekjes, chocolade en marshmallows, die niet bepaald vetarm was.

Daar kon Nabisco niet tegenop met zijn koekjes die minder vet en minder aantrekkelijk waren. Brewster zei dat hij zijn best had gedaan de samenstelling te veranderen zonder het aandeel vet te verhogen, maar door er bijvoorbeeld meer cacao in te stoppen. Uiteindelijk was gebleken dat er toch meer vet in moest, wat inging tegen het beleid van Kraft, dat beperkingen oplegde aan het gebruik van zout, suiker en vet in alles wat het bedrijf produceerde, van de frisdranken tot de vleeswaren. De koekjes die Brewster moest maken om de concurrentie met Hershey aan te gaan moesten een uitzondering op de regel zijn.

Kraft creëerde simpelweg andere koekjes, onder de verzamelnaam 'Choco Bakery', en verhoogde de toegestane hoeveelheid vet tot ze niet onderdeden voor de 'koekjes' van Hershey. 'Ons streven was met iets beters te komen dan de concurrent,' zei Brewster, die in 2006 wegging bij Kraft. De koekjes die uit de onderzoeksafdeling van Kraft kwamen, waren niet heel slecht voor de lijn, maar wekten toch minstens de indruk dat het bedrijf afstand had genomen van het idee overconsumptie tegen te gaan.

In 2012 vierde de Oreo zijn honderdste verjaardag. Het almaar uitbreidende assortiment had geleid tot een jaaromzet van 1 miljard dollar in de Verenigde Staten. En dat cijfer weerspiegelde maar de helft van het succes. In datzelfde jaar kwam er nog eens 1 miljard dollar binnen door de verkoop van Oreo's in andere landen. Door deze wereldwijde expansie kwam de antiobesitascampagne van Kraft nog meer in de verdrukking. Zodra het marktaandeel dreigde in te zakken, versoepelde Kraft de regels. Het bedrijf moest en zou zijn rivalen voorbijstreven. Het moest en zou de wereldmarkt van snoep en koekjes beheersen. Begin 2012 zette het een grote stap op die weg door Cadbury op te kopen, voor 19,6 miljard dollar.

Cadbury was een merk dat in een groot deel van Azië bekend was en Kraft gebruikte het merk om de Oreo te introduceren. De logica hierachter werd door de nieuwe president-directeur uitgelegd in een ontmoeting met analisten van Wall Street, die een heel andere toon aansloegen dan in het gesprek met haar voorgangster, Betsy Holden, in 2003. Niemand had het over obesitas. Daar was ook geen reden voor. De CEO, Irene Rosenfeld, was gefocust op een strategie voor hogere winstcijfers die de analisten alleen maar konden toejuichen: Krafts snacks moesten de wereld stormenderhand veroveren in wat zij een 'effectieve groeicyclus' noemde.

'Sinds we met Cadbury zijn samengegaan, is de groei in onze ca-

11 GEEN SUIKER, GEEN VET, GEEN AFZET

tegorie versneld, met chocola als aanjager,' vervolgde ze. 'Kijk maar eens naar India. Daar zijn we doorgedrongen in de meest afgelegen dorpen door de distributie van *visi-coolers* te verdubbelen. Deze compacte gekoelde displays met een doorzichtige deur vallen erg op en houden de chocolade op de juiste temperatuur in het hete klimaat van India. Sinds 2006 is de verkoop van Oreo's in deze nieuwe markt met 500 procent gestegen.'

In 2012 bracht Kraft de resultaten van de vruchtbare samenwerking met Cadbury mee naar huis, naar de Verenigde Staten. Er werd een spread op de markt gebracht waarin het vet in kaas was gecombineerd met het vet en de suiker in chocolade: roomkaas vermengd met melkchocolade. De spread kreeg de naam Philadelphia Indulgence. Twee eetlepels ervan leverden een kwart van de dagelijkse maximumhoeveelheid verzadigd vet en, afgaande op de richtlijnen van de Amerikaanse Hartstichting, de helft van het dagelijks maximum voor suiker.

Ook dit product stond op gespannen voet met het antiobesitasprogramma van Kraft. Het voldeed niet aan de normen voor vet en suiker. En het paste eigenlijk ook niet in het assortiment. Een woordvoerster vertelde me dat Indulgence niet in de categorie kaas kon worden opgenomen, want aan kaas mag geen suiker worden toegevoegd. Daarom werd het bij de spreads of dips ingedeeld. Toen het product eenmaal in de winkel lag, reageerde het publiek enthousiast. 'Mijn vrouw zag het vanmorgen in een tv-spotje. Ze stond op, kleedde zich aan en kocht de winkel leeg,' schreef iemand op de website van Kraft. 'Chocola en roomkaas! Ga eropaf en sla er zo veel mogelijk van in, voordat Bloomberg zegt dat je het zonder recept niet mag kopen.'

'Ik ga er helemaal van uit m'n dak,' schreef iemand anders. En een derde: 'Zie je het niet meer zitten, smeer dan Indulgence op je hand en lik het eraf!!!' En een vierde: 'Ik wil mijn gezicht erin begraven.'

De kuipjes chocoladeroomkaas deden me denken aan het onderzoek dat Adam Drewnowski, de epidemioloog uit Seattle, had gedaan naar de effecten van vet op de hersenen. Omdat vet zo rijk aan energie is – het bevat twee keer zoveel calorieën als suiker – zien de hersenen vet in voedsel als de beste vriend van het lichaam. Hoe meer vet er in eten zit, hoe meer brandstof het lichaam kan opslaan voor toekomstig gebruik. Het lichaam is zelfs zo blij met vet dat het mechanisme dat ons helpt niet te veel te eten vertraagd in werking wordt gesteld. De hersenen geven dan pas later het signaal dat we genoeg gegeten hebben.

Drewnowski wist dat dit mechanisme heel goed werkt bij zoete voedingswaren. Zelfs voor kinderen is er een grens, hoe graag ze ook snoepen. Maar bij vet, ontdekte Drewnowski, ligt het verzadigingspunt, als het er al is, veel verder, veel hoger, misschien in de stratosfeer van de allervetste room. Daarom zijn kaas en vlees superingrediënten voor de voedingsindustrie. Machtig, in de ruimste zin van het woord. En Drewnowski ontdekte nog iets anders: vet met wat suiker doet het nog beter. Geconfronteerd met deze combinatie verliest het brein het zicht op vet. En dan gaan alle remmen los.

Het vermogen van voedselfabrikanten synergie te ontdekken in het samenspel van hun hoofdingrediënten is natuurlijk niet beperkt tot vet en suiker. De magie begint pas echt als ze een derde ingrediënt laten meespelen: zout. En daarmee zijn we beland bij de derde pijler waarop de voedingsindustrie rust.

DEEL DRIE
ZOUT

12 MENSEN HOUDEN VAN ZOUT

Eind jaren tachtig richtte een golf aan nieuwsberichten en redactionele artikelen de aandacht van het land op een groeiende bedreiging: hoge bloeddruk. Uit een volksgezondheidsonderzoek bleek dat één op de vier Amerikanen last had van deze aandoening, ook wel bekend als hypertensie, en het aantal nam gestaag toe. Groepen artsen hielden persconferenties om de noodklok te luiden. Veel patiënten wisten niet eens dat ze een hoge bloeddruk hadden, totdat ze last kregen van duidelijk herkenbaarder complicaties zoals congenitaal hartfalen, waardoor de aandoening de bijnaam 'de stille moordenaar' kreeg. De exacte oorzaak was moeilijk vast te stellen, maar enkele belangrijke factoren werden genoemd, zoals obesitas, roken en diabetes. Een andere was zout.

Het probleem was niet zout op zich. Het probleem was natrium, een chemisch element in zout. Om de zaak nog ingewikkelder te maken, legden gezondheidsfunctionarissen uit: zelfs natrium was niet alleen maar slecht. Een klein beetje in onze voeding was noodzakelijk voor een goede gezondheid. Het probleem was dat Amerikanen zoveel zout aten dat ze tien, soms zelfs twintig keer de voor het lichaam benodigde hoeveelheid natrium binnenkregen. Dit was veel meer dan het lichaam aankon. In grote hoeveelheden onttrekt natrium vloeistoffen aan de lichaamsweefsels en brengt ze in het bloed, waardoor het bloedvolume toeneemt en het hart krachtiger moet pompen. Het resultaat: hoge bloeddruk.

Gezondheidsfunctionarissen identificeerden één duidelijk doel toen ze naar manieren zochten om de natriumconsumptie omlaag te brengen: de zoutvaatjes die bij iedereen op de eettafel stonden. Die werden niet alleen tijdens de maaltijden doorgegeven, maar bleven als een soort wachter op tafel staan. Zoutvaatjes werden verzameld en trots tentoongesteld. Gezondheidsinstanties voelden zich genoodzaakt om in actie te komen. Ze drongen er bij de Amerikanen op aan hun zoutvaatjes weg te gooien of ze in elk geval van tafel te halen. In 1989 begon de Amerikaanse Hartstichting een alternatieve manier te promoten om het eten op smaak te brengen. De stichting ontwierp en verkocht z'n eigen strooier met een zoutloos mengsel van cayennepeper, basilicum, tijm en andere kruiden.

In deze aanval op natrium nam niemand de moeite om uit te zoeken of het wel klopte dat tafelzout verantwoordelijk was voor de enorme hoeveelheid zout die Amerikanen binnenkregen. Die hoeveelheden hadden in elk geval een waarschuwing moeten zijn dat er iets groters gaande was. Vooral tienerjongens en mannen van onder de veertig kregen meer dan 10 gram zout per dag binnen. Dat zijn twee flinke theelepels. En dat was nog maar een gemiddelde. Veel mensen waren zware gebruikers. Vrouwen en meisjes lieten iets meer dan één theelepel zout per dag noteren, maar zelfs die aantallen zouden het duidelijk hebben moeten maken dat het zoutvaatje niet alleen de boosdoener was.

Dus waar kwam al dat zout vandaan?

Het antwoord kwam in 1991, toen de *Journal of the American College of Nutrition* de resultaten van een slim experiment publiceerde. In een poging de echte bron van Amerika's natriumprobleem te identificeren, trommelden twee onderzoekers tweeënzestig volwassen op die van zout hielden en gaven deze mensen afgemeten zoutvaatjes die ze thuis een week moesten gebruiken. De betrouwbaarheid van deze wetenschappers was boven elke verdenking verheven: ze werkten voor het Monell Chemical Senses Center in Philadelphia. In dit centrum vervolmaakten onderzoekers de berekening van het blisspoint voor suiker en onderzochten ze de verleidelijke eigenschappen van vet, waarbij ze de moleculaire fundamenten ontrafelden om te kunnen uitleggen hoe het lagere smeltpunt van aders-dichtslibbende vetten zoals boter ertoe leidt dat ze vloeibaar worden in de mond en daar meteen voor genot zorgen. Monell, dat is waar, accepteerde aanzienlijke financiële vergoedingen van de grootste levensmiddelenfabrikanten, waaronder die van notoire zoute producten. Dat geld uit de industrie weerhield de onafhankelijke onderzoekers van het instituut er niet van om beschuldigend te wijzen naar de makers van bewerkt voedsel. Ze spraken de voedselfabrikanten onomwonden streng aan op hun invloed op de eetgewoonten van Amerikanen.

Uit eigen onderzoek was bekend hoe de aangeboren zin in snoep bij kinderen werd uitgebuit. Nu ze op zoek waren naar de herkomst van natrium in het menu van Amerikanen waren de onderzoekers van Monell bereid open te staan voor de bevindingen.

De tweeënzestig deelnemers werd gevraag een week lang precies bij te houden wat ze aten en dronken. Om de betrouwbaarheid van hun verslaglegging te vergroten, deden de onderzoekers een merkstof in de zoutvaatjes van de deelnemers die te zien was in hun urine. Een slimme zet, omdat de onderzoekers, op grond van de monsters die ze geregeld namen, precies konden zien hoeveel zout de zoutvaatjes bijdroegen. Aan het eind van de week verzamelden ze alle gegevens en konden ze broeden op de cijfers.

Er zat bijna geen natrium in het water dat ze dronken, dus dat kon uitgesloten worden als bron. Natrium komt van nature voor in bepaalde gewassen, zoals snijbiet en spinazie, maar daar hadden de deelnemers wel heel veel van moeten eten om enig verschil te maken. Het natuurlijke natrium in de maaltijden van de deelnemers droeg maar iets meer dan 10 procent bij aan hun totale natriumconsumptie van die week. En wat betreft dat vermaledijde zoutvaatje: dat leverde maar 6 procent van hun natriuminname.

Als ze dit onderzoek een paar eeuwen eerder hadden uitgevoerd, hadden de onderzoekers waarschijnlijk heel andere resultaten geboekt. De gepekelde vis die de Zweden in de zestiende eeuw aten, dreef hun natriumconsumptie bijvoorbeeld op tot niveaus die veel hoger lagen dan de huidige. En tot de komst van de ijskast leunden mensen wereldwijd zwaar op zout bij het conserveren van vlees en vis. Bij de proefpersonen uit het onderzoek kwam het natuurlijke natrium en het zout dat ze zelf toevoegden maar uit op een vijfde van het geconsumeerde zout. Waar kwam de rest vandaan?

In 1991, toen dit onderzoek werd verricht, werd er al steeds minder zelf gekookt met verse ingrediënten. Men was geleidelijk steeds meer overgegaan tot bewerkt voedsel, dat was voorgekookt en voorverpakt, klaar om mee te nemen. Net als al hun landgenoten kochten de proefpersonen de meeste maaltijden in de supermarkt, waar het zout in hun boodschappen de prijs was voor het gemak. De onderzoekers ontdekten dat meer dan driekwart van het zout dat ze die week consumeerden uit bewerkt voedsel kwam. De bedrijven die deze producten maakten, voegden niet gewoon zout toe. Ze dumpten zak na zak zout in hun in dozen verpakte kant-en-klaarmaaltijden, hun spaghetti in blik, hun slasauzen, tomatensauzen, pizza's en soepen. Zelfs producten voor mensen die aan de lijn deden of voor suikerpatiënten, de vetarme of light versies van hun merken, leverden enorme hoeveelheden zout. In de gangpaden in de supermarkt stond bijna niets waaraan geen zout was toegevoegd. Het zouten van bewerkte voeding was een manier geworden om de verkoop te stimuleren, net zoals, of misschien nog wel meer dan, de toevoeging van suiker en vet.

De macht van zout in voeding wordt keurig verwoord in de verkoopfolders van Amerika's grootste zoutleverancier, Cargill: 'Mensen houden van zout. Van de hoofdsmaken – zoet, zuur, bitter en zout – kan de mens het slechtst zonder zout. En dat is geen wonder. Keukenzout, of natriumchloride, geeft voedsel – variërend van spek, pizza, kaas, friet tot zoetzuur, sladressings, snacks en gefrituurd eten – een aangename smaak.'

Mensen houden niet gewoon van zout, ze hunkeren naar hartig eten. Afhankelijk van iemands standpunt is de supermarkt een goudmijn – of een mijnenveld – van zoute etenswaren. Om alles in het juiste perspectief te zien: de dagelijks aanbevolen hoeveelheid zout is volgens de Amerikaanse federale overheid 2300 milligram. In 2010 werd deze hoeveelheid voor mensen die gevoelig zijn voor de gevolgen van zout verlaagd: voor mensen van boven de vijftig, zwarten van alle leeftijden, suikerpatiënten, mensen met een hoge bloeddruk of een chronische nieraandoening. Hun werd dringend aangeraden dagelijks niet meer dan 1500 milligram, dus minder dan een theelepel, te gebruiken.

Als je deze cijfers kent, is het niet moeilijk te begrijpen waarom de meesten van ons veel meer natrium binnenkrijgen dan we zouden moeten. Tienerjongens en mannen consumeren gemiddeld zelfs twee keer zoveel. De ingrediëntenvermeldingen op de verpakkingen spreken voor zich. En natuurvoeding eten helpt niet bij zout: zelfs de fabrikanten daarvan voegen flink wat zout toe. Mijn favoriete kant-en-klaarmaaltijd uit een dure supermarkt in New York was een kalkoengerecht uit de diepvries. In de ingrediëntenvermelding kwam zout in negen verschillende gedaanten voor, meer dan enig ander ingrediënt. In het lijstje was een onderverdeling gemaakt van de verschillende bestanddelen. Zout verscheen niet alleen onder vlees, jus, vulling en aardappels, maar was ook het belangrijkste bestanddeel van iets met de naam 'kalkoensmaak' en stond hoog in het lijstje onder 'aardappelsmaak'. Al met al zat er bijna 5400 milligram zout in deze magnetronmaaltijd, en dat is meer dan mensen in twee dagen zouden mogen eten. Tenzij je voor 1955 geboren bent, een donkere huidskleur hebt of een zoutarm dieet moet volgen. In dat geval zit je met deze maaltijd meteen op je quotum voor een halve week.

Om te begrijpen waarom iemand in één keer voldoende zout voor ruim drie dagen zou willen eten, ging ik weer bij Monell te rade. Maar in plaats van dieper in te gaan op de blisspoints voor suiker en vet, besprak ik met enkele wetenschappers hun pionierende werk op het gebied van zout. De hoofdonderzoeker bij het onderzoek naar de zoutvaatjes hield zich nu bezig met een ander onderwerp, namelijk het mondgevoel van vet. Monell had nu een echte autoriteit op het gebied van zout in dienst, Paul Breslin. De bioloog Breslin is gespecialiseerd in experimentele psychologie. Als hij geen onderzoek doet bij Monell, werkt hij zo'n 70 kilometer verderop in Princeton Junction, New Jersey, waar hij de scepter zwaait over zijn eigen laboratorium op Rutgers University. Ik ontmoette hem daar. In Breslins lab was een typisch proeflokaal, dat onderverdeeld was in observatieruimten waar proefpersonen plaatsnamen en monsters aten en dronken om te bepalen wat ze lekker vonden en wat niet. In een kleinere ruimte ernaast bouwde hij aan iets tamelijk ongebruikelijks: in een metalen kast die eruitzag als een ijskast (maar dan afgesteld op 25 °C), kweekte Breslin fruitvliegjes, die zeer nuttig blijken te zijn bij het onderzoek naar de mysteries rond zout. De genen van fruitvliegen kunnen snel gemanipuleerd worden, waardoor wetenschappers zich helemaal kunnen richten op specifieke eigenschappen. Bovendien lijkt hun smaak erg op die van mensen.

'De meeste dingen wij lekker vinden, vinden zij ook lekker en de meeste dingen die we niet lusten, lusten zij ook niet,' vertelde Breslin. 'We houden allebei van gisting. Ze zijn dol op wijn, bier, kaas, azijn en brood. Daarom zijn ze in onze keukens.' Fruitvliegjes houden ook van bescheiden hoeveelheden zout. Manipulatie van de vliegengenen heeft wetenschappers geholpen de celmechanismen te identificeren waarmee onze mond zout opspoort. Sinds kort bestudeert Breslin de vliegjes niet vanwege de mechanismen waarméé mensen zout proeven, maar voor aanwijzingen waaróm wij het zo lekker vinden. Het is tenslotte niets anders dan een wit gesteente dat uit de grond wordt opgegraven of aan de zee onttrokken wordt.

Breslin is een voedingstechnoloog die dol is op het eten dat hij onderzoekt en daar ook veel over nadenkt. Net als enkele van zijn collega's bij Monell is hij niet bang de grote voedingsconcerns aan te pakken. Tot zijn grootste irritaties behoren de caloriearme versies van hun ijsmerken, die bedoeld zijn voor mensen die gewicht willen verliezen en die er volgens Breslin alleen maar toe leiden dat mensen er te veel van eten. 'Volgens mij maken ze calorie- en vetarm ijs, wat mij betreft een oxymoron, zodat mensen 15 liter ijs per dag kunnen eten,' zei Breslin. 'Daar is ijs niet voor bedacht.' Hij eet kleine porties ijs, waar hij ook echt van geniet. Hij is slank en lijkt de neiging te veel te eten goed te kunnen weerstaan.

Breslin houdt echter het meest van hartig eten. We reden naar een Griekse speciaalzaak in de buurt van zijn laboratorium om onze lunch te kopen. De feta dreef in het zout en de spinaziepasteitjes zaten er ook vol mee. 'Je moet deze eens proberen, zodat je weet waar ik het over heb,' zei hij, terwijl hij naar een schaaltje gebarsten groene olijven wees. 'Dat is mijn absolute lievelingseten.' De winkelier gaf me er een, volgezogen met zeer zoute, naar knoflook smakende pekel, die inderdaad zeer smakelijk was. Ik zag de vreugde in Breslins ogen toen hij er eentje proefde. 'Ik had een te hoge bloeddruk en kreeg te horen dat ik me daar zorgen om moest maken. Mijn bloeddruk is nu alweer een hele tijd normaal en ik let er niet meer op. Ik houd van hartig eten. Ik weet niet of dat is vanwege de psychologische beloning iets echt lekkers te eten of dat het fysiologisch is, in de zin dat zout iets voor me doet. Maar ik voel me echt beter als ik iets hartigs eet. Het is niet zo dat ik me beter voel op de manier wanneer ik net gesport heb en me fit voel. Ik voel me gewoon beter, zoals jij je zou voelen na een schaaltje van je favoriete ijs.'

Terug in het lab, waar we ons verdiepten in de wetenschap achter al dat genoegen, werd het duidelijk dat veel van de aantrekkingskracht van zout een raadsel blijft. Het idee dat zout gevoelens van vreugde kan oproepen lijkt idioot, aangezien het maar een mineraal is, dood en zonder enige voedingswaarde. Suiker en vet komen van planten en dieren, en zitten vol calorieën die mensen nodig hebben om niet te verkommeren. Het snijdt hout dat als iemand in een MRI-scan wordt geschoven en druppelsgewijs een suiker- of vetoplossing toegediend krijgt in de mond, een elektrisch circuit in zijn hersenen oplicht, waardoor hij wordt overspoeld door een gevoel van vreugde. Deze prikkel, weten we, komt van het deel van de hersenen dat ons beloont voor dingen die de mens in leven houden of het menselijk ras laten voortleven. Dingen zoals eten en seks.

Zout is natuurlijk niet helemaal waardeloos. Het bevat natrium. Het belang daarvan voor ons welzijn mogen we niet over het hoofd zien. In 1940 meldden onderzoekers het geval van een kind met een verminderd vermogen om natrium op te nemen. Het had enorme hoeveelheden zout nodig om te overleven en wist dit instinctief. Een van de eerste woorden die het jongetje kon zeggen, was 'zout'. Toen hij een jaar was, likte hij het zout van zijn crackers. Later at hij rechtstreeks uit het zoutvaatje. Zijn ouders en artsen begrepen niets van zijn aandoening en tijdens een langdurig ziekenhuisverblijf kreeg de jongen alleen zoutarm eten en stierf hij. Zelfs in een minder afschrikwekkend geval zal voeding met onvoldoende natrium tot problemen leiden, hebben onderzoekers ontdekt. Ratten ontwikkelen minder bot- en spiermassa en krijgen daardoor kleinere hersenen. Toch hebben de meeste mensen maar kleine beetjes natrium nodig, wat het extra moeilijk te begrijpen maakt waarom de meeste mensen er zoveel van eten.

Een deel van de verklaring gaat terug op de 'tongkaart', die laat zien dat we suiker alleen op de punt van onze tong proeven. In diezelfde tekening lijkt het alsof er voor zout maar weinig plaats is – dat proeven we alleen opzij van de tong en dan ook nog helemaal vooraan. Deze voorstelling van zaken is net zo verkeerd voor zout als voor suiker. We proeven zout eten net als zoetigheid door de hele mond. 'Iedereen kan dit thuis zelf uitproberen,' vertelde Breslin me. 'Je hoeft alleen maar wat citroensap, honing, schuim van je espresso en zout opgelost in water neer te zetten en de punt van je tong erin te steken. Je zult zuur, zoet, bitter en zout op je tongpunt proeven, waarmee je het tongdiagram kunt afdoen als onzin.'

ZOUT, SUIKER, VET

Zout proef je niet alleen op de punt van je tong. Mensen zijn een spons als het om een zoute smaak gaat. Het lichaam heeft receptoren voor het opsporen van zout die door de hele mond en darmen gaan. Deze hele programmering voor de zoute smaak lijkt te impliceren dat het lichaam zich van voldoende zout wil verzekeren. Als we zout niet zo makkelijk zouden proeven en het niet zo verleidelijk was, zouden we ook niet alle keukenkastjes afspeuren naar een zak chips. Mensen zouden het dan bij vet eten met veel suiker houden. Dit verlangen naar zout lijkt evolutionair bepaald te zijn. Toen er alleen nog leven in de oceaan was, kregen dieren zonder problemen alle benodigde natrium binnen. Ze wentelden zich in zout water. Op het land heerste aanvankelijk echter een heet en droog klimaat. De voormenselijke monden hebben mogelijk receptoren voor zout ontwikkeld om te garanderen dat de bezitters ervan het zout niet vergaten als ze op zoek waren naar eten.

Deze verklaring klinkt zeker plausibel, maar mensen denken tegenwoordig niet alleen aan zout, ze verslínden het. Vandaar de popcorn die ik ooit in het Yankee Stadium kocht die zo zout was dat ik een groot deel van de wedstrijd moest missen, eerst omdat ik er lang voor in de rij moest staan en later omdat ik drinken voor mijn kinderen moest halen om hun kelen te smeren. Het hunkeren naar bepaalde etenswaren is geen onderwerp dat de voedingsconcerns die Monell ondersteunen graag aankaarten. Maar Breslin sprak niet alleen openlijk over enorme trek in bepaald eten, hij koppelde hartige producten ook zonder aarzelen aan een nog gevaarlijker onderwerp: drugsverslaving.

De notie dat sommige etenswaren zich gedragen als drugs speelt al minstens twintig jaar in de wetenschap. Een van Breslins favoriete artikelen werd in het jaar van het zoutvaatjesonderzoek, 1991, gepubliceerd. Het is geschreven door Stephen Woods, hoogleraar psychiatrie aan de universiteit van Cincinnati, die eten vergeleek met drugsgebruik. Beide, schreef hij, vormen een aanzienlijke uitdaging voor het ultieme doel van het lichaam om in balans te blijven. Dit noodzakelijke evenwicht staat ook bekend als homeostase. En eten gooit, net als drugs, alles overhoop. 'Uiteindelijk belandt alles wat je eet in je bloed, en ons lichaam wil dat het gehalte van alles in ons bloed – van kooldioxide tot zout en kalium en lipiden en glucose – constant is,' vertelde Breslin. 'Ons lichaam zou waarschijnlijk het gelukkigst zijn als we niet zouden hoeven eten en alles bij toverslag via een infuus of zo in ons lichaam zou komen, waardoor alle waarden constant bleven. Als je eet, stop je allerlei zaken in je bloed en dat gaat in tegen het idee van homeostase. Je lichaam reageert daarop door te zeggen: "Potverdorie, wat doe je me aan? Ik moet hier nu iets aan doen." Insuline is een middel waarmee je de suiker uit je bloed en in je cellen duwt. Precies hetzelfde gebeurt er als je drugs gebruikt. Als je heroïne in je lichaam spuit, zegt je lichaam: "Wat heb je me aangedaan?" Het moet proberen deze dingen te verwerken in de stofwisseling en er zijn allerlei mechanismen om daarmee om te gaan.'

Het bloed wordt vooral belaagd als het lichaam bewerkt voedsel heeft ingenomen, waardoor het systeem overspoeld raakt met enorme ladingen zout, suiker en vet. Maar in de hersenen worden de verbanden tussen eten en drugs pas echt interessant. Daar reageren verdovende middelen en eten – vooral etenswaren met veel zout, suiker en vet – erg vergelijkbaar. Eenmaal ingenomen racen ze langs dezelfde paden en gebruiken ze hetzelfde neurologische schakelsysteem om de genotszones van de hersenen te bereiken. Een zeer intrigerend verslag over de effecten van zout op de hersenen verscheen in 2008. Onderzoekers aan de universiteit van Iowa publiceerden een artikel met de titel *Salt Craving:* 'The Psychobiology of Pathogenic Natrium Intake'. In begrijpelijke taal betekent dit dat mensen gaan hunkeren naar zulke enorme hoeveelheden zout dat ze er ziek van worden. De auteurs bespraken alle hersenenscans en andere wetenschappelijke onderzoeken die tot dat moment naar zout waren verricht en concludeerden dat zout op één hoop gegooid kon worden met andere dingen die bij overmaat problemen opleveren. Zout, concludeerden zij, was in dit opzicht vergelijkbaar met 'seks, fitness, vetten, koolhydraten en chocolade, in de verslavende eigenschappen die het bezit'.

Om voor de hand liggende redenen is het woord 'verslaving' zeer beladen. Levensmiddelenfabrikanten zeggen liever dat je ergens naar smacht of er geen genoeg van kunt krijgen dan dat ze iets verslavend noemen. Het woord 'verslaving' roept in hun ogen beelden op van broodmagere junks die een gewapende overval plegen op een benzinestation om aan het geld te komen voor een shot. Verslaving brengt ook netelige juridische kwesties op waar de voedingsindustrie zich liever verre van houdt. In werkelijkheid is bewerkt voedsel zo goedkoop en zo makkelijk te verkrijgen dat niemand een buurtwinkel of benzinestation hoeft te overvallen voor een shot.

In 2006 kwam een advocatenkantoor dat zowel tabaks- als voedselfabrikanten tot zijn clientèle kon rekenen met een opmerkelijke verhandeling over de juridische gevechten waarin de makers van bewerkt voedsel verzeild konden raken als mensen ze verantwoordelijk wilden stellen voor hun eigen zwaarlijvigheid. De auteurs komen tot de conclusie dat de voedingsindustrie er wettelijk goed voor staat en dat de tactiek die wordt gebruikt om tabaksfabrikanten aan te klagen lang niet zo goed zou werken bij levensmiddelenconcerns. Maar een groot deel van het verslag gaat over het onderwerp verslaving, en de auteurs doen hun best met een verweer te komen dat bedrijven kunnen gebruiken om een jury ervan te overtuigen dat voeding niet verslavend is. Aan het eind ontkennen ze niet dat er parallellen bestaan tussen overmatig eten en drugsgebruik. Hun argument is dat het woord 'verslaving' van oudsher kenmerkende eigenschappen heeft, zoals zeer pijnlijke onthoudingsverschijnselen, die niet van toepassing zijn op het verlangen naar eten. 'Door overconsumptie van bijvoorbeeld chocola het predicaat "chocoladeverslaving" op te plakken, zelfs als die wordt geassocieerd met nogal labiele eetgewoonten, loop je het risico serieuze verslavingen te bagatelliseren,' schrijven ze.

Paul Breslin formuleert de verslavingskwestie een beetje anders. Als mensen lang genoeg drugs gebruiken, viel hem op, wordt de motivatie om meer drugs te gebruiken minder een kwestie van de voordelen van de drug wensen – het high worden – en meer een kwestie van het afschuwelijke gevoel dat het verlangen naar de drug veroorzaakt vermijden. Zo gaan mensen die trek krijgen niet op zoek naar voedsel vanwege het grootste goed van voeding, namelijk de calorieën die hun in leven houden, maar reageren ze eerder op het signaal van hun lichaam dat het nóóit meer in een positie wil komen dat het móét eten. De meeste westerlingen kennen de pijn van echte honger niet, het gevoel dat optreedt als het lichaam noodzakelijke voeding ontbeert. Denk maar eens hoe vaak mensen op een dag zeggen dat ze honger hebben. 'Een paar uitzonderingen daargelaten kunnen we prima een dag zonder eten of water. Het lichaam heeft voldoende calorieën. Maar mensen die een dag vasten, voelen zich vreselijk. Je lichaam rekent erop dat je het voedt en bezit allerlei mechanismen die maken dat je je vreselijk voelt als je dat niet doet. Uiteindelijk geef je jezelf te eten zodat je je goed voelt.'

Dit idee, dat we niet zozeer voor ons plezier eten als wel om een vervelend gevoel af te wenden, deed me denken aan het werk van Howard Moskowitz, de voedingswetenschapper die de nieuwe smaak voor Dr. Pepper creëerde. Hij ontdekte dat mensen om andere redenen dan honger worden aangetrokken door voedsel dat veel zout, suiker en vet bevat. Ze worden door emotionele prikkels tot deze etenswaren gedreven en uit de wens dat nare gevoel te onderdrukken dat het lichaam oproept om een hongerdood te voorkomen. De angst voor honger zit heel diep en voedselfabrikanten zijn een kei in het bespelen van die angst.

Hoe negatief het woord 'verslaving' ook is, de voedingsindustrie heeft een ander probleem als het op zout aankomt – een probleem dat weleens groter kan blijken te zijn. Bij het vaststellen in hoeverre de industrie schuldig is aan epidemisch 'te veel eten' zijn wetenschappers met bewijs gekomen dat de manier waaróp mensen naar zout zijn gaan hunkeren bezwaarlijker is dan het hunkeren zelf. Het blijkt dat fabrikanten van bewerkt voedsel een verlangen naar zout hebben gecreëerd dat er eerder nog niet was.

Baby's houden vanaf hun geboorte van suiker. Eenvoudige experimenten hebben dit aangetoond: een druppeltje suikerwater tovert meteen een lach tevoorschijn. Maar baby's houden níét van zout. Ze houden er helemaal niet van totdat ze zes maanden of ouder zijn, en zelfs dan moeten ze worden overgehaald. Dit idee dat zout kinderen wordt opgedrongen, komt van de wetenschappers van Monell. Ze wilden weten waardoor kinderen zout lekker gingen vinden als ze dat niet van nature deden. Ze volgden daarom eenenzestig kinderen vanaf zeer jonge leeftijd. Eerst onderzochten ze hoeveel zout de ouders van die kinderen aan de babyvoeding toevoegden. De groep viel netjes in twee groepen uiteen: de ene groep at wat hun ouders ook aten, zoals gezouten cornflakes, crackers en fabrieksbrood, terwijl de andere kinderen babyvoeding aten met weinig of geen zout, zoals vers fruit en groenten. De onderzoekers testten daarna de kinderen om te zien hoeveel beide groepen van zout hielden en of daar verschil in zat.

Leslie Stein, een onderzoeker van Monell, gaf de kinderen vanaf twee maanden oud in sterkte variërende zoutoplossingen te drinken. Op die leeftijd spuugden alle kinderen het zoute water uit of reageerden er onverschillig op. Met zes maanden, toen ze opnieuw getest werden, waren er twee kampen te zien. De kinderen die fruit en groenten aten, verkozen nog steeds gewoon water boven het zoute water. De groep die gezouten eten had gehad, vond de zoutoplossingen nu wel lekker.

In de loop van de tijd groeiden de groepen steeds verder uit elkaar. 'Moeders meldden dat peuters die vanaf zes maanden zetmeelrijke voeding hadden gegeten meer geneigd waren zout van eten af te likken,' stond in het onderzoek. 'Bij deze kinderen bestond ook een sterkere neiging puur zout te eten.'

Op de peuterschool kregen kinderen uit de 'zoute' groep levensmiddelen uit de supermarkt die barstten van het zout: chips, spek, soep, ham, hotdogs, friet, pizza en crackers.

Toen het onderzoek gepubliceerd werd, sprak Gary Beauchamp, de directeur van Monell, over de significantie ervan. Hij benadrukte met klem dat we het over kinderen hadden. Kinderen die níet van zout hielden bij hun geboorte. Ze hadden geleerd om van zout te houden, en als ze dat eenmaal doen, heeft dat een enorme en blijvende invloed op hun eetgewoonten. 'Uit onze gegevens blijkt dat als je de algehele zoutconsumptie van de bevolking wilt terugbrengen,' zei Beauchamp, 'het van belang is dat je vroeg begint, want jonge kinderen zijn enorm kwetsbaar.'

Toevallig was ik niet de enige die hulp nodig had van de experts van Monell om de krachten van zout te begrijpen. In 2005, toen de overheid de voedingsindustrie opschrikte door mensen er dringend op te wijzen hun zoutconsumptie drastisch terug te brengen naar minder dan een theelepel per dag, kwamen enkele van de grootste levensmiddelenconcerns bijeen in een groep die ze het Zoutconsortium noemden om te bedenken hoe ze deze bedreiging het hoofd konden bieden. De groep hield zijn bestaan stil uit angst voor ongewenste aandacht, maar ik hoorde ervan van mensen uit de industrie zelf, die ook onthulden dat ze Monell hadden gevraagd gegevens te verzamelen die hen uit deze hachelijke situatie konden helpen.

Het doel van de groep was te achterhalen wat zout nou precies zo verleidelijk maakte, zodat ze manieren zouden vinden om de hoeveelheid zout terug te brengen in hun producten. Er was wel een heel duidelijk voorbehoud: de verkoop mocht er geenszins onder lijden.

Maar hoe meer de industrie naar zout keek, hoe meer ze inzag dat de consument slechts een deel van het probleem was. De fabrikanten zelf waren volledig verslingerd aan het spul. En dat komt doordat de hartige smaak die mensen popcorn laat eten tot de hele bak op is nog maar het begin is van waar zout toe in staat is.

Fabrikanten beschouwen zout misschien wel als de meest magische van de drie pijlers van bewerkt voedsel vanwege alle dingen die het nog meer kan doen dan de smaakpapillen prikkelen. Zout is een manusje-van-alles. Het corrigeert ontelbaar veel problemen die tijdens het productieproces kunnen optreden. Cornflakes smaken bijvoorbeeld naar metaal zonder zout. Crackers worden bitter en sponzig en blijven aan het gehemelte plakken. Ham wordt zo rubberachtig dat die kan stuiteren. Sommige krachten van zout hebben niets met het voedsel zelf te maken. In broodfabrieken voorkomt zout dat de enorme, snel draaiende deegmachines plakkerig worden en het fabricageproces vertraging oploopt: zout vertraagt het proces van rijzen, waardoor de oven het tempo kan bijhouden. Te midden van alle wonderen die zout verricht in de voedingsindustrie is de belangrijkste misschien wel het verdoezelen van de 'opgewarmde smaak'. Deze opgewarmde smaak wordt veroorzaakt door oxidatie van de vetten in vlees, waardoor vlees naar karton gaat smaken of naar natte hondenharen als het vlees wordt opgewarmd nadat het voorgebakken is. Dat is bijvoorbeeld het geval bij blikken soep en kant-en-klaarmaaltijden.

Hier komt zout van pas. Als de 'opgewarmde smaak' optreedt, werkt zout als een handige remedie waar voedingsbedrijven sterk op zijn gaan leunen. Een van de effectiefste behandelingen is het laten intrekken van verse kruiden, met name rozemarijn, die antioxidanten bevatten die het bederf van vlees tegengaan. Maar verse kruiden zijn duur, dus zorgen fabrikanten er vaker voor dat de samenstelling van hun producten veel zout bevat. De smaak van karton of natte hondenharen is er nog wel, maar hij wordt overstelpt door het zout.

Om de zaken nog erger te maken voor de consument: zout is niet de enige manier waarop voedselfabrikanten natrium in zijn bloed pompen. Bedrijven voegen naast zout natrium in de vorm van andere additieven toe via de tientallen componenten op natriumbasis die voedselbederf zo lang mogelijk moeten uitstellen, ingrediënten moeten binden en mengsels moeten laten samengaan die anders gaan schiften, zoals eiwit en vetmoleculen in fabriekskaas. Met namen als natriumcitraat, natriumfosfaat en zuur natriumpyrofosfaat zijn dit wezenlijke bestanddelen geworden in bewerkt voedsel – ze laten het er goed uitzien en goed smaken, en maken het langer houdbaar. Met elkaar voegen deze verbindingen minder natrium toe dan zout, maar de winkels staan desalniettemin vol producten die ervan afhankelijk zijn.

De afhankelijkheid van zout en natrium is niet alleen duidelijk zichtbaar op de ingrediëntenvermeldingen, maar ook achter de schermen, door de manier waarop de industrie reageert op de kleinste overheidsbemoeienissen. Toen in 2010 van overheidswege de dagelijks aanbevolen maximumhoeveelheid natrium werd teruggebracht tot 1500 milligram voor de kwetsbaarste Amerikanen, schoten voedingsfabrikanten meteen in de verdediging. Kellogg stuurde het ministerie van Landbouw een brief van twintig kantjes met argumenten waarom het bedrijf zout en natrium nodig had, en wel in hoeveelheden die niet onder die 1500 milligram zouden blijven. 'Ernstige technische restricties beperken de mogelijkheid om natriumconcentraties terug te brengen op een niveau dat nog aanvaardbaar is voor de consument aanzienlijk, in de zin dat die de producten nog koopt,' pleitte Kellogg. 'Wij verzoeken de commissie dringend rekening te houden met deze beperkingen.'

Kellogg noemde de kartonsmaak van opgewarmd voedsel niet met name, maar wees meer algemeen naar de eigenschappen van zout om de keerzijde van bewerkt voedsel te onderdrukken, waarin alle gebruikte additieven onaangename smaakjes kunnen opleveren. Etenswaren waarin de toevoeging van zout cruciaal is, hoeven niet eens zout te smaken, merkte het bedrijf op. 'Het vermogen van zout om andere smaken te versterken en/of onaangename smaakjes te maskeren (bijvoorbeeld bitter) in levensmiddelen die niet per se zout smaken, is belangrijker. Voorbeelden hiervan zijn brood, ontbijtgranen, kaas en nog veel meer.'

In de eerder genoemde brief sprak Kellogg over zout alsof het een drug was. Het bedrijf haalde de 'psychobiologie van een aangeboren hunkering naar zout' aan, evenals 'de praktisch hardnekkige trek in zout' en schoof de schuld af op consumenten. 'Smaak is de krachtigste factor in de motivatie van consumenten om bepaald voedsel te kopen en te eten,' zei Kellogg, waarbij het verwees naar een recent opinieonderzoek. In dergelijke onderzoeken gaven mensen toe dat ze niet genoeg hun best deden om gezond te eten, maar drie van de vier ondervraagden kwamen met hetzelfde excuus aan: 'Ik laat niet graag de dingen staan die ik lekker vind.'

Toch is er, voor mensen in elk geval, hoop als het op zout aankomt. Het blijkt dat verslaving aan zout makkelijk ongedaan te maken is. Je hoeft alleen maar een poosje bewerkte voeding te laten staan.

Dit stukje wijsheid – instinctief bekend bij iedereen die enige tijd een zoutarm of zoutloos dieet moet volgen – is bij Monell wetenschappelijk onderzocht. In 1982, toen zout voor het eerst aan regels werd gebonden, voerde de directeur van het instituut, Gary Beauchamp, een experiment met zout uit. Hij bestudeerde zes vrouwen en drie mannen die hun zoutinname halveerden door bepaalde etenswaren te laten staan. De eerste paar weken gebeurde er weinig. Het enige was dat de proefpersonen het voedsel dat ze normaal aten misten. Maar daarna vond er geleidelijk een radicale verandering plaats. De proefpersonen bleven van zout houden, maar de smaakpapillen die gevoelig waren voor zout werden daar steeds gevoeliger voor en daarom moesten deze mensen minder zout eten om zout nog als aangenaam te ervaren. Een stuk minder. Genoeg minder om onder de dagelijkse hoeveelheid te blijven die nu door de overheid dringend wordt aanbevolen. 'Na twaalf weken een natriumarm dieet te hebben gevolgd, mochten de proefpersonen net zoveel zout op hun eten strooien als ze wilden en uiteindelijk voegden ze maar 20 procent toe van de hoeveelheid zout die wij uit hun eten hadden gehaald,' vertelde Beauchamp me. De proefpersonen waren in feite afgekickt van zout of in elk geval van de hoeveelheden die als mogelijk dodelijk werden beschouwd.

Ik zou er al snel achter komen dat voedingsconcerns een veel zwaardere en ingewikkeldere strijd in het vooruitzicht hebben als het om hun eigen verslaving gaat.

13 DIEZELFDE ZOUTE SMAAK WAAR JE KLANTEN ZO DOL OP ZIJN

In april 2012 arriveerde ik in een modern kantorencomplex in Hopkins, Minnesota, 16 kilometer ten westen van Minneapolis. Hier heeft Cargill, een levensmiddelengigant met een omzet van 134 miljard dollar, zijn fabrieken. Ik nam de lift naar de zesde verdieping. Toen de liftdeur openging, zag ik eindeloze rijen hokjes met lage tussenschotten, waarin mannen en vrouwen naar hun beeldscherm zaten te turen. Er hing beslist een bedrukte sfeer.

Men had alle reden om terneergeslagen te zijn, vertelde mijn gids. Deze mensen zaten al maanden uit hun neus te eten, in afwachting van telefonische verkooporders. Op deze afdeling werd strooizout verkocht en de afgelopen winter was een verademing geweest voor het hele land – behalve voor deze Cargill-medewerkers. Er lag geen sneeuw op de wegen. Besneeuwde wegen zijn gunstig voor Cargill: hoe meer sneeuw en ijs de winter met zich meebrengt, hoe meer geld er wordt verdiend.

Toen we verder liepen over deze verdieping sloeg de stemming volledig om. De mensen hier dronken liters koffie, niet om zichzelf wakker te houden, maar om alle binnenkomende orders bij te kunnen houden. Deze mensen hadden het altijd druk. Dat kwam doordat hier geen strooizout werd verkocht, maar zout voor de voedingsindustrie, een veel betrouwbaarder – en afhankelijker – klant.

Cargill-werknemers legden me uit dat het zout dat ze aan voedingsbedrijven verkopen geen gewoon zout is. In de fabrieken van Cargill wordt dit 'gesteente' veranderd in allerlei vormen en ontwerpen. Cargills zout wordt verbrokkeld, gemalen, verpulverd, tot schilfers gemaakt en op honderden manieren vervormd om zijn kracht in eten te optimaliseren. Cargill verkoopt momenteel veertig verschillende soorten bewerkt zout, variërend van een fijn poeder tot grote korrels, en elk soort is speciaal gemaakt voor het beste resultaat. Zelfs de hightech zouten van Cargill kosten maar 22 dollarcent per kilo.

13 DIEZELFDE ZOUTE SMAAK WAAR JE KLANTEN ZO DOL OP ZIJN

Als je bedenkt dat sommige fabrikanten meer moeten betalen voor schoon water in hun fabrieken, is dat heel goedkoop.

Behalve de prijs is er echter niets goedkoop aan het zout van Cargill. De verschillende soorten zout zijn perfect afgestelde genotsmachines. Als een popcornfabrikant bij Cargill om hulp vraagt, krijgt hij een schilfer die speciaal ontworpen is om in elk hoekje en gaatje van deze vreemd gevormde snack te blijven zitten – zodat de smaakpapillen meteen een stoot zout proeven. Als fabrikanten van bewerkt vlees en bewerkte kaas ernaar vragen, heeft Cargill wel een sterk verpulverd poederachtig zout dat ons lichaam en onze hersenen makkelijker kunnen opnemen. Fabrikanten van gedroogde soep, ontbijtgranen, meel en koekjes hebben liever zouten die bepaalde additieven bevatten die voorkomen dat het zout gaat stollen. 'Ons uitgebreide assortiment aan zouten kan helpen uw klanten in verrukking te brengen,' staat te lezen in verkoopfolders van Cargill.

Mijn favoriete zout is het koosjere zout dat ik thuis vaak gebruik om alles, variërend van gestoomde broccoli tot een gebraden lamsbout, op smaak te brengen.* Cargill maakt dit zout en verkoopt het zowel aan levensmiddelenfabrikanten als aan thuiskoks. Als ik het uit de grote verpakking strooi, ziet het eruit als onschuldige sneeuwvlokken, maar dit zout heeft in werkelijkheid een zeer doortrapt en ingewikkeld ontwerp. De aantrekkingskracht ervan begint al bij het voelen: koks schudden het zout graag in hun hand en pakken de kristallen dan tussen twee vingers om ze over het voedsel te strooien. Wat er na het strooien gebeurt, is wat dit koosjere zout zo sterk maakt in voedsel. De kristallen, die gemaakt zijn met behulp van een speciale verdampingstechniek, het 'Alberger-procedé', zijn vierzijdige piramides met gladde kanten die zich beter hechten aan voedingswaren. Bovendien zijn deze piramides uitgehold, waardoor het zout optimaal in contact kan komen met het slijm in onze mond. Door zijn unieke vorm lost dit zout tot slot ook nog drie keer zo snel op als normaal zout. Dat betekent dat het sneller en met grotere stoten zoute smaak naar de hersenen racet.

---

* De meeste zoutsoorten zijn koosjer in de zin dat ze in overeenstemming zijn met de voedselrichtlijnen die in de Thora worden beschreven. Dit zout wordt als koosjer bestempeld vanwege zijn unieke kristallijne structuur die bloed van het vleesoppervlak opzuigt, waardoor vlees koosjer kan worden bereid.

In zijn reclames gericht aan voedingsbedrijven noemt Cargill dit de 'smaakuitbarsting'. Deze bedrijven gebruiken de koosjere kristallen natuurlijk absoluut niet met mate. Het zout wordt met vrachtwagens tegelijk verkocht aan deze fabrikanten, in zakken van 36 kilo, waarvan er dertig op een pallet gaan, en is verkrijgbaar in het gangbare assortiment van verschillende fijnheidsgraden om te voldoen aan de behoeften van de industrie.

De smaak die zout aan voedsel geeft, is slechts één van de eigenschappen van zout waarop de fabrikanten vertrouwen. Voor hen verricht zout wonderen in hun producten. Het maakt de smaak van suiker zoeter en het maakt crackers en wafels knapperig. Het vertraagt bederf, zodat de producten een langere houdbaarheid hebben. En, net zo belangrijk, het verhult de bittere en flauwe smaak die veel fabrieksvoeding kenmerkt voordat er zout aan is toegevoegd.

Gezien de vele manieren waarop zout de bereiding van bewerkte voeding mogelijk maakt, is het toepasselijk dat Cargill de grootste leverancier van de voedingsindustrie is geworden. Bij al zijn activiteiten is het bedrijf niet alleen trots op de producten die het verkoopt, maar ook op de service die het biedt. Mede door die rol van vriend in nood van de voedingsindustrie is Cargill uitgegroeid tot een van de rijkste concerns ter wereld, waarbij zout slechts een klein onderdeel van het productassortiment uitmaakt.

Als je nu in de verleiding komt snel aandelen Cargill te gaan kopen, kun je je de moeite besparen. Er zijn geen aandelen Cargill te koop. Cargill is in particuliere handen, grotendeels beheerd door de honderd afstammelingen van de man die het bedrijf in 1865 oprichtte: William Wallace Cargill. Deze zoon van een Schotse kapitein op de grote vaart begon met één enkel pakhuis voor de opslag van graan in Conover, Iowa, dat strategisch stond aan het eind van de McGregor & Western Railroad-spoorlijn. Tot op heden bedrijft Cargill geen landbouw. Het bedrijf bezit zelfs geen land. Cargill verdient zijn geld door de landbouwindustrie voortreffelijk van dienst te zijn. Het levert boeren alles wat ze nodig hebben om winst te maken, variërend van kunstmest tot swap-opties op de beurs om zich in te dekken tegen financiële risico's. Het vervoert het graan en de suikerbieten die landbouwers telen over de hele wereld en doet dat sneller en efficiënter dan wie ook. Cargill is inderdaad niet zomaar een radertje

13 DIEZELFDE ZOUTE SMAAK WAAR JE KLANTEN ZO DOL OP ZIJN

in de mondiale voedselketen. Met graansilo's in verafgelegen landen zoals Roemenië, scheepsterminals in grote suiker producerende landen zoals Brazilië, 140.000 werknemers in vijfenzestig landen en 350 vrachtschepen die zesduizend havens aandoen, ís Cargill de mondiale voedselketen.

Bovendien drijft het bedrijf handel in voedselingrediënten ter waarde van 50 miljard dollar, waardoor het zeer waarschijnlijk is dat er in iets wat je vandaag eet of drinkt een ingrediënt van Cargill zit. Cargill maalt het graan voor brood en koekjes, maakt mout voor bierbrouwerijen, droogt granen voor ontbijtgranen en snacks, en extraheert chocolade uit cacaobonen. Maar wat het allerbelangrijkst is voor al zijn klanten is dat Cargill alle drie de pijlers van bewerkt voedsel levert: zout, suiker en vet. Elke dag produceert het alleen al ruwweg 2,15 miljoen kilo zout voor de voedingsindustrie. Het bedrijf biedt zijn suikers en vetten in tientallen bereidingen aan die volledig zijn afgestemd op de vraag vanuit de industrie, om aan alle wensen te kunnen voldoen. Het produceert oliën en bakvet om in te frituren, in te vriezen en op te kloppen; maïssiroop voor frisdranken en bieten rietsuiker in vijf samenstellingen voor poederdrankjes, snoep, smaakmakers, ontbijtgranen, vleeswaren, zuivel en brood en gebak.

Door zijn enorme aanzien in de industrie is Cargill ook wel zo slim om snel te handelen – en oplossingen aan te dragen – als zorgen om de volksgezondheid problemen opleveren voor zijn klanten. In de afgelopen jaren bracht Cargill Truvia® op de markt, een zoetstof met nul calorieën die wordt gemaakt van de bladeren van de steviaplant die in Latijns-Amerika groeit, Clear Valley® Omega-3-olie, een onverzadigd vet waarvan wordt gezegd dat het goed is voor je hart, en Barlív™, een vezel gemaakt van gerst die de cholesterol verlaagt – of, zoals de naam suggereert, je levensduur verlengt.

In 2005, toen zout onder vuur kwam te liggen van toezichthouders van de overheid en behartigers van consumentenbelangen, en voedselfabrikanten hoorndol werden, schoot Cargill te hulp met een van de slimste oplossingen tot op dit moment.

Sinds 1955, toen een van de managers een briljant idee kreeg, heeft zout een significante rol gespeeld in de winstcijfers van Cargill. De schepen van het bedrijf waren jarenlang met graan de Mississippi afgevaren, van het Midwesten van de Verenigde Staten naar New Orleans, vanwaar het graan over zee vervoerd werd. Daarna keerden ze zonder lading terug om weer nieuwe voorraden graan te laden. Deze manager stelde voor om de schepen in plaats van ze zonder vracht te laten terugvaren vol te laden met zout uit een grote zoutmijn in zuidelijk Louisiana. Het zout kon dan in het Midwesten met winst worden verkocht. Tegenwoordig maken de verschillende zoutfabrieken van Cargill ruim 1,5 miljard pond zout voor gebruik in voeding.*

Toen Cargill zout begon te verkopen, onthaalden de verkopers hun klanten op verhalen over deze eerste zouttransporten en de rijke geschiedenis van het mineraal. Ze benadrukten de schaarsheid en waarde ervan. Het ruwe gesteente, legden ze uit, wordt op een van de volgende twee manieren gedolven op diepten tussen de 200 en 765 meter onder het aardoppervlak: het wordt ofwel opgegraven met machines, ofwel er wordt water in de mijn gepompt om pekel te maken van het zout, dat er dan uit wordt gehaald en gedroogd. Een andere manier waarop zout gewonnen wordt, is uit zeewater, dat naar ondiepe bassins op het droge wordt geleid en daar blijft liggen, totdat er na verdamping van het water alleen zout achterblijft. Als iemand mopperde over de zoutprijzen van Cargill, konden de verkopers hun klanten er handig op wijzen dat zout ooit zo kostbaar was dat het oorlogen versnelde en daardoor een doel op zich werd in andere oorlogen, zoals het geval was geweest in de Amerikaanse Burgeroorlog. De Unie (de noordelijke staten) zette 471 schepen en 2455 kanonnen in om de 318 ton zout tegen te houden die dagelijks in New Orleans arriveerde op Britse schepen. En wanneer ze maar konden, confisqueerden of vernietigden de soldaten van de Unie de zoutmijnen in het zuiden. Destijds was zout niet alleen onontbeerlijk voor het conserveren van vlees, maar werd het ook gebruikt om de wonden van gewonde soldaten te ontsmetten. De hele Amerikaanse geschiedenis is in feite doordrongen van zout: de kolonisten van Jamestown maakten in 1614 hun eigen zout toen ze het zat werden om het te kopen van de Brit-

---

* Cargill wilde niet zeggen hoeveel zout het bedrijf produceert, dus is dit getal een schatting op basis van overheidsgegevens en gesprekken met ingewijden uit de industrie.

13 DIEZELFDE ZOUTE SMAAK WAAR JE KLANTEN ZO DOL OP ZIJN

ten. Op Smith Island bouwden ze zelf houten bassins waarin het zout kon verdampen. Er is zelfs een tijd geweest dat mensen, bijvoorbeeld Romeinse soldaten, hun loon uitbetaald kregen in zout. Het woord 'salaris' komt van het Latijnse woord voor zout, *sal*.

Vanaf 2005 zag Cargill zich genoodzaakt zijn verkooppraatjes aan te passen. Dat was het jaar waarin een adviesorgaan van de Amerikaanse overheid voor het eerst richtlijnen opstelde voor de aanbevolen dagelijkse maximumhoeveelheid natrium van 2300 milligram. Aan deze limiet was vooral lastig te voldoen door jonge mannen, die gemiddeld twee keer zoveel consumeerden, namelijk zo'n twee theelepels per dag. Maar de inzet was voor iedereen hoog, zei het adviesorgaan. Als mensen maar enigszins hun best doen om tot deze 2300 milligram te komen door hun zoutconsumptie met slechts een halve theelepel per dag te verminderen, zouden 92.000 hartaanvallen, 59.000 beroertes en 81.000 sterfgevallen kunnen worden voorkomen. Dat zou het land 20 miljard dollar schelen aan gezondheidszorg en andere kosten.

Terwijl enkele wetenschappers nog met elkaar kibbelden over deze aantallen, begon Cargill zijn klanten te vertellen dat het de vooronderstelling dat te veel zout slecht is voor je gezondheid accepteerde. Een medewerker van Cargill die regelmatig presentaties maakt voor de klanten van het bedrijf, Kristen Dammann, liet me haar recente stapeltje PowerPoint-slides zien. Ze vertelde: 'Overmatige consumptie is in verband gebracht met hoge bloeddruk, en hoge bloeddruk verhoogt de kans op hartaandoeningen. Het idee is dus dat het verminderen van natrium de kans op hoge bloeddruk vermindert en daardoor de kans op hart- en vaatziekten.'

Alsof het nog niet erg genoeg was dat de grootste verkoper van het goedje zout in verband bracht met hartproblemen, kwam Cargill met nog meer slecht nieuws voor zijn klanten in de voedingsindustrie. In Groot-Brittannië stelden de autoriteiten niet alleen maar wat vage algemene limieten aan het gebruik van natrium of waren ze halfslachtig in de weer met zoutvaatjes, zoals de Amerikaanse overheid in de jaren tachtig. De Britten wisten maar al te goed dat het meeste zout in onze voeding afkomstig was van de bewerkte voeding. In 2003 begon de Food Standards Agency in Londen een manier te bedenken om voedingsfabrikanten verantwoordelijk te stellen. Dit bureau stelde doelen voor de hoeveelheid natrium die zij aan hun producten konden toevoegen, waarbij limieten werden bedacht voor tientallen levensmiddelen, van brood tot diepvriesmaaltijden. Het systeem was vrijwillig, maar de autoriteiten drongen er bij de industrie sterk op aan om deze doelen te halen. Voor bedrijven die gewend waren net zoveel zout in hun producten te stoppen als ze wilden, waren de specificaties alarmerend. Soep moest 30 procent minder zout bevatten, brood 16 procent, vleeswaren 10 procent enzovoort.

Veel van deze voedingswaren werden gemaakt door bedrijven in de Verenigde Staten, waar consumentenbeschermers de druk opvoerden op het gebied van zout. In 2005 kwam het Center for Science in the Public Interest met een vernietigend rapport getiteld 'Salt: The Forgotten Killer... and FDA's Failure to Protect the Public's Health' (Zout de vergeten moordenaar... en het falen van de FDA om de volksgezondheid te beschermen). De consumentenorganisatie was nogal sceptisch geweest toen de FDA in 1983, op vriendelijke toon, aan fabrikanten had gevraagd om wat minder zout te gebruiken. Dus vanaf dat jaar was de organisatie begonnen om honderd merkproducten, zoals Campbells-soep, in de gaten te houden en zag men weinig verandering in de hoeveelheid zout daarin. Van 1983 tot 1993 gingen de zoutgehaltes met 5 procent omlaag, maar vanaf 1993 – toen de overheid er geen toezicht meer op hield – waren deze producten zelfs zouter geworden en in 2003 was er sprake van 6 procent tóéname. 'Ondanks smeekbeden in de afgelopen kwarteeuw van de overheid en gezondheidsexperts om de zoutconsumptie te verminderen, zijn Amerikanen meer – niet minder – zout gaan eten,' stond te lezen in het rapport. 'Duizenden verpakte levensmiddelen verschaffen een kwart of meer van de dagelijks aanbevolen hoeveelheid zout.'

Al met al zou de voedingsindustrie te maken krijgen met problemen waarmee de zoutverslaving van de consument niets voorstelde. Consumenten zouden zich misschien aanvankelijk als een ongelukkige junk gedragen in hun eerste pogingen tot mindering, maar we weten dat ze hun smaakpapillen in de loop van de tijd weer normaal krijgen en dat hun enorme behoefte aan zout vermindert. Bedrijven staan daarentegen voor een heel wat zwaardere beproeving.

En dat is waar Cargill het toneel op stapt, maar al te bereid zijn diensten aan te bieden. Het bedrijf nam een paar slimme onderzoekers in dienst, schafte een elektronenmicroscoop ter waarde van

13 DIEZELFDE ZOUTE SMAAK WAAR JE KLANTEN ZO DOL OP ZIJN

750.000 dollar en andere ingewikkelde instrumenten aan, en zette ze aan het werk om manieren te vinden om voedingsconcerns minder afhankelijk te maken van natrium. Om de vruchten van hun arbeid uit eerste hand te zien, bezocht ik een fabriek in de buurt die draaide om een grote, industriële keuken met luiken voor de ramen om bedrijfsspionnen op een afstand te houden. Een van de technologen, Jody Mattsen, had een paar wittebroden gebakken in de oven. Ze had ze gesneden en de sneetjes op een blad gelegd, zodat wij ze konden proeven. Ze bood me een snee aan. 'Dit is zoutloos brood.'

We aten. We kokhalsden. Het brood smaakte naar blik. Zonder zout zag het er zelfs niet uit als het luchtige, lichte brood dat je in de winkel koopt. Het zat vol gaten en had een ruwe consistentie. De korst was niet mooi donkerbruin, maar had een bleke, ziekelijke, lichtbruine kleur. Vervolgens liet ze me een sneetje brood proeven dat de zoutoplossing bevatte die Cargill nu aan zijn klanten aanbiedt. Het brood zag er goed uit, smaakte goed en bevatte toch 33 procent minder natrium dan normaal brood. De kneep zat erin dat een deel van het zout was vervangen door een chemische verbinding met de naam kaliumchloride.

Kaliumchloride is wit en kristallijn, en voelt aan als zout, maar wat in chemische termen veel belangrijker is: het gedraagt zich ook als zout. 'Momenteel komt dit het dichtst bij zout in de buurt,' vertelde Mattsen. 'Herinner je je het periodieke systeem van de scheikundelessen op school? Daarin staat kalium, met de afkorting K, direct onder natrium, Na, wat betekent dat het vergelijkbare eigenschappen heeft. Het chloride in kaliumchloride,' voegde ze eraan toe, 'is hetzelfde chloride als in natriumchloride, oftewel keukenzout.'

Het komt erop neer dat het kaliumchloride voor de voedingsindustrie eigenlijk gewoon zout is, maar dan zonder het slechte natrium. Dezelfde zoute smaak, maar zonder hartaanvallen of beroertes tot gevolg. Geïntrigeerd begon ik te twijfelen aan mijn onwetenschappelijke pogingen om de pijlers van het bewerkte voedsel te vergelijken met drugs. Het is waar dat zout vergelijkbaar is met cocaïne vanwege het plezier en verlangen dat beide verschaffen, maar deze zoutvervanger was heel andere koek. Dit was niet zozeer een drug als wel een behandeling. Misschien was dit wel het methadon voor een aan zout verslaafde industrie.

Dit leek een win-winsituatie voor iedereen. Consumenten zouden minder natrium binnenkrijgen, fabrieken konden openblijven en Cargill zou weliswaar minder zout verkopen, maar leverde wel het kaliumchloride. Dat komt net als zout in verschillende kwaliteiten en op pallets van ruim 800 kilo, maar is veel duurder dan zout. Dat is dus een bijkomend voordeel voor Cargill.

Wat betreft de hogere kosten van kaliumchloride: die kunnen volgens Cargill net als andere productiekosten gewoon worden verhaald op de consument. 'Opties zoals kaliumchloride en alternatieve smaakmakers zijn duurder, dus als je je doelgroep kent en de bereidheid daarvan meer te betalen voor een product met minder natrium, zul je beter de voors en tegens kunnen afwegen.'

Helaas stelt de kaliumchlorideoplossing levensmiddelenbedrijven voor enkele behoorlijke problemen. Ten eerste kan kaliumchloride tamelijk bitter zijn, waardoor een product mogelijk minder goed smaakt. Enkele ingrediëntenfabrikanten hebben voedseladditieven op de markt gebracht die speciaal bedacht zijn om de bittere smaak van kaliumchloride te verbloemen. Bovendien verstoor je de ingewikkelde, door voedingstechnologen bedachte bereidingen als je zout vervangt door kaliumchloride en verstoor je het evenwicht van andere ingrediënten, waaronder suiker en vet. De kracht daarvan neemt doorgaans af, waardoor er meer suiker en vet moeten worden toegevoegd om producten even aantrekkelijk te houden.

De Britten, die als het om zoutwetgeving gaat voorlopen op de Amerikanen, hebben geprobeerd fabrikanten helemaal te laten afzien van het gebruik van kaliumchloride. Zij wijzen op onderzoek dat grote hoeveelheden kalium in verband brengt met nierproblemen en beweren dat kinderen en ouderen de meeste risico's lopen. Algemener zijn ze bang dat kaliumchloride hun tactiek om de landelijke zoutconsumptie omlaag te brengen zal ondermijnen. Deze tactiek is erop gebaseerd mensen minder van zout te laten houden. Zoals wetenschappers van Monell ontdekten, smaken bewerkte levensmiddelen afgrijselijk zout als je een poosje een zoutloos dieet gevolgd hebt. Het gebruik van kaliumchloride vermindert dan wel de behoefte aan natrium, maar de levensmiddelen smaken daarmee nog net zo zout als voorheen. Dat zou niet erg zijn als kaliumchloride zou werken in alle voedingsmiddelen, maar dat is niet zo. Daarom moeten fabrikanten veel zout blijven gebruiken om aan de onverminderde liefde voor een zoute smaak tegemoet te komen.

Gedurende de eerste zes jaar van het Britse zoutprogramma verminderde de zoutinname met gemiddeld 15 procent per persoon, en men hoopte dat het percentage nog hoger zou uitpakken. 'Mensen beginnen te klagen dat het eten in het buitenland zo zout smaakt,' vertelde Graham MacGregor, een hoogleraar cardiovasculaire geneeskunde in Londen en een vroege voorvechter van een verminderde zoutinname. 'Dit gezondheidsbeleid redt jaarlijks het leven van mensen die anders aan een hartaanval of beroerte waren overleden, en kost bijna niets.'

Maar levensmiddelenfabrikanten brengen hiertegen in dat het gemakkelijk is om een beetje zout te minderen. Ze hadden altijd zoveel zout toegevoegd aan hun producten dat een vermindering van 20 of zelfs 30 procent weinig problemen opleverde, omdat consumenten daar weinig van merkten. Maar de problemen begonnen pas echt zodra ze met nog minder zout toe moesten.

Om meer inzicht in dit probleem te krijgen, ging ik langs bij de grootste levensmiddelenconcerns van Amerika, om te beginnen bij Kellogg, die van een fabrikant van cornflakes was uitgegroeid tot een leverancier van allerlei snacks en ontbijtproducten. In hun onderzoekscentrum in Battle Creek bereidden voedingstechnologen een paar speciale versies van hun bekendste merken voor me zonder zout. Het was hun bedoeling mij te laten zien tegen welke problemen ze op liepen in hun pogingen onafhankelijk te worden van zout. Daar zijn ze goed in geslaagd. Het was, bot gezegd, een culinaire horrorshow. 'Zout verandert echt de manier waarop je tong een product proeft,' vertelde John Kepplinger me, voedingstechnoloog en adjunct-directeur bij Kellogg, terwijl we al deze zoutloze zaken proefden. 'Als je één klein dingetje verandert, zal een aanvullende smaak ineens veel sterker en zelfs onaangenaam gaan smaken.'

Niet alleen de smaak was weerzinwekkend door de afwezigheid van zout. Fabrikanten van vleeswaren klaagden over het verlies van textuur als er geen zout in zat. Er was zelfs een meetbaar punt waarop proefpersonen het vlees uitspuugden.

In 2010 stuurde Kraft me een serie voorverpakte plakjes ham

waaruit het zout in verschillende mate was weggelaten. Normaal bevatten drie plakjes van hun ham 820 milligram natrium, meer dan de helft van de dagelijks aanbevolen maximumhoeveelheid. Ik pakte de ham uit en proefde hem zo, zonder brood. De versie met 37 procent minder natrium was nog te eten, maar de volgende versie, met nog eens 3 procent extra verwijderd, smaakte naar rubber. Proefpersonen oordeelden dat deze versie op alle belangrijke aspecten onvoldoende scoorde: consistentie, smaak en geur.

Daardoor bleef Kraft zitten met ham die ondanks een verminderde hoeveelheid zout nog altijd een derde of meer van de dagelijks aanbevolen hoeveelheid natrium bevatte, dat niet alleen afkomstig was van het zout. Een bepaald type ham bevat bijvoorbeeld natriumlactaat, natriumfosfaat, natriumacetaat, natriumascorbaat en natriumnitriet, die allemaal een cruciale rol spelen.

Als reactie op de Britse autoriteiten kwam Kraft in 2009 met een hele opsomming van productionele rampspoed. De Oreo's hadden niet alleen zout nodig voor de smaak, maar ook natriumbicarbonaat om de alkaliniteit van het deeg te vergroten; pogingen om van beide minder te gebruiken, leverden koekjes op die bitter waren en een verkeerde kleur hadden. Kaas bleek het moeilijkst zoutarm te maken van alle producten. 'Als je aan cheddar ook maar een klein beetje minder zout toevoegt dan normaal verpest je de geur,' volgens Kraft. 'Het gebruik van kaliumchloride als vervanger van zout levert een zeepachtige, bittere nasmaak op.' De proefpersonen klaagden het hardst als Kraft probeerde zowel de hoeveelheid zout als de hoeveelheid vet terug te brengen in zijn kazen.

In 2010 probeerde New York City de Britten naar de kroon te steken wat betreft zout. Onder aanvoering van een gezondheidsfunctionaris die eerder al ruzie had gehad met de tabaksindustrie over roken, stelde het stadsbestuur een aantal doelen op voor de voedingsindustrie. Het kwam met limieten voor alle categorieën. Met groot optimisme gaf de burgemeester, Michael Bloomberg, met een persconferentie in het gemeentehuis het startschot voor het programma. Hij vertelde de verzamelde pers: 'Als we deze doelen bereiken, zullen we duizenden mensenlevens redden in New York en de rest van het land.'

Eén blik op de richtlijnen en je ziet meteen waarom zo weinig

13 DIEZELFDE ZOUTE SMAAK WAAR JE KLANTEN ZO DOL OP ZIJN

fabrikanten bereid waren om vrijwillig mee te doen. De broden en broodjes die in New York en de rest van het land verkocht werden, bevatten gemiddeld 124 milligram natrium per 25 gram en Bloomberg wilde dat ze die hoeveelheid terugbrachten tot 92 milligram per 25 gram. De hoeveelheid in gedroogde soep moest terug van 214 naar 147 milligram, in kaas van 355 naar 265 milligram, in chips van 181 naar 119 milligram. Bloomberg noemde zijn vrijwillige programma het minste van twee kwaden: 'Als je uit bent op landelijke regularisatie kun je het best niets doen.' Maar uiteindelijk deden de paar fabrikanten die bereid waren mee te doen alleen iets aan het zoutgehalte in hun producten die zo zout waren dat een beetje zout minder niemand zou opvallen en die hoe dan ook weinig geld opleverden. Kraft beloofde het zout in zijn bacon te verminderen, maar niet in zijn kaas. Unilever was bereid minder zout te gebruiken in zijn botersmeersels, maar niet in de gedroogde soep of het ijs, dat verrassend genoeg bijna 100 milligram zout per halve coupe kan bevatten, naast een heleboel suiker en vet.

Tot de bedrijven die niet mee wilden doen, behoorde een van de grootste en beroemdste voedselfabrikanten van Amerika, de Campbell Soup Company. Dit bedrijf weigerde ook maar één van zijn producten minder zout te maken.*

Ik reisde dus af naar het hoofdkantoor van de Campbell Soup Company in Camden, New Jersey. Ze zouden mij laten zien voor welke uitdaging het bedrijf zich gesteld zag om van zijn afhankelijkheid van zout af te komen. Dit was niet hun eerste aanvaring met zout. De gewoonten van het bedrijf hadden het in de loop der jaren al de nodige problemen bezorgd. Toen Campbell eind jaren tachtig geprobeerd had een nieuwe lijn vetarme soepen als gezond te promoten, was de Federale Handelscommissie, de FTC, tussenbeide gekomen. Ze beschuldigde Campbell van misleidende reclame, omdat de soepen nog altijd enorme hoeveelheden zout bevatten. (Campbell schikte door

---

* Enkele maanden later deed Campbell wel mee aan dit initiatief tot zoutvermindering, met dezelfde tactiek als de andere deelnemende bedrijven. Campbell beloofde het zout in bepaalde producten te verminderen, waaronder chili con carne in blik, maar niet in zijn belangrijkste productlijn, namelijk de soepen.

zich bereid te verklaren het natriumgehalte in de soepen te vermelden in hun advertenties.)

Functionarissen van Campbell deden hun best zo veel mogelijk zout uit hun producten te halen als haalbaar was zonder de verkoop te schaden. Onlangs zijn ze erin geslaagd het natriumgehalte in V8 (een groentesap dat als vervanger dient van verse groente) terug te brengen van 480 milligram naar 420 en dat in hun brood van 360 milligram per portie naar maar liefst 65 milligram. Dit succes dankten ze grotendeels aan een bepaald zout dat 50 procent minder natrium bevat dan gewoon zout. Campbell was niet bereid meer informatie te geven over dit zout, omdat men niet wilde dat de concurrentie hier zijn voordeel mee zou kunnen doen. Desalniettemin, benadrukten de functionarissen, was er in hun ogen niets beter dan zout om hun producten aantrekkelijk te maken voor de consument en hadden ze, net als veel andere voedselfabrikanten, de grenzen van het haalbare bereikt wat betreft het terugdringen van zout.

Om mij te helpen begrijpen waarom dat zo was, organiseerde Campbell een proeverij van twee van zijn bekendste soepen: tomatensoep en groentesoep met rundvlees. Mijn gids was George Dowdie, hoofd Research en Ontwikkeling. Door zijn ervaring kon hij goed smaakmakers en smaak beoordelen. 'De realiteit is dat we elke dag opnieuw het vertrouwen van de consument moeten winnen,' zei Dowdie. 'En als je de consument teleurstelt in termen van die ervaring en het plezier, is er geen enkele garantie dat hij bij je terugkomt.'

We gingen een ruimte binnen naast de testkeukens van het bedrijf, waar het personeel witte aardewerken kommen en diverse pannen met hete soep had binnengebracht. 'De echte vraag is natuurlijk waarom het zo moeilijk is om zout te minderen,' zei Dowdie. 'Uiteindelijk is dat een ontzettend moeilijke uitdaging. Als je nadenkt over de basissmaken, hebben we hartig, dat door sommige mensen umami wordt genoemd. We hebben bitter, we hebben zoet, we hebben zuur, maar de moeilijkste van al deze smaken is de zoute smaak. Die is verbonden met de slechtst begrepen mechanismen en er is geen vervanger voor. Zout speelt een belangrijke rol in recepten. Denk maar aan thuis koken. Door een snufje zout explodeert de smaak van je gerechten. De rol van zout is de andere smaken in de soep, de bouillon of wat je ook maar klaarmaakt, te versterken.'

13 DIEZELFDE ZOUTE SMAAK WAAR JE KLANTEN ZO DOL OP ZIJN

Dat kan wel zo zijn, maar tijdens het proeven werd duidelijk dat zout veel meer doet dan smaak versterken. Om te beginnen bevatten zelfs de soepen met een verlaagd zoutgehalte flinke hoeveelheden natrium. Campbell is het trotst op een lijn met de naam Healthy Request. Per kop zit daar 410 milligram natrium in – bijna een derde van de maximaal aanbevolen dagelijkse hoeveelheid voor Amerikanen in de risicogroep als ze slechts één kop eten, oftewel een half blikje soep. Maar deze soeplijn maakt slechts 10 procent uit van Campbells totale soepverkoop. De echte succesnummers bevatten soms wel 790 milligram per kop.

Dowdies medewerkers schepten een versie van hun tomatensoep op die speciaal voor mij gemaakt was en waarin alleen het natriumgehalte van 710 tot 480 milligram was teruggebracht. Dowdie at een lepel soep. 'Dit is niet iets waar mensen van zouden kunnen houden en veel van zouden eten,' zei hij. 'Er ontbreekt iets.' Toen proefden we een versie met hetzelfde natriumgehalte, maar nu waren er wat kruiden en specerijen aan toegevoegd.

Campbell had ontdekt dat de beste manier om het zoutgehalte in soep terug te brengen niet de door Cargill voorgestelde route was, namelijk door er kaliumchloride aan toe te voegen, maar de manier waarop mijn moeder haar soep lekker had gemaakt: door er verse kruiden en specerijen in te doen.

Campbell wilde niet zeggen welke specerijen gebruikt waren en hoe duur dat was, maar Dowdie maakte duidelijk dat er financiële grenzen waren aan het gebruik van meer kruiden en minder zout. Steeds als het bedrijf het natriumgebruik iets terugschroefde door verse kruiden te gebruiken, stegen de productiekosten. En wie ging die betalen?

Tot slot proefden we een groentesoep met rundvlees waarin het natriumgehalte was verlaagd en waarin het gebruik van specerijen niet was aangepast. De soep smaakte niet alleen flauw, hij was ronduit vies. De smaak schommelde tussen bitter en metalig. Deze ongewenste bijsmaken, in de voedingsindustrie ook wel 'valse noten' genoemd, zaten waarschijnlijk ook altijd in de gewone soep, maar daarin werden ze verbloemd door zout.

'Maskeert het zout deze valse tonen?' vroeg ik aan Dowdie. 'Ja, absoluut,' antwoorde hij. 'Sperziebonen kunnen bitter smaken zonder zout,' zei hij, 'maar in dit geval kan het bittere weleens komen van de "opgewarmde smaak".' Deze nattehondenharensmaak is het gevolg van de oxidatie van opgewarmd vlees.

Een jaar na mijn bezoek aan Campbell zou het bedrijf op een andere hindernis stuiten in zijn pogingen zich los te maken van zout: de beurs van Wall Street. Campbell had een waardeloos jaar achter de rug. De inkomsten vielen tegen, de vooruitzichten waren slecht. De prijs van de aandelen was 5 procent gedaald en beursanalisten klaagden steen en been over de financiële vooruitzichten van het bedrijf. Op 12 juli 2011 kondigde de nieuwe CEO van Campbell, Denise Morrison, een plan aan om de verkoop te stimuleren. Ze verzekerde investeerders dat ze wist wat er nodig was om de consumptie op te jagen. Het was hetzelfde als wat Dowdie had gezegd over het vertrouwen van de consument verdienen: geen zout, geen smaak; geen smaak, geen aankoop.

Ze zei dat het bedrijf méér zout zou toevoegen aan enkele van zijn soepen. In soepen waarin het natriumgehalte was teruggebracht van 700-800 milligram per portie naar 480 milligram, zou de hoeveelheid weer worden vermeerderd tot 650 milligram. 'Natriumreductie is belangrijk,' vertelde Morrison aan de analisten, 'maar wij moeten voor andere dingen zorgen, zoals smaak.'

Hoewel deze zoutverhoging alleen in de eenendertig soepen van een bepaalde lijn werd doorgevoerd, kon Wall Street het waarderen dat Campbell de in hun ogen juiste weg was ingeslagen. Aan het eind van die beursdag was de koers van een aandeel Campbell met 1,3 procent gestegen.

14 IK HEB MEDELIJDEN MET HET PUBLIEK

Op een symposium voor voedingswetenschappers in Los Angeles, op 15 februari 1985, vertelde Heikki Karppanen, een hoogleraar farmacologie uit Helsinki, het opmerkelijke verhaal van Finlands inspanningen het zoutgebruik aan te pakken. Eind jaren zeventig consumeerden de Finnen enorme hoeveelheden natrium, met een gemiddelde van meer dan twee theelepels zout per dag. Als gevolg daarvan kwamen er in het land steeds meer mensen met een te hoge bloeddruk, hetgeen weer leidde tot grote aantallen hartaanvallen en beroertes. Sterker nog: nergens ter wereld lag het cijfer van mannen met een cardiovasculaire aandoening zo hoog als in het oosten van Finland. Onderzoek toonde aan dat deze plaag geen genetische gril was of het gevolg van een zittende levensstijl. Het was, eenvoudig gezegd, zuiver een kwestie van bewerkt voedsel. Dus toen de Finse autoriteiten in actie kwamen om het probleem aan te pakken, gingen ze meteen achter de fabrikanten aan. Elk kruideniersartikel waar veel zout in zat, moest vanaf dat moment duidelijk herkenbaar gemaakt worden met de waarschuwing 'hoog zoutgehalte'. Dit zou samen met een ambitieuze voorlichtingscampagne een enorm effect hebben: tegen 2007 was de zoutconsumptie in Finland per hoofd van de bevolking met een derde gedaald. Deze verandering ging gepaard met een daling van 80 procent in het aantal doden als gevolg van beroertes en hart- en vaatziekten.*

Karppanens presentatie werd met enthousiast applaus ontvangen, maar één man in het publiek leek in het bijzonder te zijn geraakt door

---

* Aangezien dit een poging was het land minder afhankelijk te maken van zout en geen wetenschappelijk onderzoek waarbij de Finse autoriteiten de deelnemers willekeurig konden selecteren en alle variabelen konden beheersen, blijft onduidelijk in hoeverre de lagere zoutconsumptie heeft bijgedragen aan het lagere aantal hart- en vaatziekten.

de woorden van de hoogleraar. Hij had tijdens de presentatie op de voorste rij gezeten en was meteen uit zijn stoel omhooggekomen om Karppanen aan te houden toen hij van het podium af kwam. Karppanen merkte hem meteen op, omdat hij volkomen uit de toon viel in de zaal vol academici. Hij droeg een duur donker maatpak. Zijn schoenen waren gepoetst en zijn zwarte haar was keurig geknipt. Hij liep op Karppanen af en feliciteerde hem met zijn werk. Hij vertelde dat hij Karppanens belangstelling voor zout deelde en vroeg hem die avond met hem te eten, zodat ze dieper op het onderwerp konden ingaan.

Het gesprek verliep volkomen anders dan Karppanen had verwacht. Zijn gastheer was inderdaad geïnteresseerd in zout, maar vanuit een heel ander oogpunt: de man heette Robert I-San Lin en had van 1974 tot 1982 gewerkt bij Frito-Lay, de fabrikant van uiterst succesvolle merken zoals Lay's, Doritos en Cheetos, lekkere vette chips gemaakt van maïs, maïsolie en zout, met een jaarlijkse omzet van 4 miljard dollar. Lin werkte niet alleen voor het bedrijf, hij was er hoofd Onderzoek. Frito-Lay (toen en nu nog steeds eigendom van PepsiCo) had Lins expertise ingezet in het hele spectrum van zout, suiker en vet. In hun laboratoria in de buurt van Dallas, Texas, had hij het blisspoint voor alle drie deze basisingrediënten afgestemd.

Wat betreft zijn werk met zout kreeg Lin echter steeds meer moeite met het beleid van het bedrijf ten aanzien van de aanpak van de sluimerende zorgen over de volksgezondheid als gevolg van Amerika's overmatige zoutconsumptie. Hij was opgescheept met zakelijke affaires die hij als uiterst verontrustend beschouwde.

Karppanen was tijdens het eten die avond voorzichtig begonnen met een paar indringende vragen, om te testen of Lin bereid was over de wereld van het zout bij Frito-Lay te praten. Maar hij had al snel in de gaten dat Lin meer dan bereid was vrijuit te praten. Eigenlijk was hij openhartiger dan ooit tevoren.

Lin werkte bij Frito-Lay toen behartigers van consumentenbelangen in de Verenigde Staten hun eerste aanval op zoute voeding lanceerden. Gealarmeerd door het verband met hoge bloeddruk en hartaandoeningen hadden zij er in 1978 bij de overheid voor gepleit zout opnieuw te classificeren als 'risicovol' voedseladditief, waardoor het aan strenge controles had kunnen worden onderworpen. Er was geen enkel bedrijf dat deze bedreiging serieuzer nam dan Frito-Lay, legde Lin uit. Dit was deels vanwege de zoute aard van hun snacks, maar ook vanwege de bedrijfscultuur, die geen enkele bemoeienis – in de vorm van regelgeving – tolereerde van die dwazen uit Washington, DC. De hoogste bazen van het bedrijf vatten de aanval op zout persoonlijk op. Lin zat klem tussen zakelijke en publieke belangen en deed zijn uiterste best om de belangen van het bedrijf te verzoenen met de belangen van diens klanten. Voor Karppanen schetste hij in grote lijnen de strijd waarin het bedrijf 'experts' gebruikte om te schieten op onderzoeken die zout in verband brachten met hoge bloeddruk, om alarm te slaan over de gezondheidsrisico's van te wéinig zout in iemands voeding en om onderzoeken naar een remedie voor de schadelijke effecten van natrium te financieren. Lin beschouwde dit als een botte poging om de aandacht af te leiden van zout.

Toen Karppanen die avond terugkwam in zijn hotel pakte hij zijn dagboek en begon te schrijven. Hij bleef schrijven en noteerde veel van de opvallende uitspraken die tijdens hun gesprek waren gedaan. 'Hij was enorm in de war toen hij had ervaren wat je in Amerika voor geld allemaal kunt kopen,' schreef Karppanen. 'Hij zei dat alles te koop was, als je maar genoeg geld had.'

De stukken die hij die nacht in zijn dagboek schreef, bleven goed opgeborgen, tot het voorjaar van 2010, toen Karppanen ze voor mij tevoorschijn haalde. Ik was toevallig een brief tegengekomen die Lin drie weken na hun etentje aan Karppanen had gestuurd en die in een stapel archiefstukken zat die ik mocht bekijken. Ik was vooral geïntrigeerd door een memo dat aan de brief vastzat en geschreven was toen Lin bij Frito-Lay werkte. Daarin waren enkele pogingen die de firma had beraamd ter verdediging van zout nauwkeurig beschreven. Lin en ik spraken meerdere dagen over zout en Lins tijd bij Frito-Lay, terwijl we de interne bedrijfsmemo's, uitgeschreven strategieën en handgeschreven aantekeningen doornamen.

De bijzonderheden die uit dit rapport tevoorschijn kwamen, benadrukten Lins bezorgdheid om de consumenten. Toen hij nog bij Frito-Lay werkte, hadden Lin en zijn collega's openlijk gesproken over de buitensporige natriumconsumptie van het land en het feit dat, zoals Lin me meer dan eens vertelde, 'mensen verslaafd raken aan zout'.

Nu ze met zout in het nauw gedreven waren, zou Frito-Lay andere manieren vinden om de verkoop van zijn snacks te vergroten. En het zou deze trucs blijven gebruiken in de jaren negentig en daarna, precies op het moment dat Amerika's afhankelijkheid van bewerkt voedsel een climax bereikte. Hoge bloeddruk was beslist iets om je zorgen over te maken, maar obesitas streefde die aandoening steeds meer voorbij als bedreiging voor de volksgezondheid. Het gevaar van te veel van de snacks eten die Frito-Lay zo agressief promootte, lag niet in hun zoutgehalte, maar in hun calorieën.

Hoewel het tweeëndertig jaar geleden was dat Robert Lin voor het eerst onenigheid had gehad met Frito-Lay over de (on)gezondheid van chips, was de spijt nog steeds van zijn gezicht af te lezen. In zijn ogen waren er drie decennia verloren gegaan, jaren die hij en andere slimme wetenschappers hadden kunnen benutten om manieren te zoeken waarop de industrie van haar verslaving aan zout, suiker en vet af had kunnen komen. 'Ik werkte er in een tijd dat ik er weinig aan kon doen,' vertelde hij me. 'Ik heb zo'n medelijden met het publiek.'

Robert Lin kwam eind jaren zestig vanuit Taiwan naar de Verenigde Staten, nadat hij een prestigieuze beurs om in het buitenland te studeren had gewonnen. Hij kwam uit een zeer intelligente, veeleisende familie. Zijn broer ging als kernfysicus werken in de overheidslaboratoria van Los Alamos. Lins eigen kinderen zouden alle vier promoveren.

Lin was niet alleen razend intelligent als jongeman, hij was ook enorm gedreven en vol zelfvertrouwen. Hij koos ervoor om medicijnen te gaan studeren aan de universiteit van Californië in Los Angeles. Daar, en later aan het California Institute of Technology, liefhebberde hij in het nieuwste hersenonderzoek en werkte hij aan recombinant DNA. Uiteindelijk besloot hij dat niet nucleaire geneeskunde of biofysica het gebied was waaraan hij een blijvende bijdrage zou kunnen leveren, maar voeding. In zijn visie was de voeding die mensen aten niets meer of minder dan een kwestie van (lang) leven of (vroege) dood. 'Volgens mij wordt het menselijk lichaam onderhouden door voedselinname,' vertelde Lin me. 'Als ik beter zou begrijpen hoe, zou ik het lichaam langer mee kunnen laten gaan.' Zijn liefde voor de wetenschap maakte al snel plaats voor de harde werkelijkheid van de voedingsindustrie.

De bedrijfscultuur bij Frito-Lay was een schok voor Lin. Als hoofd Wetenschappen gaf hij leiding aan een afdeling met honderdvijftig onderzoekers, die allemaal werden geacht zich te kleden en te gedragen als managers. 'Donkerblauw of antraciet pak,' zei Lin. 'Wie zich kleuriger kleedde, verspeelde zijn kansen op promotie.' Lin moest soms zelfs stiptheidsacties houden en controleren of iedereen om vijf minuten over acht wel achter zijn bureau zat. Het werk in het laboratorium was echter ontzettend leuk en uitdagend. Op een nacht werd Lin uit zijn bed gebeld toen de doppen van duizenden flessen Pepsi in het ruim van een schip op weg naar Japan er plotseling als champagnekurken af knalden. Een paar weken later hadden Lin en zijn werknemers eindelijk de zondaar gevonden: het probleem was veroorzaakt door een nieuw druivenpigment dat Pepsi was gaan gebruiken in plaats van een verboden synthetische verfstof. Het druivenpigment was een natuurlijke stof, maar bezat chemische grillen waarmee men in de fabriek duidelijk voorzichtiger moest omgaan. Een andere keer was Lins hulp ingeroepen om de chips te redden. Frito-Lay zorgde er altijd voor dat de chips kakelvers bleven. Het beleid was dat als de chips niet binnen een paar dagen verkocht waren, ze uit de schappen gehaald werden. Maar in de gevallen waar de chips te lang waren blijven liggen, waren ze niet alleen slap en oud geworden, maar werden mensen ook misselijk als zij ze aten. Het probleem was licht, ontdekte Lin. Chips werden toen nog verpakt in doorzichtige plastic zakken en het licht bracht een chemische reactie teweeg in de chips. Lin loste het probleem op door over te stappen op de ondoorzichtige zakken waarin tegenwoordig natuurlijk alle zoutjes en chips verpakt worden.

Lins invloed reikte tot op allerlei afdelingen van PepsiCo en Frito-Lay, en was zelfs voelbaar op de marketingafdeling, waar mensen probeerden te achterhalen waarom consumenten hun producten wel of niet kochten. Het was duidelijk dat er gezondheidsissues waren bij zoute en zoete snacks, maar Lin plaatste deze in het juiste perspectief. Toen een collega van hem een methode bedacht om de voors en tegens van snacks te berekenen, verbeterde Lin die met een gedegen wiskundige onderbouwing. De naam die snacks hadden als slecht voor je gezondheid (H) werkte tegen het bedrijf, net als de kosten ($) en gebreken in de kwaliteit (Q), zoals verkruimelen. Andere factoren werkten juist in het voordeel van het bedrijf, waardoor het waarschijnlijker werd dat de consument zou besluiten over te gaan tot aankoop (P). De chips en andere zoutjes smaakten goed (T). Ze waren handig (C) en nuttig (U), je kon ze zo uit de hand eten of bij een maaltijd. Lin vermenigvuldigde een en ander met de factoren A en B, en stopte alles in een vergelijking die hij 'formule voor de ideale snack' noemde en die vanuit een wiskundig perspectief verklaarde waarom Frito-Lay een fortuin maakte met vette, zoute snacks. 'Elke keer dat een consument besluit om een zak chips te kopen, zal er geen sprake zijn van Aankoop als de Weerstand groter is dan de Verdienste,' schreef Lin in een memo. 'Het zou beter zijn als we het op de volgende manier zouden formuleren: $P = A_1T + A_2C + A_3U - B_1\$ - B_2H - B_3Q$.'

Een van de duurdere onderzoeken die hij bij Frito-Lay uitvoerde, was het Apenproject, dat tot doel had critici de mond te snoeren die eind jaren zeventig moeilijk begonnen te doen over verzadigd vet. Het bedrijf besloot daarop 1,5 miljoen dollar te steken in een experiment dat moest aantonen dat de chips van Lay helemaal niet zo ongezond waren. Honderddertig apen dienden als proefkonijn. Een proefdierenlaboratorium werd ingeschakeld om het experiment uit te voeren. Lin hield toezicht op de wetenschappelijke onderbouwing. 'We gaven de apen chips te eten, drie keer zoveel als een mens op een dag zou eten. Dat deden we vijf jaar lang,' vertelde Lin. 'Apen planten zich snel voort, dus konden we in dit onderzoek werken met twee generaties apen.' De resultaten, die nooit openbaar zijn gemaakt, waren geruststellend voor Frito-Lay: de chips waren misschien niet heel gezond, maar er ging ook niemand aan dood. 'We wilden vastleggen of verzadigd vet echt zo slecht was,' zei Lin. 'We stelden ons de vraag: "Hoe slecht zijn chips?" We brachten twee generaties apen groot en gaven ze op een gecontroleerde manier chips vermengd met een vitamine- en mineralensupplement te eten, en één groep kreeg een steeds grotere hoeveelheid verzadigd vet. Na vijf jaar was de enige conclusie die we konden trekken dat de groep met meer verzadigd vet een hoger cholesterolgehalte had. Maar aangeboren afwijkingen? Die waren er niet. Sommige mensen vonden het misschien wel tijdverspilling, maar ik vond het verantwoorde wetenschap. Het onderzoek suste ieders geweten.'

De chips verdedigen op het gebied van cholesterol viel dus mee, maar natrium gaf heel wat meer problemen.

Als er één groep consumentenbeschermers was waar de voedingsindustrie echt bang voor was, was het wel een organisatie met de naam Center for Science in the Public Interest, een wetenschappelijk centrum voor het algemeen welzijn. Dat was namelijk meedogenloos effectief. Dit in 1971 opgerichte centrum zou uitgroeien tot een invloedrijke organisatie met meer dan 900.000 abonnees voor haar nieuwsbrief over voeding. De invloed ervan reikte verder dan Washington. Het enorme bataljon juristen van het centrum, dat zwaaide met wetten die paal en perk moesten stellen aan misleidende informatie, kon de voedingsindustrie zo'n angst inboezemen dat bedrijven vaak al snel veranderingen doorvoerden voordat er een wet was ingediend. Vanaf 2005 heeft de organisatie Kellogg ertoe gedwongen zijn op kinderen gerichte reclames te beperken, moest Sara Lee duidelijk maken dat zijn 'volkorenbrood' maar voor 30 procent uit volkorenmeel bestaat en moest PepsiCo de etiketten op zijn Tropicana Peach Papaya Juice aanpassen om duidelijk te maken dat de drank noch perzik, noch papaja bevat en dat die bovendien geen sap is.

Directeur van het centrum, Michael Jacobson, heeft microbiologie gestudeerd aan het Massachusetts Institute of Technology (MIT) en had een paar jaar na de oprichting van het centrum belangstelling gekregen voor zout. Hij had juist een onderzoek afgerond naar het gebruik van conserveringsmiddelen, kleurstoffen en chemische stoffen in de voedingsindustrie. Hoe griezelig sommige daarvan ook hadden geleken, hij ontdekte dat zout een veel concreter en urgenter probleem was. Hij zag het aantal gevallen van hoge bloeddruk in het land pieken. Onderzoek bracht deze stijging in verband met natrium. Jacobson begon zout – samen met vet en suiker – te beschouwen als het grootste probleem van bewerkte voeding. 'Ik realiseerde me dat conventionele ingrediënten zoals zout waarschijnlijk veel schadelijker waren dan de additieven die ik bestudeerd had,' vertelde hij me. In 1978 verzocht hij de Amerikaanse warenautoriteit FDA zout niet langer te classificeren als onschadelijk ingrediënt, zoals peper en azijn, maar als een voedingsadditief dat de autoriteit aan kon regels kon binden door beperkingen op te leggen of door waarschuwingen op het etiket te eisen.

Lin vond het vanuit wetenschappelijk oogpunt volkomen redelijk dat Jacobson de kwestie ter sprake bracht. Sterker nog: toen de overheid Jacobsons verzoek serieus nam en een discussie begon over de mogelijkheid om zout te regulariseren, vatte Lin dat absoluut niet op als een bedreiging voor Frito-Lay. Hij zag het als een kans voor het bedrijf. Het bekendste product van Frito-Lay, chips, bevatte minder zout dan veel andere snacks. Lin dacht dat het zelfs in het voordeel van Frito-Lay kon werken als de overheid zou overgaan op regelgeving voor zout. Hij dacht dat als ze snel de hoeveelheden zout zouden terugbrengen, ze hun marktaandeel konden vergroten. 'Onze producten bevatten al weinig zout,' schreef Lin in 1978 in een memo aan de directie. 'Maar aangezien de mensen te veel natrium binnenkrijgen via andere voeding, zou het verstandig zijn het zoutgehalte te verlagen om de verkoop te stimuleren.'

Lin hoefde alleen maar op Finland te wijzen om te laten zien dat de overheid een vriend kon zijn in plaats van een vijand. De autoriteiten daar verplichtten fabrikanten niet alleen om op het etiket van hun zoutste producten de waarschuwing 'hoog zoutgehalte' te zetten, maar – heel belangrijk – stimuleerden deze bedrijven ook om zoutarme versies van hun producten te maken. De bedrijven konden hun gezondere waren krachtiger promoten doordat ze de geruststellende woorden 'weinig zout' op het etiket mochten zetten. Lin wilde dat Frito-Lay deze weg zou volgen.

Robert Lin bracht zijn mensen bijeen om snel manieren te vinden om het bedrijf minder afhankelijk te maken van zout. Een handgeschreven document afkomstig uit zijn team met de titel 'Zoutstrategie' laat zien hoe ze dit doel vanuit verschillende hoeken probeerden te bereiken en waarvoor soms een aanzienlijke hoeveelheid onderzoek nodig was. De initiatieven die ze bekeken, varieerden van het zodanig aanpassen van de hoeveelheid vet in chips dat er minder zout nodig zou zijn tot spelen met de vorm van de zoutkristallen zelf om de kracht ervan te vergroten.

Bij deze verandering van de fysieke vorm van het zout bleek dat de ideeën hierover sterk uiteenliepen. Er ontstonden twee kampen. Het ene kamp redeneerde dat grotere kristallen efficiënter waren omdat ze de tong met meer kracht raakten. Het andere pleitte voor kleinere kristallen, wat neerkwam op het verpulveren van het zout tot een fijn poeder, waardoor er een groter gezouten oppervlak zou zijn waarmee het slijm van de tong in aanraking zou komen, waardoor de genotssignalen sneller naar de hersenen zouden gaan. Of het nu grote of kleine kristallen werden, Lin wist dat er één ding was voor Frito-Lay waar niet aan te tornen viel: mensen zouden naar de chips moeten blijven verlangen vanwege hun zoute en vette smaak. Als dit kon met minder zout, prima. Maar als de aantrekkingskracht ook maar iets zou afnemen, zouden alle gesprekken over zoutreductie meteen worden afgekapt.

Lang voordat hij een van de zoutreductietechnieken kon testen op proefpersonen, zou Lin proberen de inefficiënties die hij opmerkte aan te pakken. Hij bezocht de werkvloer waar de chips werden gemaakt en toen hij bij de plek stond waar zout werd toegevoegd, werd hij – eigenlijk voor het eerst – getroffen door het totale gebrek aan verfijning in de productie. Het zout werd gewoon uit enorme vaten op de chips gestort, die eronderdoor gingen op de lopende band. Het zout dat niet aan de chips bleef zitten, viel op de grond, waar zich grote hopen vormden, die in vuilnisbakken werden geveegd.

Ontzet door deze verspilling begon Lin te knutselen aan een nieuwe methode die het zout voorzichtiger zou aanbrengen. Er kwam elektrostatica aan te pas om het zout aan de chips te plakken op de manier waarop een ballon aan de muur blijft hangen nadat je ermee over je shirt hebt gewreven. Maar Lin zag al snel de zwakte van dit plan: bij Frito-Lay was niemand geïnteresseerd in de verspilling van zout, zelfs de boekhouders niet. Zout was zo goedkoop dat niemand zich druk maakte om een verminderd gebruik. Het plan belandde in de kast.

Daarentegen hield de naderende regelgeving voor zout Lins bazen flink bezig. Er werd steeds vaker een beroep op hem gedaan, niet zozeer om het bedrijf minder afhankelijk te maken van zout als wel om het gebruik van zout te verdedigen en de critici de mond te snoeren. Sommige tactieken van het bedrijf waren voor Lin eenvoudig genoeg af te weren. Toen zijn collega's voorstelden om ter verdediging van de chips het kaliumgehalte ervan aan te prijzen, wees Lin hen erop dat de chips nauwelijks genoeg kalium bevatten om de schadelijke effecten van natrium te compenseren. Maar al snel ging de antiregelgevingcampagne van het bedrijf zover dat hij er geen grip meer op had.

In 1979 hield een panel van de FDA een hoorzitting in Washington over het voorstel om zout te regulariseren, en Frito-Lay rukte uit met een heel leger. Vanuit het publiek keken diverse directeuren toe hoe Alan Wohlman, directeur Research, een hartstochtelijk pleidooi hield in het voordeel van zout, waarbij hij de lange geschiedenis ervan in de voedselproductie en -conservering aanhaalde. Hij kreeg steun van twee medische autoriteiten – een cardioloog uit New York en een kankeronderzoeker uit Buffalo – die namens de Potato Chip and Snack Foods Association spraken. De cardioloog vertelde dat de kennis van hoge bloeddruk en zout niet helemaal duidelijk was, terwijl de kankeronderzoeker veel verderging in het provoceren van het panel. Hij waarschuwde dat als er regelgeving voor een verminderde zoutconsumptie zou komen, mensen voor grote gevaren zouden komen te staan: ze zouden kunnen sterven. De risico's verbonden aan te weinig zout in onze voeding waren volgens hem vooral hoog bij baby's en kinderen, suikerpatiënten, zwangere vrouwen en vrouwen die anticonceptiemiddelen met oestrogeen gebruikten.

Robert Lin, die bij de voorbereidingen voor de hoorzitting aanwezig was geweest, merkte dat hij zich liet meeslepen door de grootscheepse aanval van het bedrijf om de voorgestelde wettelijke voorschriften te doen mislukken. Terwijl de FDA begin 1982 nog geen beslissing had genomen, sloot hij zich aan bij collega's die wilden dat Frito-Lay geld zou steken in onderzoek naar de vraag of calcium misschien de schadelijke effecten van zout teniet zou kunnen doen. In een memo waarin deze plannen nauwkeurig werden beschreven, vertelde Lin dat hij betwijfelde of dit onderzoek zout zou vrijpleiten. Daarbij haalde hij medisch experts aan die er net zo over dachten. 'Maar,' schreef hij, 'vanuit een strategisch oogpunt kan een effectieve promotie van de theorie dat calcium een hoge bloeddruk tegengaat voorlopig de druk van natrium afhalen.' Elders in het memo verwees hij naar dit onderzoek als 'krachtig geschut'.

Toen ik Lin naar het memo vroeg, deed hij het calciumonderzoek af als een afleidingstactiek die typerend was voor de heftige strijd die het bedrijf voerde om het gebruik van zout te verdedigen. 'Er zijn misschien mensen die geloven dat calcium zou kunnen werken, maar ik geloof het niet,' zei hij. 'Pepsi is een goed bedrijf, maar ze hebben een paar dingen niet helemaal goed gedaan en een daarvan is hun gevecht om zout.'

Uiteindelijk werkte de tijd in het voordeel van de voedingsindustrie. De voorgestelde regelgeving was opgekomen tijdens de tweede helft van Jimmy Carters regeringstermijn, toen zaken als de energiecrisis en de gijzeling van de Amerikaanse ambassade in Iran alle aandacht opeisten. Te midden van al het slechte nieuws kostte het lobbyisten van de voedingsindustrie weinig moeite om het aan banden leggen van tv-reclames voor kinderen tegen te gaan. In 1982 krompen ambtenaren ineen uit angst voor de regering-Reagan. De FDA reageerde toen eindelijk op Jacobsons verzoek zout aan te pakken. Het adviespanel dat vier jaar eerder de kwestie had opgepakt, had Jacobsons kant gekozen. Het was tot de conclusie gekomen dat zout inderdaad niet langer het algemene predicaat 'veilig voedseladditief' verdiende. Normaal zouden de aanbevelingen van het panel zijn overgenomen door de FDA. De functionarissen die de FDA destijds leidden, waren het er inderdaad over eens dat een verminderde zoutconsumptie een nobel streven was. Maar dit was geen goede tijd om het Amerikaanse bedrijfsleven agressief te bejegenen. Dus in plaats van zout aan regels te onderwerpen, kondigde de FDA aan dat ze zou proberen het land op vriendelijker manieren van zout af te helpen, namelijk door consumenten voor te lichten over de gezondheidsrisico's.

Sanford Miller, die destijds directeur was van het centrum voor voedselveiligheid van de FDA, het Center for Food Safety and Applied Nutrition, vertelde me dat hij en zijn collega's zich serieus zorgen maakten over het effect van zout op onze gezondheid, maar hij dacht dat ze onvoldoende gegevens hadden om zich met succes te verzetten tegen de aanhoudende aanvallen van lobbyisten voor de voedingsindustrie. 'Vooral de zoutmensen vielen constant over ons heen,' vertelde Miller. Een andere hoge ambtenaar uit die tijd, William Hubbard, vertelde me dat de warenautoriteit ook bang was dat het publiek nog niet rijp was voor minder zout.

Een gedesillusioneerde Robert Lin verliet Frito-Lay dat jaar. Hij ging werken voor bedrijven die voedingssupplementen maakten. Net als andere voormalige managers van voedingsbedrijven die ik heb ontmoet, lette hij heel goed op wat hij at en vermeed hij de voedingswaren waaraan hij zelf ooit zo hard gewerkt had. Er waren weinig tot geen bewerkte producten in de keukenkastjes die hij voor me opende. Als lunch serveerde hij havervlokken zonder suiker en rauwe asperges. Op zijn vijfenzeventigste begon Lin de dag nog altijd met een stevige bergwandeling van een uur. Door bewerkte voeding te vermijden heeft Lin de hoeveelheid zout die hij binnenkrijgt drastisch verlaagd. Over zout heeft hij gemengde gevoelens: 'Als ik hartig eten zie, wil ik het nog altijd graag proeven,' vertelde hij me. 'Maar ik stop op een zeker moment. Hoewel ik ervan houd en er enorm zin in kan hebben, weet ik er te veel over. Ik weet dat mijn lichaam niet op grote hoeveelheden zout gebouwd is.'

Afgezien van zijn falen om Frito-Lay te veranderen, heeft Lin daar een aantal blijvende bijdragen geleverd. Hij geloofde in de kracht van het intellect bij het oplossen van problemen en richtte een platform op waarvoor experts van buiten de industrie – een directeur van Shell, een analist van McKinsey & Co., genetisch ingenieurs van universiteiten in Washington en Californië – werden uitgenodigd. Ze konden dan met mensen van Frito-Lay praten over manieren waarop het bedrijf creatiever kon worden in het maken en verkopen van snacks. Tot de genodigden voor een ontmoeting in 1981 behoorde een marketingman van tabaksbedrijf R.J. Reynolds, die Lin voordroeg om te vertellen over wat hij had geleerd over consumententargeting door elk aspect van de wensen en verlangens van consumenten te bestuderen. Deze tabaksfunctionaris, Greg Novak, pionierde met methoden om consumenten te verdelen in groepen op basis van leeftijd, geslacht en ras, zodat ze beter konden worden benaderd met op maat gemaakte advertenties en reclames. Lin zette de toon voor deze sessie door de beroemde woorden van een reclameman te citeren: 'Iedereen die een product ontwerpt of een reclame maakt op basis van wat mensen zéggen dat ze willen, is een idioot.'

Vijf jaar later, op de vooravond van een nieuw snacktijdperk, toen Lin allang weg was, zou deze notie – dat de industrie beter wist wat mensen wilden – Frito-Lay helpen de zorgen over zout uit de weg te gaan.

14 IK HEB MEDELIJDEN MET HET PUBLIEK

Dat was in 1986, en het ging slecht met Frito-Lay. Het bedrijf had met veel ophef een serie producten gelanceerd die in rook opgingen. Bezorgd dat ze het hadden verleerd – en daarbij 52 miljoen dollar aan productiekosten waren kwijtgeraakt – haalde de marketingafdeling Dwight Riskey binnen, een zwaargewicht en een expert in de dop op het gebied van het verlangen dat snacks als deze zouden moeten oproepen.

Riskey kwam in 1982 bij Frito-Lay werken, op het moment dat Robert Lin vertrok. Hij was staflid geweest van het Monell Chemical Senses Center en had deel uitgemaakt van het team dat had ontdekt dat mensen konden afkomen van hun gewoonte te veel zout te consumeren door langere tijd helemaal geen hartige producten te eten, zodat hun smaakpapillen weer het normale niveau van gevoeligheid konden terugkrijgen. Bij Monell had Riskey experimenten uitgevoerd waaruit bleek dat de voorliefde van iemand voor bepaalde soorten voedsel sterk wordt beïnvloed door andere zaken die hij op dat moment eet of drinkt. Je zin in een reep verandert bijvoorbeeld als je ook een glas cola drinkt. Dit betekende dat het blisspoint voor zoet niet vastligt; het kan omhoog- of omlaaggaan, afhankelijk van andere dingen die je consumeert. Dit leverde een wat ingewikkeldere, realistischer factor op voor de inspanningen van voedingstechnologen hun producten zo verleidelijk mogelijk te maken.

Het blisspoint verandert ook met het ouder worden van mensen. Dit leek te verklaren waarom Frito-Lay zo'n moeite had met het lanceren van nieuwe zoutjes. Amerika werd ouder en werd minder gek op zoute snacks. De grootste afzonderlijke groep consumenten, de babyboomers die tussen 1946 en 1964 geboren waren, was nu van middelbare leeftijd. Volgens het onderzoek betekende dit dat hun zin in zoute snacks – zowel qua hoeveelheid zout erin als de hoeveelheid die ze ervan aten – met het ouder worden steeds verder afnam. Net als de andere producenten van snacks en zoutjes verwachtte het bedrijf lagere verkoopcijfers door de vergrijzing. De marketingstrategieën werden daarom aangepast om nieuwe consumenten te lokken.

Er was maar één probleem, en dat was meteen ook een groot probleem. De verkoop nam niet áf op de voorspelde manier, hij nam begin jaren tachtig juist tóé. Het inschatten van consumenten en de onderverdeling in specifieke categorieën was een wezenlijk onderdeel van marketing en Riskey besteedde daar erg veel tijd aan. Toen hij zag dat de verkoop van snacks steeg, was hij vastbesloten te ontdekken wie – demografisch gezien – al die snacks aten. Op een zondag in 1989 zat hij in zijn werkkamer thuis toen het kwartje ineens viel: zijn marketingcollega's en hij hadden de gegevens verkeerd geïnterpreteerd. Ze hadden de snackgewoonten van verschillende leeftijdsgroepen bekeken, maar niet de gewoonten van deze groepen bij het ouder worden. Dit was een belangrijk onderscheid. Deze laatste methode staat bekend als een cohortonderzoek. Hierbij wordt een groep mensen gedurende langere tijd gevolgd. Alleen op deze manier wordt zichtbaar hoe de gewoonten van een bepaalde groep, zoals de babyboomers, mettertijd veranderen.

Toen Riskey een nieuwe serie verkoopcijfers van het bedrijf opvroeg en daar de cohorttechniek op toepaste, kwam een nieuw en veel bemoedigender beeld tevoorschijn. De babyboomers aten feitelijk niet minder snacks met het ouder worden. Integendeel. 'Met het ouder worden was deze groep meer gaan eten van alle typen snacks – koekjes, crackers, snoep en chips!' vertelde Riskey. 'Ze aten niet alleen dezelfde dingen als ze aten toen ze jong waren, ze aten er ook méér van. En dat verklaarde waarom alle snackfabrikanten het al die jaren zo goed hadden gedaan.'

Natuurlijk waren de babyboomers niet opgewassen tegen twintigjarigen, die meer zoutjes naar binnen konden werken dan waar babyboomers ook maar over piekerden om te eten. Maar het goede nieuws voor Frito-Lay was dat de babyboomers er meer van aten als dertigers dan dat ze op hun twintigste hadden gedaan – en daarin stonden ze niet alleen. Gemiddeld at iedereen meer zoutjes dan hij eerder had gedaan.

Riskey had een theorie over de oorzaak van deze toegenomen snackconsumptie onder babyboomers. Het eten van echte maaltijden was verleden tijd geworden. Vooral babyboomers leken het traditionele idee van ontbijt, lunch en avondeten te hebben laten varen, of voerden deze rituelen minder regelmatig uit dan voorheen. Ze begonnen het ontbijt over te slaan toen ze vroeg moesten vergaderen. Ze begonnen de lunch over te slaan toen ze ook overdag steeds meer moesten vergaderen en alle resterende tijd nodig hadden om bij te blijven met hun werk. Ze begonnen de avondmaaltijd over te slaan toen hun kinderen 's avonds laat thuiskwamen van de sporttraining of opgroeiden en het huis uit gingen. Ze begonnen de maaltijden te vervangen door kant-en-klaarmaaltijden en snacks, die ze zo uit de kast, koelkast, supermarkt of automaat op het werk konden halen. Dit leidde tot het volgende inzicht: de babyboomers 'vormden geen volgroeide categorie, maar een categorie met een enorm groeipotentieel. We begonnen er dus hard aan te werken om deze groei te realiseren.'

Riskey en de andere marketingmanagers van Frito-Lay keken nu met andere ogen naar de mislukte nieuwe producten. Die waren niet op een mislukking uitgelopen omdat Amerikanen minder van dit soort zoutjes waren gaan houden of omdat mensen voorzichtiger waren geworden met zout. Ze waren geflopt omdat Frito-Lay een beetje te gemakzuchtig was geworden bij de marketing ervan. En dat kon tamelijk eenvoudig hersteld worden.

Daarmee kwam de geschiedenis van Frito-Lay in zijn eindfase. Iedereen werd aan het werk gezet en alle registers werden opengetrokken om zoute snacks te maken en te marketen voor Amerikanen van alle leeftijden. En het was mooi meegenomen dat PepsiCo, de eigenaar van Frito-Lay, al gepokt en gemazeld was door zijn concurrentiestrijd met Coca-Cola.

PepsiCo was een marketingmachine. Een jaar na de aankoop van Frito-Lay in 1965 was het hoofdkantoor verhuisd van hartje Manhattan naar een locatie in een buitenwijk, maar niemand van PepsiCo dutte hier in. Ze waren trots op hun aanvallende houding in de frisdrankwereld en zochten steeds naar manieren om Coca-Cola, de Goliath, uit het veld te slaan en te slim af te zijn. Dwight Riskeys onthulling dat de babyboomers meer consumeerden dan ooit tevoren, kwam precies op het moment dat Pepsi – die ook eigenaar was van Kentucky Fried Chicken, Pizza Hut en Taco Bell – voor het eerst sinds 1990 weer voor 1 miljard dollar verkocht. In dat jaar liet PepsiCo een symbool van deze missie – en van onze groeiende trek – afdrukken op zijn glossy jaarverslag. De hele cover werd ingenomen door een foto van een enorme, verbeten kijkende sumoworstelaar in de kenmerkende aanvalshouding.

Een jaar later, in 1991, stelde PepsiCo Roger Enrico, een geduchte vechtersbaas, aan het hoofd van Frito-Lay. Deze zoon van een opzichter in een ijzerertssmelterij zou tussen 1996 en 2001 alle onderdelen van PepsiCo runnen en de strijd aangaan met de befaamde president-directeur van Coca-Cola, Robert Woodruff, een genie op marketinggebied. Toen Enrico bij Frito-Lay in dienst trad, was hij al een ster in de frisdrankdivisie. Enrico was degene die Michael Jackson in 1984 overhaalde om zijn hitsingle 'Thriller' te laten gebruiken in een reclame voor Pepsi's New Generation-campagne, en het was dezelfde Enrico die een jaar later New Coke tot zinken bracht met de briljante tegenaanval die de nieuwe bereiding van Coke aanprees als een overwinning voor Pepsi.

Als hoofddirecteur van Frito-Lay zou Enrico de marketingstrategie inzetten die bekendstaat als 'de straat op en neer', waarbij de Pepsi-leveranciers werden gebruikt om de verkoop te optimaliseren in de buurtwinkels waar kinderen hun eetgewoonten aanleerden. De leveranciers begonnen naast hun frisdranken de zoutjes van Frito-Lay aan te bieden en Enrico zweepte de productmanagers op om de buurtwinkels te domineren.

De voedingstechnologen van Frito-Lay maakten zich niet langer druk om het bedenken van nieuwe producten en omarmden in plaats daarvan de meest basale, en betrouwbare, methode uit de industrie om consumenten meer snacks te laten kopen: productlijnextensies. Ze bedachten eindeloos veel variaties op de bestaande zoutjes.

Dit waren geen alledaagse lijnextensies. De groep wetenschappers van Frito-Lay was trots op zijn kwaliteitsinnovatie en zette alle middelen in om de smaak, beet, knapperigheid, het mondgevoel, de geur en algehele aantrekkelijkheid van alle producten te verbeteren. De gebruikte ingrediënten waren niet bijzonder: vet en zout, met een beetje suiker in sommige merken, zoals de Cheetos, aardappel- of maïszetmeel en zongedroogde specerijen. De magie zit 'm in het weven. Om hier meer gevoel voor te krijgen, benaderde ik Steven Witherly, de voedingswetenschapper die aan de kaassauzen van Nestlé had gewerkt. Witherly heeft een werkelijk fascinerende handleiding voor mensen uit de levensmiddelenindustrie geschreven, getiteld *Why Humans Like Junk Food*. Ik nam twee boodschappentassen vol zakken chips mee die hij voor mij moest proeven. Hij richtte zijn aandacht meteen op de Cheetos.

'Dit is in termen van puur genot een van de knapst gemaakte producten op aarde,' zei hij, terwijl hij een tiental eigenschappen van de Cheetos afvinkte die onze hersenen 'ik wil méér' laten zeggen. Een belangrijke eigenschap is het geheimzinnige vermogen van dit opgeblazen zoutje om als chocolade in de mond te smelten. 'Dat wordt "verdwijnende calorische dichtheid" genoemd,' vertelde Witherly. 'Als iets heel snel smelt, denken je hersenen dat er geen calorieën in zitten en daardoor kun je er, net van als popcorn, eindeloos van blijven eten.'

Zelfs zonder Robert Lin beschikte Frito-Lay over een indrukwekkend researchcomplex in de buurt van Dallas, waar bijna vijfhonderd chemici, psychologen en technologen jaarlijks voor wel 30 miljoen dollar aan onderzoek verrichtten. Ze beschikten onder andere over een 40.000 dollar kostend apparaat dat een kauwende mond nabootst om chips te testen en te perfectioneren. Hiermee ontdekten ze zaken als het perfecte breekpunt van de chips. Terwijl de technologen de productformules verbeterden, bracht de tienduizend man sterke verkoopdivisie een revolutie teweeg in het leveringssysteem van de voedingsindustrie met de introductie van handcomputers die mogelijke tekorten bijhielden en ervoor zorgden dat de zakken in de winkelschappen altijd vers waren.

Nu er steeds vaker stukken in de krant stonden over een dikker wordende bevolking, sloeg Frito-Lay de zorgen van consumenten over hun gezondheid niet in de wind. Al in 1988 probeerde het bedrijf vetarme chips voor bewust etende consumenten op de markt te brengen. 'Als wij in onze markt kunnen doen wat caloriearm bier heeft gedaan voor bier, voorzie ik nog een enorme groei,' zie een directeur uit die dagen.

Over het geheel genomen leek het zoutgebruik van het bedrijf de trend in de industrie te volgen: in de jaren tachtig en negentig nam het zoutgehalte af, maar slechts een klein beetje. Toen Robert Lin de zoutjes van Frito-Lay in 1981 testte, zag hij dat ze gemiddeld 161 milligram natrium per portie van 25 gram bevatten, waarbij chips varieerden tot 214 milligram per 25 gram. Drie decennia later bleek Lay's naturel chips 152 milligram per 25 gram te bevatten, maar had die gezelschap gekregen van chips met een smaakje en andere zoutjes die veel meer natrium bevatten.

Als reactie op mijn vragen over zoutreductie, zei Frito-Lay dat het zijn verantwoordelijkheden serieus nam. Een woordvoerster van het bedrijf zei dat de meest veelbelovende initiatieven iets bevatten waar Robert Lin dertig jaar eerder al naar had gekeken: het gebruik van fijner zout teneinde de hoeveelheid zout om tot een maximaal genotsgevoel te komen te minimaliseren. In maart 2010 kondigde PepsiCo aan dat het een programma zou lanceren om het zout in zijn producten gemiddeld met 25 procent terug te brengen, in combinatie met plannen om minder zoete frisdranken te promoten. Dit was volgens Jeffrey Dunn, de voormalige president-directeur van Coca-Cola, precies de zet die met luid gejuich ontvangen was bij zijn firma. Hij vertelde me hoe zijn huidige vrienden bij Coca-Cola hun collega's bij PepsiCo ervan verdachten tijdelijk gek geworden te zijn, en dat Coca-Cola hier zijn voordeel mee wilde doen door de eigen marketinginspanningen te verdubbelen.

Op het gebied van snacks haalden de managers van Frito-Lay alles uit de kast om Wall Street ervan te overtuigen dat ze niet gek geworden waren. In besloten vergaderingen, op veilige gehoorsafstand van hinderlijke consumentenbeschermers, bespraken de directeuren tot in detail de nieuwste marketingcampagnes waarmee ze hun snacks een nog groter onderdeel van het leven van alle Amerikanen wilden maken. De inspanningen van Frito-Lay om met deze campagnes klanten te werven bereikten een piek in maart 2010, toen PepsiCo een tweedaagse ontmoeting organiseerde met analisten van Goldman Sachs, Deutsche Bank en andere grote investeerders.

Een directielid van de divisie Wereldwijde verkoop en Marketing vertelde de aanwezigen dat Doritos het 'door een niet-aflatende focus op tieners' al had geschopt tot het best verkochte maïszoutje ter wereld. Maar het bedrijf ging niet op zijn lauweren rusten. Elk product en elk segment van de bevolking werden nauwlettend in de gaten gehouden.

Een andere belangrijke doelgroep was generatie Y, de generatie die in de jaren tachtig en negentig geboren was en bestond uit 65 miljoen Amerikanen. De uitdaging bij deze groep lag in hun wijdverspreide werkloosheid, aldus Frito-Lay, waardoor de strijd om hun beperkte middelen verhevigde. 'Voor een dollar kun je een dubbele cheeseburger of een favoriet nummer op iTunes kopen,' merkte Ann Mukherjee, hoofd Marketing, op. 'We moeten bij de Doritos dus een andere gedachtegang hanteren. Wij noemen die het "én-effect": hoe kunnen we meer bieden dan alleen maar een intense snack?' De strategie voor generatie Y werd 'snackbaar entertainment'. De chips zouden gepromoot worden via sportevenementen zoals de Super Bowl en games zoals de Xbox. Deze inspanningen hadden al tot een enorme stijging in de verkoop geleid.

In een andere handige poging generatie Y te bereiken, hadden de technologen van Frito-Lay betere manieren bedacht om te concurreren met fastfoodketens. Hun eerste pogingen leken te berusten op pure toverkracht. Ze hadden een serie verbindingen gecreëerd die ze 'Flavor Plus' noemden en die niet alleen de smaak van fastfood nabootsten, maar ook de geur ervan. In dat jaar had Frito-Lay net Late Night gelanceerd, een nieuwe lijn tortillachips (die 205 milligram natrium en 134 calorieën per 25 gram bevatten), in net zoveel fastfoodsmaken als de voedingstechnologen van het bedrijf hadden kunnen bedenken. Al met al leidde het impulsieve eten van deze zoutjes op de late avond tot een verkoopstijging van 50 miljoen dollar in het eerste jaar.

De babyboomers werden niet verwaarloosd, haastten de managers van Frito-Lay zich te zeggen. Met 180 miljoen babyboomers in de Verenigde Staten en 1,4 miljard babyboomers wereldwijd bleven zij de allerbelangrijkste doelgroep. Met deze groep in het achterhoofd had het bedrijf Stacy's Pita Chip Company overgenomen in 2006. In handen van Frito-Lay werden de pitachips (277 milligram natrium en 116 calorieën per 25 gram, in twaalf smaken) zuiver goud, legde Mukherjee uit. Ze waren onweerstaanbaar voor de babyboomers.

Zelfs zout en de aanhoudende zorgen om de gezondheidseffecten daarvan pasten uitstekend in de marketingplannen van de firma, volgens de directie van Frito-Lay. Zij vertelde de investeerders van Wall Street over haar onafgebroken zoektocht naar een 'designernatrium', waarmee ze het natriumgebruik in de nabije toekomst met 40 procent hoopte te verlagen. Men hoefde dus niet bang te zijn voor een verminderde verkoop, verzekerde de CEO van Frito-Lay, Al Carey, de aanwezigen. De babyboomers zouden het lagere zoutgehalte zien als een teken van toestemming om te snacken als nooit tevoren. Terwijl hij de psychologie achter dit fenomeen uitlegde, gebruikte Carey de bekende term 'permissie'.

'Het is belangrijk is dat we hier de obstakels voor de babyboomers slechten en we hun permissie geven om te snacken,' vertelde Carey terwijl hij het designerzout beschreef. 'Het smaakt goed. Je proeft geen verschil met gewoon zout. Je proeft ook geen verschil tussen de gangbare chips en dit nieuwe product... Ik wil maar zeggen dat een moeder naar dit product zou kunnen kijken en het met een gerust hart aan haar kinderen zou geven of het zelf zou eten. En ik denk dat dit een groot verschil is met de manier waarop mensen de afgelopen jaren naar deze categorie snacks hebben gekeken.'

De vooruitzichten voor deze zoutarmere snacks waren volgens Carey zo ongelooflijk goed dat het bedrijf zijn vizier had gericht op het gebruik van dit designerzout om de moeilijkste markt voor snacks te veroveren: de scholen. Hij haalde het initiatief voor schoollunches aan waar oud-president Bill Clinton en de Amerikaanse Hartstichting voor hadden gepleit en dat erop neerkwam de voedingswaarde van schoolmaaltijden te verbeteren door hun gehalte aan zout, suiker en vet te beperken. 'Stel je eens voor,' zei Carey, 'chips die fantastisch smaken én in aanmerking komen voor de door Clinton en de Hartstichting goedgekeurde schoolmaaltijden... We denken dat we dit allemaal met die chips kunnen doen en dat kinderen die chips dan op school mogen eten en er dus mee opgroeien en ze met een gerust hart eten, en dat ook de ouders er geen probleem mee hebben. Stel je dat toch eens voor.'

Deze zinsnede, 'ze met een gerust hart eten', kwam me bekend voor, dus ik begon te zoeken in de archiefkasten waarin ik al het onderzoeksmateriaal bewaarde voor dit boek. Ik vond hem terug in een vertrouwelijk memo uit 1957 waar ik de hand op had weten te leggen.

De auteur was een psycholoog met de naam Ernest Dichter, een vriend van Sigmund Freud, voordat hij in 1938 vanuit Oostenrijk naar de Verenigde Staten emigreerde. Dichter zette een adviesbureau op in het dorp Croton-on-Hudson, in de staat New York. Hij adviseerde Amerikaanse bedrijven op het gebied van motivatieonderzoek. In industriële kringen werd Dichter zeer bekend vanwege het feit dat hij levensmiddelenbedrijven aanmoedigde hun producten op grond van het 'geslacht van voedsel' te marketen, dus Rice Krispies voor vrouwen en Wheaties voor mannen. Voor Frito-Lay had hij echter andere plannen om de zoute snacks acceptabeler te maken voor Amerikanen. He gaf zijn verslag de titel 'Creatieve memo over producten van Lay'.

De chips van het bedrijf, schreef hij, verkochten om één doodeenvoudige reden minder goed dan mogelijk was: 'Hoewel mensen graag en met smaak chips eten, voelen ze zich er schuldig over. Er is zoveel angst over de consequenties van chips eten. Onbewust verwachten mensen dat ze gestraft worden voor het feit dat "ze zich laten gaan" en ervan genieten.' Hij citeerde vervolgens een consument die had verklaard: 'Ik ben dol op chips, maar ik haal ze liever niet in huis, want het zijn enorme dikmakers. Als je eenmaal begint te eten, kun je er niet meer mee ophouden.'

In zijn gesprekken met consumenten telde Dichter zeven 'angsten en weerstanden' om de chips van Frito-Lay te kopen, die hij liet afvinken in een lijstje: je blijft ervan eten; ze maken je dik; ze zijn slecht voor je; je krijgt vette handen en kruimels als je ze eet; ze zijn te duur; het is moeilijk om niet de hele zak leeg te eten; ze zijn slecht voor kinderen.

Op dit laatste punt haalde hij een consument aan die klonk als veel moeders van tegenwoordig toen ze de onderzoekers vertelde: 'Kinderen eten te veel van dat spul. Ze zouden het helemaal niet moeten eten. Ik zou ze liever een wortel, perzik of appel zien eten.'

Dit was een probleem, schreef Dichter, en de rest van zijn 24 pagina's tellende memo besteedde hij aan de uitwerking van een mogelijke oplossing. Er waren meerdere tactieken die Frito-Lay kon inzetten om al deze angsten en weerstand om de chips te kopen te weerleggen, schreef hij. In de loop van de tijd zouden de middelen die hij voorschreef alom gebruikt worden, en niet alleen door Frito-Lay, maar door de hele voedingsindustrie.

Te beginnen bij het punt 'ze zijn slecht voor je', stelde Dichter voor dat Frito-Lay het woord 'gefrituurd' zou vermijden in verwijzingen naar de chips en in plaats daarvan zou spreken van 'geroosterd'. Met de jongste belichaming van deze tactiek won Frito-Lay in 2010 een felbegeerde prijs in de reclamewereld voor een campagne genaamd 'Geluk is eenvoudig'. In de reclames waren geen van het vet druipende chips te zien, maar een lucht gevuld met vliegende aardappelen die op wonderbaarlijke wijze, in volle vlucht, veranderden in chips.

Om de vrees 'je blijft ervan eten' te weerleggen, stelde Dichter voor de chips te verpakken in kleinere zakjes. 'De benauwdere consument, de consument met de grootste angst dat hij zijn eetlust niet kan bedwingen, zal geneigd zijn de functie van de nieuwe verpakking aan te voelen en daarvoor kiezen,' zei hij.

'Toen we zagen dat vrouwen steeds meer de schappen met chips begonnen te vermijden – die gedomineerd worden door ons bedrijf –, zagen we ons gesteld voor een serieuze uitdaging,' zei een woordvoerder van het bedrijf. 'Hoewel vrouwen meer snacken dan mannen, aten ze nu minder snacks van Frito-Lay.' Het bedrijf verlegde daarom zijn focus in de reclamecampagnes om gezonder klinkende versies van zijn chips te promoten, waaronder Baked Lay's en de kleinere zakjes chips die elk maar 100 calorieën bevatten. Voor mensen die aan de lijn doen, hebben deze 100-calorieënzakjes – die door veel fabrikanten worden verkocht – een duidelijke keerzijde. Recent onderzoek heeft aangetoond dat ze niet werken; mensen die de neiging hebben dwangmatig te eten, houden het niet bij één zakje.

Tot slot – en dat is misschien nog wel het belangrijkst – adviseerde Dichter Frito-Lay zijn chips uit de sfeer van het tussendoortje te halen en ze in plaats daarvan tot een bestanddeel van het Amerikaanse menu te maken. 'Het toegenomen gebruik van chips en andere snacks van Frito-Lay als onderdeel van restaurant- en lunchroomkost zou sterk moeten worden aangemoedigd,' zei Dichter, waarbij hij een reeks voorbeelden opnoemde: 'Chips als voorgerecht met soep, fruit of groentesap; chips als groente bij het hoofdgerecht; chips met salade; chips met eiergerechten bij het ontbijt; chips bij sandwiches.'

Toen Dichter zijn memo schreef, in 1957, werden chips op zichzelf gegeten als snack en, waar Dichter op wees, met een steeds groter schuldgevoel. Tegenwoordig richt Frito-Lay zich in de marketing van zijn chips niet alleen op restaurants. Naar het voorbeeld van de zuivel- en vleesindustrie promoot het bedrijf zijn snacks voor creatief thuisgebruik, als ingrediënt in ander voedsel. Op de website staat een hele serie recepten.

Ernest Dichter overleed in 1991, dus ik kon hem niet vragen of hij in 1957 al had geweten hoe vooruitziend zijn blik was geweest door de snackindustrie ervan te overtuigen chips in het web van de Amerikaanse keuken te verweven. Eén man, die ruim 55 kilometer zuidelijker werkte, in Manhattan, kon echter wedijveren met Dichters genialiteit. Zijn naam was Len Holton en hij bedacht een heel bekende reclameslogan. Ook Holton was al overleden, maar een van zijn collega's, Alvin Hampel, vertelde me het volgende verhaal. Het was 1963 en de werknemers van het reclamebureau Young & Rubicam braken zich het hoofd over een nieuwe, pakkende slogan voor Frito-Lay. Holton was de senior copywriter. Hij was in die tijd al een wat oudere, enigszins kromme heer die rustig door het kantoor schuifelde. Terwijl zijn jongere collega's nog zaten te kletsen, ging Holton rustig zitten en schreef een zin op. Toen hij hem liet rondgaan, waren zijn collega's met stomheid geslagen omdat hij zo voor de hand lag. 'Hij lag daar voor het oprapen,' vertelde Hampel.

De slogan die Holton had bedacht, was: *Betcha can't eat just one* – wedden dat het niet bij eentje blijft. Die paar woorden sloegen de spijker op zijn kop. Toen in 1986 steeds meer mensen te dik werden, begon men met een grootschalige meerjarenstudie de eetgewoonten van Amerikanen bij te houden. Dit onderzoek was nauwelijks representatief voor alle Amerikanen. De deelnemers werkten allemaal in de gezondheidszorg en waren professioneel genoeg om alles nauwgezet bij te houden en op te schrijven. Maar bovenal aten deze mannen en vrouwen waarschijnlijk veel bewuster, en daardoor zouden de resultaten de algehele tendens in Amerika mogelijk afzwakken. Het onderzoek volgde 120.877 vrouwen en mannen. Mensen met overgewicht waren van tevoren uitgesloten en de onderzoekers hielden toezicht op alles wat de mensen aten, hun lichaamsbeweging en hun rookgedrag.

In het doorlopende onderzoek zijn de deelnemers elke vier jaar ondervraagd. In 2011 publiceerde de *New England Journal of Medicine* de jongste resultaten. Elke vier jaar vanaf 1986 bleken de deelnemers minder te zijn gaan bewegen, meer tv te zijn gaan kijken en gemiddeld 1,5 kilo te zijn aangekomen. De onderzoekers wilden weten welke voedingswaren de grootste bijdrage hadden geleverd aan de gewichtstoename, dus analyseerden ze de gegevens op calorische inhoud van de gegeten voeding. De grootste boosdoeners waren vlees en bewerkte vleeswaren, met suiker gezoete dranken en aardappelen, waaronder puree en friet. De allergrootste dikmakers waren echter chips.

Chips veroorzaakte, met circa 143 calorieën per 25 gram, een gewichtstoename van 767 gram in elk van de vier jaren waarover werd gemeten. Ter vergelijking: snoepjes en toetjes waren goed voor minder dan 225 gram. Na publicatie van de bevindingen wezen waarnemers erop hoe onweerstaanbaar chips en hun verpakking waren. De inhoud van de zakjes, meestal 28 gram, stond volkomen los van de hoeveelheid chips die iemand mogelijk at. 'Mensen eten doorgaans niet één of twee chipjes,' zei dr. F. Xavier Pi-Sunyer, een obesitasexpert verbonden aan het St. Luke's-Roosevelt Hospital Center in New York. 'Ze eten de hele zak leeg.'

Maar dat was nog maar het halve verhaal. De ingrediënten van chips waren waarschijnlijk even effectief, zo niet meer, om mensen ertoe te verleiden te veel te eten. Het begint al met het laagje zout dat de tong als eerste proeft, maar in de chip zelf zit nog veel meer. Die zit vol vet, waaraan hij de meeste calorieën dankt. Vet zorgt ook voor het mondgevoel op het moment dat er op de chip gekauwd wordt. Zoals voedingstechnologen goed weten, is vet in de mond heel anders dan olie in de hand; het geeft een heerlijk gevoel, dat door onze hersenen meteen wordt beloond met genotsgevoelens.

En er is nog meer: chips zitten vol suiker. Niet de suiker die op de verpakking vermeld staat, ook al voegen sommige fabrikanten suiker toe om aan de smaak van kinderen tegemoet te komen. Nee, de suiker in gewone chips is de suiker die het lichaam uit het zetmeel in de aardappelen haalt. Zetmeel wordt gezien als een koolhydraat, maar is preciezer gezegd gemaakt van glucose. Het is dezelfde glucose als die we in ons bloed hebben. Aardappelen smaken niet zoet, maar de glucose begint te werken als suiker zodra je erin bijt, vertelde Eric Rimm, hoogleraar epidemiologie en voedingsleer aan de Harvard School of Public Health en een van de auteurs van het onderzoek. 'Het zetmeel wordt gemakkelijk opgenomen,' vertelde hij me. 'Zelfs sneller dan een vergelijkbare hoeveelheid suiker. Op zijn beurt zorgt het zetmeel ervoor dat het glucosegehalte in het bloed stijgt, en dat is een zorg in relatie met zwaarlijvigheid.'

Deze schommelingen in de bloedsuikers zijn enorm problematisch voor iedereen die aan de lijn doet. Recent onderzoek stelt dat glucosepieken een enorme trek in eten veroorzaken, tot wel vier uur na het eten van datgene wat de glucosestijging veroorzaakte. Als je het ene uur chips eet, neemt je zin in chips het volgende uur alleen maar toe.

In dit opzicht zijn chips de belichaming van bewerkte voeding in het algemeen, waarin zout, suiker en vet worden gebruikt om hun aantrekkingskracht op consumenten te vergroten. Frito-Lay zou al het zout uit zijn chips kunnen halen om de chips een zweem van gezondheid te geven, maar zolang ze aantrekkelijk blijven – door hun vet, knapperigheid, zoute smaak door alternatieven voor zout – en de reclamecampagnes je de psychologische toestemming geven er zoveel van te eten als je wilt, blijven ze calorieën leveren. En dat is uiteindelijk de ultieme oorzaak van obesitas.

EPILOOG

WE ZIJN VERSLAAFD AAN GOEDKOOP ETEN

De zon kwam net achter de wolken vandaan toen ik op een maandagochtend in mei 2011 in Zwitserland landde. Ik was op weg naar de noordoever van het Meer van Genève, waar de laboratoria en het hoofdkantoor van levensmiddelengigant Nestlé gevestigd waren. Het was nog vroeg en de week was veelbelovend. Ik had al maanden verhalen gehoord over het buitengewone en innovatieve voedingstechnologische werk dat Nestlé verrichtte, dus ik was hierheen gekomen om te kijken wat de toekomst zou brengen voor zout, suiker en vet.

Nestlé verkeerde beslist in de beste positie om de voedingsindustrie voor te gaan in de nodige veranderingen. In de laatste paar jaar had het Kraft overschaduwd en was het uitgegroeid tot de grootste levensmiddelenfabrikant van de Verenigde Staten – ja, van de hele wereld. Nestlé, in 1866 opgericht als fabrikant van babyvoeding, concurreerde nu in bijna alle secties van de supermarkt, variërend van frisdranken tot diepvriesmaaltijden. Negenentwintig van zijn productlijnen brachten jaarlijks meer dan 1 miljard dollar in het laatje en werden door Nestlé de 'miljardenmerken' genoemd. Nestlé verkocht jaarlijks voor meer dan 100 miljard dollar, wat een winst van ruim 10 miljard dollar opleverde en Nestlé zo rijk maakte dat een voormalige voedingstechnoloog, Steven Witherly, me waarschuwde het bedrijf niet te beschouwen als een levensmiddelenfabrikant. 'Nestlé,' zei hij, 'is een Zwitserse bank die eten drukt.'

Belangrijker is dat Nestlé ook aan het hoofd staat van de meest ambitieuze en rijkste researchonderneming in de hele voedingsindustrie, waardoor het bedrijf misschien wel het best in staat is voorop te gaan in de veranderingen. Verscholen in de bergen boven Lausanne – met vestigingen in Peking, Tokyo, Santiago en St. Louis – werkten er bij Nestlé zevenhonderd mensen in de research, onder wie 350 wetenschappers. Elk jaar voerden zij meer dan zeventig klinische experimenten uit, publiceerden ze tweehonderd artikelen in vakbladen, deponeerden ze tachtig octrooien en gingen ze driehonderd samenwerkingen aan met universiteiten, leveranciers en particuliere onderzoeksinstellingen. Nestlé trok de meest getalenteerde afgestudeerden aan uit alle hoeken van de wetenschap, ook op het gebied van hersenscans, waardoor het bedrijf bijzondere experimenten kon verrichten, zoals het aanbrengen van met een EEG-apparaat verbonden elektroden op de schedel van proefpersonen om te zien hoe ijs de neurologie van de hersenen prikkelt.

Rondlopen door het uitgestrekte, glanzende complex in Lausanne was een beetje als de fictieve chocoladefabriek van Willy Wonka binnenstappen. (Nestlé heeft in 1988 natuurlijk de levensechte Wonkafabriek en het merk opgekocht, met toverballen en al.) Er waren overal wonderen van techniek te zien, maar een van de hoogtepunten van het bezoek was kamer GR26, ook bekend als het 'emulsieslab'. Hier toonden Emmanuel Heinrich en Laurent Sagalowicz me, bij een elektronenmicroscoop die boven hen uittorende, hoe ze vet volgden terwijl dat van de mond naar de dunne darmen reisde. Nestlé, zo leerde ik, heeft middelen ontwikkeld om de verspreiding van vetdruppels in ijs te verbeteren om mensen het ijs als vetter te laten ervaren dan het in werkelijkheid is. Door een andere zintuiglijke list probeert het bedrijf mensen niet te laten merken dat verzadigd vet is vervangen door gezondere oliën. Hiertoe legde Heinrich de laatste hand aan een opmerkelijke uitvinding met de naam 'ingekapselde olie'. Bij deze goochelarij wordt een gezondere olie, zoals zonnebloem- of koolzaadolie, ingekapseld door suiker- of eiwitmoleculen en dan gedroogd tot poeder. Bij gebruik in koekjes, crackers en muffins kan deze ingekapselde olie de eigenschap van verzadigd vet nabootsen om een verleidelijke sensatie op te roepen die bekendstaat als mondgevoel, maar met een verminderde kans op hart- en vaatziekten. Het eindresultaat: hetzelfde plezier voor de hersenen, minder verzadigd vet voor het lichaam.

Nestlé verkoopt ook dierenvoeding – met Purina als een van de miljardenmerken – en de wetenschappers hebben ook op dat gebied fascinerend werk verricht. Samen met onderzoekers van Cargill hebben ze een groep verbindingen, isoflavonen, uit sojakiemenmeel, bijeengebracht in nieuw hondenvoer met de naam Fit & Trim. Het is de bedoeling dat honden er dartelder van worden of er in elk geval een snellere stofwisseling van krijgen. 'Overgewicht komt niet alleen bij mensen voor,' verklaarde Nestlé in een verslag. 'Maar liefst 40 percent van de honden in ontwikkelde landen heeft last van overgewicht of obesitas.'

Alles in het onderzoekscentrum was enorm indrukwekkend en hypermodern, zelfs de koffiebar met chique koffiemachines voor de Nespresso (het grootste van alle miljardenmerken), maar uiteindelijk stelde het me teleur. Aan het eind van mijn bezoek realiseerde ik me dat als Nestlé de wereld zou redden van obesitas of van een van de andere negatieve effecten van bewerkt voedsel, dat in elk geval niet tijdens mijn leven zou gebeuren. De voeding die mensen in de supermarkt kochten was er zo helemaal op gemaakt om overconsumptie af te dwingen dat de wetenschappers van Nestlé, ondanks alle spectaculaire technologie en voedingskundige kennis, niet in staat waren om met levensvatbare oplossingen te komen.

De grootste teleurstelling was nog wel Nestlés zoektocht om vezels om te zetten in een kuur voor overmatig eten. In het 'verteringslab' staat een kauwmachine ter grootte van een koelkast die het kauwen en verteren nabootst, met buizen die alle kanten op gaan en een computerprogramma om het maag-darmkanaal van kinderen, volwassen en zelfs honden te repliceren. Alfrun Erkner, een van de laboranten, nam de pogingen om de illusie van verzadiging te creëren vluchtig met me door. Nestlé werkt al langere tijd aan een yoghurt die je een vol gevoel geeft en maar weinig calorieën bevat. Maar om dit gevoel op te wekken moeten de wetenschappers zoveel vezels in de yoghurt stoppen dat de kauwmachine er zelfs in de hoogste stand moeite mee heeft ze naar binnen te krijgen. 'Mensen willen een tovermiddel,' vertelde Erkner me. 'En het zou fijn zijn als we een pil hadden waardoor mensen zoveel konden eten als ze willen zonder aan te komen. Maar die hebben we niet.'

Nestlé was ook gestruikeld in zijn jacht op een nog feller begeerde heilige graal van de voedingsindustrie: een levensmiddel waardoor je gewicht verlóór en niet alleen niet dikker werd. Nestlé had dit samen met een andere grote speler in de levensmiddelenindustrie, Coca-Cola, geprobeerd met een drankje genaamd Enviga. Het was een combinatie van groene thee, cafeïne en twee kunstmatige zoetstoffen, en kwam in 2007 op de markt. Volgens het etiket zou het calorieën verbranden. Hoe meer Enviga je dronk, hoe meer caloricën je zou verliezen. Het drankje had geen schijn van kans tegen de juristen van het Center for Science in the Public Interest. Ze wierpen één blik op de onderliggende wetenschap en sleepten Nestlé en Coca-Cola voor het gerecht vanwege misleiding. Op grond van Nestlés eigen gegevens schatte deze consumentenorganisatie in dat je bijna 180 blikjes Enviga zou moeten drinken om 450 gram te verliezen. En dat was in het beste geval. Sommige proefpersonen waren in feite langzamer calorieën gaan verbranden na het drinken van Enviga, waardoor ze juist leken aan te komen in plaats van af te vallen.

Hoe uitdagend de voedingswetenschap ook was, de toekomst van zout, suiker en vet begon er in handen van Nestlé verontrustend uit te zien toen ik verder langs de oever van het Meer van Genève reed, naar Vevey, waar het hoofdkantoor van het hele concern stond. Hier wachtte Nestlé niet op onderzoekers die met een miraculeus drankje of wondervezels kwamen. Hier deed het bedrijf hard zijn best om zichzelf tegen te spreken in de cruciaalste kwestie van allemaal: obesitas. Hier zette Nestlé voedingswaren in de markt die ons dik maken, om vervolgens te komen met andere levensmiddelen die de zwaarsten onder ons moeten behandelen.

Nestlé was druk bezig zich in te dekken op een manier die zelfs ik niet voor mogelijk had gehouden. In 2007 kocht het bedrijf de divisie Medische Voeding die was ontwikkeld door het farmaceutische bedrijf Novartis, waardoor Nestlé de middelen kreeg om op zoek te gaan naar een oplossing voor een van de grimmigste aspecten van overeten. Jaarlijks ondergaan 200.000 zwaarlijvige Amerikanen, onder wie kinderen van negen jaar oud, een chirurgische maagverkleining zodat ze minder kunnen eten. Aan de procedure zelf kleven enkele chirurgische risico's, maar een duisterder aspect doet zich pas later voor, als de patiënten alweer thuis zijn en ze merken dat hun trek in de vette, bewerkte voeding, waardoor ze in de eerste plaats te veel zijn gaan eten, niet verdwenen is. In de meest trieste gevallen blijven mensen zoveel eten dat de chirurgische banden knappen en ze met spoed moeten worden opgenomen. Maar zelfs onder de beste omstandigheden krijgen ze maar met moeite voldoende voedingsstoffen binnen om te overleven.

Hier komt Nestlé om de hoek kijken. De firma brengt nu een lijn vloeibare levensmiddelen op de markt, waaronder een product met de naam Peptamen, dat via een slangetje wordt opgenomen, en een ander product, genaamd Optifast, dat patiënten met een maagverkleining kunnen drinken. 'Veel van deze mensen zijn ondervoed,' vertelde Hilary Green me, een wetenschapper in dienst van Nestlé. 'Hun voedingsstoffen zijn niet in balans. En ze hebben enorme trek. Van nature hebben ze meer en vaker honger. De uitdaging is deze mensen te bevredigen zonder dat hun maag overbelast wordt.'

Tijdens mijn laatste dag bij Nestlé lunchte ik met Luis Cantarell, directeur van de divisie Gezondheidswetenschappen van het bedrijf. Allereerst bespraken we de afwezigheid van obesitas in Zwitserland, die hij deels toeschreef aan de liefde van de Zwitsers voor buitensporten. Daarna gingen we over op zijn persoonlijke tactiek om fit en vitaal te blijven: hij weerstaat de verleiding te veel pasta te eten, doet zijn best meer groenten te eten, eet 's avonds nooit vlees en eet liever vis als eiwitbron. De enige zonde die hij zichzelf toestaat, is een glas wijn.

Al snel kwam het gesprek echter op de speciale voeding die Nestlé op de markt bracht voor te grote eters, zoals Peptamen. Hoe akelig deze producten ook klinken, zei Cantarell, ze effenen in de nabije toekomst het pad voor een grootscheepse fusie tussen voeding en farmacie. Hij ziet – vol enthousiasme – de mogelijkheden van medicijnachtige voeding of voedselachtige medicijnen voor zich die de gezondheidszorg op zijn kop zouden kunnen zetten. In de traditionele benadering worden dure medicijnen gebruikt om de kwellingen van overmatig eten – diabetes, obesitas en hoge bloeddruk – te behandelen. 'De kosten voor de gezondheidszorg rijzen de pan uit en farmacologische medicijnen zijn niet de efficiëntste oplossing voor chronische ziekten,' zei hij. 'We hebben de mogelijkheid persoonlijke voeding te maken volgens een wetenschappelijke benadering, met gebruik van klinisch onderzoek en al die dingen die farmaceuten doen bij de ontwikkeling van nieuwe medicijnen. Nestlé zou met zijn lange staat van dienst een rol kunnen spelen bij deze veranderingen.'

Op de terugweg naar de luchthaven in Genève raakte ik het beeld van tieners die zich volpropten met vette snacks en uiteindelijk voor de rest van hun leven Peptamen door een slangetje moesten drinken niet kwijt. Maar eerlijk is eerlijk: Nestlé had al een paar behoorlijke stappen gezet om de hoeveelheden zout, suiker en vet in hun hele assortiment voedingswaren terug te brengen. Daarnaast verkocht het, net als andere fabrikanten, versies met minder zout, suiker en vet van zijn belangrijkste producten voor mensen die de discipline hadden hun calorie-inname te beperken. En dan nog, Nestlé is niet de Wereldgezondheidsorganisatie – die toevallig haar hoofdkantoren om de hoek van Nestlé in Genève heeft. Het is een bedrijf dat doet wat bedrijven doen: geld verdienen.

Het had me drieënhalf jaar van rondsnuffelen in de werkwijze van de voedingsindustrie gekost om tot een vergelijk te komen met het hele arsenaal institutionele krachten die zelfs de beste bedrijven ertoe dwingen voedingsmiddelen te produceren die een gezonde voeding ondermijnen. Het cruciaalst is natuurlijk wel de enorme afhankelijkheid van de industrie van zout, suiker en vet. Bijna iedereen van de honderden mensen die ik heb geïnterviewd in de tijd dat ik dit boek schreef – scheikundigen, voedingsdeskundigen, gedragsbiologen, voedseltechnologen, marketingmanagers, verpakkingsontwerpers, directeuren, lobbyisten – wees me erop dat bedrijven deze drie ingrediënten niet zonder slag of stoot zullen opgeven, op welke manier dan ook. Zout, suiker en vet vormen het fundament van bewerkte voeding. Dé vraag die voedingsbedrijven zich steeds stellen bij het bepalen van de samenstelling van hun producten is hoeveel ze van elk van de drie nodig hebben voor maximale aantrekkelijkheid.

Het ligt domweg niet in de aard van deze bedrijven om met de consument begaan te zijn. Ze worden volledig in beslag genomen door andere zaken, zoals hun concurrenten verslaan. Het verbazingwekkendst van de geheime bijeenkomst van ceo's uit de voedingsindustrie in 1999 om over obesitas te praten is dát ze bij elkaar kwamen. De supermarkt ligt tenslotte bezaaid met de resultaten van hun oorlog om meer te verkopen dan de anderen door hun producten te bewapenen met meer zout, suiker en vet. Kijk wat er gebeurde toen Hershey zijn chocoladekoekje in 2003 introduceerde: Kraft reageerde door met een hele massa nog vettere en zoetere Oreo-koekjes te komen.

Behalve dat ze hevig competitief zijn, hebben levensmiddelenbedrijven ook enorme verplichtingen tegenover hun aandeelhouders.

WE ZIJN VERSLAAFD AAN GOEDKOOP ETEN

Als bedrijven als Campbell zeggen dat ze niet zullen inboeten op smaak wanneer ze minder zout, suiker en vet gebruiken in hun producten, denken ze niet aan het welzijn van de consument; ze denken alleen maar aan consumptie en verkoopcijfers. En dat zullen ze ook wel moeten, willen ze overleven. Geld verdienen is de enige reden waarom ze bestaan. In elk geval volgens Wall Street, dat ze nauwlettend in de gaten houdt en ze daar wel aan herinnert.

'De winst van levensmiddelenbedrijven moest elk kwartaal groeien. Het gevolg was dat ze naar nieuwe manieren moesten zoeken om hun levensmiddelen te marketen. En dat deden ze door de porties te vergroten, door hun producten werkelijk overal beschikbaar te maken, door voedsel zo gemakkelijk mogelijk te maken en door een sociale omgeving te creëren waarin het in orde was de hele dag door te eten, op meer en meer plekken, in grotere hoeveelheden.' Dit zei Marion Nestle, voormalig voedingskundig adviseur op het Amerikaanse ministerie van Volksgezondheid.

Er is één laatste factor in de vastberaden missie van de voedingsindustrie om te verkopen ten koste van het welzijn van haar klanten. In het vuur van de concurrentiestrijd kijken voedingsbedrijven niet verder naar de invloed van hun producten op de gezondheid. Vooral de frisdrankindustrie kan goed haar ogen sluiten. In 2012 nodigde ik mezelf uit op de jaarlijkse ontmoeting met investeerders van Wall Street, waar het hoofdthema de aanhoudend slechte verkoop van frisdrank was en hoe bedrijven het leed konden verzachten door andere dranken te promoten. Eerst kwam het hoofd Financiën van de Dr. Pepper Snapple Group, Martin Ellen, aan het woord. Hem werd gevraagd wat hij vond van het voorstel van de burgemeester van New York, Michael Bloomberg. Bloomberg wilde de verkoop van megaverpakkingen frisdrank verbieden, omdat die volgens hem een bedreiging voor de volksgezondheid waren. 'Als we keuze en de rol van de overheid in ons leven opzijzetten en ons richten op obesitas en de frisdrankindustrie, ondersteunen de feiten Bloombergs uitspraak niet,' ging Ellen door. 'Drieënnegentig procent van onze calorie-inname is afkomstig van andere levensmiddelen en drankjes dan gezoete dranken. En terwijl de industrie al flink heeft geïnvesteerd in de afgelopen jaren, is het aantal obesitasgevallen alleen maar toegenomen. Er wordt minder frisdrank gedronken, maar we worden er niet gezonder op. Het is niet eerlijk dat de frisdrankindustrie gedemoniseerd wordt.'

Voedingsdeskundigen zijn het daar natuurlijk niet mee eens. Net zomin als Jeffrey Dunn, die als president-directeur van Coca-Cola Noord- en Zuid-Amerika naar dit soort bijeenkomsten kwam. Als Dunn naar de feiten kijkt, ziet hij frisdrank als de belangrijkste oorzaak van obesitas. De gegevens komen volledig overeen met de ontwikkeling van de trend. In de jaren tachtig begon men veel meer frisdrank te drinken, en hoewel de consumptie de laatste jaren is afgenomen, is de consumptie van andere gezoete drankjes, zoals sportdrankjes, vitaminewater en chocolademelk, sterk gestegen. Als je het zo bekijkt, zou ook niemand verwachten dat mensen – in de woorden van Martin Ellen – 'er gezonder op werden'.

Gezien deze neiging van de levensmiddelenbedrijven – competitief, met verplichtingen aan Wall Street en in totale ontkenning van hun aansprakelijkheid – zou tussenkomst door Washington zeker gewenst zijn. Vreemd genoeg was Geoffrey Bible, de voormalige CEO van Philip Morris, een van de mensen uit de industrie die ontvankelijk waren voor federale regelgeving. 'Ik voel me op dit punt een beetje een sukkel,' begon hij. 'Ik houd niet van regelgeving, omdat ik niet van een grote overheid houd. Ik denk dat we binnen redelijke grenzen onze rechten zouden moeten mogen uitoefenen en op ons eigen oordeel zouden moeten mogen vertrouwen.' Maar toen bespraken we hoe de groeiende publieke woede tegen tabaksfabrikanten Philip Morris ertoe had gebracht regelgeving te accepteren en hoe zijn managers bij Kraft in 2003 eenzijdig een aantal antiobesitasinitiatieven hadden gelanceerd en daarbij alleen maar op verhevigde concurrentie van hun rivalen waren gestuit. In elk geval zouden door de invoering van wettelijke beperkingen op zout, suiker en vet alle levensmiddelenfabrikanten in hetzelfde schuitje komen. 'Regelgeving is misschien wel de beste manier,' zei Bible ten slotte. 'Er zou samenwerking op enkele gebieden komen, en dat is belangrijk. Maar het moet wel redelijk zijn.'

In de afgelopen jaren zijn er al heel wat ideeën over regelgeving ter sprake gekomen, maar de meeste daarvan zijn niet redelijk of erg slim. Andere mensen hebben aangedrongen op een 'vet-taks' op frisdrank, maar ook nu geldt weer: waarom zou je de consument straffen? Het zou meer voor de hand liggen belasting te heffen op zout, suiker en vet voordat ze aan bewerkt voedsel worden toegevoegd. Ook daar kleeft één probleem aan: de bedrijven zouden de extra kosten ongetwijfeld doorberekenen aan de consument. Een grotere uitdaging ligt in het vereffenen van het prijsverschil tussen bewerkte en verse voeding, waardoor blauwe bessen beter kunnen concurreren met Snickers als snel tussendoortje.

De voedingsindustrie heeft een andere visie op huishoudkunde: door haar producten is eten betaalbaar. Maar zelfs binnen de industrie zijn er mensen met een andere kijk. Zij redeneren dat de lage kosten van bewerkte voedingswaren de ontwikkeling van gezondere manieren om de wereld te voeden hebben tegengehouden.

'We zijn verslaafd aan goedkoop eten, net zoals we verslaafd zijn aan goedkope energie,' zei James Behnke, een voormalige topmanager van Pillsbury. 'Het echte probleem zijn deze gevoeligheid voor prijs en, helaas, de groeiende inkomensongelijkheid tussen arm en rijk. Het kost meer om gezondere, verse voeding te eten. Er speelt dus een enorme economische factor mee in het obesitasprobleem. De mensen met de minste middelen en waarschijnlijk het minste benul van wat ze doen, worden er het hardst door getroffen.'

Dat oudgedienden uit de industrie er zo over zouden praten, was een van de opvallendste openbaringen tijdens mijn onderzoek voor dit boek. Ik heb veel intelligente, goedbedoelende mensen gesproken – voormalige en huidige ingewijden – die hun best doen hun industrie een koekje van eigen deeg te geven. Op persoonlijk niveau merkte ik dat veel managers die ik sprak hun uiterste best deden de eigen producten te omzeilen. Ik kon het daardoor niet nalaten om iedereen die ik sprak te vragen naar zijn of haar eetgewoonten: John Ruff van Kraft consumeerde niet langer zoete drankjes en vette snacks; Luis Cantarell van Nestlé eet 's avonds vis; Robert Lin van Frito-Lay blijft af van de chips en andere bewerkte levensmiddelen; Howard Moskowitz, de geniale frisdranktechnoloog, weigert frisdrank te drinken. Geoffrey Bible stopte niet alleen met roken; toen hij de supervisie had over Kraft, deed hij net zo hard zijn best alles te laten staan wat zijn cholesterol omhoogbracht.

Maar de meesten van ons kunnen niet van de bewerkte voedingswaren afblijven. We haasten ons 's ochtends nog steeds om op tijd de deur uit te komen of onze lastige kinderen te laten ontbijten, of om 's avonds een fatsoenlijke maaltijd op tafel te zetten zonder te worden ontslagen omdat we te vroeg zijn weggegaan. De smaakpapillen van velen van ons zijn gewend aan grote doses zout, suiker en vet.

Door deze afhankelijkheid is het lastig alle trucs – in samenstelling en marketing – die bedrijven gebruiken om ons binnen te halen te herkennen en te ontwijken. Om een idee te geven van de extreme strijd die mensen soms moeten leveren, nodigde een marketingmanager van een voedingsbedrijf me uit voor een bijeenkomst van haar plaatselijke vereniging van 'Anonieme Overmatige Eters'. Het was onthutsend om de deelnemers te horen praten over suiker alsof het heroïne was. Hun auto's lagen vol snoeppapiertjes, alleen al van het ritje van huis naar de supermarkt. Ze konden geen weerstand bieden aan het snoep dat ze kochten, dus was het hun tactiek om alle suiker te vermijden. Deze aanpak klonk me wat extreem in de oren, tot ik in gesprek raakte met Nora Volkow, een verslavingsdeskundige van naam, die het National Institute on Drug Abuse leidt. Als onderzoekspsychiater en wetenschapper effende ze het pad voor het gebruik van hersenscans om overeenkomsten tussen voeding en drugs te vinden. Ze was ervan overtuigd geraakt dat sommige mensen net zo moeilijk van hun eetverslaving afkomen als van een drugsverslaving. 'Geraffineerde suiker kan bij sommige individuen tot dezelfde dwangmatige innamepatronen leiden,' vertelde ze me. 'En in die gevallen zou ik hun willen aanraden ervan af te blijven. Probeer jezelf niet te beperken tot twee Oreo-koekjes, want als de beloning erg sterk is, zul je je niet kunnen inhouden, hoe heilig je voornemens ook zijn. En dat is ook precies de boodschap die we aan drugsverslaafden geven.'

Een veelbelovend experiment in het weerstaan van de verleiding te veel te eten wordt uitgevoerd in Philadelphia, waar Michael Lowe, hoogleraar klinische psychologie aan de universiteit van Drexel, een andere diepgewortelde oorzaak van obesitas probeert te ondervangen. Naast de invloed van Wall Street en de agressieve marketing van frisdrankbedrijven, wijst hij op een scheur in het maatschappelijke weefsel die zich begin jaren tachtig begon voor te doen, toen de obesitascijfers begonnen te stijgen. 'Toen velen van ons opgroeiden,' vertelde hij me, 'aten we nog drie keer per dag. Je at nooit tussen de maaltijden door, anders had je geen trek meer. Dat is veranderd. Mensen begonnen overal te eten, tijdens vergaderingen of lopend op straat. Je mag tegenwoordig overal eten en mensen zijn zo druk dat ze niet rustig gaan zitten om te eten. We moeten gezinnen stimuleren om met elkaar te eten. Dat was vroeger normaal.'

Lowe werkt aan een programma waarin de deelnemers zich volledig heroriënteren op bewerkte voeding. Ze vermijden de slechtste producten en kopen gezondere alternatieven. Verder delen ze de enorme porties op in kleinere porties, zodat ze minder geneigd zijn te veel te eten. Het gewicht van Steve Comess, een manager in de gezondheidszorg, ging van 105 naar 80 kilo. Het duurde twee jaar voordat hij het gevoel had dat hij zijn koop- en eetgedrag onder controle had. 'Het gaat om gedrag,' vertelde hij me. 'Ik begon de etiketten te lezen, waardoor ik betere keuzes ging maken en betere controle kreeg over mijn voedingsomgeving. Ik eet zo veel mogelijk verse producten. Niet alleen om de calorieën, maar ook om vet, zout en suiker te beperken. Het is niet zaligmakend, maar zo is het voor mij te doen.'

Dit idee van controle krijgen om een ongezonde afhankelijkheid van bewerkte voeding te pareren, kan weleens de beste toevlucht zijn die we hebben voor de korte termijn. Behartigers van consumentenbelangen pushen de regering om de voedingsindustrie te dwingen allerlei veranderingen in hun productformules en marketing aan te brengen, waaronder een enorme reductie van zout, suiker en ongezonde vetten, beperkingen over welke snacks op scholen in automaten verkocht mogen worden en een nieuw ontwerp van etiketten om de voedingsinformatie makkelijker leesbaar te maken. Maar als de regering of de industrie zich daartegen verzet, kunnen deze veranderingen jaren op zich laten wachten. Ondertussen kunnen we alleen onszelf redden.

In de tijd dat ik aan dit boek werkte, heb ik meerdere keren Philadelphia bezocht. Ik ging dan naar een buurtje aan de noordkant van de stad dat een schril contrast vormde met de weldadige omgeving van Nestlé in Zwitserland. De wijk heet Strawberry Mansion en de kinderen hier beklimmen geen bergen om fit te blijven. Ze kunnen nauwelijks naar buiten om op de kapotte trottoirs te spelen, uit angst voor crimineel geweld.

Er was echter voldoende te eten. De buurt was vergeven van de buurtwinkels, die allemaal heel slim waren ingedeeld: frisdranken bij binnenkomst, meteen gevolgd door rijen koekjes, die geleidelijk overgaan in zoutjes, en displays met snoep bij de kassa. Het gemiddelde kind dat de winkel door loopt, hadden onderzoekers ontdekt, pakt chips, snoep en een gezoet drankje, samen goed voor 360 calorieën – en dat alles voor slechts 1 dollar en 6 cent. Met het kleinste beetje zakgeld van hun ouders konden deze kinderen op weg naar school de winkel binnengaan voor hun ontbijt en dan op de terugweg nog een keer voor een snack.

Ik heb de buurtwinkels in Strawberry Mansion uren geobserveerd, maar het duurde niet lang voordat ik de eindeloze stroom vrachtwagens met frisdrank en snacks hun rondes zag maken om de schappen en koelvitrines van de winkels te vullen met Coca-Cola en Pepsi, Cheetos en Lay's-chips. Ik had iets opgevangen over een groep verontruste ouders die samenkwamen om als een soort buurtwacht, met walkietalkies en strijdplannen in de aanslag, de winkels rondom één school uit de buurt aan te pakken. Dus tijdens een bezoek aan de stad trof ik hen aan op de eerste dag van hun tussenkomst. Dat was in de winter van 2010.

De organisatie was in handen van een ambitieus schoolhoofd, Amelia Brown, die genoeg had van de nervositeit, het toenemende overgewicht, de korte aandachtsspannes en de algeheel verslechterende gezondheid van haar leerlingen. Zij dichtte deze zaken voornamelijk toe aan de producten die de buurtwinkels verkochten aan de kinderen. Ze had besloten dat ze aan hun gezondheid moest werken, net zoals ze aan hun cijfers moest werken. Op de D. Kelley School probeerde men op allerlei zelfbedachte manieren de leerlingen gezonder te laten eten. Waar eerst posters hingen om kinderen te waarschuwen voor drugs hingen nu posters die waarschuwden voor zout, suiker en vet, met tekeningen van kinderen van hun ideale maaltijd. Gymlerares Beverly Griffin gebruikte replica's van de voedselpiramide, liedjes en spelletjes, zoals de gymzaal rondrennen om plastic namaakvoedingswaren op te pakken. Het team met de meeste vruchten en groenten won, het team met meer vlees en granen verloor.

Schoolhoofd Brown wist echter dat ze ook iets moest doen aan de buurtwinkels rondom haar school. Tijdens een bijeenkomst in de aula vertelde ze de vrijwillig deelnemende ouders: 'Jullie moeten naar deze winkels gaan en zeggen: "Zouden jullie tussen kwart over acht en halfnegen niets willen verkopen aan onze kinderen? We willen niet dat ze snoep eten. Ze kunnen op school ontbijten. Als jullie toch aan onze kinderen verkopen, zullen we jullie een poosje boycotten."'

Zelf had ze deze winkels de zomer ervoor bezocht en had ze gezien dat haar leerlingen verantwoordelijk waren voor een groot deel van de omzet die de winkeliers moesten halen om hun rekeningen te betalen. Dus trok ze de ouders aan – niet om de winkels te boycotten, maar om haar leerlingen weg te loodsen. Op de eerste dag van hun actie ging een van de ouders, McKinley Harris, buiten voor de deur van de Oxford Food Shop staan om de kinderen te ontmoedigen naar binnen te gaan. De kinderen liepen in groepjes naar school. Sommige kinderen lieten zich overhalen, de meeste niet. 'Snoep?' vroeg hij hoofdschuddend toen hij in de tas keek die een van de kinderen die de winkel uit stormden voor hem openhield. 'Dat is geen eten.' Hij probeerde het niet af te pakken. Hij probeerde het kind te laten nadenken over zijn keuzes. Later trof ik de winkeleigenares, Gladys Tejada, die zei mee te voelen met de ouders, maar weinig hoopvol gestemd was over het succes van de actie. Zíj kon beslist niet voorkomen dat kinderen kochten wat ze wilden. 'Ze houden van zoet,' zei ze. 'En ze houden van goedkoop.'

Een echt hartverscheurend moment deed zich een paar minuten later voor, toen McKinleys echtgenote, Jamaica, de straat in kwam gesneld met hun kinderen achter zich aan. Haar man en zij hadden erg hun best gedaan hun gezin gezonder te laten eten. Daarvoor moesten ze zelfs taxi's nemen naar supermarkten om verse, gezonde voeding te kopen. Maar het was deze ochtend heel hectisch geweest om de kinderen op tijd naar school te krijgen. Ze moesten nog ontbijten, dus was ze de winkel in gerend om iets te eten te kopen. De Oxford Food Shop verkocht geen vers fruit, zelfs geen bananen, dus kwam ze even later naar buiten met het gezond klinkende alternatief, een 'ontbijtreep met fruit en yoghurt'. Toen ze las wat er voor op het etiket stond, zei ze met enige trots: 'Er zit calcium in.' Maar de kleine lettertjes achterop vertelden een heel ander verhaal. De reep kwam er slecht af in vergelijking met het snoep dat haar man probeerde te blokkeren. De 'gezonde' repen bevatten meer suiker en minder vezels dan Oreo's.

Dit tafereel raakte me. Hier stonden ze dan, deze bewoners van Strawberry Mansion, er flauw van dat hun kinderen nerveus werden en buikpijn kregen van het voedsel uit de buurtwinkels, die hun eigen eetgewoonten probeerden te verbeteren en nu belazerd werden bij de aankoop van een 'gezond' product dat niet gezonder was dan snoep. Deze tactiek van levensmiddelenbedrijven om één goed ingrediënt te promoten in de hoop dat consumenten de rest over het hoofd zien, is oeroud en werd al in de jaren twintig en dertig gebruikt. Toen begonnen bedrijven vitamines toe te voegen aan hun ontbijtgranen en prezen ze deze gezonde additieven op de voorkant van de verpakking aan. Pas tientallen jaren later hoefden ze het suikergehalte in kleine letters achterop te zetten.

Dit boek is in elk geval bedoeld om mensen te wijzen op de trucs en tactieken van de voedingsindustrie. En op het feit dat we geen hulpeloze slachtoffers zijn. We hebben de keuze, vooral als het gaat om boodschappen doen. Ik beschouw dit boek, op het meest basale niveau, als een middel om onszelf te verdedigen als we een levensmiddelenwinkel binnengaan. Sommige trucs om ons te verleiden zijn subtiel en het is belangrijk dat we ons ervan bewust zijn. Maar aan de producten zelf is niets subtiel. Ze zijn ontworpen – gefabriceerd is een beter woord – om hun verleidelijkheid te maximaliseren. De verpakkingen zijn speciaal gemaakt om onze kinderen te prikkelen. In reclames worden alle psychologische trucs gebruikt om al onze logische argumenten om het product te laten liggen te weerleggen. De smaak van de producten is zo krachtig dat we ons die herinneren van de laatste keer dat we erlangs liepen in de winkel en ervoor zwichtten. En bovenal is de samenstelling berekend en vervolmaakt door wetenschappers die precies weten waar ze mee bezig zijn. Het is cruciaal om te weten dat er niets toevallig is in de supermarkt of buurtwinkel. Alles is gedaan met een doel.

In dit scenario is het misschien niet onredelijk om de levensmiddelenwinkel te zien als een slagveld. En als je dat accepteert, wordt het nog duidelijker waarom de voedingsindustrie zo afhankelijk is van zout, suiker en vet. Ze zijn goedkoop. Ze zijn onderling uitwisselbaar. Het zijn grote, sterke natuurkrachten in onnatuurlijke voeding. En toch kan al deze kennis ons sterker maken. Je kunt door de supermarkt lopen en de ware aard van de producten zien, hoe hypnotise-

WE ZIJN VERSLAAFD AAN GOEDKOOP ETEN

rend de felgekleurde verpakkingen en loze beloften ook zijn. Je kunt ook alles zien wat zich afspeelt achter het beeld dat ze in de schappen projecteren: de formules, de psychologie en de marketing die ons dwingen ze in ons winkelwagentje te gooien. Zij hebben misschien zout, suiker en vet aan hun zijde, maar wij hebben de macht om keuzes te maken. Uiteindelijk bepalen wij wat we kopen en hoeveel we eten.

DANKBETUIGING

De verslaggeving die tot dit boek heeft geleid, is terug te voeren op drie fantastische maaltijden, om te beginnen met het ratjetoe van gloeiend hete meerval dat Ben Cawthon en ik verslonden bij Marilyn's Deli, een wegrestaurant aan de State Route 52 in Zuid-Alabama. Ben is een vriendelijke burgerrechtenstrijder uit Blakely, Georgia, waar een dodelijke salmonella-uitbraak in pinda's voor het eerst mijn aandacht richtte op levensmiddelenfabrikanten. Hij liet me zien dat in de fabrieken die het voedsel voor Amerika maken – bepaald niet de bastions die ik me had voorgesteld – principiële mensen werken. Zij zijn, op risico van ontslag, bereid hun werkgevers verantwoordelijk te stellen. Ik voel me vereerd Ben te kennen en ik wens hem het allerbeste met zijn eindeloze civiele zaken.

De tweede maaltijd was een lunch in een hotel in Washington, waar niet de hamburger me de ogen opende, maar de manier waarop die werd besteld. Mijn gast was Dennis Johnson, een zacht sprekende lobbyist voor de vleesindustrie, die naar verluidt, in een voor de hand liggende oprekking van de werkelijkheid, het Amerikaanse ministerie van Landbouw zou bezitten. Wat hij in elk geval wel heeft, is de visie van de ingewijde op de gezondheidsrisico's van het eten van ongaar rundvlees. 'Ik wil mijn burger doorbakken,' instrueerde Dennis de ober. Dat bracht mij ertoe functionarissen uit de voedingsindustrie te vragen naar hun eigen eetgewoonten als het aankomt op zout, suiker en vet.

En voor de derde maaltijd, bereid aan de oever van Lake Washington, ten noorden van Seattle, was alleen het boodschappen doen met Mansour Samadpour al voldoende om me naar de desinfecterende zeep te doen grijpen. Mansour, een van de slimste wetenschappers die ik ken, voert pathogeentesten en -controles uit voor Amerika's grootste slachthuizen en hij gebruikte plastic zakjes om het verpakte vlees dat we kochten te pakken, om te voorkomen dat er ziektever-

DANKBETUIGING

wekkers op zijn handen kwamen. Hij maakte zich echter niet alleen druk om de bacteriën op het vlees. Hij opperde als eerste dat ik moest kijken naar wat fabrikanten opzettelijk aan hun producten toevoegen, zoals zout, en ik dank hem uit de grond van mijn hart voor zijn advies. Andere vleesexperts aan wie ik dank verschuldigd ben, zijn Carl Custer, Jeffrey Bender, Gerald Zirnstein, Loren Lange, Craig Wilson, Ken Peterson, Kirk Smith, James Marsden, Felicia Nestor, Dave Theno, Charles Tant, Michael Doyle – en Bill Marler, Amerika's meest gedreven procesvoerder uit naam van mensen die ziek zijn gemaakt door eten. Hij heeft enkele zware deuren voor mij geopend. Een van zijn cliënten, Stephanie Smith, is de moedigste mens die ik ken.

De fantastische maaltijden – en het fantastische gezelschap – kwamen daarmee niet ten einde. In Philadelphia toonde wetenschapster Leslie Stein me een Koreaanse hotpotwinkel toen we het Chemical Senses Center van Monell bespraken, waar zij en haar collega's alle tijd voor me hadden. Ik wil vooral Julie Mennella bedanken voor het kijkje in de keuken van het blisspoint bij kinderen, evenals Marcia Pelchat, Danielle Reed, Karen Teff, Michael Tordoff, Paul Breslin, Robert Margolskee en Gary Beauchamp, hun onbevreesde leider, en natuurlijk twee alumni van het centrum die zouden uitgroeien tot sterren in de wereld van de voedseltechnologie, Dwight Riskey en Richard Mattes. Bij andere instituten betoonden Anthony Sclafani en Adam Drewnowski zich zeer behulpzaam en geduldig.

Niets kwam echter in de buurt van de graanproducten die Kellogg voor mij bereidde om me ervan te doordringen hoe afhankelijk het bedrijf is van zout. Ik bedank zijn technologen, net als die van Kraft, Campbell en Cargill, die vergelijkbare zoutvrije juweeltjes voor me maakten die me lieten kokhalzen. Er waren nog veel meer wetenschappers en marketeers uit de industrie die ongelooflijk veel tijd voor me vrijmaakten, maar ik wil toch vooral Al Clausi, Howard Moskowitz, Michele Reisner, Jeffrey Dunn, Bob Drane, Robert Lin, Jim Behnke, Jerry Fingerman, John Ruff, Daryl Brewster, Steven Witherly, Parke Wilde en Edward Martin met name noemen. Niemand was zo bemoedigend als Deb Olson Linday, een geniale marketeer die als een van de eersten manieren bedacht om de consumptie van kaas te stimuleren, maar daar later veel wroeging over zou krijgen. 'Ik wens je veel geluk bij het schrijven van je boek,' schreef ze in een briefje nadat we Thais hadden gegeten ten noorden van Chicago. 'Geef ze ervan langs!'

Ik ontmoette Andy Ward van Random House bij nog meer noedels in Manhattan en ik wist meteen dat hij een redacteur was die schrijvers kon inspireren door muren heen te breken. Maar het voelt ongemakkelijk hem te bedanken. Van het concept tot de verfijning tot het ontwarren van zinnen onder zijn ongelooflijk vaardige handen werd *Zout, suiker, vet* net zo goed zijn boek als dat van mij. Ik hoop het geluk te hebben nog eens met hem het avontuur aan te gaan. Wie ik oprecht kán bedanken bij Random House zijn Susan Kamil, voor haar niet-aflatende steun, en Tom Perry, Gina Centrello, Avideh Bashirrad, Erika Greber, Sally Marvin, Sonya Safro, Amelia Zalcman, Crystal Velasquez en Kaela Myers, stuk voor stuk weergaloze professionals. Ik wil ook graag Anton Ioukhnovets bedanken voor zijn schitterende omslagillustratie en Martin Schneider voor het corrigeren van de proeven.

Scott Moyers, Andrew Wylie en James Pullen van de Wylie Agency boden op de juiste momenten steun en troost, en ik had me geen effectiever team kunnen wensen. Toen Scott terugkeerde naar het uitgeversvak stond Andrew voor me klaar, meteen, en daar ben ik zeer dankbaar voor.

Dit boek was nooit tot stand gekomen zonder de redacteuren en mijn collega's van de *New York Times*, om te beginnen met Christine Kay, die voorstelde – natuurlijk in de kantine van de krant – dat ik een reportage zou maken over pinda's en me, veel later, hielp bij het doordenken van de organisatie van dit boek. Ze vierde haar buitengewone redactionele vaardigheden bot op de eerste, ruwe kopij. Als altijd sta ik in het krijt bij Matt Purdy, de briljante onderzoeksjournalist van de krant, voor zijn vriendschap, bemoediging en zijn toestemming mijn eigen vleugels uit te slaan. Ik ben ook dank verschuldigd aan Jill Abramson, redacteur van de krant, die als eerste opperde om een boek over voeding te schrijven, en aan haar voorganger, Bill Keller, die me waarschuwde dat het langer zou duren dan ik verwachtte, wat natuurlijk inderdaad zo was. Ik voel me vereerd en dankbaar dat ik Gabe Johnson ken, een van de beste videojournalisten in het vak, die tijdens de eerste reportages met me meeging en zijn kennis van en passie voor lekker eten inbracht. Ik wil ook graag mijn heldin als het aankomt

DANKBETUIGING

op schrijven over voeding, Kim Severson, bedanken, net als Barry Meier, wiens werk bij de krant ik enorm bewonder. Hartelijk dank ook aan mijn collega's Tim Golden, Walt Bogdanich, Stephanie Saul, Debbie Sontag, Paul Fishleder, David McGraw, Andrew Martin, Andrea Elliott, Jim Rutenberg, Jim Glanz, Louise Story, Ginger Thompson, Mike McIntyre, Michael Luo, Jo Becker, David Barstow, Nancy Weinstock, Tony Cenicola, Jessica Kourkounis, Joel Lovell, Mark Bittman, Tara Parker-Pope, Jason Stallman, Debbie Leiderman en de fantastische schrijver Charles Duhigg, mijn lichtend voorbeeld op alle gebieden van het publiceren. Buiten de krant wil ik David Rohde en Kristen Mulvihill, evenals Kevin en Ruth McCoy, bedanken voor hun vriendschap en maaltijden, Laurie Fitch voor de Wall Street-connecties met wie ze me in contact bracht, Ellen Pollock voor het vertellen over de macht van Stacy's Pita Chips en chef-kok/auteur Tamar Adler voor het bereiden van een heerlijke maaltijd die me liet zien hoe zout in de keuken goed was voor een gezonde voeding. Ik bedank ook de ontembare Laura Dodd en Cynthia Colonna voor onderzoek en andere assistentie, Kristen Courtney en Julia Mecke voor het orde op zaken stellen op het thuisfront, en mijn buurman Gordon Pradl voor het nauwgezet en bedachtzaam doorlezen van hoofdstukken.

Mijn ouders, Lee Ellen en Clyde, hebben me geleerd alles lekker te vinden, behalve lever en gestoofde okra. Ik mis hen enorm. Dit boek is voor hen, en voor Oma Bruch, Leah Heyn, Herman Heyn, Phyllis Weber, Frank en Thomas, Kenny en Dominique, Penelope en Emile, Myra en Buzzy Hettleman, Sally en John, Charlotte, Clyde en Gabrielle, Melchior, Bob en Sonya, Andrej, Stella en Rob, Felicia en Rafael, en Maël. Mijn vrouw, Eve Heyn, heeft van het begin tot het einde voor me klaargestaan, met het doorworstelen van reportagepuzzels en het redigeren van de kopij, en met haar onvoorwaardelijke liefde. Ik houd zielsveel van haar en bewonder en respecteer haar. Mijn dertienjarige zoon Aren heeft me de hele tijd gesteund, met bemoedigende woorden en enkele goede ideeën. Mijn andere zoon, die pas acht was, liet zich aan tafel niet voor de gek houden toen ik ophield met praten over colibacteriën in een van zijn (voorheen) favoriete etenswaren, hamburgers, en over Oreo-koekjes begon te praten: 'Papa! Je gaat nu niet over suiker schrijven, hoor!' Maar dat heb ik wel gedaan. Sorry, Will.

EEN OPMERKING OVER DE BRONNEN

330 Deze vertelling is gebaseerd op een heleboel bronnen, waaronder honderden interviews met individuen die de werkzaamheden van de voedingsindustrie ter sprake hebben gebracht en bekritiseerd, en meer dan duizend artikelen en onderzoeksrapporten die de wetenschap van het maken van bewerkte levensmiddelen bestuderen, evenals de invloed van de consumptie daarvan op onze gezondheid. Veel van deze primaire bronnen worden aangehaald in de op internet terug te vinden noten, maar er zijn er een paar die een vollediger beschrijving rechtvaardigen, deels om diegenen te assisteren die hun eigen onderzoek naar de voedingsindustrie willen verrichten.

Een van de waardevolste bronnen van hoogst vertrouwelijke rapporten die inzage geven in het interne reilen en zeilen van de voedingsindustrie kwam toevallig aan het licht. Deze schat aan verslagen komt van de juridische strijd tegen tabak. Rechtszaken die in 1994 in vier staten werden gevoerd voor schadeloosstelling van uitgaven voor de gezondheidszorg die verband houden met door tabak veroorzaakte ziekten leidden in 1998 tot een schikking die vereiste dat tabaksfabrikanten de interne rapporten zouden vrijgeven die voor deze zaak waren opgesteld. Deze rapporten worden gearchiveerd in een speciale bibliotheek, de Legacy Tobacco Documents Library (LT), aan de universiteit van Californië in San Francisco en lopen – terwijl ik dit schrijf – op tot 81 miljoen pagina's in 14 miljoen documenten. De relevantie van dit boek zit 'm in de bedrijfsmatige connecties. Hoewel de aandacht uitgaat naar tabak, bevatten de archieven ook rapporten van Philip Morris die verband houden met zijn bezit van de drie grootste levensmiddelenconcerns: Kraft, General Foods en Nabisco. Ik ben de bibliothecarissen dankbaar dat ze me hebben laten zien hoe ik moest zoeken, zodat ik de documenten die over voeding gingen kon uitpluizen. De tot nu toe gearchiveerde rapporten beslaan de periode 1985 tot 2002 – de meest kritieke voor de bestudering van gezondheidskwesties die verband houden met bewerkte voeding – en omvatten memo's, notulen, strategieverslagen, interne speeches en gegevens over de fabricage, het adverteren, het marketen, de verkoop en het wetenschappelijk onderzoek door levensmiddelenbedrijven. Tijdens het onderzoek voor dit boek vond ik slechts één nieuwsbericht waarin gebruik was gemaakt van de rapporten over voeding in dit archief: een verslag van 29 januari 2006 in de *Chicago Tribune* met de kop 'Waar rook is, is mogelijk ook voedselonderzoek', dat verwees naar diverse memo's waarin wetenschappers uit de voedings- en tabaksdivisies van Philip Morris mogelijke samenwerkingen op het gebied van smaak, geur en andere zintuiglijke kwesties bespraken. De bibliotheek verkrijgt momenteel ook documenten die zijn opgesteld in een civiele rechtszaak die het ministerie van Justitie had aangespannen tegen 's lands grootste tabaksbedrijven, waaronder Philip Morris. Daaruit volgde het gerechtelijke besluit dat de bedrijven een wet tegen gangsterpraktijken en corruptie schonden, de Racketeer Influenced and Corrupt Organizations Act, door het publiek te misleiden over de gezondheidsrisico's van roken. De bedrijven zijn hiertegen in hoger beroep gegaan.

Een ander weinig bekend archief met rapporten over de voedingsindustrie wordt bewaard door de Council of Better Business Bureaus. Een van zijn afdelingen, de National Advertising Division (NAD), arbitreert voor bedrijven, waardoor ze disputen buiten de rechtszaal om kunnen schikken. Deze disputen gaan meestal over het in twijfel trekken van de geldigheid van reclame-uitingen, maar betreffen ook zaken die voortkomen uit de eigen onderzoeken van de NAD. Ik ben dank schuldig aan Linda Bean van het Better Business Bureau, die me kopieën van tientallen zaken aangaande onder andere Coca-Cola, Kellogg, Kraft en General Mills stuurde, en die veelal bijzonderheden over de reclamestrategieën en marketinganalyses van de bedrijven bevatten. Het gaat hier om uiterst inzichtelijke informatie die normaal niet openbaar wordt gemaakt, zelfs niet door de Federale Handelscommissie (FTC), de waakhond van de overheid op het gebied van reclame.

De marketingdivisies van levensmiddelenbedrijven onthullen andere vertrouwelijke informatie via weer een ander forum, dat openbaarder is dan ze waarschijnlijk lief is. Elk jaar worden er reclamecampagnes voor voedingswaren en gebruiksartikelen geselecteerd voor erkenning door de Effie Awards, een organisatie die in 1968 is opgericht en oorspronkelijk werd geleid door de American Marketing Association. De winnaars moeten laten zien dat ze erin geslaagd zijn de verkoopcijfers op te drijven. Om die reden maken voedingsbedrijven en hun reclamebureaus casestudy's van de gebruikte marketingcampagnes waarin gegevens staan over de financiële geschiedenis van een product en de gebruikte targetingstrategieën om de verkoop te verhogen. Ik kon hier de hand op leggen en tientallen van deze casestudy's beoordelen, die door de prijzenorganisatie op internet waren gezet.

De voedingswetenschappers die de duizenden nieuwe producten bedenken die jaarlijks worden gecreëerd, hebben meerdere platforms waarop ze de bijzonderheden van hun werk met elkaar bespreken, waaronder het Institute of Food Technologists, het IFT. Het in 1939 opgerichte IFT houdt jaarlijks een bijeenkomst en voedselexpositie, en ik ben de organisatie dankbaar dat ik de bijeenkomst van 2010 in Chicago mocht bijwonen. Er kwamen meer dan 21.000 werknemers uit de voedingsindustrie op dit vijfdaagse evenement af, met negenhonderd exposanten en enkele honderden workshops. De onderwerpen varieerden van het aanpassen van voedselsamenstellingen om de emotionele behoeften van de consument aan te spreken tot het onder de duim houden van ziekteverwekkers in voeding, tot het ontwerpen van milieuvriendelijke verpakkingen. Belangrijk is dat het IFT een compilatie maakt van wetenschappelijke artikelen, in samengevatte vorm, die verband houden met het ontwerp van levensmiddelen. Ik bedank de organisatie voor een exemplaar van hun *Book of Abstracts* van 2010. De 1400 ingangen hebben me talloze contacten in de voedingsindustrie en aanwijzingen voor de nieuwste wetenschappelijke ondernemingen in de productie van bewerkte levensmiddelen opgeleverd. Een andere wetenschappelijke groep, de Association for Chemoreception Sciences, komt jaarlijks met zijn eigen verzameling van honderden samenvattingen, die ik enorm nuttig vond.

Aan consumentenzijde staat het Center for Science in the Public Interest, in Washington, al sinds zijn oprichting in 1971 vooraan als het gaat om het aan de tand voelen van de voedingsindustrie. Ik ben Michael Jacobson, directeur van de organisatie, en de senior voedingsfunctionarissen Bonnie Liebman en Margo Wootan dankbaar dat ze hun archieven voor me hebben geopend. De organisatie heeft ook een diep archief met rapporten en onderzoeksverslagen, dat ze via haar website beschikbaar maakt voor het publiek.

De dekmantel waarachter de voedingsindustrie veel van haar zaken doet, loopt door tot de voedingsprofielen van haar producten. Zelfs vandaag de dag worden de ingrediënten die voedingsfabrikanten in hun producten gebruiken maar beperkt openbaar gemaakt. Fabrikanten zijn verplicht de ingrediënten in volgorde van relatieve hoeveelheid te vermelden op de verpakkingen, waarbij de ingrediënten waarvan het meest gebruikt wordt bovenaan staan. De feitelijke hoeveelheden hoeven ze níét te geven. Opmerkelijker is dat de samenstelling van een product continu verandert. Voor voedingsinformatie zoals calorieën en de totale hoeveelheden suiker, vet en natrium moest ik, waar mogelijk, vertrouwen op de eigen websites van de bedrijven. Ik vertrouwde ook op de online service Calorie Count, eigendom van de *New York Times*. Deze zet voedingsinformatie over producten op internet, evenals een waardering, van A tot F, gebaseerd op de voedingsscores.

Ten slotte. De hele onderneming van het fabriceren en op de markt brengen van levensmiddelen gaat op het meest basale niveau over verkoopcijfers. Bedrijven hebben er doorgaans een hekel aan om gedetailleerde informatie te geven over specifieke producten en merken. In veel gevallen lukte het me om de verkoopcijfers te krijgen via SymphonyIRI, een marktonderzoeksbureau in Chicago, en ik ben erkentelijk voor hun hulp.

Michael Moss, Brooklyn, New York

NOTEN

334 Het notenapparaat is in pdf-vorm online beschikbaar gesteld en eenvoudig digitaal te raadplegen. Zie www.uitgeverijcarrera.nl/zout-suiker-vet/.

SELECTIEVE BIBLIOGRAFIE

Baron, David P. 'Obesity and McLawsuits.' Stanford, Californië: Stanford Graduate School of Business, 2005.

Beghin, John C., en Helen H. Jensen. 'Farm Policies and Added Sugars in U.S. Diets.' Ames: Center for Agricultural and Rural Development, Iowa State University, 2008.

Beller, Anne Scott. *Fat and Thin: A Natural History of Obesity*. New York: Farrar, Straus, and Giroux, 1977.

Bender, Marilyn. *At The Top*. New York: Doubleday, 1975.

Brownell, Kelly D., en Katherine Battle Horgen. *Food Fight: The Inside Story of the Food Industry, America's Obesity Crisis, and What We Can Do about It*. New York: McGraw-Hill, 2004.

Bruce, Scott, en Bill Crawford. *Cerealizing America: The Unsweetened Story of American Breakfast Cereal*. Winchester, Massachusetts: Faber and Faber, 1995.

Bucher, Anne, en Melanie Villines. *The Greatest Thing Since Sliced Cheese*. Northfield, Illinois: Kraft Foods, 2005.

Congressional Research Service. 'Background on Sugar Policy Issues.' Washington, DC: Congressional Research Service, 2007.

Corts, Kenneth S. *The Ready- to-Eat Breakfast Cereal Industry in 1994*. Boston: Harvard Business School Publishing, 1995.

Critser, Greg. *Fat Land: How Americans Became the Fattest People in the World*. New York: Houghton Mifflin, 2003.

Dietary Guidelines Advisory Committee. 'Report of the Dietary Guidelines Advisory Committee on the Dietary Guidelines for Americans, 2005.' Washington, DC: U.S. Departments of Agriculture and Health and Human Services, 2005.

Idem. 'Report of the Dietary Guidelines Advisory Committee on the Dietary Guidelines for Americans, 2010.' Washington, DC: U.S. Departments of Agriculture and Health and Human Services, 2010.

Dolan, Robert J. 'Mike Winsor: A Career in Marketing.' Boston: Harvard Business School Publishing, 1998.

Enrico, Roger, en Jesse Kornbluth. *Wie het laatst lacht. Hoe Pepsi de cola-oorlig won*. Centerboek, 1987.

Ensminger, Audrey H., et al., red. *Foods and Nutrition Encyclopedia*. Clovis, Californië: Pegus Press, 1983.

Federal Trade Commission. 'Marketing Food to Children and Adolescents: A Review of Industry Expenditures, Activities, and Self- Regulation.' Washington, DC: Federal Trade Commission, 2008.

Gerson, Ben. 'Taking the Cake.' Boston: Harvard Business Review, 2004.

Gilmartin, Raymond, Marco Iansiti, en Bianca Buccitelli. 'General Mills.' Boston: Harvard Business School Publishing, 2008.

Hays, Constance L. *The Real Thing: Truth and Power at the Coca- Cola Company*. New York: Random House, 2004.

Hess, Edward. 'The Coca- Cola Company.' Charlottesville: University of Virginia Darden School Foundation, 2007.

Hightower, Jim. *Eat Your Heart Out: How Food Profiteers Victimize the Consumer*. New York: Crown, 1975.

Hine, Thomas. *The Total Package: The Secret History and Hidden Meanings of Boxes, Bottles, Cans, and Other Persuasive Containers*. New York: Little Brown, 1995.

Horowitz, Roger. *Putting Meat on the American Table: Taste, Technology, Transformation*. Baltimore, Maryland: Johns Hopkins University Press, 2006.

Imhoff, Daniel, red. *The CAFO Reader: The Tragedy of Industrial Animal Factories*. London: University of California Press, 2010.

Institute of Medicine. 'Alliances for Obesity Prevention: Finding Common Ground – Workshop Summary.' Washington, DC: Institute of Medicine, 2012.

Idem. 'Examination of Front-of-Package Nutrition Rating Systems and Symbols.' Washington, DC: Institute of Medicine, 2010.

Idem. 'Legal Strategies in Childhood Obesity Prevention.' Washington, DC: Institute of Medicine, 2011.

Idem. 'Nutrition Standards for Foods in Schools: Leading the Way toward Healthier Youth.' Washington, DC: Institute of Medicine, 2007.

Idem. 'Preventing Childhood Obesity: Health in the Balance.' Washington, DC: Institute of Medicine, 2004.

Idem. 'Progress in Preventing Childhood Obesity: How Do We Measure Up?' Washington, DC: Institute of Medicine, 2006.

Idem. 'Strategies to Reduce Sodium Intake in the United States.' Washington, DC: Institute of Medicine, 2010.

Idem. 'Weight Management: State of the Science and Opportunities for Military Programs.' Washington, DC: Institute of Medicine, 2003.

Jacobson, Michael F. *Eater's Digest: The Consumer's Factbook of Food Additives*. Garden City, New York: Doubleday, 1972.

Kessler, David. *The End of Overeating: Taking Control of the Insatiable American Appetite*. New York: Rodale, 2009.

SELECTIEVE BIBLIOGRAFIE

Idem. *Laat je niet volvreten. Hoe de voedingsindustrie schade toebrengt aan onze gezondheid*. Amsterdam: Uitgeverij Atlas Contact, 2011.

Idem. *A Question of Intent: A Great American Battle with a Deadly Industry*. New York: Public Affairs, 2001.

Kluger, Richard. *Ashes to Ashes: America's Hundred-Year Cigarette War, the Public Health, and the Unabashed Triumph of Philip Morris*. New York: Alfred A. Knopf, 1996.

Kotchen, Dan, en Robert Drane. 'Oscar Mayer: Strategic Marketing Planning.' Boston: Harvard Business School Publishing, 1998.

Kurlansky, Mark. *Zout. Een wereldgeschiedenis*. Amsterdam: Ambo Anthos, 2002.

Levenstein, Harvey. *Paradox of Plenty: A Social History of Eating in Modern America*. Londen: Oxford University Press, 1993.

Marks, Susan. *Finding Betty Crocker: The Secret Life of America's First Lady of Food*. Minneapolis: University of Minnesota Press, 2007.

Mintz, Sidney W. *Sweetness and Power: The Place of Sugar in Modern History*. New York: Viking Penguin, 1985.

Montmayeur, Jean-Pierre, en Johannes Le Coutre, red. *Fat Detection: Taste, Texture, and Post Ingestive Effects*. Boca Raton, FL: CRC Press, 2010.

Moskowitz, Howard, en Alex Gofman. *Selling Blue Elephants: How to Make Great Products That People Want Before They Even Know They Want Them*. Upper Saddle River, New Jersey: Wharton School Publishing, 2007.

Muth, Mary K., et al. 'Consumer-Level Food Loss Estimates and Their Use in the ERS Loss-Adjusted Food Availability Data.' Washington, DC: U.S. Department of Agriculture, 2011.

Nestle, Marion. *Food Politics: How the Food Industry Influences Nutrition and Health*. Berkeley: University of California Press, 2007.

Nestle, Marion, en Malden Nesheim. *Why Calories Count: From Science to Politics*. Londen: University of California Press, 2012.

Netzer, Corinne T. *Encyclopedia of Food Values*. New York: Random House, 1992.

Packard, Vance. *De verborgen verleiders*. Amsterdam: Uitgeverij H.J. Paris, 1958.

Pollan, Michael. *Een pleidooi voor echt eten. Manifest van een eter*. Amsterdam: Arbeiderspers, 2010.

Idem. *Echt eten. Een handleiding*. Amsterdam: Arbeiderspers, 2010.

Idem. *The Omnivore's Dilemma: A Natural History of Four Meals*. New York: Penguin, 2006.

Roberts, Paul. *The End of Food*. New York: Houghton Mifflin Harcourt, 2008.

Sayle, Bart, en Surinder Kumar. *Riding the Blue Train: A Leadership Plan for Explosive Growth*. Londen: Penguin, 2006.

Schlosser, Eric. *Fast Food Nation*. New York: Houghton Mifflin, 2001.

Severson, Kim. *Spoon Fed: How Eight Cooks Saved My Life*. New York: Penguin, 2010.

Sorensen, Herb. *Inside the Mind of the Shopper: The Science of Retailing*. Upper Saddle River, New Jersey: Wharton School Publishing, 2009.

Stuart, Toby. 'Kraft General Foods: The Merger.' Boston: Harvard Business School Publishing, 1991.

Taubes, Gary. *Good Calories, Bad Calories: Fats, Carbs, and the Controversial Science of Diet and Health*. New York: Anchor Books, 2007.

Idem. *Why We Get Fat: And What to Do about It*. New York: Alfred A. Knopf, 2011.

Wansink, Brian. *Mindless Eating: Why We Eat More Than We Think*. New York: Bantam Dell, 2006.

Watkins, Michael, Carin-Isabel Knoop, en Cate Reavis. 'The Coca-Cola Company: The Rise and Fall of M. Douglas Ivester.' Boston: Harvard Business School Publishing, 2000.

White House Task Force on Childhood Obesity. *Solving the Problem of Childhood Obesity within a Generation*. Washington, DC: Executive Office of the President, 2010.

Witherly, Steven A. *Why Humans Like Junk Food*. Lincoln, New England: iUniverse, 2007.

Yoffie, David B. 'Cola Wars Continue: Coke and Pepsi in 2006.' Boston: Harvard Business School Publishing, 2007.

Zyman, Sergio. *The End of Marketing as We Know It*. New York: HarperCollins, 1999.

REGISTER

aanbevolen hoeveelheid suiker 50
aanblik van voedsel 156
aangeleerd gedrag 37
aankoop, gepland of ongepland 124
additieven 44, 72
afhankelijkheid van zout, suiker, vet 25
Alberger-procedé 269
Alpha-Bits 76
American Home Economics Association 81
American Tobacco 232
ammoniak 221
amylase (enzym) 42
antiobesitasteam 240
Apenproject 288
Aristoteles 151, 153
Associates for Research into the Science of Enjoyment 38

baarmoederhalskanker 14
baby's
 en suiker 45
 eetgewoonten 263
babyboomers 295, 301
bacteriën in voedsel 21
bagel 98
Balintfy, Joseph 60
Barlív 271
basiszintuigen 151
Battle Creek Sanatorium 86
Beauchamp, Gary 38, 264, 267
Beckley, Jacquelyn 62

bedrijven
 zout verminderen 279
Beef Products Inc. 221
Behnke, James 9, 11, 319
belang van suiker 50
beloningsgebied in de hersenen 154, 261
benzaldehyde 63
Betty's Kitchen 82
bewerkt vlees
 en kanker 223
bewerkte voedingsmiddelen 10, 32, 44, 49, 63, 69, 137, 256, 270, 289, 307, 316, 321
Bible, Geoffrey 132, 144, 175, 195, 199, 237, 318
bitter 31, 151
blisspoint 22, 60
 berekenen 39
 van suiker 38, 295
 van vet 162
 vinden 54
 voor suikerhoudende voedingsmiddelen 117
Block, John 173
bloedsuiker 306
Bloomberg, Michael 278, 317
BMI 14
body mass index 14
Boggs, Tommy 94
bolognaworst 183, 188
borstkanker 14
branding 100

Brazilië 127
Breslin, Paul 257, 262
Brewster, Daryl 19, 246
Brody, Jane 97
Broockmann, Ulfert 174
Brookhaven National Laboratory 154
Brown, Amelia 322
Brownell, Kelly 15
Burnett, Leo 99, 144, 195
buurtwinkel 125, 146, 322

Cadbury 20, 248
Cadbury Schweppes 56
Cady, John 19
cafeïne 88, 116
Cain, Lisa 200
calcium 213, 292
calciumacetaat 71
caloriearme zoetstoffen 57
calorie-inname 244
Campbell 25, 279
Cantarell, Louis 315, 319
Capri Sun 142, 243
Carey, Al 301
Cargill 10, 22, 23, 156, 256, 268
Carma 225
Carter, Jimmy 93, 293
Cattlemen's Beef Board 224
Center for
    Disease Control and Prevention 14
    Food Safety and Applied Nutrition 293
    Nutrition Policy and Promotion 210
    Science in the Public Interest 44, 97, 289
CEO-bijeenkomst 9
Charmitrol 46
cheddar 168
Cheetos 284, 298

Cheez-Its 25
Cheez Wiz 165
chemische additieven 72
Cherry Vanilla Dr. Pepper 56, 65
China 49
chips 11, 36, 156, 239
    100-calorieënzakjes 304
    aantrekkingskracht 306
    angsten en weerstanden 303
    cholesterol 288
    oorzaak gewichtstoename 306
    verpakking 287
    vetarme – 299
    zout toedienen 291
Choco Bakery 248
chocoladekoekjes 19
chocoladeroomkaas 249
chocoladeverslaving 262
cholesterol 211
Chroesjtsjov, Nikita 82
Cinnamon Crunch 42
Cinnamon Streusel 102
Circulation (tijdschrift) 49
Clausi, Al 44, 68, 85
Clear Valley 271
Clinton, Bill 302
Clinton, Hillary 52
Coca-Cola 26, 52, 59, 63, 107
    aantrekkingskracht 118
    concurrentie andere frisdrank 121
    Dasani 128
    demografische kennis 124
    doelgroepmarketing 120
    en McDonald's 114
    frisdrankautomaat 107
    grotere verpakkingen 110
    hoeveelheid suiker 110
    in Brazilië 127
    in Mexico 119
    maïssiroop 118

REGISTER

marketing 119, 121
marketingtactiek 109
problemen 109
recept 116
reclame voor kinderen 122
reclamebeleid 123
sociale verantwoordelijkheid 122
succes 110
verhoogde afzet 120
verleidingskracht 117
versus PepsiCo 107, 115, 119, 298
zware gebruikers 111, 121
Coca-Cola Retailing Research Council 123
cocaïne 154
Coffey, Tom 188
cohortonderzoek 296
cola-oorlog 115
Columbus, Christoffel 32
concurrentie 26
conjoint analysis 55
consumenten
gezondheidsbewuste – 25
ongerustheid 44
consumentengedrag 17
consumentenvoorlichting 84
convenience food 69
convenience store 125
Corn-Fetti 75
cornflakes 87
Cosby, Bill 119
Crocker, Betty 82
C-store 125
Cullman, Joseph 131

Dammann, Kristen 273
Darling, Don 156
darmkanker 14, 223
Dasani 128
Deen, Paula 179

Deromedi, Roger 227
designerzout 301
dextrose 137
diabetes 14, 20, 91
  bij kinderen 204, 211
  type 2 204, 211
Dichter, Ernest 302
Dickson, Betty 80
diepvriesmaaltijd 11
dierenvoeding 312
dierproeven 33, 46
diksap 142
donut 32
Doritos 59, 284, 300
Dowdie, George 280
Dr. Pepper 52, 263
  nieuwe smaak 65
  onderzoek 64
Dr. Pepper Cherry 63
Dr. Pepper Flavoring 64
Dr. Pepper Snapple Group 56
Drane, Bob 184
Drane, Monica 205
Drewnowski, Adam 140, 161, 249
driehoekszenuw 159
drugs 260
Dunn, Jeffrey 26, 107, 111, 127, 300, 318
Dunn, Walter 112
dyspepsie 86

E. coli 21, 221
Eckert, Bob 12, 198
eetgedrag 26
eetpatroon veranderen 44
eetverslaving 320
eiwit 213
Ellen, Martin 317
emulsielab 312

endocannabinoïden 35
energiedrankje 32
Enrico, Roger 116, 297
Enviga 313
Erkner, Alfrun 313
eten vergeleken met drugsgebruik 260
etikettering 240

fastfood 186
   verkoop bevorderen 219
Fat (documentaire) 14
Federale Handelscommissie 90, 92, 103
filtersigaretten 196
Fingos 98
Finland
   hart- en vaatziekten 283
   terugdringen zoutgebruik 283
   zoutgebruik 283
Firestone, Marc 243
Fit & Trim 312
Flavor Benefits Committee 45
focusgroepen 206
fonds voor onderzoek en publieksvoorlichting 19
Food and Drug Administration 43, 90
Food Standards Agency 273
Frank, Barney 206
Frankrijk 49
Frenette, Charlie 113
frisdrank 11, 22, 26, 98
   als oorzaak van obesitas 318
   consumptie in VS 120
   Dr. Pepper 52
   en eetlust 46
   en gezondheidsproblemen 121, 127
   en kinderen 47
   en obesitas 47, 110, 127
   en suiker 127, 143
   kleur 66
   light 47
   met fruit 136
   met toegevoegde vitamine C 136
   omzet 123
   onderzoek naar – 46
   poedervormig 135
   slechte verkoop 317
   verslaving 121
frisdrankautomaat 107
frisdrankconsumptie 32
Frito-Lay 23, 36, 125, 284, 290
   Apenproject 284
Froot Loops 33
Frosted Flakes 92, 100
Frosted Minis 102
Frosted Mini-Wheats 101
fructose 23
   eigenschappen 138
   kristallijne – 138
   nadelen 141
   samenstelling 138
fructoserijke maïssiroop
   zie maïssiroop
fruit
   in frisdrank 136
fruitvliegjes 257
fysische herschikkingen van zout, suiker en vet 23

galblaasziekte 14
geïnverteerde siroop 137
gemak, belang van – 79
gemaksvoeding 69, 83, 219
   ontbijt 89
General Foods 25, 45, 60, 68, 144
   geschiedenis 75
   huishoudkundigen 82
   Kool-Aid 134
   marketing 135
   vruchtensapconcentraat 142

REGISTER

General Mills 10, 12, 17, 45, 75, 108
   marketing 97
   ontbijtgranen 89
generatie Y 300
genot uit voedsel 39
geraffineerd zetmeel 41
geraffineerde suiker 320
gevolgen van obesitas 14
gezond eten 210, 322
gezonde voeding 210
gezondheidsproblemen 21
gezondheidszorg 236
Givaudan 116
glucose 138, 306
glutamaat 152
goedkoop eten 319
Goizueta, Roberto 119
Grape-Nuts 101
Green, Hilary 315
Greene, Lawrence 36
Grocery Manufacturer's Association 214
groentesoep 281
Grote Cola-oorlog 115
Grote Drie 89, 97
   monopolie 90

Halladay, Paul 143
hamburger 21, 152
   ammoniak als toevoeging 220
   ontvet rundvlees 220
hamburgerindustrie 152
Hampel, Alvin 305
Happy Meal 203
hart- en vaatziekten 14, 43, 44, 141, 211, 273
Hayes, John 117
Heinrich, Emmanuel 312
heroïne 261
hersenen

beloningsgebied 154, 261
   prikkelen tot eten 45
hersenonderzoek 24, 154, 160
hersenscan 24, 261
hersenvoedsel 102
Hershey 19, 247
hoge bloeddruk 14, 253, 273
Holden, Betsy 244, 227
Holton, Len 305
homeostase 260
hondenvoer 78, 312
honger 262
honing 137
hoofdsmaken 31
hotdogs 188
Hubbard, William 293
huisdiervoeding 78
huishoudkunde 80
hyperactiviteit bij kinderen 44
hypertensie
   zie hoge bloeddruk

icetea 32
ijs 24, 156
   caloriearm – 258
impulsaankoop 124
incentive 98
India 245
indigestie 86
ingekapselde olie 312
instantpudding 70
insuline 261
International Life Sciences Institute 12
I-San Lin, Robert 23, 284, 290, 319
isoflavonen 312
Ivester, Douglas 108, 119

Jackson, Michael 115, 298
Jacobson, Michael 44, 289

Jell-O-pudding 70
Jenny Craig-afvalprogramma 49
jicht 20

kaas 152, 167, 210, 212
    als additief 168, 176
    als ingrediënt 168, 176
    bewerkte – 169
    consumptie 168
    consumptie verminderen 212
    in voedsel 24
    minder zout 278
    verzadigd vet 173
    vetarme – 173
kaasproducten 167
kaassaus 160
kaliumchloride 275
kanker 21
    baarmoederhalskanker 14
    borstkanker 14
    darmkanker 14, 23
    en bewerkt vlees 223
    en voedingsmiddelen 222
    leefstijl 225
    longkanker 232
kant-en-klaarmaaltijd 11, 23, 58
karamelkleur 50
Kare, Morley 45
Karppanen, Heikki 283
Kellogg 12, 21, 25, 33, 45, 75, 85, 92, 108
    cornflakes 87
    hersenvoedsel 102
    juridisch proces 104
    marketing 99
    misleidende reclame 103
    Mom's Homeroom 105
    natrium beperken 266
    problemen 97
    zout verminderen 277
Kellogg, John Harvey 75, 86

Kennedy, Jeannette 58
Kennedy, Ted 44
Kepplinger, John 277
kersensmaak 63
kersen-vanillesmaak 66
ketchup 25, 39
kidvid 96
kinderen
    en diabetes 204, 211
    en frisdrank 47
    en smaak 36
    en verzadigd vet 211
    gezonder eten 322
    invloed van media 226
    reclame 228, 240
    voorkeur voor eten 201
kleurstoffen 44
koffie 88
    manier van branden 61
koffievervanger 88
kookcursussen 82
kookwedstrijden 82
Kool Bursts 135
Kool-Aid 134
    minder suiker 139
koolzaadolie 173
kosten van levensmiddelen 12
Kraft 12, 19, 21, 25, 144, 165
    actie tegen obesitas 230
    antiobesitasteam 240
    adviesgroep 226, 240
    beperking zout, suiker en vet 243
    Choco Bakery 248
    eerlijke etikettering 241
    effectieve groeicyclus 248
    geschiedenis 168
    in Brazilië 127
    marketing in India 245
    misleidende reclame 143
    Nabisco 346

REGISTER

Oreo 20, 245, 278, 245
roomkaas 175, 178
zelfstandig bedrijf 245
Kraft Foods 133
Kraft, James Lewis 168
Krinkles 75
Kroger 97
kunstmatige smaakstoffen 137

laboratorium 137
Lay's 284
Le Coutre, Johannes 160
leefstijl en kanker 225
Lennon, John 52
levensmiddelen
    marketing 133
levensmiddelenfabrikanten 26
levensmiddelenonderzoek 21
levensmiddelentechnologen 99
lichaamsbeweging 17
lijnextensie 52, 102, 234, 298
limiet voor suiker 49
Lincoln, Abraham 209
Little Bites Chocolate 102
longkanker 232
lopende band 183
Lowe, Michael 320
Lucky Strike 232
lunch 189
Lunchables 23, 184
    geschiedenis 190
    marketingstrategie 203
    meer zout, suiker en vet 198
    met pizza 202
    nieuwe varianten 203
    onderzoek 193
    productiekosten verlagen 197
    reclame voor kinderen 203
    verpakking 203, 206
    vetarm 200
    voedingswaarde 200
    voor kinderen 200
lunchpakket 190
Lund, Nancy 146

maagaandeel 10
maagpijn 86
maagverkleining 314
maaltijden overslaan 296
Macaroni & Cheese 176
MacGregor, Graham 277
Madison Dearborn Partners 129
magere melk 24
Magnum 156
Maillard-reactie 50
maïsolie 151
maïssiroop 32, 47, 137, 138, 141
Margolskee, Robert 35
marihuana 35
marketing 17, 77
Marlboro 131, 196
Mattsen, Jody 275
Maxwell, Hamish 131, 144, 185, 194, 233
Mayer, Jean 91
McBride, Robert 38
McCormick 62
McDonald's 203
McGlone, Francis 155
Meal, Ready to Eat 58
Meiselman, Herb 58
melk 158, 170
    overproductie 217
    overschot 171
    subsidie 171, 216
melkveehouderij 171
melkvet 170
Mennella, Julie 37, 39, 47
Mexico 49
    crisis 119
microvilli 41

Miles, Michael 144
Miller Brewing Company 131
Miller, James 95
Miller, Sanford 293
ministerie van Landbouw (vs) 15, 22, 209
  en de voedselindustrie 209
misleidende reclame 93, 103, 143
Mom's Homeroom 105
Mondale, Walter 44
mondgevoel 66, 159, 210, 312
Monell Chemical Senses Center 34, 254
Moore, Mike 236
Morrison, Denise 282
Mortimer, Charles 69, 73, 77, 79, 83
Moskowitz, Howard 53, 117, 162, 263, 319
mout 137
Mudd, Michael 12, 240, 245
Mukherjee, Ann 300

Nabisco 12, 19, 25
Nader, Ralph 44, 94
namaakcola 118
National
  Brands 71
  Cattlemen's Beef Association 219
  Food Processors Association 19
  Institute on Drug Abuse 320
natrium 253
  aanbevolen maximumhoeveelheid 266, 273
natriumarm dieet 267
natriumcitraat 266
natriumfosfaat 266
natriumpyrofosfaat 266
Nespresso 313
Nestle, Marion 317
Nestlé 12, 23, 49, 298, 311

hersenonderzoek 160
in Brazilië 127
medische voeding 314
onderzoek naar vet 159
onderzoekscentrum 311
Newman, Fred 233
nicotine 197, 237
Nixon, Richard 82
Novartis 314
nucleus accumbens 154

Obama, Michelle 243
obesitas 127
  en frisdrank 47
  gevolgen 14
  in Zwitserland 315
  inkomensongelijkheid 319
  onder kinderen 13, 20, 49
  onderzoek naar – 91, 161
  tegengaan 57
  toename 227, 235
  zie ook overgewicht
obesitasepidemie 9, 49, 112
obesitasprobleem oplossen 17
olieachtig 151
olijfolie 151, 173
omega-3-vetzuren 214
onderzoek
  naar eetgewoonten 305
  naar trek 59, 63
  naar zoutgebruik 254
  onder kinderen 39
  onder ratten 33, 46
ontbijt 86
  gemaksvoeding 89
  overslaan 105, 296
ontbijtgranen 19, 32, 39, 74, 88
  als dessert 100
  als hersenvoedsel 102
  als snack 100

REGISTER

gezondere – 101
imago 100
naam wijzigen 89, 97
Post 88
productie 76
reclame voor – 93
suiker in – 90
ontvetten van rundvlees 220
onverzadigd vet 173, 211
opgewarmde smaak 265
Optifast 315
optimalisatie 65
van voedingsmiddelen 55
Orange Number 1 (kleurstof) 72
Oreo 20, 245, 278
100-calorieënverpakking 247
expansie 248
orthofosfaat 71
Oscar Mayer 23, 183
geschiedenis 187
reclame-inspanningen 187
ossenworst 187
osteoartritis 14
overgewicht
bij honden 313
en frisdrank 110, 127
gevolgen 235
onder volwassenen 13
oplossing 208
zie ook obesitas

Pareto, Vilfredo 121
pastasaus 62
pepperoni 23
Pepsi 52, 287
PepsiCo 26, 107, 297
en Michael Jackson 115
marketing 298
versus Coca-Cola 107, 115, 119, 298
Peptamen 315

Perkins, Edwin 134
permissie 101, 301
persoonlijke voeding 315
Pertschuk, Michael 93
Philadelphia Cream Cheese 175, 178
Philadelphia Indulgence 249
Philip Morris 25, 61, 131, 231
doelgroepen benaderen 146
en buurtwinkels 146
frisdrank 145
levensmiddelen 194
onderzoekscentrum 137
overname levensmiddelenbedrijven 132, 144, 194
proces tegen – 236
Product Development Symposium 194
sigaretten 194
synergie 144
verkoop Kraft 245
werkwijze in supermarkten 146
Pillsbury 9, 21
pitachips 301
pizza 98, 147, 177, 201, 212
Plato 151
Poole, Jay 235
Post, C.W. 88
Post, Robert 213
Postum 75, 88
profit improvement programs 12
psychologisch onderzoek 34
pudding koken 70
Purina 312
Putman, Todd 121
pyrofosfaat 71

raapzaadolie 151
ratten en suiker 33
receptor 152
reclame 17

voor zoetigheid 95
gericht op kinderen 93, 228, 240
misleidende – 93, 103, 143
waarheidsgehalte 103
Red Fusion 53
Reed, Danielle 41
regelgeving 318
Reisner, Michele 63
Reynolds, R.J. 25
Rice Krispies 100
   Treat Cereal 100
Richards, Ellen Henrietta Swallow 81
Rimm, Eric 306
Riskey, Dwight 295
roken 232
   ziekten door – 236
Rolls, Edmund 154
roomkaas 175, 178
   als ingrediënt 178
Rosenfeld, Irene 248
roze slijm 220
Ruff, John 238, 242, 319
ruiken 156
rundveehouderij 171
rundvlees 187
   als ingrediënt 218
   ontvetten 220

S'mores 247
sacharine 46, 48
Safeway 97
saffloerolie 173
Sagalowicz, Laurent 312
Saleeb, Fouad 139
salmonella 21
samentrekkend 151
Sanger, Stephen 17, 97
Sanitas Nut Food Company 87
Sanitas Toasted Corn Flakes 87
schaal- en schelpdieren 214

scherp 151
schoollunch 302
Sclafani, Anthony 33, 47
sensorisch-specifieke verzadiging 59, 117
Shannon, Ira 90
sigaretten 15, 133, 194, 231
   nicotinearme – 197
slachthuis 22
slagroom 159
   onderzoek 159
slow food 21
smaak 151
smaakonderzoek 55
smaakpapillen 41, 152
smaakstoffen 44, 137
smaaksysteem 37
smaaktest 60, 65
Smith, Stephanie 22
Snack Girl (website) 200
snacks 62, 98
   ideale – 288
   wortel 130
snackbar entertainment 301
snackconsumptie 296
sociale media 24, 227
Socrates 151
soep 25
sojaolie 151
soldaat, voedsel 58
somatosensoriek 118
Southworth, Dean 165
Spear, Kathleen 230, 240
Special K 100
speeksel 41
Spence, Charles 156
sportdrankje 32
Squeezit 135
Stein, Leslie 264
stevia 48

REGISTER

steviaplant 271
Stitzer, Todd 67
strooizout 268
stroop 137
sucrose 138
Sugar Crisps 75, 89
suiker 11, 31
    aanbevolen hoeveelheid 50
    als pijnstiller 42
    als probleem 43
    als standaardingrediënt 32
    belang 50
    en energie 42
    en hart- en vaatziekten 48
    en hyperactiviteit 44
    en kinderen 36, 42
    en verslaving 140
    energetische waarde 158
    geschiedenis 32
    gevaar 91
    gevaar voor kinderen 93
    in cola 116
    in frisdrank 127, 143
    in melk 170
    in ontbijtgranen 74, 90
    invloed op hersenen 154
    nadelen 140
    onderzoek 59
    onderzoek naar verslaving 154
    onweerstaanbaarheid 33
    rol van – 25, 31
    tegen bacteriën 79
    veranderen 23
    verband met ziekten 140
    verbeteren 137
    vergeleken met vet 153
    voorkeur voor – 36
    wisselwerking met vet 163
suikerbiet 32
suikerconsumptie 32

suikerriet 32
suikersensoren 35
suikerziekte
    zie diabetes
Super Golden Crisp 97
supermarkt
    indeling 124, 322
supermarktruimte 53
Symms, Steve 216
synergie 144, 195
synthetische toevoegingen 71
Szczesniak, Alina 158, 162

T1R3 35, 41
taart bakken 81
taartmix 81
tabak 15, 133
    zie ook sigaretten
    zie ook roken
tabaksindustrie 24, 128, 131, 294
tabaksoorlog 237
tafelsuiker 137
tandbederf 43, 90, 92
Tang 136
Tate & Lyle 10
Teff, Karen 48
Thomas, Mark 218
Tindall, John 196
Toblerone 246
tomatensoep 281
Tordoff, Michael 46
tortillachips 301
transvetten 13, 246
transvetzuren 14
trek
    in voedsel 35
    onderzoek 59, 63
    oproepen 16
Truvia 271

umami 152, 280
Unilever 24, 155
   hersenonderzoek 155

Vanilla Crème 102
vanillepudding 40
vasten 263
veranderende eetgewoonten 296
verdikkingsmiddel 71
verdwijnende calorische dichtheid 299
Verenigde Staten 49
   frisdrankconsumptie 120
vergrijzing 295
verminderen
   van suiker 19
   van zout 19
verpakking 44, 241
verslaving 121, 140, 261
verzadigd vet 167, 173, 210
   aanbevolen maximumhoeveelheid 212
   en kinderen 211
   producten 212
verzadiging 59, 117
vet 11, 151
   blisspoint 162
   effect op hersenen 249
   en longkanker 232
   energetische waarde 158
   functie 152
   imago 157
   in melk 170
   onderzoek naar verslaving 154
   onderzoek naar zichtbaar – 180
   reputatie 158
   rol van – 25
   textuur 159
   veranderen 23
   vergeleken met suiker 153
   verzadigingspunt 250
   wisselwerking met suiker 163
vetarm 158
vetarm vlees 198
vet-taks 318
vezels 313
Vilsack, Tom 222
Virginia Slims 232
vis 214
visi-coolers 249
Viskaal-van Dongen, Mirre 181
vissticks 84
vitamine C, toegevoegd 136
vitaminewater 32
vlees 116, 210, 212
   afname consumptie 187
   bacteriën in – 22
   bewerken 220
   consumptie verminderen 212
   mager – 214, 219
   promotie 216
   voedingsstoffen 219
   zie ook rundvlees
vleesindustrie, marketing 217
voedingsindustrie
   aanpassingen 18
   financiering onderzoek 35
   lobby 94
   marketing 17, 24
   reclame 17
   trucs en tactieken 324
   verantwoordelijkheid 15, 208
   zout terugdringen 274
voedingsindustriegroep 12
voedingsleer 161
voedingsmiddelen
   aantrekkelijke – 45
   bewerkte – 10
   etiketten 240
   gedroogde – 58

REGISTER

optimalisatie 55
vermelding calorieën 241
verpakking 241
vetgehalte 157
voedingswetenschap 116
voedsel
  als industrieel product 14
  gezond – 210
  houdbaarheid 58
  keuze 161
  toezicht op – 209
voedselpiramide 15
voedseltechnologen 77
voedseltechnologie 21
voedselwetenschappers 153
Volkow, Nora 320
vruchtendrank 134
vruchtensapconcentraat 142

Wall Street 60, 244, 317
Wartella, Ellen 226, 240, 245
Washburn Crosby 82
wasmiddel 68
Webb, William 234
Weissman, George 131
Wereldgezondheidsorganisatie 140
wettelijke beperkingen 318
White, John 51, 141
Willett, Walter 14, 180, 212
winkelbezoeker (gedrag) 124
wiskundige modellen 66
Witherly, Steven 160, 298, 311
Wohlman, Alan 292
Woodruff, Robert 108, 118, 298
Woods, Stephen 260
Wootan, Margot 213
wortel als snack 130
wrang 151

zemelen 101
zetmeel 306
Zirnstein, Gerald 221
zoet 31, 151
zoetreceptorproteïne 41
zoetstof 48, 57, 137, 271
zout 11, 31, 151, 253
  aanbevolen hoeveelheid 256
  aantrekkingskracht 258
  als voedingsadditief 290
  alternatief voor – 254
  consumentenvoorlichting 293
  functie 265, 280
  hunkeren naar – 261
  in bewerkt voedsel 255
  in kaas 278
  koosjer – 269
  noodzaak van gebruik 277
  onderzoek naar zoutgebruik 254
  onderzoek onder baby's 263
  op chips 290
  proeven 259
  rol van – 25
  soorten 268
  veranderen 23
  verminderen 279
  vervangen door kruiden 281
  voorkeur voor – 36
zoutarme snacks 302
Zoutconsortium 264
zoutconsumptie 273
zoutwinning 272
zuivelindustrie 158, 170
  marketing 217
zure room 153
zuur 31, 151
Zwitserland 315
Zyman, Sergio 119

OVER DE AUTEUR

Michael Moss won in 2010 de Pulitzerprijs voor journalistiek en was in 1996 en 2006 genomineerd voor deze prijs. Ook ontving hij een Loeb Award en een vermelding van de Overseas Press Club. Voordat hij ging werken voor de *New York Times* werkte hij als verslaggever voor de *Wall Street Journal*, *Newsday* en de *Atlanta Journal-Constitution*. Hij woont met zijn vrouw en twee zoons in Brooklyn.